扫码观看

配套视频课程

关注公众号

人大社法律出版

本研究由龙翼飞教授承担的教育部人文社会科学重点研究基地
重大项目“婚姻家庭法立法和理论体系研究”资助

中国民法典释评

ZHONGGUO MINFADIAN SHIPING

婚姻家庭编

夏吟兰　龙翼飞　曹思婕　姚　邢　赫　欣　著

中国人民大学出版社
·北京·

作者简介

夏吟兰，中国政法大学教授、钱端升讲座教授、博士研究生导师，兼任中国法学会婚姻家庭法学研究会会长、中国婚姻家庭研究会副会长、中国法学会常务理事、中国妇女研究会常务理事，富布赖特学者。曾先后兼任全国妇联执委、北京市妇联副主席、国际家庭法协会执委等职。2010 年获全国维护妇女儿童权益先进个人，2016 年获北京市妇女儿童工作先进个人、全国三八红旗手，2019 年获全国法学会系统先进个人。

夏吟兰教授长期从事教学科研工作，出版《美国现代婚姻家庭制度》《离婚自由与限制论》《婚姻家庭与继承法学原理》《家庭暴力防治法制度性建构研究》《家事法专论》等专著、教材 30 余本，在《中国法学》、《政法论坛》、《法学家》以及 *Family Law Quarterly*（《美国家庭法季刊》）、*Australian Feminist Law Journal*（《澳大利亚女性法学》）、澳门《法域纵横》等学术刊物上发表论文百余篇。先后获得钱端升法学研究成果论文类二等奖、司法部全国法学教材与科研成果二等奖、中国妇女研究优秀成果专著类一等奖等科研成果奖。

夏吟兰教授主持并参与国家社科基金项目、教育部项目、司法部项目、中国法学会项目、北京市社科基金项目等国家级、省部级及国际合作项目 30 余项。其多项研究成果为立法、司法解释及相关政策所采纳。担任中国法学会民法典编纂项目领导小组成员、婚姻家庭编召集人。

夏吟兰教授多次参与国家与地方的立法及法制宣传工作，曾参与《妇女权益保障法》《妇女权益保障法（修正案）》《婚姻法（修正案）》《未成年人保护法》《残疾人保障法》《反家庭暴力法》《婚姻登记管理条例》《婚姻登记条例》《民法典》等法律法规的调研、论证、起草工作。

龙翼飞，中国人民大学法学院教授、博士研究生导师、学术委员会副主席，中国人民大学民商事法律科学研究中心研究员，中国人民大学律师学院理事长。兼任中国法学会婚姻家庭法学研究会常务副会长、中国法学会航空法学研究会副会长、北京市法学会民商法学研究会会长、北京市房地产法学会副会长、北京市曾宪义法学教育与法律文化基金会理事长。研究领域为民法、商法、物权法、债与合同法、婚姻家庭法、社会保障法。1978—1982 年，吉林大学法学院本科学习，获法学学士学位；1982—1985 年，中国人民大学法学院民商法学专业硕士研究生，获法学硕士学位；1988—1991 年，中国人民大学法学院民商法学专业博士研究生，获法学博士学位。1985 年至今，先后在中国人民大学法学院任讲师、副教授、教授。由于具有较高学术造诣，在高等职业教育工作中贡献突出，龙翼飞教授于 2003 年获国务院政府特殊津贴，1989 年获北京市“优秀教师”称号，2007 年荣获教育部授予的国家级“教学名师”称号。1998 年，龙翼飞教授为中共中央政治局做法制讲座；2000 年，为全国人民代表大会常务委员会做法制讲座。龙翼飞教授出版法学专著 18 部，承担国家级和省部级科研项目 16 项，曾参加包括《中华人民共和国民法典》在内的多部法律的立法研究工作。龙翼飞教授曾赴法国、英国、德国、美国、俄罗斯、日本、韩国、新加坡等国和香港、台湾、澳门地区参加学术交流和访学，还担任中央电视台《今日说法》栏目专家嘉宾点评法治节目。

曹思婕，法学博士，中国人民大学博士后研究人员、讲师，兼任中国法学会婚姻家庭法学研究会理事，在 CSSCI 发表多篇论文，曾获国家奖学金等多种奖励。

姚邢，中国人民大学法学院博士研究生，研究方向为婚姻家庭法。

赫欣，中国人民大学法学院博士研究生。曾在《政治与法律》《理论界》等期刊发表论文，其中有两篇论文被全文转载于人大复印报刊资料。

代总序

民法典的时代意义

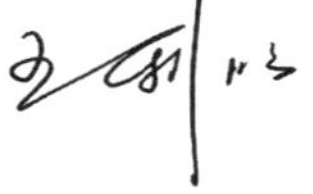

民法典是新中国成立以来第一部以“法典”命名的法律，也是第一部直接以“民”命名的法典。以“法典”命名，表明凡是纳入民法典的规则，都具有基础性、典范性的特点；以“民”命名，说明民法典把人民愿望置于首位，充分反映人民的利益诉求。民法典的立法宗旨和目的就是充分反映人民群众的意愿，保障私权，维护广大人民群众的利益。

习近平总书记指出，“民法典在中国特色社会主义法律体系中具有重要地位，是一部固根本、稳预期、利长远的基础性法律”。如何理解习近平总书记所说的“基础性法律”？我认为可以从两个方面理解：一是在整个社会主义法律体系中，民法典是一部基础性法律。所谓“典”，就是典范、典籍的意思，在整个社会主义法律体系中，民法典是宪法之下的基础性法律。法律分为公法与私法两部分，它们分别确认公权与私权。现代法治的核心是规范公权、保障私权。一般认为，保障私权是由民法典等民事法律实现的，而规范公权是由公法承担的，但实际上，民法典通过确认和保护私权，也起到了规范公权的作用，其他法律、行政法规以及单行法等，都应当与民法典保持一致。同时，行政执法、司法也都要以民法典为基本遵循。二是在民事领域，民法典是基础性法律，换言之，民法典是私法的基本法。民事关系纷繁复杂，它不仅依靠民法典调整，还需要大量的民事单行法，而在所有调整民事主体财产和人身关系的法律中，民法典居于基础性地位，民法典也被称为私法基本法。

（一）推进民事立法的体系化

我国民法典的颁布有力地促进了民事立法的体系化。一方面，迄今为止，我国已经颁布了多部民商事法律，在民法典之外，还存在大量的单行法，如公司法、保险法、破产法等。民法典的颁布，使各个民商事单行法在民法典的统帅下，构成一个完整的、系统化的整体。民法典和民事单行法之间的关系，就像树根、主干与枝叶之间的关系，民法典是树根和主干，而民事单行法是枝叶，民事单行法必须以民法典为基础和根据。民法典的颁布有效沟通了民法典和单行法，这有利于消除民法典与单行法之间的冲突和矛盾。另一方面，就内部体系而言，民法典按照“总—分”结构，形成由总则、物权、合同等构成的完整体系，各分编也在一定的价值和原则指引下形成了由概念、规则、制度构成的具有内在一致性的整体，实现了形式的一致性、内容的完备性以及逻辑自足性。民法典共分七编，即总则编、物权编、合同编、人格权编、婚姻家庭编、继承编、侵权责任编，它们都以对民事权利的确认和保护而形成一个体系化的整体。总则是对民事权利的一般规则作出的规定，各分编则是分别对物权、合同债权、人格权、婚姻家庭中的权利、继承权以及对各项权利的侵权责任制度所组成的规则体系。

民法典有助于制度的科学化，为良法善治奠定基础。在我国，由于长期没有民法典，许多调整民事关系的重要规则不能通过民事法律的方式表现出来，从而留下了法律调整的空白。这些法律空白一般是通过国务院各部委的规章及地方政府颁布的地方性规章予以填补的，而一些规章难免出现不当限制公民私权，或者变相扩张行政权的问题。民法典颁布后，其作为上位法，可以有效指导行政法规等制度，避免民法规范与行政法规、地方法规等的矛盾冲突，防止政出多门，保障交易主体的稳定预期，维持市场经济的正常运行。

（二）有效提升国家治理体系和治理能力的现代化

国家治理体系和治理能力现代化的主要特征是实现法治，即全面依法治国。如前述，现代法治的核心在于规范公权、保障私权。一方面，民法典构建了完备的民事权利体系，确立了完善的民事权利保护规则，鼓励个人积极维护自身权利，这不仅保障了私权，也有利于规范公权。民法典的各项规则也明确了各级政府依法行政的边界，就是说，国家机关要把民法典作为行政决策、行政管理、行政监督的重要标尺，不得违背法律法规随意作出减损自然人、法人和非法人组织合法权益或增加其义务的决定，这必将有力推动政府治理能力。另一方面，作为市民社会的一般私法以及百科全书，民法典通过合理的架构为民事活动提供各种基本准则，为交易活动确立基本的规则依据，为各种民事纠纷的预防和解决提供基本的遵循。民法典进一步强化私法自治，充分鼓励交易，维护交易安全。合同编从合同的订立到履行都强调了增进合同自由和私法自治这一宗旨，将有力调动市场主体从事交易的积极性。此外，民法典还有效地处理了个人与个人、个人与社会、个人与国家的关系，在对个人的保护中，同时强调对公共利益的维护，以实现个人和社会之间关系的平衡，这必将推动社会共建共治共享，促进社会和谐有序。

（三）完善社会主义市场经济法律体系

社会主义市场经济本质上是法治经济。各项民法制度根植于市场经济的土壤，其也反作用于市场经济，是市场经济有序发展的重要制度保障。我国《民法典》总则编所规定的诚实信用、公平原则等，确立了市场主体活动的基本原则，为诚信经济的建立提供了法律保障；总则编中的民事主体就涵盖了市场主体，民事法律行为制度、代理制度为市场主体从事交易活动提供了极大的便利；民法典的物权制度、合同制度是市场经济最基本的规则，是支撑市场经济最重要的两根法律支柱；民法典的担保制度也为融通资金、繁荣经济、保障债权提供了有力的制度保障。编纂民法典不仅完善了市场经济基本的法律制度，而且有利于营造良好的营商环境，并充分调动民事主体的积极性和创造性，维护市场交易秩序和交易安全。①

（四）为实现人民群众美好幸福生活提供保障

民法典的要义是为民立法，以民为本。“人民的福祉是最高的法律”。编纂民法典，就是顺应保障人民群众合法权益的需求，形成更加完备、更加切实的民事权利体系，完善权利保护和救济规则，形成较为有效的权利保护机制，使人民群众有更多、更直接、更实在的获得感、幸福感和安全感。我国《民法典》充分保障人民群众美好幸福生活，主要表现在以下几方面。

一是通过人格权编充分保障个人人格尊严。进入新时代，我国已经成为世界第二大经济体，人民物质生活条件得到了极大改善，不久即将全面建成小康社会。在基本温饱得到解决之后，人民群众就会有更高水平的精神生活追求，并希望过上更有尊严、更体面的生活。正因如此，“保护人格权、维护人格尊严，是我国法治建设的重要任务”②，例如，针对发送垃圾短信、垃圾邮件侵扰个人私人生活安宁的行为，《民法典》人格权编专门在隐私权部分规定了此种侵害隐私

① 王晨. 关于《中华人民共和国民法典（草案）》的说明：二〇二〇年五月二十二日在第十三届全国人民代表大会第三次会议上. 人民日报，2020－05－23（6）.

② 民法典分编草案首次提请审议：分编草案共六编总计千余条. 人民日报，2018－08－28（6）.

权的行为类型，并第一次规定了私人生活安宁权，明确将个人私人生活安宁规定在隐私权之中，禁止非法进入、拍摄、窥视他人的住宅、宾馆房间等私密空间，禁止非法拍摄、窥视、窃听、公开他人的私密活动，禁止非法拍摄、窥视他人身体的私密部位（第1033条）。这有利于保障社会生活的安定有序。

二是民法典通过各项制度安排充分保障人民群众的物质生活需求。例如，《民法典》之物权编新增的居住权制度，对于解决“住有所居”问题、保障个人的居住利益具有重要意义。再如，《民法典》合同编之典型合同完善了租赁合同的规则，完善了优先购买权规则，新增优先承租权规则（第734条）。这对于稳定租赁关系、规范租赁市场秩序、保障承租人的居住利益具有重要意义。又如，合同编之典型合同部分还完善了运输合同的规则，这对于保障个人出行安全、维护运输秩序具有重要意义。

三是民法典通过各项民事责任制度充分保障人民的合法权益。民法典通过各项规则，守护老百姓“舌尖上的安全”“车轮上的安全”“头顶上的安全”等财产和人身安全。例如，《民法典》侵权责任编在产品责任部分规定了惩罚性赔偿规则（第1207条），这必将有力遏制生产、销售不合格食品的行为，有利于保证人们“舌尖上”的安全；侵权责任编还重点完善了高楼抛物致人损害的责任（第1254条），这有利于充分保障人们“头顶上的安全”。

（五）有利于实现依法行政、公正司法

民法典具有基础性和典范性的特点，是公民权利保护的宣言书，是民事主体的行为准则、依法行政的基本依循，也是法院裁判民事案件的基本遵循。民法典对于依法行政、公正司法的作用还表现在：一是资讯集中，方便找法。实践中之所以出现“同案不同判、同法不同解”现象，重要的原因就在于，法官选择法条和裁判依据存在差别。而法典化的一个重要优势在于“资讯集中”。正所谓“法典在手，找法不愁”，执法者、法官只要有一部民法典在手，并通过领悟其规则和精神，就可以找到民事裁判的主要依据。二是统一裁判依据。民法典是基础性法律，是行政执法者、法官适用法律的基本遵循，因此，处理民事纠纷，首先要从民法典中找法。在我国，长期以来，有些新法颁布以后，因为没有废止旧法，且没有指明新法修改了哪些旧有的规定，所以就产生了新法与旧法同时适用的现象，造成了规则的不统一。《民法典》的颁布将从根本上改变这一现象。《民法典》的颁行可以保障法官裁判依据的统一性，而正是因为法律适用具有一致性，法官的自由裁量权将在规范的约束下进行，这就可以保障法官平等地、统一地对不同案件作出判决，保障“类似情况类似处理”，从而实现判决结果的可预测性，实现法的安定性。三是提升执法和司法人员的能力。民法典是法律工作者今后研究、处理涉及民事纠纷的基本依据，也是执法、司法的基本平台，民事纠纷的解决都应当在该平台中研讨。在民事领域考验我们的执法能力，很大程度上就是衡量我们准确把握、理解和运用民法典的能力。《民法典》颁布后，如果执法和司法人员都能够真正学懂、弄通民法典的规则，就可以基本把握处理和裁判民事纠纷的基本规则，并能够按照体系化的思维方式处理民事纠纷。

前言

2020年5月28日，《中华人民共和国民法典》在中华人民共和国第十三届全国人民代表大会第三次会议上获得通过并正式颁布。该法典的问世标志着中国特色社会主义法治建设进入了崭新的法典化时代。《中国民法典释评·婚姻家庭编》一书是对《中华人民共和国民法典》婚姻家庭编做出的细致而深入的条文解读。本书对《中华人民共和国民法典》婚姻家庭编的立法理念、立法宗旨、立法精神和相关法律制度的历史发展、具体内容以及司法适用问题进行全面而深入的阐释。本书是一部集学术研究和司法适用于一体的婚姻家庭法学专著。

本书由夏吟兰、龙翼飞、曹思婕、姚邢、赫欣五位作者共同撰写、协力完成。夏吟兰是中国政法大学教授、博士研究生导师，兼任中国法学会婚姻家庭法学研究会会长、中国婚姻家庭研究会副会长、中国法学会常务理事、中国妇女研究会常务理事。龙翼飞是中国人民大学教授、博士研究生导师，兼任中国法学会婚姻家庭法学研究会常务副会长、中国人民大学法学院学术委员会副主席、中国人民大学律师学院理事长，曾为中共中央政治局和全国人大常委会做法制讲座。曹思婕博士是中国人民大学博士后研究人员、讲师，兼任中国法学会婚姻家庭法学研究会理事。姚邢和赫欣是中国人民大学法学院博士研究生。本书作者均在民商法学特别是婚姻家庭法学领域兼具较深的学术造诣和较丰富的司法实务经验。本书的作者长期参与了《中华人民共和国民法典》婚姻家庭编的立法研究活动，并为该编的立法完善提出了相应的立法建议。

本书严格遵循《中华人民共和国民法典》婚姻家庭编的体例和顺序对相关条文逐一进行解读。每一法条的阐释内容均包含条文主旨、相关条文和理解与适用。本书不仅揭示了《中华人民共和国民法典》婚姻家庭编蕴含的核心法理思想，也较全面地展现了条文的具体法理精神；不仅追溯了新中国婚姻家庭法律制度的历史发展进程，也凸显了现行婚姻家庭法律制度的立法发展意义；不仅对我国婚姻家庭法律制度进行了深入剖析，也结合国外相关法律制度进行了对比分析。本书综合运用历史分析方法、比较分析方法、法社会学方法、法哲学方法、实证分析方法、价值分析方法、交叉学科研究方法等多种研究方法，对《中华人民共和国民法典》婚姻家庭编的条文含义做出专业、精准的释评。本书的特点在于：在大民法理论框架下彰显婚姻家庭编的独特视角，吸收家事司法审判实践的宝贵经验，做出了较全面的法律解释。其中，在法条解读部分，本书立足于条文本身，揭示出条文的立法目的、现实意义、争论焦点、制定过程等，补苴罅漏，意义重大。在比较法分析部分，作者系统介绍了大陆法系和英美法系典型国家的相关法律制度，使读者在法律条文的异同中感受不同法律文化的差异与融合，并通过借鉴域外相关法律制度推动当代中国婚姻家庭法律制度的发展与完善。

本书成稿于《中华人民共和国民法典》颁布之际。如果本书的内容能够对广大读者准确理解和正确适用《中华人民共和国民法典》婚姻家庭编的相关法律制度有所帮助，那么这正是作者编写此书的初衷。希望广大读者对本书内容提出宝贵意见！本书的作者期待有更多的研究《中华人民共和国民法典》婚姻家庭编的学术著述问世，推动婚姻家庭法学研究事业的不断发展。

目　录

第五编　婚姻家庭

第五编　婚姻家庭

第一章

一般规定

本章主要是根据《中华人民共和国婚姻法》（以下简称《婚姻法》）第一章相关条文以及《中华人民共和国收养法》（以下简称《收养法》）部分条文修改而成。主要包括以下内容：《中华人民共和国民法典》（以下简称《民法典》）婚姻家庭编的调整对象、婚姻家庭编的基本原则、与婚姻家庭编基本原则有关的禁止性规定、总体反映婚姻家庭编法律原则的倡导性规定、收养的基本原则以及亲属、近亲属和家庭成员的界定。

与《婚姻法》及其司法解释以及《收养法》相比，本章主要修改了以下内容：第一，明确本编的调整对象为因婚姻家庭产生的民事关系。第二，增加“婚姻家庭受国家保护”作为本编的基本原则内容，并将“保护妇女、儿童和老人的合法权益”修改为“保护妇女、未成年人、老年人、残疾人的合法权益”。与此同时，为了适应我国人口形势新变化，不再保留“计划生育”相关内容。第三，为了更好地弘扬家庭美德，体现社会主义核心价值观，增加“树立优良家风，弘扬家庭美德，重视家庭文明建设”的规定。在“夫妻应当互相忠实，互相尊重”的基础上增加“互相关爱”。第四，收养的基本原则部分，将收养“有利于被收养的未成年人的抚养、成长”改为“遵循最有利于被收养人的原则”。为了与

《民法典》婚姻家庭编关于保护未成年人的规定协调一致，将禁止“借收养名义买卖儿童”改为“禁止借收养名义买卖未成年人”。第五，增加亲属、近亲属和家庭成员的定义性条款，明确《民法典》婚姻家庭编规定的主体范围。

第一千零四十条

本编调整因婚姻家庭产生的民事关系。

本条主旨

本条是关于《民法典》婚姻家庭编调整对象的规定。

相关条文

本条是在《婚姻法》第一条的基础上修改而成，该条规定为：“本法是婚姻家庭关系的基本准则。”本条的修改主要体现了《民法典》婚姻家庭编立法体系的协调，即《民法典》婚姻家庭编与《民法典》其他各编之间在规范层面的高度衔接与有机统一，确保“编纂一部适应中国特色社会主义发展要求，符合我国国情和实际，体例科学、结构严谨、规范合理、内容协调一致的法典”[①]。因此，《民法典》除总则编外的各编在第一章“一般规定”的第一条，均规定了本编的调整对象。如物权编第二百零五条规定：“本编调整因物的归属和利用产生的民事关系。”合同编第四百六十三条规定：“本编调整因合同产生的民事关系。”人格权编第九百八十九条规定：“本编调整因人格权的享有和保护产生的民事关系。”继承编第一千一百一十九条规定：“本编调整因继承产生的民事关系。”侵权责任编第一千一百六十四条规定：“本编调整因侵害民事权益产生的民事关系。”与之相对应，婚姻家庭编第一千零四十条规定：“本编调整因婚姻家庭产生的民事关系。”

何谓婚姻？何谓家庭？《民法典》婚姻家庭编并未做出相应的规定。“婚姻是人与人之间情感与生理的结合。家庭是私人相处的共同生活单位，它构成了人类社会的基本组成单位。由此产生的婚姻家庭关系不是一般的财产法律关系，也不是一般意义上的身份关系，而是一种集情感、道德、伦理、精神及法律效力于一体的社会关系。”[②] 有学者主张，应当参考《民法典》物权编的立法模式，在

① 李建国．关于《中华人民共和国民法总则（草案）》的说明．人民日报，2017-03-09（5）．

② 曹思婕．我国家事审判改革路径之探析．法学论坛，2016（5）．

《民法典》婚姻家庭编中规定关于婚姻与家庭的准确性、本质性的法律表达。学者建议，应当在本条增设第二款和第三款，分别规定“婚姻”和“家庭”的概念，如：“本法所称的婚姻，是指男女双方依法缔结的配偶关系。”此项立法建议的理由在于，按照当代中国社会主流的婚姻观，婚姻关系应当在男女两性之间依法缔结，增设“婚姻”的概念能够将婚姻关系限定在男女两性之间。又如：“本法所称的家庭，是指配偶、父母、子女和其他共同生活的近亲属成立的亲属关系。”此项立法建议的理由在于，本章第一千零四十五条已经指出：“配偶、父母、子女和其他共同生活的近亲属为家庭成员。”既然家庭成员的范围包括上述的近亲属，那么，就能够合乎逻辑地推论出家庭关系的范围。增设“家庭”的概念能够统筹《民法典》中的家庭关系①。值得注意的是，自然人因婚姻家庭关系而产生的民事权利不仅受《民法典》婚姻家庭编的保护，也体现在其他民事法律规范之中。纵观《民法典》，在总则编“民事权利”一章中，第一百一十二条规定：“自然人因婚姻家庭关系等产生的人身权利受法律保护。”在人格权编“一般规定”一章中，第一千零一条规定了自然人因婚姻家庭关系产生的身份权利的法律适用问题，“对自然人因婚姻家庭关系等产生的身份权利的保护，适用本法第一编、第五编和其他法律的相关规定；没有规定的，可以根据其性质参照适用本编人格权保护的有关规定”。

理解与适用

一、历史沿革

在婚姻家庭编的编纂过程中，完善我国婚姻法的基本架构及逻辑体例，首先是修改了婚姻法的名称，为婚姻家庭法正名。从法律名称及篇章结构来看，家庭关系在我国 2001 年修订的《婚姻法》中未受到应有的重视。由于历史的原因，长期以来，我国婚姻家庭立法重视婚姻关系的调整，而轻视家庭关系的调整。这是因为，在以革命根据地婚姻立法为蓝本而制定的 1950 年《婚姻法》中，其立法目的是要“把男男女女尤其是妇女从旧婚姻制度这条锁链下也解放出来，并建立一个崭新的合乎新社会发展的婚姻制度”。在 1950 年《婚姻法》的 27 个法条中，仅有 4 条涉及亲子关系，且对其他家庭成员及其他亲属关系未做任何规定。1980 年《婚姻法》、2001 年修订的《婚姻法》涉及亲属制度、家庭关系的部分也失之简单。2001 年修订的《婚姻法》共 51 条，完全涉及亲子关系或其他家庭成

① 龙翼飞．编纂民法典婚姻家庭编的法理思考与立法建议．法制与社会发展，2020（2）.

员关系的只有13条。实际上，在1980年制定《婚姻法》、2001年修订《婚姻法》之时，均有专家提出，法律的名称应当与法律调整的范围相一致，应将婚姻法改为婚姻家庭法或亲属法。但是，当时的立法机关认为，法律的修订应当保持与被修订法律的延续性，婚姻法的名称已被广大群众所认可、熟知，修订法律改变名称会引起不必要的疑虑，故此我国一直沿用的是婚姻法。

当今世界各国，涉及婚姻家庭法的名称主要有四种：婚姻法、家庭法、婚姻家庭法和亲属法。一般而言，调整婚姻关系的法律称为婚姻法，调整家庭关系的法律称为家庭法，既调整婚姻关系又调整家庭关系的法律称为婚姻家庭法或亲属法。

由于历史传统及立法技术的原因，我国一直沿用婚姻法的法律名称，而我国婚姻法中既有调整婚姻关系的规范，又有调整家庭关系的规范，以婚姻法命名是不足以概括其全部内容的。法律的名称是由其调整对象的范围所确定的，法律的名称应当与其调整对象的范围相一致①。《民法典》婚姻家庭编的名称，使法律名称与调整对象相符，使概念的内涵与外延一致，从而实现了定名上的科学性和准确性。与此同时，《民法总则》关于我国民法调整范围的表述提升了《民法典》婚姻家庭编的立法地位②。我国民法的调整功能和定位清晰地反映在《民法总则》关于我国民法调整范围的规定之中。我国《民法总则》第二条规定的民法调整范围与我国《民法通则》第二条规定相比较，其创新之处在于将人身关系置于财产关系之前，鲜明地表达了我国《宪法》关于保障公民人权的理念。自然人因婚姻家庭而产生的人身关系是民法所调整的人身关系中最具基础性的部分之一，同时又是婚姻家庭成员财产关系发生的前提和基础。重新审视《民法典》婚姻家庭编应规定的人身关系和财产关系，应当成为我国研究《民法典》婚姻家庭编具体制度规则顶层设计的首要任务。因此，《民法典》婚姻家庭编第一千零四十条规定“本编调整因婚姻家庭产生的民事关系”，在立法价值上体现了保护婚姻家庭关系、维护婚姻家庭的和谐与稳定。

二、婚姻家庭编调整对象的范围

《民法典》婚姻家庭编第一千零四十条规定了本编的调整对象为因婚姻家庭产生的民事关系即婚姻家庭关系。“婚姻家庭关系，是以两性结合和血缘联系为其自然条件的社会关系。它依存于一定的社会结构，具有一定的社会内容。”③

① 夏吟兰．中华人民共和国婚姻法评注·总则．厦门：厦门大学出版社，2016：29.

② 龙翼飞．《民法总则》的制度创新对婚姻家庭编的影响//夏吟兰，龙翼飞．家事法研究：2019年卷．北京：社会科学文献出版社，2019：3-10.

③ 王歌雅．婚姻家庭继承法学．2版．北京：中国人民大学出版社，2013：1.

从调整对象的范围来看，《民法典》婚姻家庭编既调整婚姻关系，又调整家庭关系。婚姻关系因结婚而成立，又因一方死亡或离婚而终止。这也意味着其包含了婚姻关系的发生、变更和终止的动态运行的全过程。因此，关于结婚的条件和程序，夫妻间的权利和义务，离婚的处理规则、条件、程序，离婚后有关子女抚养、财产分割和生活困难的经济帮助等问题，都属于《民法典》婚姻家庭编的调整范围。家庭关系因结婚、子女的出生、法律拟制等原因而发生，又基于离婚、家庭成员死亡、拟制血亲关系的解除等原因而消灭。因此，关于确认家庭成员之间的亲属身份，规定家庭成员之间的权利义务及其产生、变更和终止等方面的事项，也都属于《民法典》婚姻家庭编的调整范围。婚姻关系和家庭关系既有联系又有区别，它们一经法律调整，便在具有主体身份的自然人之间产生相应的权利义务关系，《民法典》婚姻家庭编正是通过对婚姻家庭关系的规定来实现其调整作用的。

三、婚姻家庭编调整对象的性质

从调整对象的性质来看，《民法典》婚姻家庭编所调整的既有婚姻家庭方面的人身关系，又有婚姻家庭方面的财产关系，其中，人身关系占主导地位。原因在于，婚姻家庭中的财产关系是基于一定的人身关系而产生的，居于从属依附地位。因此，《民法典》婚姻家庭编在性质上应被认定为身份法而非财产法，它所调整的对象是基于婚姻家庭而产生的人身关系以及与此相关联的财产关系。

婚姻家庭中的人身关系，是存在于具有特定身份的主体之间的社会关系。无论是婚姻关系还是家庭关系，都不是基于经济上的目的而确立的。婚姻家庭关系的主体依法所享有的权利和依法履行的义务都是由他们特定的身份所决定的。针对特定的身份，《民法典》婚姻家庭编不仅对其形成、变更、消灭做出相应的确认性规范，而且对这种被确认的身份设定相应的权利和义务，从而对这种基于自然的、伦理的身份关系加以调整和约束，使其具有严格的法律属性。

婚姻家庭中的财产关系，是以人身关系为前提，直接体现一定的经济内容或者以一定的财产为媒介所形成的社会关系①。它随人身关系的产生而产生，随人身关系的变更而变更，随人身关系的消灭而消灭。例如，夫妻共同财产关系、亲属间的扶养关系、家庭成员间的共同财产关系，都反映了不同亲属间的经济利益，却又与主体的特定亲属身份不可分割②。

基于上述分析，从调整对象的性质出发，《民法典》婚姻家庭编的调整对象

① 王洪．婚姻家庭法．北京：法律出版社，2003：4.

② 巫昌祯，夏吟兰．婚姻家庭法学．2版．北京：中国政法大学出版社，2016：21.

可表述为“夫妻之间、家庭成员之间及其他近亲属之间的人身关系和财产关系”①。第一，并非所有的亲属关系都是《民法典》婚姻家庭编的调整对象。《民法典》婚姻家庭编只调整一定范围内的亲属关系。第二，《民法典》婚姻家庭编调整的亲属关系是特定亲属间的人身关系和在此基础上形成的财产关系。

四、关于非婚同居关系的法律调整

自 1980 年《婚姻法》颁行以来，我国婚姻家庭法的调整对象②被明确界定为婚姻家庭关系，从未将非婚同居关系纳入婚姻家庭法的调整对象范围中。对于“没有配偶的男女，未进行结婚登记，以夫妻关系同居生活，群众也认为是夫妻关系”的事实婚姻，最高人民法院的司法解释经过了从有条件地承认到不承认再到补正承认的过程③。以 1994 年 2 月 1 日为界限，在此之前，我国有关《婚姻法》的司法解释多次做出“从实际出发，实事求是，区别对待”的规定，有条件地承认事实婚姻。譬如，1953 年《中央法制委员会、内务部有关婚姻问题对广州市人民政府的若干解答》④、1979 年《最高人民法院关于贯彻执行民事政策法律的意见》⑤、1989 年《最高人民法院关于人民法院审理未办结婚登记而以夫妻

---

① 巫昌祯，夏吟兰．婚姻家庭法学．2 版．北京：中国政法大学出版社，2016：22.

② 1950 年《婚姻法》未规定婚姻法的调整对象。1980 年《婚姻法》在第一条规定了婚姻法的立法目的和调整对象，即“本法是婚姻家庭关系的基本准则”。2001 年《婚姻法》修正案对此条未做修改。

③ 夏吟兰．民法分则婚姻家庭编立法研究．中国法学，2017（3）.

④ 《中央法制委员会、内务部有关婚姻问题对广州市人民政府的若干解答》（法内会字第 329 号）的发文机关为中央法制委员会（已变更）、内务部（已变更）。“对于事实上已结婚而仅欠缺结婚登记手续者已被认为是夫妻关系，他们不愿补办登记，但要求发给证明文件，以便更正户口及居民证内的婚姻关系（以前的关系是作为亲戚朋友关系名义同居的），这样婚姻登记机关是否可以发给结婚证以外的证明文件证明是夫妻关系？否则又怎样去处理他们的更正户口和更正居民证婚姻关系的问题？又这些仍认为是夫妻关系的婚姻，应是限于符合婚姻法规定而事实上已结婚的人（参照西南司法部‘有关婚姻问题的一些解答’），但问题在如不经过办理登记手续则虽有不符合规定的婚姻法禁止结婚的问题存在，也很难甚至无从发现（特别是患有禁止结婚的疾病的），因此，应怎样去划分符合规定与不符合规定的标准？亦即怎样去划分承认的与不承认的标准？关于这点，我们的意见是：证明合法夫妻关系的唯一证件只有结婚证，如果取得证件只有进行登记，此外我们不应发给其他证明，仍认为是夫妻关系的，应以适合婚姻法规定的为标准。迁移合并户口及改变居民证婚姻关系，均凭结婚证办理。”

⑤ 《最高人民法院关于贯彻执行民事政策法律的意见》已失效，该司法解释被《最高人民法院关于废止 1979 年至 1989 年间发布的部分司法解释的通知（第二批）》所废止，被 1986 年 4 月 12 日第六届全国人民代表大会第四次会议通过的《民法通则》等法律所代替。“事实婚姻问题。事实婚姻是指没有配偶的男女，未进行结婚登记，以夫妻关系同居生活，群众也认为是夫妻关系的。人民法院审理这类案件，要坚持结婚必须进行登记的规定，不登记是不合法的，要进行批评教育。处理具体案件要根据党的政策和婚姻法的有关规定，从实际情况出发，实事求是地解决。双方或一方不满婚姻法结婚年龄的婚姻纠纷，如未生育子女，在做好工作的基础上，应解除其非法的婚姻关系；如已生有子女等特殊情况，应根据婚姻法的有关规定，对于女方及子女利益给予照顾。对双方已满婚姻法结婚年龄的事实婚姻纠纷，应按一般的婚姻案件处理。”

名义同居生活案件的若干意见》① 等司法解释是在肯定事实婚姻违法性的前提下，承认符合结婚实质要件的同居关系是事实婚姻，受法律保护。然而，1994年2月1日之后则采取形式要件的严格主义②，未办理结婚登记手续，一律不承认其法律效力。1994年4月4日《最高人民法院关于适用新的〈婚姻登记管理条

① 《最高人民法院关于人民法院审理未办结婚登记而以夫妻名义同居生活案件的若干意见》（法（民）发［1989］38号）规定："人民法院审理未办结婚登记而以夫妻名义同居生活的案件，应首先向双方当事人严肃指出其行为的违法性和危害性，并视其违法情节给予批评教育或民事制裁。但基于这类'婚姻'关系形成的原因和案件的具体情况复杂，为保护妇女和儿童的合法权益，有利于婚姻家庭关系的稳定，维护安定团结，在一定时期内，有条件的承认其事实婚姻关系，是符合实际的。为此，我们根据法律规定和审判实践经验，对此类案件的审理提出以下意见：1.1986年3月15日《婚姻登记办法》施行之前，未办结婚登记手续即以夫妻名义同居生活，群众也认为是夫妻关系的，一方向人民法院起诉'离婚'，如起诉时双方均符合结婚的法定条件，可认定为事实婚姻关系；如起诉时一方或双方不符合结婚的法定条件，应认定非法同居关系。2.1986年3月15日《婚姻登记办法》施行之后，未办结婚登记手续即以夫妻名义同居生活，群众也认为是夫妻关系的，一方向人民法院起诉'离婚'，如同居时双方均符合结婚的法定条件，可认定为事实婚姻关系；如同居时一方或双方不符合结婚的法定条件，应认定为非法同居关系。3. 自民政部新的婚姻登记管理条例施行之日起，未办结婚登记即以夫妻名义同居生活，按非法同居关系对待。4. 离婚后双方未再婚，未履行复婚登记手续，又以夫妻名义共同生活，一方起诉'离婚'的，一般应解除其非法同居关系。5. 已登记结婚的一方又与第三人形成事实婚姻关系，或事实婚姻关系的一方又与第三人登记结婚，或事实婚姻关系的一方又与第三人形成新的事实婚姻关系，凡前一个婚姻关系的一方要求追究重婚罪的，无论其行为是否构成重婚罪，均应解除后一个婚姻关系。前一个婚姻关系的一方如要求处理离婚问题，应根据其婚姻关系的具体情况进行调解或者作出判决。6. 审理事实婚姻关系的离婚案件，应当先进行调解，经调解和好或撤诉的，确认婚姻关系有效，发给调解书或裁定书，经调解不能和好的，应调解或判决准予离婚。7. 未办结婚登记而以夫妻名义同居生活的男女，一方要求'离婚'或解除同居关系，经查确属非法同居关系的，应一律判决予以解除。8. 人民法院审理非法同居关系的案件，如涉及非婚生子女抚养和财产分割问题，应一并予以解决。具体分割财产时，应照顾妇女、儿童的利益，考虑财产的实际情况和双方的过错程度，妥善分割。9. 解除非法同居关系时，双方所生的非婚生子女，由哪一方抚养，双方协商，协商不成时，应根据子女的利益和双方的具体情况判决，哺乳期内的子女，原则上应由母方抚养，如父方条件好，母方同意，也可由父方抚养，子女为限制民事行为能力人的，应征求子女本人的意见，一方将未成年的子女送他人收养，须征得另一方的同意。10. 解除非法同居关系时，同居生活期间双方共同所得的收入和购置的财产，按一般共有财产处理，同居生活前，一方自愿赠送给对方的财物可比照赠与关系处理；一方向另一方索取的财物，可参照最高人民法院〔84〕法办字第112号《关于贯彻执行民事政策法律若干问题的意见》第（18）条规定的精神处理。11. 解除非法同居关系时，同居期间为共同生产、生活而形成的债权、债务，可按共同债权、债务处理。12. 解除非法同居关系时，一方在共同生活期间患有严重疾病未治愈的，分割财产时，应予适当照顾，或者由另一方给予一次性的经济帮助。13. 同居生活期间一方死亡，另一方要求继承死者遗产，如认定事实婚姻关系的，可以配偶身份按继承法的有关规定处理；如认定非法同居关系，而又符合继承法第十四条规定的，可根据相互扶助的具体情况处理。14. 人民法院在审理未办结婚登记而以夫妻名义同居生活的案件时，对违法情节严重，应按照婚姻法、民法通则、《关于贯彻执行〈民法通则〉若干问题的意见》和其他法律、法规的有关规定，给予适当的民事制裁。"

② 夏吟兰．中华人民共和国婚姻法评注·总则．厦门：厦门大学出版社，2016：157.

例〉的通知》① 中规定："自 1994 年 2 月 1 日起，没有配偶的男女，未经结婚登记即以夫妻名义同居生活的，其婚姻关系无效，不受法律保护。"这就意味着，只要未办理结婚登记手续而以夫妻名义同居生活的，不论其是否符合结婚的实质要件，均不受法律保护。2001 年《最高人民法院关于适用〈中华人民共和国婚姻法〉若干问题的解释（一）》对于未按规定办理结婚登记而以夫妻名义共同生活的男女，起诉到人民法院要求离婚的，规定："1994 年 2 月 1 日民政部《婚姻登记管理条例》公布实施以后，男女双方符合结婚实质要件的，人民法院应当告知其在案件受理前补办结婚登记；未补办结婚登记的，按解除同居关系处理。"对于未进行结婚登记，以夫妻名义同居生活者采取效力待定之态度，"男女双方根据婚姻法第八条规定补办结婚登记的，婚姻关系的效力从双方均符合婚姻法所规定的结婚的实质要件时起算"。2003 年《最高人民法院关于适用〈中华人民共和国婚姻法〉若干问题的解释（二）》对此做了进一步规定："当事人起诉请求解除同居关系的，人民法院不予受理。但当事人请求解除的同居关系，属于婚姻法第三条、第三十二条、第四十六条规定的'有配偶者与他人同居'的，人民法院应当受理并依法予以解除。当事人因同居期间财产分割或者子女抚养纠纷提起诉讼的，人民法院应当受理。"由此可知，此阶段对于非婚同居关系的定性从非法同居关系过渡到了中立的同居关系，且允许补办结婚登记。没有补办结婚登记的，则属于非婚同居关系。

关于《民法典》婚姻家庭编是否应当将无配偶者的非婚同居关系纳入法律调整的范围，一直存在争议。一种观点认为，法律应当回应社会现实对立法的需求。改革开放以来，特别是近十年来，无配偶者的非婚同居数量增加，涉及面广，而且有不断扩大的态势，不仅年轻人的婚前同居行为被社会所认可，无配偶的中老年人的非婚同居生活也逐渐成为部分社会成员的一种生活模式。积极回应社会现实，满足婚姻家庭生活日益多样化、复杂化的客观需求，扩大对当事人婚姻家庭权利保护的范围，增强对婚姻家庭保护的力度，这些都是婚姻家庭法律规范现代化的标志。因此，有学者提出，《民法典》婚姻家庭编应当回应社会需求，对民间普遍存在的不违背一夫一妻制度的非婚同居关系进行规范。此项立法建议的理由在于：第一，在人口老龄化时代，丧偶或离异的老年人非婚同居，有益于他们身心健康、安度晚年，法律对此不应予以禁止，只需在承认此种法律关系的

① 《最高人民法院关于适用新的〈婚姻登记管理条例〉的通知》（法发［1994］6 号）被《最高人民法院关于废止 1980 年 1 月 1 日至 1997 年 6 月 30 日期间发布的部分司法解释和司法解释性质文件（第九批）的决定》废止。

基础上，对其予以适度规范；第二，民法典应更多地体现社会成员之间的友善价值观和人文关怀[①]。另一种观点则认为，应当坚持法律的严肃性，公民应当对法律有信仰并自觉遵守法律。如果不遵守法律就应当自行承担法律后果。既然法律明确规定了结婚的实质要件与形式要件，且已实施了60多年，《民法典》婚姻家庭编就不应当再承认事实婚姻，不应将无配偶者的非婚同居关系纳入法律的调整范围予以保护。不过，大多数学者还是认为非婚同居是一种新型的家庭形态，多元性、开放性、宽容性的家庭法应尊重人们选择生活方式的自由，应当将无配偶者的非婚同居关系纳入婚姻家庭法调整的范围[②]。将无配偶者的非婚同居关系纳入法律规制范围，并不意味着鼓励同居关系，而是意图通过法律的指引，保护同居期间双方的子女以及无过错一方的合法权益[③]。

对于非婚同居的界定，学界主要有以下几种观点：第一种，非婚同居作为与婚内同居相对的概念，泛指一切非合法婚姻关系的双方共同居住、共同生活的事实状态[④]。第二种，非婚同居是双方当事人不具备结婚形式要件的较稳定的长期的共同生活方式[⑤]。以上两种观点持的是开放的态度，对当事人不做任何限制，从而使非婚同居的外延宽泛，既包括同性同居关系，又包括异性同居关系。第三种，非婚同居是指均无配偶的当事人双方持续共同生活达到一定期间[⑥]。该观点要求当事人均无配偶，相当于将非法同居排除在非婚同居之外。第四种，非婚同居是无婚姻法律障碍的双方基于合意而建立的以共同生活为目的的生活模式[⑦]。第四种观点是在第三种观点的基础之上排斥了同性同居，进一步缩小了非婚同居的外延。

目前，世界各国对于非婚同居法律规制的立法例主要有三种：一是在亲属法或婚姻家庭法中另列条款做出规定；二是颁布单行法规，以专项立法规制；三是通过司法判例承认当事人之间形成的书面或默示的非婚同居协议。对于非婚同居的立法模式，我国学者有不同的观点。有学者提出应当将无配偶者的非婚同居区分为有婚意的非婚同居和无婚意的非婚同居，并规定不同的法定条件及规制模式。有婚意的非婚同居的双方当事人具有结婚的合意，并在长期共同生活的基础上形成配偶的身份事实和生活秩序，在内容和外观上与有合法婚姻关系的双方当

---

① 龙翼飞．编纂民法典婚姻家庭编的法理思考与立法建议．法制与社会发展，2020（2）.

② 何丽新．我国非婚同居立法规制研究．北京：法律出版社，2010：373.

③ 夏吟兰．民法分则婚姻家庭编立法研究．中国法学，2017（3）.

④ 李凤章．非婚同居中女性合法权益的保护．甘肃政法学院学报，2003（4）.

⑤ 陈苇．婚姻家庭继承法学．北京：群众出版社，2005：96.

⑥ 王薇．非婚同居法律制度比较研究．北京：人民出版社，2009：20.

⑦ 秦志远．“反射性”立法中的非婚同居域外法律规制．河北法学，2006（5）.

事人相似。应当基于尊重当事人的合意，尽量推动有婚意的非婚同居向合法婚姻关系转化，使当事人获得与婚姻中配偶相同的规范保护。无婚意的非婚同居是双方当事人为了规避婚姻后果或基于其他原因所做的主动选择，国家应将其作为事实同居关系，并通过立法设定事实同居关系的构成要件予以规制并对弱者进行保护①。考虑到立法的现实性与可行性，立足于我国社会现实和法律状况，《民法典》婚姻家庭编在立法时并没有对非婚同居关系做原则性规定。有学者建议对非婚同居关系采取契约保护模式，为将来制定相关的单行法律法规保留空间②。

典型案例

同居期间债务在同居关系解除后应如何分担——王某诉张某同居析产纠纷案③

【基本案情】

原告王某与被告张某于 2001 年起以夫妻名义同居生活，无子女。2002 年 1 月 24 日，被告张某以个人名义用 3 万元的价格购得一套本市某区某街某小区的住宅。原、被告为购置该房屋在耿某处借款 13 000.00 元，上述借款已由原、被告偿还完毕。另查，原、被告在耿某处借款 2 000.00 元、在赵某处借款8 000.00 元用于同居生活。

【裁判结果】

辽宁省辽阳市弓长岭区人民法院经审理认为，同居关系是指男女双方未经结婚登记而具有的较稳定的长期共同生活关系。原、被告未办理结婚登记而以夫妻名义同居生活，同居期间双方共同所得的收入和购置的财产，按一般共有财产处理；解除同居关系时，同居期间为共同生产生活而形成的债权、债务，可按共同债权、债务处理。

依照《最高人民法院关于适用〈中华人民共和国婚姻法〉若干问题的解释（二)》第一条第二款，《最高人民法院关于人民法院审理未办结婚登记而以夫妻名义同居生活案件的若干意见》第十条、第十一条之规定，判决如下：

（1）坐落于本市某区某街某小区的住宅归被告张某所有，被告张某于本判决

---

① 但淑华．我国非婚同居的二元法律规制研究．北京：法律出版社，2012：213.

② 夏吟兰．民法分则婚姻家庭编立法研究．中国法学，2017（3).

③ “用公开促公正 建设核心价值”主题教育活动婚姻家庭纠纷典型案例．（2015－12－04）［2020－02－16］．http：//www.court.gov.cn/zixun-xiangqing-16211.html.

生效后十五日内给付原告王某所占房屋份额折价款 51 069.20 元；

（2）原、被告同居期间的债务 10 000.00 元（赵某 8 000.00 元、耿某2 000.00 元），原、被告各负担 5 000.00 元，双方互负连带清偿责任；

（3）驳回原告其他诉讼请求。

案件受理费 300.00 元、评估费 6 000.00 元，由原、被告各负担3 150.00元。

【典型意义】

近年来，涉及解除同居关系以及分割财产的案件日趋复杂，在日常生活情况下，同居关系与婚姻关系的生活内容已经接近。然而，在起诉同居析产的情况下，同居关系当事人的财产纠纷处理却与婚姻关系当事人的财产纠纷处理有着较大的区别。经过结婚登记的夫妻在婚姻关系存续期间，一方或双方所得的财产，除《婚姻法》第十八条列举的财产以外，均为夫妻共有财产，夫或妻对共有财产享有平等的处分权。而同居关系当事人之间的析产则是以财产取得方式确定产权的，共同财产未经共有人同意不得处分。人民法院审理解除同居关系涉及的财产纠纷案件，对维护社会关系的稳定具有一定的积极作用。

第一千零四十一条

婚姻家庭受国家保护。

实行婚姻自由、一夫一妻、男女平等的婚姻制度。

保护妇女、未成年人、老年人、残疾人的合法权益。

本条主旨

本条是关于《民法典》婚姻家庭编基本原则的规定。

相关条文

本条规定了《民法典》婚姻家庭编的五项基本原则，即：婚姻家庭受国家保护原则、婚姻自由原则、一夫一妻原则、男女平等原则及保护妇女、未成年人、老年人、残疾人的合法权益原则。本条是在《民法通则》第一百零四条和《婚姻法》第二条的基础上修改而成，《民法通则》第一百零四条规定："婚姻、家庭、老人、母亲和儿童受法律保护。残疾人的合法权益受法律保护。"《婚姻法》第二条规定："实行婚姻自由、一夫一妻、男女平等的婚姻制度。保护妇女、儿童和老人的合法权益。实行计划生育。"本条的修改主要有以下三点：

第一点是《民法典》婚姻家庭编在《民法通则》第一百零四条关于"婚姻、

家庭……受法律保护”的基础上，将“婚姻家庭受国家保护”纳入本编的基本原则。《民法典》婚姻家庭编既保护婚姻关系，也保护家庭关系。

第二点是将“保护妇女、儿童和老人的合法权益”修改为“保护妇女、未成年人、老年人、残疾人的合法权益”。根据《民法典》总则编第十七条，未成年人为“不满十八周岁的自然人”。《民法典》总则编对自然人的年龄界分，沿袭的是《民法通则》的规定，采用二分法，以十八周岁作为标准，确定成年人和未成年人的界限。与此同时，《民法典》总则编第一百二十八条对妇女、未成年人和老年人等弱势群体民事权利保护做出特别衔接性规定：法律对未成年人、老年人、残疾人、妇女等的民事权利保护有特别规定的，依照其规定。这就把这些民事权利保护的特别法纳入民法领域，成为民法的特别法。由于国家立法机关已制定了《未成年人保护法》、《妇女权益保障法》、《老年人权益保障法》和《残疾人保障法》，这些法律的核心问题都是针对某一类弱势群体的权利保护，《民法典》总则编通过规定民法特别法条款，整合民事普通法和民事特别法的关系，实现民法体系的一体化，而不是将民法特别法游离于《民法典》之外，割裂民法的体系①。《未成年人保护法》也将未成年人界定为“未满十八周岁的公民”，《老年人权益保障法》将老年人界定为“六十周岁以上的公民”。基于上述法律规定，《民法典》婚姻家庭编在本条将《婚姻法》中的“儿童”修改为“未成年人”，将“老人”修改为“老年人”，与《民法典》总则编和其他各编在规范层面做到有机协同，确保《民法典》编纂的体系化、科学化、统一化与严谨化②。

第三点是不再保留计划生育的有关内容。我国第一部《婚姻法》制定于1950年，当时的国家还处于百废待兴阶段，人口政策不在议事日程之中。鉴于当时的国情，婚姻立法中自然不涉及计划生育政策。至20世纪70年代，随着我国计划生育政策的推行，1980年《婚姻法》在总则部分增设了“实行计划生育”这一规定，将“实行计划生育”确立为《婚姻法》的基本原则之一。为落实这一基本原则，1980年《婚姻法》修改了关于法定婚龄的规定，将原来的“男二十岁，女十八岁”，修改为“男不得早于二十二周岁，女不得早于二十周岁。晚婚晚育应予鼓励”。此外，1980年《婚姻法》还在第三章“家庭关系”部分增设了“夫妻双方都有实行计划生育的义务”的规定。相关释义及其立法精神的解释是：“婚姻法将计划生育规定为夫妻双方的法定义务，是为了有计划地有效地控制人

① 杨立新．中华人民共和国民法总则要义与案例解读．北京：中国法制出版社，2017：475.

② 王歌雅．《民法典·婚姻家庭编》的编纂策略与制度走向．法律科学，2019（6）.

口增长。”2001 年修订的《婚姻法》对 1980 年《婚姻法》中涉及计划生育的 3 个条款并未做出修改。2018 年，全国人大常委会法工委《关于〈民法典各分编(草案)〉的说明》对取消计划生育的理由解释为：“为适应我国人口形势新变化”。这也是基于 2015 年中共十八届五中全会决定所提出的“全面实施一对夫妇可生育两个孩子政策”而产生的立法变化。只要是合法的夫妻就享有生育两个孩子的权利，不再受“单独二孩”政策或“双独二孩”政策的限制。2018 年 3 月，根据十三届全国人大一次会议批准的《国务院机构改革方案》组建国家卫生健康委员会，不再保留国家卫生和计划生育委员会。但是，值得注意的是，2018 年《中华人民共和国宪法修正案》并未对计划生育内容进行修改。《宪法》第二十五条仍是：“国家推行计划生育，使人口的增长同经济和社会发展计划相适应。”实际上，计划生育是分为两个方面的：一方面是节制生育以有计划地降低人口发展速度，另一方面是鼓励生育以有计划地加快人口增长速度。虽然我国《宪法》仍然保留了“计划生育”的内容，国家卫生健康委员会的职责也包括“负责计划生育管理和服务工作”，但是此“计划生育”已非彼“计划生育”，中国将从“人口控制”转向“人口发展”的道路。因此，《民法典》婚姻家庭编应当充分保障自然人的生育权。有学者提出，在本条规定中应增设“保护自然人依法行使生育权”的基本原则。此项立法建议的理由在于以下几点：第一，生育是实现社会成员家庭生活幸福和谐与民族昌盛富强的客观需要。虽然《民法典》婚姻家庭编取消了“实行计划生育”的原则，但是，依然需要保障公民的生育权。第二，公民的生育权是宪法性的基本人权①。保障自然人的生育权是中国民法典遵循宪法理念的必然要求。第三，我国《民法总则》第一百一十二条已经明确规定：“自然人因婚姻、家庭关系等产生的人身权利受法律保护。”生育权是自然人享有的一项重要的人身权利，属于人格权的范畴②，是产生父母子女及其他亲属身份关系的法律前提，故应受到法律保护。第四，《民法典》人格权编第一千零二条规定了“自然人享有生命权”。按照自然人的生命规律，自然人的生命乃是源于自然人的生育行为，因此，保护自然人的生育权是保障“自然人享有生命权”的逻辑前提和客观需求。同时生育权“对维护主体的独立性和独立人格意识具有重要作用”③。第五，《妇女权益保障法》早在 1992 年就体现了保护妇女享有与男子平

---

①　梁洪霞．我国多省市“限制妇女堕胎”规定的合宪性探究：兼议生育权的宪法保护．北方法学，2018 (1).

②　马强．论生育权：以侵害生育权的民法保护为中心．政治与法律，2013 (6).

③　樊丽君．生育权性质的法理分析及夫妻生育权冲突解决原则．北京化工大学学报（社会科学版），2005 (4).

等的生育权的精神，相应的司法实践也为保障妇女的生育权提供了丰富的审判经验。增设保护自然人生育权这一基本原则是对既有法律成果的确认①。

理解与适用

一、历史沿革

本条规定的五项基本原则，是我国《民法典》婚姻家庭编的基本精神所在，贯穿了我国《民法典》婚姻家庭编的基本法理②，反映了我国婚姻家庭立法的指导思想，是司法实践中正确适用《民法典》婚姻家庭编时必须遵守的法律底线。新中国婚姻立法有明确规定婚姻法基本原则的立法传统，早在1950年《婚姻法》第一条③就明确规定了婚姻法的四项基本原则：婚姻自由原则、一夫一妻原则、男女平等原则、保护妇女和子女的合法利益原则。破除旧的封建主义的婚姻家庭制度、建立新的新民主主义的婚姻家庭制度是1950年《婚姻法》的立法目的和宗旨，故而，规定在1950年《婚姻法》第一条。1980年《婚姻法》第二条规定④在坚持上述四项基本原则的基础上，结合当时的国情和社会发展的需要，进一步丰富了婚姻法的基本原则，不仅将保护妇女和子女的合法利益增加为保护妇女、儿童和老人的合法权益，还将计划生育基本国策明确规定为婚姻法的基本原则，以巩固和发展社会主义婚姻家庭制度，促进社会经济发展与人口增长相适应。2001年修订的《婚姻法》坚持和丰富了婚姻法的基本原则，更加注重婚姻法的伦理属性，明确规定禁止家庭暴力，禁止有配偶者与他人同居，并增加了“夫妻应当互相忠实，互相尊重；家庭成员间应当敬老爱幼，互相帮助，维护平等、和睦、文明的婚姻家庭关系”的倡导性规定，以进一步完善社会主义婚姻家庭制度。相较于2001年修订的《婚姻法》，《民法典》婚姻家庭编增加“婚姻家庭受国家保护”作为本编的基本原则内容，并将“保护妇女、儿童和老人的合法权益”修改为“保护妇女、未成年人、老年人、残疾人的合法权益”。与此同时，不再保留计划生育的有关内容。自1950年至今，这些基本原则和导向性规定已经成为我国基本的主流的婚姻家庭价值观念，成为公民在婚姻家庭生活中共同肯

① 龙翼飞．编纂民法典婚姻家庭编的法理思考与立法建议．法制与社会发展，2020（2）．

② 龙翼飞．编纂民法典婚姻家庭编的法理思考与立法建议．法制与社会发展，2020（2）．

③ 1950年《婚姻法》第一条规定：“废除包办强迫、男尊女卑、漠视子女利益的封建主义婚姻制度。实行男女婚姻自由、一夫一妻、男女权利平等、保护妇女和子女合法利益的新民主主义婚姻制度。”

④ 1980年《婚姻法》第二条规定：“实行婚姻自由、一夫一妻、男女平等的婚姻制度。保护妇女、儿童和老人的合法权益。实行计划生育。”

认与遵循的基本准则与基本精神。《民法典》婚姻家庭编应当继续坚持和遵循这些共同的主流价值理念和基本准则，以实现法律的传承性和连续性①。

二、婚姻家庭受国家保护

《民法典》婚姻家庭编规定“婚姻家庭受国家保护”，即《民法典》婚姻家庭编既保护婚姻关系，也保护家庭关系。这一规定体现了《民法典》婚姻家庭编中贯穿的人权平等、人身自由、人格尊严、人亲和谐、人际诚信、人性友善、人财共济、人伦正义、人本秩序、人文关怀的十个核心法理思想。在《民法典》婚姻家庭编的实施过程中，“婚姻家庭受国家保护”还要遵循十个具体法理规则：权利法定、契约维护、行为公示、效力公信、人身利益优先、财产权利公平、公序良俗、禁止权利滥用、文明和谐、法律救济②。

三、婚姻自由原则

（一）婚姻自由的含义

婚姻自由又称婚姻自主，是指婚姻当事人享有自主自愿地决定自己的婚姻的权利。婚姻当事人按照法律的规定，有权基于本人的意志，自主自愿地决定自己的婚姻问题，不受任何人的强制或干涉。婚姻自由原则，深刻反映了当代中国民法中贯穿的人权平等和人身自由的核心法理思想③。婚姻自由具有以下含义：

首先，婚姻自由是一项宪法性权利，我国《宪法》第四十九条规定“禁止破坏婚姻自由”，使婚姻自由得以确立为我国公民的一项基本权利，不受任何人的强制或干涉。《民法通则》第一百零三条明确规定“公民享有婚姻自主权”，将公民的婚姻自主权明确规定为公民的一项基本人格权。人格权是人权的重要组成部分，因此，保障婚姻自由也是人权的基本内容之一，是对人权的尊重，也是对独立人格的尊重，是建立以爱情为基础的婚姻关系的重要保障④。《民法典》婚姻家庭编第一千零四十一条规定了“实行婚姻自由”的原则，第一千零四十二条规定：“禁止包办、买卖婚姻和其他干涉婚姻自由的行为。”第一千零四十六条规定：“结婚应当男女双方完全自愿，禁止任何一方对另一方加以强迫，禁止任何组织或者个人加以干涉。”根据《民法典》婚姻家庭编上述规定，婚姻自由是法律确认和保护的权利，一切干涉婚姻自由的行为，均属于侵害公民婚姻自主权的行为。

---

① 夏吟兰．民法分则婚姻家庭编立法研究．中国法学，2017（3）.

② 龙翼飞．编纂民法典婚姻家庭编的法理思考与立法建议．法制与社会发展，2020（2）.

③ 龙翼飞．编纂民法典婚姻家庭编的法理思考与立法建议．法制与社会发展，2020（2）.

④ 夏吟兰．中华人民共和国婚姻法评注·总则．厦门：厦门大学出版社，2016：175.

其次，婚姻自由是相对的，不是绝对的，婚姻自由的行使必须符合法律规定。婚姻自由的边界不只存在于私人与私人的自由权利之间，也存在于国家的公权力与公民个人的私权利之间①。我国《民法典》婚姻家庭编对婚姻自由原则的有关规定，主要排除的是第三人对婚姻合意、婚姻自主权的侵害和婚姻关系中一方对另一方的强迫，侧重点在于对其他私力干预的排除，而对符合公共利益的公力干预，是予以认可和支持的②。与此同时，《民法典》婚姻家庭编又规定了结婚和离婚的条件和法定程序，也指明了婚姻当事人行使婚姻自由权利的边界。婚姻当事人在行使婚姻自由权利时，必须在法律规定的范围内进行，既不允许任何组织、个人侵犯当事人的婚姻自由权利，也不允许当事人滥用权利。

婚姻自由既与包办、买卖婚姻相对立，又与轻率地对待婚事毫无共同之处。实行婚姻自由，并不是一个人在自己的婚姻问题上可以随心所欲，放任自流，想结就结，想离就离，而是必须依照法律的规定处理婚姻大事。每一个自然人都应当在法律规定的范围内正确行使婚姻自由的权利。

(二) 婚姻自由的内容

婚姻自由包括结婚自由和离婚自由两个方面，二者互相结合、缺一不可，共同构成婚姻自由原则的完整含义。结婚自由是建立婚姻关系的自由，离婚自由是解除婚姻关系的自由。结婚自由是实现婚姻自由的先决条件，离婚自由是结婚自由的必要补充③。

1. 结婚自由

结婚自由，指婚姻当事人有依法缔结婚姻关系的自由。一方面，《民法典》婚姻家庭编第一千零四十六条规定："结婚应当男女双方完全自愿，禁止任何一方对另一方加以强迫，禁止任何组织或者个人加以干涉。"据此规定，当事人有权决定是否结婚、与谁结婚，这是其本人的权利，不允许任何一方对另一方加以强迫或者任何组织、个人对婚姻当事人加以干涉。结婚自愿是实现结婚自由的前提，要求男女双方对于缔结婚姻关系的意思表示一致且真实。保障结婚自由，是为使男女双方能够依照《民法典》婚姻家庭编的规定，基于自己的意愿结成共同生活的伴侣，建立幸福美满的家庭。另一方面，结婚必须符合法律规定的条件和程序。缔结婚姻不仅仅是当事人双方之间的私事，也涉及他人和社会的利益④。因此，即使双方当事人对结婚表示了完全自愿和真实的态度，也必须符合《民法

① 夏吟兰．中华人民共和国婚姻法评注·总则．厦门：厦门大学出版社，2016：186.
② 杨凯．从婚姻自由的角度谈同居现象的存在．当代法学，2003（1）.
③ 王洪．婚姻家庭法．北京：法律出版社，2003：25.
④ 王洪．婚姻家庭法．北京：法律出版社，2003：24.

典》婚姻家庭编规定的结婚条件和结婚程序。

2. 离婚自由

所谓离婚自由，是指婚姻当事人有权自主地处理离婚问题。一方面，夫妻双方有共同做出离婚决定、达成离婚协议的权利；或者在夫妻感情确实已经破裂、婚姻关系无法继续维持下去的情况下，夫妻任何一方都有提出离婚的权利。即自愿离婚的，可以协商离婚；一方要求离婚的，可以诉至法院解决。保障离婚自由，是为使无法维持的婚姻关系得以解除，使当事人免除婚姻名存实亡的痛苦。另一方面，离婚同结婚一样，必须符合法定条件，履行法定程序，承担相应的法律后果。提出离婚，是当事人的一项自由权利，但是否允许离婚则须有国家的干预，不能由当事人任意决定。《民法典》婚姻家庭编对离婚的原则和程序、离婚时的财产分割、离婚后子女的抚养教育等问题，都做了明确规定，这些规定既是对离婚自由的保障，也是对当事人行使离婚自由权利的约束①。

对离婚自由是否应当进一步限制，这个争论早在2001年《婚姻法》修订之始就展开了。有学者赞成对离婚自由加以进一步的限制，原因在于离婚自由导致草率离婚，离婚率急剧上升，对社会稳定不利。也有学者持否定态度，其理由是限制离婚自由是限制婚姻自由，是婚姻制度的倒退，限制离婚自由只会使婚姻当事人的矛盾继续困在旧有体制之下，更加不利于社会的稳定与发展②。

在保障离婚自由的同时，《民法典》婚姻家庭编也反对轻率离婚。《民法典》婚姻家庭编第一千零七十七条规定了三十日的离婚冷静期，“自婚姻登记机关收到离婚登记申请之日起三十日内，任何一方不愿意离婚的，可以向婚姻登记机关撤回离婚登记申请。前款规定期限届满后三十日内，双方应当亲自到婚姻登记机关申请发给离婚证；未申请的，视为撤回离婚登记申请”。全国人大常委会法工委《关于〈民法典各分编（草案）〉的说明》中对其解释为：“实践中，由于离婚登记手续过于简便，轻率离婚的现象增多，不利于家庭稳定。为此，草案规定了一个月的离婚冷静期，在此期间，任何一方可以向登记机关撤回离婚申请。”婚姻关系与一般的社会关系不同。一方面，它是一种相当重要的身份关系，其深度与广度是其他社会关系无法比拟的。它的建立和解除对个人、家庭和社会都会产生很大的影响，当事人会相当慎重，反复考虑。另一方面，婚姻关系的密切性和

① 杨大文，龙翼飞．婚姻家庭法．7版．北京：中国人民大学出版社，2018：49.

② 陆静．关于婚姻自由原则的反思．中国律师，2001（11）；李银河，马忆南．婚姻法修改论争．北京：光明日报出版社，1999：177－191.

情感因素又使得当事人极易感情用事，甚至会因为一语不合，一拍即散。实际上，婚姻当事人在离婚之前有两种可能，一种是经过反复思考、反复协商，确已下定离婚决心者。另一种是未经认真考虑，在气愤之时，甚至是匆忙之间做出了离婚的决定。对于前者，当然可以当场办理离婚登记，使当事人可以尽快解除不幸的婚姻。然而，对于后者，则应当给当事人一段考虑的时间，避免因一时意气用事轻率离婚而造成其后的痛苦。

四、一夫一妻原则

（一）一夫一妻制的含义

在现代社会中，一夫一妻制是一男一女结为夫妻的婚姻制度。其基本含义包括：（1）任何人不得同时与两个或两个以上的人结婚；（2）已婚者即有夫之妇、有妇之夫，在其配偶死亡或离婚前不得再行结婚；（3）一切公开的、隐蔽的一夫多妻、一妻多夫都是非法的，受到法律的禁止。

（二）实行一夫一妻制的必然性

实行一夫一妻制，体现了我国《民法典》婚姻家庭编中贯穿的人权平等、人格尊严等核心法理思想①。实行一夫一妻制，主要是基于以下几个原因：第一，一夫一妻符合婚姻的本质。实行一夫一妻制，能给夫妻感情专一、持久创造条件，有利于婚姻关系的和谐以及家庭的和睦团结。第二，一夫一妻制反映了男女性别比例的自然要求②。根据自然规律，正常情况下，每出生100个女婴，会相应出生103～107个男婴。由于男孩的夭折率比女孩高，到婚育年龄，男女数量大致趋于均等。在一夫一妻制下，绝大部分的男人和女人都能找到适合自己的伴侣，生儿育女，实现自身生命的延续③。第三，一夫一妻制既是男女平等的要求，又是实现男女平等的保障，对提高妇女社会地位、家庭地位，保护妇女合法权益具有重要的现实意义④。只有真正意义上实现男女平等，一夫一妻制才有坚实的基础。

（三）一夫一妻制的内容

一夫一妻制的内容主要分为以下两方面：一方面，《民法典》婚姻家庭编第一千零四十一条规定了实行一夫一妻婚姻制度，这标志着《民法典》婚姻家庭编从正面确立了一夫一妻作为婚姻家庭法的基本原则的地位。另一方面，为了有效

① 龙翼飞．编纂民法典婚姻家庭编的法理思考与立法建议．法制与社会发展，2020（2）.

② 杨大文，龙翼飞．婚姻家庭法．7版．北京：中国人民大学出版社，2018：51.

③ 夏吟兰．中华人民共和国婚姻法评注·总则．厦门：厦门大学出版社，2016：211.

④ 王洪．婚姻家庭法．北京：法律出版社，2003：27.

保障一夫一妻原则的贯彻和落实，《民法典》婚姻家庭编针对现实生活中违反一夫一妻原则的行为做出明确的禁止性规定。《民法典》婚姻家庭编第一千零四十二条第二款规定："禁止重婚。禁止有配偶者与他人同居。"对于"重婚"和"有配偶者与他人同居"的界定和法律后果分析，详见本编第一千零四十二条的理解与适用部分。

五、男女平等原则

（一）男女平等原则的含义

男女平等原则，指男女双方在政治、经济、文化、社会和婚姻家庭生活等各方面，都处于平等的地位。男女平等原则是婚姻家庭编的一项基本原则，根据这个原则，男女双方在婚姻关系和家庭生活的各个方面，均享有平等的权利，承担平等的义务。

（二）男女平等原则的意义

男女平等原则是中国共产党一贯的政治法律主张，也是我国宪法的明确要求。平等既是一项基本权利，也是一项宪法原则①。现行《宪法》第三十三条规定了公民"在法律面前一律平等"；第四十八条规定了"妇女在政治的、经济的、文化的、社会的和家庭的生活等各方面享有同男子平等的权利"；为了保护妇女的权利和利益，第四十八条还规定了"实行男女同工同酬，培养和选拔妇女干部"。1995年第四次世界妇女大会在北京召开之际，中国明确提出了将男女平等确立为促进社会发展的基本国策。2012年中国共产党第十八次全国代表大会首次将男女平等基本国策写入党代会报告。2017年中国共产党第十九次全国代表大会报告中再次强调"坚持男女平等基本国策，保障妇女儿童合法权益"，体现了党和国家在新的时代背景下促进和保障男女平等的理念和决心。但不可否认的是，在现阶段，男女平等并未完全实现，男尊女卑的传统观念仍存在于一部分社会成员的思想之中，认真贯彻落实男女平等原则，对于促进家风建设、维护平等和睦的婚姻家庭关系具有十分重要的意义②。

（三）男女平等原则的内容

男女平等原则不仅体现了贯穿于《民法典》婚姻家庭编的人权平等的法理思想③，而且还融入《民法典》婚姻家庭编相关具体法律规范之中。男女平等原则

---

① 韩大元，林来梵，郑贤君．宪法学专题研究．北京：中国人民大学出版社，2004：302.

② 夏吟兰．婚姻家庭继承法．2版．北京：中国政法大学出版社，2017：54.

③ 龙翼飞．编纂民法典婚姻家庭编的法理思考与立法建议．法制与社会发展，2020（2）．

主要包括以下内容：

第一，在婚姻关系方面，《民法典》婚姻家庭编所规定的结婚和离婚条件、程序及其相应的权利、义务和责任对男女双方同样适用，男女双方在婚姻家庭中地位平等。

第二，在父母与子女关系方面，《民法典》婚姻家庭编关于父母子女权利义务的规定对不同性别的家庭成员平等适用。子女可以随父姓，也可以随母姓；父母双方对未成年子女享有平等的监护权；父母离婚后，子女可以由父方抚养，也可以由母方抚养；父母均有要求子女赡养的权利；父母和子女有相互继承遗产的权利；等等。

第三，在其他家庭成员方面，兄弟姐妹之间、祖父母与孙子女之间、外祖父母与外孙子女之间处于平等的家庭地位。兄弟姐妹都享有要求父母抚养的权利，都有赡养父母的义务，都是父母的第一顺位的法定继承人。兄、姐对未成年的弟、妹及已成年的弟、妹对兄、姐承担扶养义务的条件和内容都是平等的，兄弟姐妹互为第二顺序的法定继承人。祖父母、外祖父母抚养孙子女、外孙子女的义务平等，接受孙子女、外孙子女赡养的权利平等。祖父母、外祖父母是孙子女、外孙子女的第二顺位法定继承人，孙子女、外孙子女享有平等的代位继承权。

六、保护妇女、未成年人、老年人、残疾人合法权益的原则

保护妇女、未成年人、老年人、残疾人合法权益的原则是《民法典》婚姻家庭编中贯穿的人权平等的核心法理思想的必然要求①。分为以下四个方面：

（一）保护妇女的合法权益

保护妇女的合法权益，是对男女平等原则的必要补充②。对妇女的合法权益的特别保护，是由妇女的地位、作用和生理特点决定的。《民法典》婚姻家庭编对保护妇女合法权益的原则要求，主要包括两个方面的内容。一方面是妇女在婚姻家庭关系中与男性平等的地位，由男女平等原则来反映。另一方面，妇女在离婚方面享有特殊保护权益，由保护妇女合法权益原则来体现。具体如下：（1）在离婚程序方面，女方在怀孕期间、分娩后一年内或者终止妊娠后六个月内，男方不得提出离婚。（2）在离婚分割共同财产方面，人民法院根据财产的具体情况，按照照顾子女和女方权益的原则进行判决。（3）在离婚的经济帮助方面，一方生活困难，有负担能力的另一方应当给予适当帮助。以上规定有利于保障妇女离婚

① 龙翼飞．编纂民法典婚姻家庭编的法理思考与立法建议．法制与社会发展，2020（2）．

② 巫昌祯，夏吟兰．婚姻家庭法学．2版．北京：中国政法大学出版社，2016：71．

后的生活和子女归女方直接抚养时的抚养、教育问题。

（二）保护未成年人的合法权益

《民法典》婚姻家庭编将《婚姻法》中的保护儿童合法权益修改为保护未成年人合法权益，正式确立了保护未成年人的合法权益原则。在《民法典》总则编“监护”一节，婚姻家庭编“家庭关系”一章、“收养”一章中规定了一系列旨在保护未成年人合法权益的内容。与此同时，几经修订的《未成年人保护法》也对未成年人的合法权益做了较为全面的系统规定。主要内容包括：（1）禁止溺婴、弃婴和其他残害婴儿的行为。（2）未成年人享有接受父母抚养教育的权利，未成年人享有附条件地接受祖父母、外祖父母抚养的权利，未成年人享有接受兄、姐附条件的扶养的权利。（3）婚生子女、非婚生子女、养子女、继子女的权利同样受到法律的保护。（4）保护未成年人的继承权及其他财产权利。（5）父母对未成年子女的义务不因父母的离婚而解除。

（三）保护老年人的合法权益

“基于确认和维护家庭、亲属养老职能的需要”①，《宪法》第四十九条明确规定了“成年子女有赡养扶助父母的义务”，“禁止虐待老人”。保护老年人的合法权益是 1980 年《婚姻法》对 1950 年《婚姻法》在基本原则方面的一个重要补充。1996 年起实施的《老年人权益保障法》对老年人的合法权益做了较为全面的规定，特别在家庭赡养方面做了补充规定。《民法典》婚姻家庭编在“一般规定”一章中把保护老年人的合法权益作为基本原则加以规定，又在“家庭关系”一章中对老年人的婚姻自主权、受赡养权、继承权加以明确规定：（1）成年子女对父母负有赡养、扶助和保护的义务。（2）孙子女、外孙子女对祖父母、外祖父母有附条件的赡养义务。（3）保护老年人的婚姻自由，子女应当尊重父母的婚姻权利，不得干涉父母离婚、再婚以及婚后的生活。

（四）保护残疾人的合法权益

在婚姻关系中对残疾人的合法权益的保护。在我国，成年残疾人一经结婚即确立了婚姻关系。残疾人的婚姻效力同健全人一样始于男女双方结婚，终于配偶一方死亡或离婚。男女双方或一方为残疾人，一经结婚而确立婚姻关系，夫妻双方就要遵守法律规定，依法行使权利和承担义务。（1）无论双方均是残疾人，还是只有一方为残疾人的婚姻关系中的夫妻双方均享有姓名权。尤其在只有一方为残疾人的夫妻关系中，不能剥夺残疾方的姓名权。（2）无论双方均是残疾人，还是只有一方为残疾人的婚姻关系中的夫妻双方均具有参加工作和社会活动的自由

① 杨大文，龙翼飞．婚姻家庭法．7 版．北京：中国人民大学出版社，2018：55.

权。（3）无论双方均是残疾人，还是只有一方为残疾人的婚姻关系中的夫妻双方均有教育抚养子女的权利与义务。（4）无论双方均是残疾人，还是只有一方为残疾人的婚姻关系中的夫妻双方，在婚姻关系存续期间所得的财产，归夫妻双方共同所有，双方另有约定的除外。（5）无论双方均是残疾人，还是只有一方为残疾人的婚姻关系中的夫妻双方均具有互相扶养的义务。夫妻双方均有扶养对方的义务，同时也都有要求对方扶养的权利。（6）无论双方均是残疾人，还是只有一方为残疾人的婚姻关系中的夫妻双方均具有互相继承遗产的权利。

在家庭关系中对残疾人的合法权益的保护。家庭是社会的基本组成形态和社会的细胞，是以婚姻和血缘联系为基础的一定范围内的亲属所组成的共同生活的社会单位。它在人们的社会生活中居于十分重要的地位。残疾人在家庭关系中，更离不开对其他亲属在物质、生活、抚养、赡养等方面的依赖和仰仗。养老育幼作为家庭的职能之一，在残疾人家庭中被赋予了更深的含义。《残疾人保障法》第九条规定："残疾人的扶养人必须对残疾人履行扶养义务。残疾人的监护人必须履行监护职责，尊重被监护人的意愿，维护被监护人的合法权益。残疾人的亲属、监护人应当鼓励和帮助残疾人增强自立能力。禁止对残疾人实施家庭暴力，禁止虐待、遗弃残疾人。"残疾人在家庭关系中受法律保护还表现在：（1）无论父母残疾与否均对未成年子女具有抚养教育的义务。（2）无论子女残疾与否（智力残疾和其他四种重度残疾人除外）均应承担对父母的赡养、扶助义务。（3）无论父母具有残疾还是子女具有残疾均有相互继承遗产的权利。

应当特别指出，在适用《民法典》婚姻家庭编的过程中，人民法院可以针对家事纠纷案件的具体情况直接援引《妇女权益保障法》、《未成年人保护法》、《老年人权益保障法》和《残疾人保障法》的具体规定作为处理家事纠纷案件的裁判依据，从而有效地保护妇女、未成年人、老年人和残疾人的合法权益。近年来，我国各级人民法院在审理家事纠纷案件的司法实践中，已经积累了许多正确适用《妇女权益保障法》、《未成年人保护法》、《老年人权益保障法》和《残疾人保障法》的相关规范、妥善处理家事纠纷的经验，社会效果良好。

第一千零四十二条

禁止包办、买卖婚姻和其他干涉婚姻自由的行为。禁止借婚姻索取财物。

禁止重婚。禁止有配偶者与他人同居。

禁止家庭暴力。禁止家庭成员间的虐待和遗弃。

本条主旨

本条是关于《民法典》婚姻家庭编的禁止性规定。

相关条文

相较于《婚姻法》第三条，本条未做修改。本条主要是针对《民法典》婚姻家庭编第一千零四十一条所规定的五项基本原则所设立的强制性的禁止性规定。针对婚姻自由原则，做了两个禁止性规定：（1）禁止包办、买卖婚姻和其他干涉婚姻自由的行为；（2）禁止借婚姻索取财物。为了贯彻落实一夫一妻原则，做了两个禁止性规定：（1）禁止重婚；（2）禁止有配偶者与他人同居。基于保护妇女、未成年人、老年人和残疾人的合法权益，也做了两个禁止性规定：（1）禁止家庭暴力；（2）禁止家庭成员间的虐待和遗弃。禁止性规定是本编法律规则强制性的体现，是本编的基本原则得到贯彻实施的必要保障，违反禁止性规定就是超越了法律规定的边界，必将承受不利的法律后果。

理解与适用

本条规定，直接体现了《民法典》婚姻家庭编中贯穿的人权平等、人身自由、人格尊严和人伦正义等核心法理思想的要求①。同时，也为保护自然人在婚姻家庭关系中的合法权益提供了法律依据。

一、历史沿革

“父母之命，媒妁之言”是封建社会婚姻制度的典型表现。新中国成立后，1950 年《婚姻法》第一条明确规定：“废除包办强迫、男尊女卑、漠视子女利益的封建主义婚姻制度。实行男女婚姻自由、一夫一妻、男女权利平等、保护妇女和子女合法利益的新民主主义婚姻制度。”第二条规定：“禁止重婚、纳妾。禁止童养媳。禁止干涉寡妇婚姻自由。禁止任何人借婚姻关系问题索取财物。”新中国《婚姻法》的实施，彻底废除了封建婚姻制度，特别是使广大妇女从旧婚姻制度的束缚中解放出来，自由恋爱、自主结婚成为社会风尚。

1980 年修改《婚姻法》时，我国婚姻状况已发生重大变化，纳妾、童养媳、干涉寡妇再婚等现象已不是突出问题，自由恋爱、自主结婚已占主导地位。但是，包办、买卖婚姻以及其他干涉婚姻自主的现象还存在，借婚姻索取财物的风

---

① 龙翼飞．编纂民法典婚姻家庭编的法理思考与立法建议．法制与社会发展，2020（2）.

气仍存在。基于上述问题，1980年《婚姻法》第三条规定："禁止包办、买卖婚姻和其他干涉婚姻自由的行为。禁止借婚姻索取财物。禁止重婚。禁止家庭成员间的虐待和遗弃。"

与1980年《婚姻法》相比，"禁止有配偶者与他人同居"的规定是2001年修订《婚姻法》时增加的新的法律规范，其实质是对禁止重婚规则的补充。其目的在于对社会上出现的"包二奶"及其他形式的违反一夫一妻原则的婚外性行为予以遏止和处罚①。因此，2001年修订的《婚姻法》第三条规定："禁止包办、买卖婚姻和其他干涉婚姻自由的行为。禁止借婚姻索取财物。禁止重婚。禁止有配偶者与他人同居。禁止家庭暴力。禁止家庭成员间的虐待和遗弃。"

《民法典》婚姻家庭编沿用了2001年修订的《婚姻法》第三条的规定。

二、禁止包办、买卖婚姻和其他干涉婚姻自由的行为

（一）包办、买卖婚姻

包办婚姻，指婚姻关系以外的第三人（包括父母在内）违反婚姻自由原则，在完全违背婚姻当事人意愿的情况下，强迫其缔结的婚姻。买卖婚姻，指婚姻关系以外的第三人（包括父母在内）以索取财物为目的，包办、强迫他人缔结的婚姻。

包办婚姻与买卖婚姻既有联系，也有区别。包办婚姻不一定是买卖婚姻，而买卖婚姻都是包办婚姻。二者的共同之处在于都表现为婚姻以外的第三人违背婚姻当事人的意愿强迫其缔结婚姻。二者的区别在于是否以索取一定的财物为目的。包办婚姻不索取财物，而买卖婚姻主要是为了索取财物而包办、强迫他人缔结婚姻。

在中国古代，包办、买卖婚姻所带来的惨剧不胜枚举，非男女自愿、非以感情为基础的婚姻关系很难维持婚姻的稳定②。新中国成立后，父母包办子女婚姻、强迫子女婚姻的现象明显减少，其主要原因在于：(1) 随着婚姻自由原则的贯彻和落实，婚姻自由早已深入人心，并逐渐内化为人们的行为习惯，逐渐发展成一种婚姻家庭文化。在绝大部分家庭中，父母大多能自觉遵守婚姻自由原则，尊重子女的结婚意愿。(2) 父母子女关系实现了从亲本位到子女本位的变迁。包办、买卖婚姻是与封建专制主义婚姻家庭制度相适应的，家族对子女拥有绝对的

① 人民法院出版社．最高人民法院婚姻家庭、继承司法解释理解与适用简明版及配套规定．北京：人民法院出版社，2018：4.

② 龙翼飞．编纂民法典婚姻家庭编的法理思考与立法建议．法制与社会发展，2020（2）.

支配权，子女依附于家长。为了家族或家庭利益，包办、买卖婚姻成为子女结婚的一种常态。而今，随着维护平等、和睦、文明的婚姻家庭观的确立，子女的婚姻自主权被法律确立。(3) 包办、买卖婚姻更多是出于经济上的无奈，为了家族或家庭的维持或延续而在子女婚姻上做出牺牲。随着社会经济发展和人民生活水平的提高，人们无须以牺牲子女的幸福来换取经济利益①。

包办婚姻和买卖婚姻都属于可撤销的胁迫婚姻。《民法典》婚姻家庭编第一千零五十二条第一款规定："因胁迫结婚的，受胁迫的一方可以向人民法院请求撤销婚姻。"包办婚姻和买卖婚姻中受胁迫的一方有权向人民法院请求撤销婚姻。

(二) 其他干涉婚姻自由的行为

其他干涉婚姻自由的行为，指除包办、买卖婚姻以外的违反婚姻自由原则，阻挠、干涉他人行使婚姻自主权的行为。例如，父母干涉子女婚姻，子女干涉丧偶或离异父母再婚，子女干涉父母复婚等。其中，子女干涉父母再婚问题较为突出。为了保护老年人的婚姻自由，2001 年修订的《婚姻法》对此做了专条规定。《婚姻法》第三十条规定："子女应当尊重父母的婚姻权利，不得干涉父母再婚以及婚后的生活。"《民法典》婚姻家庭编第一千零六十九条相较此条增加了子女不得干涉父母离婚的内容。子女干涉父母再婚的原因主要包括：(1) 世俗偏见的禁锢，如认为老年人再婚有伤风化；(2) 子女认为父母再婚有辱门风，父母的财产也会流失；(3) 来自老年人自身的障碍，受旧传统的影响，认为再婚是对原配偶的不忠②。

如果以暴力干涉他人婚姻自由，还构成暴力干涉婚姻自由罪。《刑法》第二百五十七条第一款规定了暴力干涉婚姻自由罪。其第二款还规定："犯前款罪，致使被害人死亡的，处二年以上七年以下有期徒刑。"据此可知，干涉婚姻自由的行为只有使用了暴力，侵害婚姻当事人的婚姻自主权或人身权，才构成犯罪。但是，实践中，大量干涉婚姻自由的行为并没有使用暴力，不构成犯罪，对于其他干涉婚姻自由的行为该如何制裁？2001 年修订的《婚姻法》在"救助措施与法律责任"一章中对此没有相应的责任条款的规定。而《民法典》婚姻家庭编则直接删除了"救助措施与法律责任"一章。对于缺乏法律责任规定的禁止性条款，除了宣言式的表征价值外，如何起到制约婚姻家庭中违法行为的司法作用，是一个值得探讨的问题。

---

① 夏吟兰．中华人民共和国婚姻法评注·总则．厦门：厦门大学出版社，2016：189.

② 巫昌祯，夏吟兰．婚姻家庭法学．2 版．北京：中国政法大学出版社，2016：65.

三、禁止借婚姻索取财物

借婚姻索取财物，指婚姻当事人一方（或其父母等第三人）向另一方索要一定的财物，以此作为结婚的条件的违法行为。此种结婚行为，男女双方基本上是自愿的，但以索要财物作为结婚的条件，是对婚姻自主权的滥用①。在实践中，通常是女方或其父母向男方索要一定的财物作为结婚的前提条件。

借婚姻索取财物与买卖婚姻既有联系，又有区别。借婚姻索取财物与买卖婚姻的共同之处在于，均以索取一定的财物为结婚的条件。借婚姻索取财物与买卖婚姻的区别在于：（1）在婚姻决定权上，借婚姻索取财物的，男女双方结婚基本上是自主自愿的；买卖婚姻是完全违背婚姻当事人结婚意愿的。（2）在索取财物主体的认定上，借婚姻索取财物的主体一般是婚姻当事人一方，也可能是婚姻当事人一方的父母；买卖婚姻的主体是婚姻当事人以外的第三人。

对于借婚姻索取财物的行为，婚后一方要求离婚，法院依法进行调解，调解无效的，应当判决是否准予离婚。根据《最高人民法院关于适用〈中华人民共和国婚姻法〉若干问题的解释（二）》第十条的规定，当事人请求返还按照习俗给付的彩礼的，如果查明属于以下情形，法院应当予以支持：（1）双方未办理结婚登记手续的；（2）双方办理结婚登记手续但确未共同生活的；（3）婚前给付并导致给付人生活困难的。适用第2、3项的规定，应当以双方离婚为条件。不属于司法解释规定的上述几种情形的，彩礼应当作为夫妻共同财产进行分配，即法院不支持返还彩礼的请求。在司法实践中，彩礼返还的额度一般根据当事人的请求，综合考虑双方共同生活时间长短、给付方经济状况以及过错责任等因素，根据公平原则全部或部分返还②。

典型案例

婚前给付彩礼并导致给付人生活困难的，离婚时应酌情予以返还——王某与徐某彩礼返还案③

【基本案情】

原告王某和被告徐某经人介绍于2010年12月24日订婚，订婚时被告向原

① 王歌雅．婚姻家庭继承法学．2版．北京：中国人民大学出版社，2013：39.

② 马忆南．婚姻家庭继承法学．3版．北京：北京大学出版社，2014：38.

③ “用公开促公正 建设核心价值”主题教育活动婚姻家庭纠纷典型案例．（2015-12-04）[2020-02-20]．http://www.court.gov.cn/zixun-xiangqing-16211.html.

告索要彩礼款10万元。订婚当天被告收到彩礼款1万元、小相钱2 000.00元、装烟钱2 000.00元。2011年3月16日，原、被告办理了结婚登记手续；原、被告举行婚礼后在原告父亲住房的西屋居住生活。结婚前10天左右被告又收到彩礼款9万元。在原、被告结婚前原告父亲又购买豪爵银豹牌二轮摩托车一台（在被告父母家保管，价值为2 000.00元），其他家电、家具等由原告父母购买（在原告家保管）。原、被告结婚后先期夫妻感情尚可，后因琐事口角打架。2012年10月，原、被告用被告收到的彩礼款购买了五菱荣光牌微型面包车一台（由原告保管）。2013年10月，双方发生口角后，被告回娘家与原告一直分居。原告为结婚向他人借款11万元也一直未偿还。

【裁判结果】

辽宁省西丰县人民法院经审理认为：原告王某和被告徐某经人介绍相处时间不长便登记结婚。由于婚前双方相互了解不够，婚后在日常生活中又未建立起真挚的夫妻感情，在共同生活期间曾因琐事口角打架，于2013年10月起双方一直分居。分居后虽经原、被告亲属和法庭做调解和好工作，但已无和好可能，其夫妻感情确已破裂。原告的离婚请求应予支持。在原、被告订婚时被告向原告索要彩礼的行为，已违反了我国《婚姻法》关于禁止借婚姻索取财物的规定，且造成了原告家庭生活困难。因此对被告索要的彩礼款10万元应酌情予以返还。但考虑原、被告已用彩礼款购买了面包车并由原告使用和管理的实际情况，可判决该车归原告所有。对原告父亲在原、被告结婚前购买的摩托车应认定为原告婚前财产，被告应返还给原告。故判决如下：准予原告王某和被告徐某离婚；原、被告用彩礼款所购买的五菱荣光牌微型面包车一台归原告所有；被告自判决生效后10日内返给原告豪爵银豹牌二轮摩托车一台（现值2 000.00元）。

【典型意义】

近年来，离婚时索要婚前给付彩礼的案件频见报端，甚至有索要不成而故意杀人的悲剧发生。处理好此类案件，对于创造良好的人际关系，维护和谐稳定的社会秩序有着重要的意义。对此最高人民法院的司法解释有明确规定。

《最高人民法院关于适用〈中华人民共和国婚姻法〉若干问题的解释（二）》第十条规定："当事人请求返还按照习俗给付的彩礼的，如果查明属于以下情形，人民法院应当予以支持：（一）双方未办理结婚登记手续的；（二）双方办理结婚登记手续但确未共同生活的；（三）婚前给付并导致给付人生活困难的。适用前款第（二）、（三）项的规定，应当以双方离婚为条件。"那么如何理解"生活困难"呢？《最高人民法院关于适用〈中华人民共和国婚姻法〉若干问题的解释（一）》第二十七条对"生活困难"的含义做出了这样的解释："婚姻法第四十二条所称‘一方生活困难’，是指依靠个人财产和离婚时分得的财产无法维持当地基本生活水平。”

四、禁止重婚

依照《民法典》婚姻家庭编的规定，重婚是结婚的禁止条件和婚姻无效的原因。禁止重婚行为是落实一夫一妻原则的必然要求①。重婚，指有配偶者又与他人结婚的违法行为，即一个人在同一时间内存在两个或两个以上的婚姻关系。按照一夫一妻原则的要求，有配偶者只有在婚姻终止，即配偶死亡或依法离婚后始得再行结婚，否则构成重婚②。构成重婚须具备两个要件：（1）当事人一方或者双方存在有效的婚姻关系。（2）有配偶者与他人结婚。一是法律上的重婚，有配偶者又与他人登记结婚；二是事实上的重婚，虽未经结婚登记，但又与他人以夫妻关系同居生活。

为维持一夫一妻婚姻制度的社会秩序③，《刑法》第二百五十八条规定了重婚罪。值得注意的是，刑法上的重婚侧重于对当事人主观恶性的惩罚④，在犯罪的主观要件上属于故意，过失不构成本罪；符合重婚罪的客观构成要件⑤的，必须是有配偶而又与他人结婚，或者明知他人有配偶而与之结婚。如果是“包二奶”或者通奸行为，这类行为与重婚行为并不相同，不能依照重婚罪定罪处罚。对于因一方“包二奶”、通奸给另一方配偶造成的损害，无过错方可以在提出离婚时要求对方根据过错进行赔偿⑥。出于对现役军人婚姻的特殊保护，我国《刑法》第二百五十九条规定了破坏军婚罪，即明知是现役军人的配偶而与之同居或者结婚的行为。重婚行为符合破坏军婚的，应以破坏军婚罪论处⑦。

五、禁止有配偶者与他人同居

“禁止有配偶者与他人同居”的规定是2001年修订《婚姻法》时增加的新的法律规范，其实质是对禁止重婚规则的补充。根据《最高人民法院关于适用〈中华人民共和国婚姻法〉若干问题的解释（一）》第二条的规定，有配偶者与他人同

① 吴高盛．《中华人民共和国婚姻法》释义及实用指南．北京：中国民主法制出版社，2014：20.

② 杨大文，龙翼飞．婚姻家庭法．7版．北京：中国人民大学出版社，2018：52；夏吟兰．中华人民共和国婚姻法评注·总则．厦门：厦门大学出版社，2016：221.

③ 王洪．婚姻家庭法．北京：法律出版社，2003：27.

④ 夏吟兰．中华人民共和国婚姻法评注·总则．厦门：厦门大学出版社，2016：224.

⑤ 张明楷．刑法学．3版．北京：法律出版社，2007：695.

⑥ 吴高盛．《中华人民共和国婚姻法》释义及实用指南．北京：中国民主法制出版社，2014：20.

⑦ 张明楷．刑法学．3版．北京：法律出版社，2007：697.

居是指有配偶者与婚外的异性不以夫妻名义，持续、稳定地共同居住的行为。增加“禁止有配偶者与他人同居”的条款及其相应的解释的目的在于对社会上出现的“包二奶”及其他形式的违反一夫一妻原则的婚外性行为予以遏止和处罚①。

在认定和处理具体问题时，首先，应当将有配偶者与他人同居和重婚，特别是事实重婚加以区别。有配偶者与他人同居中的双方是不以夫妻名义相称的，事实重婚中的双方以夫妻关系相对待。有配偶者与他人同居不构成犯罪，但须承担民事责任，在离婚时，无过错方有权请求损害赔偿。其次，应当将有配偶者与他人同居和通奸等婚外性行为加以区别。有配偶者与他人同居是持续、稳定的，一般有共同的居所，这可以作为认定时的客观标志之一②。通奸等婚外性行为，有的是偶发性的，有的即使是长期的，但比同居更为隐蔽，一般没有共同的居所，无同居生活。

典型案例

有配偶者与他人同居导致离婚，无过错方有权请求损害赔偿——陆某诉陈某离婚案③

【基本案情】

陆某、陈某系自行相识登记结婚，育有一子陈某甲。2011年陆某、陈某开始分居并持续至离婚时。陈某甲自双方分居后跟随陆某生活。陆某称陈某在此期间认识了其他女性，并已与其一起生活，陈某认可曾有此事。陆某诉至法院要求与陈某离婚；要求婚生子陈某甲由其抚养，陈某每月支付抚育费3 500元，至孩子满十八周岁；要求陈某每月给付其帮助费2 000元；要求陈某支付精神损害赔偿15 000元。

【裁判结果】

法院认为：婚姻关系的存续应以夫妻感情为基础。陆某认为夫妻感情已完全破裂诉至本院要求与陈某离婚，陈某亦同意离婚，且双方持续分居已近三年，应当认为双方夫妻感情无和好可能，对陆某之离婚诉请，本院予以准许。父母对子女的抚育系法定义务。关于陈某甲之抚育问题，从孩子生活习惯、利于孩子成长

---

① 人民法院出版社．最高人民法院婚姻家庭、继承司法解释理解与适用简明版及配套规定．北京：人民法院出版社，2018：4.

② 马忆南．婚姻家庭继承法学．3版．北京：北京大学出版社，2014：39.

③ 婚姻家庭纠纷典型案例（北京）．（2015－11－20）［2020－02－21］．http：//www.court.gov.cn/zixun-xiangqing-16035.html.

等角度考虑，以陆某继续抚育为宜。关于子女抚育费的数额，本案中，结合双方陈述，参照双方收入情况、本市实际生活水平等因素，本院酌定陈某每月应支付2 000元。关于帮助费问题，双方均无证据证明对方收入状况，本院参考双方所述的收入水平、财产及居住情况，该项不予支持。关于精神损害抚慰金，鉴于陈某在双方婚姻关系存续期间确与婚外异性存在不正当关系，应认定在导致双方感情破裂问题上，陈某有过错，对陆某要求陈某承担精神损害赔偿，本院予以支持，数额由本院酌定。依据《中华人民共和国婚姻法》第三十二条、第三十七条、第四十六条之规定，判决如下：(1) 准予陆某与陈某离婚。(2) 双方婚生之子陈某甲由陆某自行抚育，陈某于 2014 年 2 月起每月 10 日前支付孩子抚育费2 000元，直至陈某甲年满十八周岁止。(3) 陈某于本判决生效之日起七日内给付陆某精神损害抚慰金 5 000 元。(4) 驳回陆某的其他诉讼请求。

【典型意义】

我国《婚姻法》第四条规定了夫妻应当互相忠实。婚姻应当以感情为基础，夫妻之间应当互相忠实，互相尊重，以维护平等、和睦、文明的婚姻家庭关系。维护夫妻之间的互相忠实，不仅仅是道德义务，更是法律规范。本案中，陈某与他人存在不正当男女关系，伤害了陆某的个人感情，损害了双方之间的婚姻关系，陈某的行为是不道德的，亦违反了我国《婚姻法》规定的夫妻应当互相忠实的规定。陆某作为无过错方，有权提起离婚诉讼并同时请求损害赔偿，人民法院依法予以支持。

六、禁止家庭暴力

2001 年修订的《婚姻法》明确规定“禁止家庭暴力”，是对婚姻家庭法保护妇女、未成年人和老年人合法权益所做的禁止性规定。在 2001 年修订《婚姻法》的过程中，修正案草案曾采用“禁止家庭暴力和其他虐待家庭成员的行为”之表述，经过反复讨论，多数意见认为家庭暴力和虐待行为既有联系又有区别，两者不是部分和整体的关系。因此，2001 年《婚姻法》第三条第二款中单独增设了禁止家庭暴力的规定。

何谓家庭暴力?《最高人民法院关于适用〈中华人民共和国婚姻法〉若干问题的解释 (一)》第一条指出：家庭暴力是指行为人以殴打、捆绑、残害、强行限制人身自由或者其他手段，给其家庭成员的身体、精神等方面造成一定伤害后果的行为。持续性、经常性的家庭暴力，构成虐待。2015 年通过的《反家庭暴力法》第二条在“以殴打、捆绑、残害、限制人身自由”的基础上，补充了以“经常性谩骂、恐吓等方式实施的身体、精神等侵害行为”。对于家庭暴力的界定，既不应失之过狭，也不应失之过宽[①]。

认定家庭暴力，可以从以下五个方面进行分析和判断：第一，从主体来看，施暴者和受害者之间具有特定的亲属关系[②]，施暴者一般是在家庭中处于强势地位的成员，受害者一般是在家庭中处于弱势地位的成员，大多数为妇女、未成年人和老年人。第二，从实施暴力的场所来看，具有一定的隐蔽性，一般发生在家庭共同生活关系中，以家庭内为行为场所[③]。第三，从客体来看，家庭暴力侵害的客体主要是受害者的人身权利，即家庭成员的生命权、健康权、人身自由权、婚姻自主权、性自主权以及人格尊严等权利。第四，家庭暴力的表现形式复杂多样，主要包括身体暴力、性暴力、精神暴力和经济控制四种类型。(1) 身体暴力是加害人通过殴打或捆绑受害人，或限制受害人人身自由等方式使受害人产生恐惧的行为；(2) 性暴力是加害人强迫受害人以其感到屈辱、恐惧、抵触的方式接受性行为，或残害受害人性器官等性侵犯行为；(3) 精神暴力是加害人以侮辱、谩骂或者不予理睬、不给治病、不肯离婚等手段对受害人进行精神折磨，使受害人产生屈辱、恐惧、无价值感等作为或不作为行为；(4) 经济控制是加害人通过对夫妻共同财产和家庭收支状况的严格控制，摧毁受害人的自尊心、自信心和自我价值感，以达到控制受害人的目的[④]。第五，施暴者主观上具有故意。即施暴者实施家庭暴力行为是出于故意，并且家暴行为在时间上具有一定的连续性。

典型案例

夫妻一方因家庭暴力起诉离婚并要求对方支付精神损害赔偿金，应予支持——王某诉江某离婚案[⑤]

【基本案情】

王某与江某系经人介绍相识并登记结婚，婚后无子女。由于双方相识时间短，相互了解较少，结婚较为仓促，感情基础薄弱。婚后江某酗酒，对原告王某有家庭暴力，经常因为生活琐事对原告拳脚相加。2009 年，江某无缘无故将原告毒打一顿并致其离家出走。后王某提起离婚诉讼，要求判决：(1) 解除双方的

① 杨大文，龙翼飞．婚姻家庭法．7 版．北京：中国人民大学出版社，2018：56.

② 巫昌祯，夏吟兰．婚姻家庭法学．2 版．北京：中国政法大学出版社，2016：74.

③ 王洪．婚姻家庭法．北京：法律出版社，2003：32.

④ 国务院法制办公室．中华人民共和国婚姻法（含最新司法解释）注解与配套．4 版．北京：中国法制出版社，2017：7.

⑤ 婚姻家庭纠纷典型案例（北京）．(2015-11-20) [2020-02-21]. http://www.court.gov.cn/zixun-xiangqing-16035.html.

婚姻关系；（2）江某给付精神损失费 5 万元；（3）依法分割共同财产。该案诉讼费由江某承担。王某提供江某书写的协议书及相关证人证言，证明在婚姻关系存续期间江某对王某施加家庭暴力。

【裁判结果】

北京市通州区人民法院认为：男女一方要求离婚的，可向法院提起诉讼，如感情确已破裂，应当准予离婚。本案中，双方均同意离婚，表明双方感情已彻底破裂，故对王某要求离婚的诉讼请求，法院予以准许。王某要求江某支付精神损害赔偿金的诉讼请求，因江某在婚姻关系存续期间，确实存在家庭暴力情形，法院予以支持，具体数额由法院依法予以酌定。为此，法院判决王某与江某离婚（财产分割略），江某支付王某精神损害赔偿金。

【典型意义】

夫妻应当互敬互爱、和睦相处，但遗憾的是，夫妻之间实施暴力给其中一方造成人身伤害和精神痛苦的现象仍然存在，家庭暴力问题作为离婚案件的重要诱因，仍然在很大程度上影响着家庭的稳定与和谐。家庭暴力是指行为人以殴打、捆绑、残害、强行限制人身自由或者其他手段，给其家庭成员的身体、精神等方面造成一定伤害后果的行为。持续性、经常性的家庭暴力，构成虐待。北京市高级人民法院对 2013 年度东城法院、丰台法院、通州法院结案的 620 件离婚案件抽样统计显示，涉家庭暴力类的离婚案件占选取离婚案件总数的 9%，数量比例虽不高，但涉家暴案件大多矛盾激烈、调解率低、最终离异率高。我国婚姻法明确禁止家庭暴力，规定配偶一方对另一方实施家庭暴力，经调解无效的应准予离婚，实施家庭暴力导致离婚的，无过错方在离婚时有权请求损害赔偿。2015 年正在全国人大审议中的《反家庭暴力法》也规定了一系列制度安排，以期保护家庭中的弱势群体，对家庭暴力行为进行遏制。本案就是典型的因家庭暴力导致离婚的案件，人民法院依法支持无过错方的离婚请求和赔偿请求，对于家庭暴力这样违反法律和社会主义道德的行为，旗帜鲜明地给予否定性评价。

七、禁止家庭成员间的虐待和遗弃

虐待，指以作为或不作为的形式，对家庭成员歧视、折磨、摧残，使其在精神上、肉体上遭受损害的违法行为，如打骂、恐吓、冻饿、患病不予治疗、限制人身自由等。《最高人民法院关于适用〈中华人民共和国婚姻法〉若干问题的解释（一）》第一条指出：持续性、经常性的家庭暴力，构成虐待。这是虐待与家庭暴力的联系之处，即虐待是严重的家庭暴力①。家庭暴力与虐待的区别在于：

① 夏吟兰．中华人民共和国婚姻法评注·总则．厦门：厦门大学出版社，2016：272.

家庭暴力一般表现为积极的行为；虐待既包括积极的行为，如打骂、禁闭、捆绑等，又包括消极的不作为行为，如冻饿、患病不予治疗等。

遗弃，指家庭成员中负有赡养、扶养、抚养义务的一方，对需要赡养、扶养、抚养的另一方，不履行其应尽义务的违法行为。如父母不抚养未成年子女，成年子女不赡养缺乏劳动能力或生活困难的父母，配偶不履行扶养对方的义务，等等。遗弃以不作为的形式出现，应为而不为，致使被遗弃人的权益受到侵害。

第一千零四十三条

家庭应当树立优良家风，弘扬家庭美德，重视家庭文明建设。

夫妻应当互相忠实，互相尊重，互相关爱；家庭成员应当敬老爱幼，互相帮助，维护平等、和睦、文明的婚姻家庭关系。

本条主旨

本条是关于婚姻家庭关系应当遵循的伦理道德要求的规定。

相关条文

本条是在《婚姻法》第四条的基础上修改而成，该条规定为："夫妻应当互相忠实，互相尊重；家庭成员间应当敬老爱幼，互相帮助，维护平等、和睦、文明的婚姻家庭关系。"本条的修改主要体现在：第一，增加"树立优良家风，弘扬家庭美德，重视家庭文明建设"的规定，是高度重视社会主义核心价值观融会贯通于《民法典》的又一重要体现①。第二，在"夫妻应当互相忠实，互相尊重"的基础上增加了"互相关爱"。这一规定明确地指明了夫妻和家庭成员的共同责任②，充分地体现了《民法典》婚姻家庭编的立法宗旨。本条就其性质而言，亦属于倡导性规定，它不是和婚姻家庭受国家保护、婚姻自由、一夫一妻、男女平等及保护妇女、未成年人、老年人、残疾人合法权益等原则并列的另一项原则，而是从总体上反映了上述《民法典》婚姻家庭编基本原则的内在要求。

理解与适用

本条规定，直接体现了《民法典》婚姻家庭编中贯穿的人权平等、人格尊

① 龙翼飞．编纂民法典婚姻家庭编的法理思考与立法建议．法制与社会发展，2020（2）.

② 杨大文，龙翼飞．婚姻家庭法．7版．北京：中国人民大学出版社，2018：58.

严、人亲和谐、人际诚信、人伦正义和人性友善等核心法理思想的要求①。这条规定不仅反映了我国婚姻家庭法律制度所具有的伦理性，而且也揭示了《民法典》婚姻家庭编的伦理价值与立法目标。

一、历史沿革

1950年《婚姻法》第八条规定："夫妻有互爱互敬、互相帮助、互相扶养、和睦团结、劳动生产、抚育子女，为家庭幸福和新社会建设而共同奋斗的义务。"该条规定蕴含着忠实与尊重之意，夫妻承担上述义务的目的就是为家庭幸福和新社会建设而共同奋斗。作为导向性规范，该规定对于调整新中国成立后的夫妻关系，促进新型婚姻家庭制度的形成与发展，发挥着不容否定的积极作用②。相较于1950年《婚姻法》，1980年《婚姻法》对此项内容未做保留，也未对夫妻忠实责任加以明确规定。2001年修订的《婚姻法》将夫妻忠实以及和谐家庭建设方面的内容以倡导性的方式规定在第四条中，该条规定："夫妻应当互相忠实，互相尊重；家庭成员间应当敬老爱幼，互相帮助，维护平等、和睦、文明的婚姻家庭关系。"《民法典》婚姻家庭编在2001年修订的《婚姻法》的基础上增加"树立优良家风，弘扬家庭美德，重视家庭文明建设"的规定，是高度重视社会主义核心价值观融会贯通于《民法典》的又一重要体现③。同时，在"夫妻应当互相忠实，互相尊重"的基础上增加了"互相关爱"。这一规定明确地指明了夫妻和家庭成员的共同责任④，充分地体现了《民法典》婚姻家庭编的立法宗旨。

二、家庭应当树立优良家风，弘扬家庭美德，重视家庭文明建设

（一）树立优良家风

优良家风作为中华民族传统美德的重要组成部分，发挥着为家庭成员树立行为准则、为家庭与社会和谐提供内在价值与秩序支持的重要功能⑤。在现代社会，随着法律与道德界限的澄清，优良家风转化为关于构建平等、和睦、文明的婚姻家庭关系的道德要求。习近平总书记指出："家风是社会风气的重要组成部分。家庭不只是人们身体的住处，更是人们心灵的归宿。家风好，就能家道兴盛、和顺美满；家风差，难免殃及子孙、贻害社会"，"广大家庭都要弘扬优良家

① 龙翼飞．编纂民法典婚姻家庭编的法理思考与立法建议．法制与社会发展，2020（2）.

② 杨大文．亲属法．4版．北京：法律出版社，2004：120.

③ 龙翼飞．编纂民法典婚姻家庭编的法理思考与立法建议．法制与社会发展，2020（2）.

④ 杨大文，龙翼飞．婚姻家庭法．7版．北京：中国人民大学出版社，2018：58.

⑤ 张力．"优良家风"写进民法典的法治意义．检察日报，2020－01－08（7）.

风，以千千万万家庭的好家风支撑起全社会的好风气”[①]。《民法典》婚姻家庭编赋予树立优良家风法律地位，贯彻落实习近平总书记关于加强家庭文明建设的讲话精神，也是对《民法典》总则编第一条中关于“弘扬社会主义核心价值观”的立法宗旨的贯彻与实施。

（二）弘扬家庭美德

家庭美德是公民个体道德化的摇篮[②]。“尊老爱幼、妻贤夫安，母慈子孝、兄友弟恭，耕读传家、勤俭持家，知书达礼、遵纪守法，家和万事兴等中华民族传统家庭美德……是支撑中华民族生生不息、薪火相传的重要精神力量，是家庭文明建设的宝贵精神财富。”[③] 全社会弘扬家庭美德，就是要大力倡导以尊老爱幼、男女平等、夫妻和睦、勤俭持家、邻里互助为主要内容的思想道德，这充分地体现了《民法典》婚姻家庭编的立法宗旨，也从总体上反映了《民法典》婚姻家庭编原则性规定的基本要求。

（三）重视家庭文明建设

家庭文明建设是指家庭成员在家庭生产生活中开展的物质文明建设和精神文明建设的活动，以及进而形成的家庭文明氛围[④]。家庭文明建设的重点是紧密结合社会主义核心价值观，这也是社会主义核心价值观融入《民法典》的又一重要体现。

三、夫妻应当互相忠实，互相尊重，互相关爱

夫妻应当互相忠实，互相尊重，互相关爱，是维系夫妻关系和谐、幸福的基本准则，对培育良好的夫妻关系具有导向性。这对维护一夫一妻原则、保护婚姻家庭和婚姻当事人双方的合法权益，都具有重要的意义。夫妻互相忠实，指夫妻之间应当忠于感情，应该诚实、坦诚相待以及互敬互爱，以维护婚姻家庭关系的专一性和排他性。夫妻互相尊重，指夫妻在共同生活中，应当互相尊重和理解对方的意愿和选择，不得将自己的意愿强加于对方[⑤]，也不得侮辱对方，应尊重对方的独立人格及其权利。在《民法典》的编纂过程中，有的全国人大常委会委员提出，夫妻之间除应互相忠实、互相尊重外，还应当互相关爱。宪法和法律委员会经研究，建议采纳该意见，在该条第二款中增加夫妻之间应当互相关爱的规定。夫妻互相关爱，体现在夫妻婚姻家庭生活中的各个层面，既包括感情上的互

---

① 习近平．在会见第一届全国文明家庭代表时的讲话．人民日报，2016－12－16（2）．

② 马奇柯．社会公德、职业道德、家庭美德、个人品德关系论析．学术交流，2008（2）．

③ 习近平．在会见第一届全国文明家庭代表时的讲话．人民日报，2016－12－16（2）．

④ 安丽梅．新时代家庭文明建设的意义与路径．思想政治工作研究，2019（4）．

⑤ 吴高盛．《中华人民共和国婚姻法》释义及实用指南．北京：中国民主法制出版社，2014：23．

相慰藉、体贴、关怀，也包括生活上的互相关心、照顾、扶助。

由于《民法典》婚姻家庭编将夫妻忠实的规定置于第一章“一般规定”之中，而非第三章“家庭关系”之中，其规范属性既不是具体的权利义务规定，也非禁止性规范，而是倡导性、宣示性规范。该项规定就其规范地位而言，与《民法典》婚姻家庭编第一千零四十一条、第一千零四十二条有别，不是《民法典》婚姻家庭编确立的基本原则与禁止性规定，而是表明了《民法典》婚姻家庭编的价值取向。因此，难以将夫妻间的互相忠实解释为一项法定义务①。由于夫妻应当互相忠实，互相尊重，互相关爱不是一项法定的权利义务，根据《最高人民法院关于适用〈中华人民共和国婚姻法〉若干问题的解释（一）》第三条，婚姻当事人仅以另一方违反忠实义务为依据向法院提起诉讼的，法院一般不予受理；已经受理的，裁定驳回起诉。也就是说，需要有具体的事实理由才能向法院提出离婚或其他诉讼请求。比如，如果夫妻一方违反其他法定条款，对另一方实施家庭暴力，另一方可以依据其他法定条款提起诉讼②。

典型案例

一方在婚姻关系存续期间违背夫妻互相忠实义务与他人通奸生育子女，离婚时另一方可要求其承担精神损害赔偿责任——余某诉钟某一般人格权纠纷案③

【裁判要旨】

婚姻关系存续期间，一方违背夫妻互相忠实义务，与他人存在不正当关系并生育子女，侵害另一方的人格尊严，应承担过错责任。其行为足以造成对方精神上的痛苦，应支付精神损害抚慰金。

【基本案情】

原告余某与被告钟某一般人格权纠纷一案，法院审理查明：原、被告于2010年10月登记结婚。婚后，被告钟某于2012年4月5日生育一子余甲。2013年6月13日，原、被告在民政部门办理离婚登记，双方签订离婚协议书，约定余甲随被告抚养。此外，双方还就夫妻共同财产分割等事项进行了约定。2013年11月8日，经四川华西法医学鉴定中心鉴定，原告余某非余甲的生物学父亲。

---

① 国务院法制办公室．中华人民共和国婚姻法（含最新司法解释）注解与配套．4版．北京：中国法制出版社，2017：9.

② 人民法院出版社．最高人民法院婚姻家庭、继承司法解释理解与适用简明版及配套规定．北京：人民法院出版社，2018：5.

③ 审理法院为四川省成都市成华区人民法院，案号：（2014）成华民初字第1266号。

原告余某要求被告钟某予以赔偿，遂起诉至法院。

原告余某诉称，被告在与原告婚姻关系存续期间与他人发生性关系并生下一子，被告的行为违反夫妻间的忠诚义务，侵害了原告的合法权益，构成对原告人格权的侵害，被告对此应承担相应法律责任。被告在婚姻关系存续期间的不忠行为，给原告造成极大精神困扰，原告一直视余甲为亲生子，多加疼爱，并由自己的母亲亲自照顾，一家人视如珍宝的孩子竟是自己妻子与其他男人所生，这样的打击无法用金钱衡量，但被告必须为此承担精神赔偿责任。诉讼请求：(1) 判定被告侵害了原告的人格权；(2) 判令被告赔偿原告经济损失 510 000 元；(3) 判令被告赔偿原告精神损失 50 000 元。(4) 本案诉讼费由被告承担。

【结论】

一审法院依据《婚姻法》第四条，《侵权责任法》第六条第一款、第二十二条之规定，判决如下：

(1) 被告钟某于本判决生效之日起 10 日内向原告余某支付精神损害抚慰金 18 000元。

(2) 驳回原告余某其他诉讼请求。

【法官认为】

一般人格权是公民享有的，以人格独立、人格自由和人格尊严为主要内容的一般人格利益。一般人格权的侵权构成要件除要求权利人的一般人格权受到侵害外，还要求侵权人主观上存在过错、侵权行为的违法性以及侵权行为与损害后果之间具有因果关系。本案中，被告钟某虽对司法鉴定意见提出异议，但无足以反驳的证据，且不要求进行重新鉴定，因此本院对原告余某出示的司法鉴定意见书予以采信，并据此认定余某不是余甲的亲生父亲。被告钟某与原告余某登记结婚后，其作为原告妻子对原告负有忠实义务。被告钟某与另外男人生子，违背夫妻互相忠实义务，且侵害原告余某人格尊严，应承担过错责任。被告钟某的行为足以造成原告余某精神上的痛苦，应向原告余某支付精神损害抚慰金，支付数额，由本院综合被告钟某过错程度等情况酌情予以确定。

四、家庭成员应当敬老爱幼，互相帮助，维护平等、和睦、文明的婚姻家庭关系

婚姻家庭关系在本质上是一个伦理实体[①]，而家庭成员之间的敬老爱幼、互相帮助是维护平等、和睦、文明家庭的基础和保障。

---

① 王歌雅．婚姻家庭继承法学．2 版．北京：中国人民大学出版社，2013：47.

（一）家庭成员应当敬老爱幼，互相帮助

敬老，指家庭中的晚辈成员对长辈成员应当予以尊敬，使其愉悦地安度晚年。爱幼，指家庭中的长辈成员对晚辈成员应当予以爱护，使其健康成长。敬老爱幼和保护未成年人、老年人合法权益原则是完全一致的，但两者是从不同角度加以规定。保护未成年人、老年人合法权益，侧重于对各种具体的人身权益和财产权益的保护。敬老爱幼，则是从更高的层次要求，对如何处理家庭中的代际关系提出了更高的要求①。

（二）维护平等、和睦、文明的婚姻家庭关系

家庭是组建社会的基本单元，婚姻家庭关系是最基本的社会关系②。维护平等、和睦、文明的婚姻家庭关系，既是对婚姻家庭关系进行法律调整的出发点，也是这种法律调整所追求的价值目标。家庭成员应当平等相待、和睦相处、文明互让。家庭成员具有平等的法律地位，不得恃强凌弱。家庭成员应当团结互助，避免和妥善处理家事纠纷。

第一千零四十四条

收养应当遵循最有利于被收养人的原则，保障被收养人和收养人的合法权益。

禁止借收养名义买卖未成年人。

本条主旨

本条是关于收养制度基本原则的规定。

相关条文

《民法典》婚姻家庭编的编纂，是在《婚姻法》基本框架的基础上，将《收养法》的相关规定吸纳进来。《民法典》婚姻家庭编共计五章，其中以专章的形式规定收养制度，实现收养法向《民法典》婚姻家庭编的回归③。建立收养制度的目的之一是有效贯彻与落实保护未成年人合法权益原则，保护未成年人的健康成长。因此，关于收养原则与收养的价值取向，规定在《民法典》婚姻家庭编

① 杨大文，龙翼飞．婚姻家庭法．7版．北京：中国人民大学出版社，2018：58－59.

② 龙翼飞．编纂民法典婚姻家庭编的法理思考与立法建议．法制与社会发展，2020（2）.

③ 王歌雅．《民法典·婚姻家庭编》的编纂策略与制度走向．法律科学，2019（6）.

“一般规定”一章中。本条是在《收养法》第二条和第二十条的基础上修改而成，《收养法》第二条规定：“收养应当有利于被收养的未成年人的抚养、成长，保障被收养人和收养人的合法权益，遵循平等自愿的原则，并不得违背社会公德。”《收养法》第二十条规定：“严禁买卖儿童或者借收养名义买卖儿童。”本条的修改主要体现在：第一，为了与《民法典》总则编规定的“最有利于被监护人的原则”在规范层面上协调一致，将收养“有利于被收养的未成年人的抚养、成长”改为“遵循最有利于被收养人的原则”。第二，为了与《民法典》婚姻家庭编关于保护未成年人的规定协调一致，将禁止“借收养名义买卖儿童”改为“禁止借收养名义买卖未成年人”。

理解与适用

本条规定体现了《民法典》婚姻家庭编中贯穿的人权平等、人伦正义、人性友善等核心法理思想①。

一、历史沿革

1991 年颁布的《收养法》第二条规定：“收养应当有利于被收养的未成年人的抚养、成长，遵循平等自愿的原则，并不得违背社会公德。”1998 年修订的《收养法》增加了“保障被收养人和收养人的合法权益”的内容。1998 年修订的《收养法》第二条规定：“收养应当有利于被收养的未成年人的抚养、成长，保障被收养人和收养人的合法权益，遵循平等自愿的原则，并不得违背社会公德。”1991 年《收养法》第十九条规定：“严禁买卖儿童或者借收养名义买卖儿童。”1998 年修订的《收养法》沿用了 1991 年《收养法》的该条规定。

《民法典》婚姻家庭编将《收养法》的相关规定纳入其中，以专章的形式规定了收养制度。相较于 1998 年修订的《收养法》，《民法典》婚姻家庭编将 1998 年修订的《收养法》的第二条和第二十条规定融为一条，确立了收养行为应当积极坚守的“遵循最有利于被收养人的原则”和“禁止借收养名义买卖未成年人”的禁止性规定。

二、收养应当遵循最有利于被收养人的原则

建立收养制度的目的之一是有效贯彻与落实保护未成年人合法权益原则，保护未成年人的健康成长。保护未成年人的健康成长是实行收养制度的首要目的。

① 龙翼飞．编纂民法典婚姻家庭编的法理思考与立法建议．法制与社会发展，2020（2）．

由于未成年人身心发育尚不成熟，缺乏独立的生活能力和辨认自己行为的能力，属于无民事行为能力人或限制民事行为能力人，他们需要家庭和社会的悉心抚养、关怀爱护、培养教育和监督保护①。尤其那些丧失父母的、查找不到生父母的以及生父母有特殊困难无力抚养的未成年人，《民法典》婚姻家庭编将其列为被收养人，通过收养关系的设立，可以使他们在家庭中生活，获得养父母的抚养教育，健康成长。《民法典》婚姻家庭编规定“收养应当遵循最有利于被收养人的原则”，是“建立人权保障的现代收养基本理念，实现从对被收养人的基本照顾到保护被收养人利益最大化的转变，实现从注重财产保护转变为兼顾身心健康与财产管理”②，并将其贯穿于有关收养的成立、效力、解除等方面的具体规定之中。

三、保障被收养人和收养人的合法权益原则

保障被收养人和收养人的合法权益原则是在1998年11月4日颁布的《收养法》修正案中新增加的一项原则。本项原则的重点在于收养关系成立后，应当注意对收养关系各方权益的有效保护。如果只强调单方保护未成年的被收养人的利益，很容易导致收养关系中收养人的利益被轻视，甚至被否定③。因此，《民法典》婚姻家庭编关于收养制度的内容必须同时保障收养人和被收养人的合法权益得以平等实现。

为了保障被收养人与收养人的合法权益，保障收养关系的健康发展，《民法典》婚姻家庭编规定被收养人和收养人应具备的条件；生父母送养子女，应当双方共同送养；有配偶者收养子女，应当夫妻共同收养；收养人、送养人要求保守收养秘密的，其他人应当尊重其意愿，不得泄露。以上规定是为了最大限度地维护收养人和被收养人的合法权益。

四、禁止借收养名义买卖未成年人

《民法典》婚姻家庭编规定禁止借收养名义买卖未成年人，这意味着收养关系一经成立，即受到法律的保护，不可以借收养名义买卖未成年人。借收养名义买卖未成年人，实际上是收养人以收养的合法形式来掩盖其真实的非法目的，以此规避法律、行政法规的强制性规定④，此种行为属于无效的收养行为。根据

---

① 马忆南．婚姻家庭继承法学．3版．北京：北京大学出版社，2014：166.

② 曹思婕．完善未成年人监护立法的思考．理论探索，2016（4）.

③ 雷明光．中华人民共和国收养法评注．厦门：厦门大学出版社，2016：10.

④ 巫昌祯，夏吟兰．婚姻家庭法学．2版．北京：中国政法大学出版社，2016：182.

《民法典》总则编关于民事法律行为无效情形的规定以及《民法典》婚姻家庭编规定的无效收养行为，借收养名义买卖未成年人的，自始没有法律约束力。

第一千零四十五条

亲属包括配偶、血亲和姻亲。

配偶、父母、子女、兄弟姐妹、祖父母、外祖父母、孙子女、外孙子女为近亲属。

配偶、父母、子女和其他共同生活的近亲属为家庭成员。

本条主旨

本条是关于界定亲属、近亲属和家庭成员的规定。

相关条文

本条是《民法典》婚姻家庭编的新增条文。增加亲属、近亲属和家庭成员的定义性条款，有利于明确婚姻家庭权利义务的主体范围。《民法典》总则编在"自然人"一章中专设"监护"一节，依照《民法典》总则编第二十八条的规定①，有监护能力担任监护人的人员范围与近亲属的范围有所重合，包括：配偶、父母、子女和其他近亲属。根据《民法典》总则编第二十七条的规定②，第二十八条中的"其他近亲属"即祖父母、外祖父母和兄、姐。

理解与适用

一、历史沿革

我国《婚姻法》及其他民事法律规范中曾多次使用"亲属""近亲属"的表述。

1985 年《继承法》第十条规定是根据一定范围内的亲属关系来确定法定继承

---

① 《民法典》第二十八条规定："无民事行为能力或者限制民事行为能力的成年人，由下列有监护能力的人按顺序担任监护人：（一）配偶；（二）父母、子女；（三）其他近亲属；（四）其他愿意担任监护人的个人或者组织，但是须经被监护人住所地的居民委员会、村民委员会或者民政部门同意。"

② 《民法典》第二十七条规定："父母是未成年子女的监护人。未成年人的父母已经死亡或者没有监护能力的，由下列有监护能力的人按顺序担任监护人：（一）祖父母、外祖父母；（二）兄、姐；（三）其他愿意担任监护人的个人或者组织，但是须经未成年人住所地的居民委员会、村民委员会或者民政部门同意。"

人的范围和顺序的，“遗产按照下列顺序继承：第一顺序：配偶、子女、父母。第二顺序：兄弟姐妹、祖父母、外祖父母。继承开始后，由第一顺序继承人继承，第二顺序继承人不继承。没有第一顺序继承人继承的，由第二顺序继承人继承”。

1986年《民法通则》第十六条在规定未成年人的监护人时使用了“亲属”一词，除祖父母、外祖父母和兄、姐以外，“关系密切的其他亲属……经未成年人的父、母的所在单位或者未成年人住所地的居民委员会、村民委员会同意的”可以担任监护人。第十七条规定的无民事行为能力或限制民事行为能力的精神病人的监护人中包括“其他近亲属”。2009年修订的《民法通则》未对上述两条规定做出修改。

2001年修订的《婚姻法》第十条将“有禁止结婚的亲属关系的”规定为婚姻无效的法定情形。尽管“亲属”“近亲属”以较高频率出现在我国各民事法律规范之中，但何谓亲属？何谓近亲属？一直以来没有任何一部法律对亲属、近亲属的一般性概念予以明确界定。《民法典》婚姻家庭编增加亲属、近亲属和家庭成员的定义性条款：“亲属包括配偶、血亲和姻亲。配偶、父母、子女、兄弟姐妹、祖父母、外祖父母、孙子女、外孙子女为近亲属。配偶、父母、子女和其他共同生活的近亲属为家庭成员。”

二、亲属

（一）亲属的含义

广义的亲属是指一切具有婚姻、血缘或法律拟制血亲关系的自然人的总体，包括受法律调整和不受法律调整的所有具有婚姻、血缘或者法律拟制血亲关系的自然人。正如费孝通所言：“亲属关系是根据生育和婚姻事实所发生的社会关系。从生育和婚姻所结成的网络，可以一直推出去包括无穷的人，过去的、现在的和未来的人物。”① 狭义的亲属是指具有婚姻、血缘或者法律拟制血亲关系，受法律调整的彼此具有一定法律效果的自然人。《民法典》婚姻家庭编上的亲属指法律意义上的亲属，即狭义的亲属。

（二）界定亲属的意义

界定亲属范围，是引导、塑造亲属关系和谐与关爱的保障②。在人类社会的发展进程中，无论是群婚、对偶婚制，还是一夫一妻制，均具有对亲情的渴望及对亲属关系的依赖。这种渴望与依赖，既源于人的自然属性和社会属性，也源于

---

① 费孝通．乡土中国 生育制度．北京：北京大学出版社，1998：26.

② 王歌雅．《民法典·婚姻家庭编》的编纂策略与制度走向．法律科学，2019（6）.

人的自然需要与社会需要。中外亲属立法之所以明确规范亲属关系，目的在于满足人的需要、婚姻家庭的需要以及社会的需要。人作为历史产物、社会产物，其对亲属关系的需要与规制也是历史形成、社会造就的。人需要身份识别、关系确认、地位认知、伦理规范，倘若这些基本需要得不到满足，无论是个人、婚姻、家庭，还是家族、团体、社会，均会遭受关系混乱的影响，进而危害婚姻家庭的稳定与和谐，甚至影响社会的长治久安。故针对亲属权利义务关系的界定与规范，既是亲属关系的身份要求、伦理要求，也是亲属关系的经济要求、情感要求。为此，《民法典》婚姻家庭编的编纂，立足于我国民众对亲属关系的现实需要，明确界定亲属的范围，从而填补历次颁行的《婚姻法》均未规定亲属制度的欠缺。

（三）亲属的种类

大陆法系对于亲属种类的界定主要有二分法和三分法两种模式。二分法将亲属分为血亲和姻亲。三分法将亲属分为配偶、血亲和姻亲。也有少数国家和地区（如葡萄牙和我国澳门地区）采用了四分法的模式，将亲属的法律渊源归纳为结婚、血亲关系、姻亲关系和收养。我国历次颁行的《婚姻法》从未对亲属的种类进行界定，考虑到亲属种类界定对于整个婚姻家庭编乃至所有部门法的重要性，此次《民法典》编纂应当进行增订。亲属的种类决定了整个《民法典》婚姻家庭编的逻辑和制度安排，具有宏观统御作用。鉴于我国一直存在将配偶纳入亲属范围的传统，采用三分法较为适当。因此，根据亲属关系产生的原因，将亲属分为配偶、血亲和姻亲三种。

1. 配偶

配偶，即夫妻，是指男女双方因结婚而互为配偶的亲属。配偶在亲属关系中居于核心地位，也是血亲和姻亲产生的源泉和基础，在亲属关系中起到承上启下的作用。

2. 血亲

血亲，是指有血缘关系的亲属。根据血缘的来源不同，血亲分为自然血亲和法律拟制血亲。

（1）自然血亲。指出自同一祖先，因出生而形成的具有真实血缘联系的亲属，如父母与子女、兄弟姐妹、祖父母与孙子女、外祖父母与外孙子女、伯叔与侄子女、舅姨与外甥子女等。不分父系或母系，无论是婚生还是非婚生，也无论是全血缘（同父同母的兄弟姐妹）还是半血缘（同父异母或同母异父的兄弟姐妹），都属于自然血亲的范围。

（2）法律拟制血亲。指本来没有血缘关系，但由法律确认其具有与自然血亲同等的权利义务的亲属。由于此种血亲不是因出生而形成，而是由法律设定的，因此又称为“法定血亲”。我国《民法典》婚姻家庭编确认的法律拟制血亲有两类：一是养父母与养子女之间，二是继父母与受其抚养教育的继子女之间。

3. 姻亲

姻亲，是指配偶一方与另一方的血亲之间因婚姻关系而发生的亲属关系，如儿媳与公婆、女婿与岳父母、丈夫与妻子的兄弟姐妹、妻子与丈夫的兄弟姐妹。根据姻亲间联系的环节，姻亲分为血亲的配偶、配偶的血亲、配偶的血亲的配偶以及血亲的配偶的血亲。

（1）血亲的配偶。血亲的配偶，指自己直系血亲、旁系血亲的配偶。如，儿子的妻子（儿媳）、女儿的丈夫（女婿）是自己直系血亲的配偶，兄弟的妻子（嫂子或弟妹）、姐妹的丈夫（姐夫或妹夫）是自己旁系血亲的配偶。

（2）配偶的血亲。配偶的血亲，指自己配偶的血亲。如，丈夫的父母（公婆）、妻子的父母（岳父母）是自己配偶的直系血亲，妻子的兄弟姐妹、丈夫的兄弟姐妹是自己配偶的旁系血亲。

（3）配偶的血亲的配偶。配偶的血亲的配偶，指自己配偶的直系血亲或旁系血亲的丈夫或妻子。如，民间所称的兄弟的妻子之间为“妯娌”，姐妹的丈夫之间为“连襟”。

（4）血亲的配偶的血亲。血亲的配偶的血亲，指自己的直系血亲或旁系血亲的配偶的直系血亲或旁系血亲。如，民间所称的自己与子女的配偶的父母互为“亲家”。

三、近亲属

近亲属的范围，是法律对于亲属关系的调整范围所规定的特定的范围。关于近亲属范围的限定，一般有以下两种立法例：一种是总体概括性限定法，即法律对亲属范围从总体上做概括性规定，然后根据亲属的种类和亲等的远近，再规定其法律效力。另一种是个别适用性限定法，即法律根据不同法律关系的需要，对亲属的法律效力做出具体的规定。我国采用的是个别适用性限定法，即配偶、父母、子女、兄弟姐妹、祖父母、外祖父母、孙子女、外孙子女为近亲属。

近亲属之间的权利和义务，是基于《民法典》婚姻家庭编上的效力而产生的。近亲属的效力主要表现在以下领域：在婚姻家庭法上，禁止一定范围内的亲属结婚，规定一定范围内的亲属具有扶养义务等。在《民法典》总则编中，近亲属可以担任无民事行为能力或者限制民事行为能力的成年人的监护人，近亲属可依法对失踪的亲属向法院提出宣告失踪和宣告死亡的申请。在刑法上，告诉才处理的犯罪，如果被害人因受强制、威吓无法告诉的，被害人的近亲属也可以告诉；利用影响力受贿罪的主体包括国家工作人员的近亲属。在诉讼法领域，无论是在民事诉讼还是刑事诉讼中，审判人员是涉案当事人的近亲属时，应当回避。

四、家庭成员

家庭成员，是指同居一家共同生活、相互具有法定权利义务关系的近亲属。本条规定将配偶、父母、子女和其他共同生活的近亲属确定为家庭成员。并非所有的亲属都是家庭成员，如伯父、叔父、姑母、舅父、姨母与侄子女、外甥子女之间虽然是旁系血亲，但因其非同居一家共同生活，彼此不具有法定的权利义务关系，因而他们不是彼此的家庭成员。家庭成员仅是亲属中的极少部分，亲属的范围要广泛得多。因此，家庭成员一般具有亲属关系，而有亲属关系的并不一定都属于家庭成员。

第二章

结　婚

本章主要是根据《婚姻法》第二章相关条文修改而成。主要包括以下内容：结婚自愿、法定结婚年龄、禁止结婚的条件、结婚登记、登记结婚后家庭组成问题、无效婚姻情形、受胁迫的可撤销婚姻、患有重大疾病未如实告知的可撤销婚姻、婚姻无效或被撤销的法律后果。

与《婚姻法》相比，本章主要修改了以下内容：第一，在结婚自愿上，将不允许“任何第三者”干涉男女双方缔结婚姻，改为“禁止任何组织或者个人”加以干涉。第二，在结婚年龄上，不再规定晚婚晚育。第三，修改禁止结婚的条件，不再规定患有医学上认为不应当结婚的疾病者禁止结婚。第四，在结婚登记程序上，明确确立婚姻关系的标志是完成结婚登记。第五，在无效婚姻的情形中，不再将“婚前患有医学上认为不应当结婚的疾病，婚后尚未治愈的”作为法定婚姻无效情形。第六，因受胁迫结婚的当事人可以请求撤销婚姻，将“受胁迫的一方可以向婚姻登记机关或人民法院请求撤销该婚姻”修改为“受胁迫的一方可以向人民法院请求撤销婚姻”。同时，受胁迫方请求撤销婚姻的期限由“自结婚登记之日起一年内提出”改为“自胁迫行为终止之日起一年内提出”。第七，新增患有重大疾病未如实告知的可撤销婚姻的规定：“一方患有重大疾病的，应当在结婚登记前如实告知另一方；不如实告知的，另一方可以向人民法院请求撤销婚姻。请求撤销婚姻的，应当自知道或者应当知道撤销事由之日起一年内提出。”第八，在婚姻无效或被撤销的法律后果上，确立婚姻无效或者被撤销的无过错方有权请求损害赔偿。

第一千零四十六条

结婚应当男女双方完全自愿，禁止任何一方对另一方加以强迫，禁止任何组

织或者个人加以干涉。

本条主旨

本条是关于结婚自愿的规定。

相关条文

本条是在《婚姻法》第五条的基础上修改而成，该条规定为："结婚必须男女双方完全自愿，不许任何一方对他方加以强迫或任何第三者加以干涉。"值得注意的是，《民法典》婚姻家庭编的本条规定仍坚持"男女双方"为结婚行为的主体。目前，我国在法律上仅认可异性之间的婚姻关系，因此，缔结婚姻的主体仍须为"男女双方"。本条将《婚姻法》第五条规定的"不许任何一方对他方加以强迫或任何第三者加以干涉"改为"禁止任何一方对另一方加以强迫，禁止任何组织或者个人加以干涉"。

理解与适用

本条规定体现了《民法典》婚姻家庭编中贯穿的人身自由的核心法理思想①。

一、历史沿革

1950年《婚姻法》明确规定结婚自愿。1950年《婚姻法》第三条规定："结婚须男女双方本人完全自愿，不许任何一方对他方加以强迫或任何第三者加以干涉。"1980年《婚姻法》、2001年修订的《婚姻法》延续了关于结婚自愿的内容。《民法典》婚姻家庭编的本条规定将2001年修订的《婚姻法》第五条规定中的"不许任何一方对他方加以强迫或任何第三者加以干涉"改为"禁止任何一方对另一方加以强迫，禁止任何组织或者个人加以干涉"。

二、结婚应当男女双方完全自愿

根据本条规定，结婚应当男女双方完全自愿，这是婚姻自由原则在结婚制度上的具体体现。结婚自愿是结婚的积极要件，要求男女双方对于缔结婚姻关系的意思表示一致且真实。

该规定的核心意旨是，男女双方是否结婚、与谁结婚，应当完全由双方当事

---

① 龙翼飞．编纂民法典婚姻家庭编的法理思考与立法建议．法制与社会发展，2020（2）.

人本人决定。男女双方完全自愿，具体包括以下含义：第一，应当是男女双方均为自愿，非出于本人自愿，任何一方都不得强迫另一方与自己结婚。第二，应当是基于男女双方本人自愿，而非基于他人意愿，不是双方父母或其他第三者采用包办、买卖等方式干涉男女双方缔结婚姻，即任何组织或个人不得干涉男女双方缔结婚姻。第三，应当是男女双方完全自愿且双方对于缔结婚姻关系的意思表示真实且一致，而非由于存在某种外在的情况而勉强同意。根据《民法典》婚姻家庭编的规定，由于受到胁迫而同意结婚的，属于可撤销婚姻，"受胁迫的一方可以向人民法院请求撤销婚姻"。

结婚是男女双方以建立家庭、互为配偶为目的之两性结合。这种结合从本质上讲，是以爱情为基础的，而爱情只能产生于当事人自身，其他人决定男女情感的命运是违背婚姻本质的。当然，法律要求本人自愿，并不排斥男女双方就个人的婚事征求父母、亲友的意见，也不排斥父母、亲友等人出于对当事人的关心和爱护对他们的婚姻提出看法和建议。我国以当事人办理结婚登记手续作为婚姻合法成立的程序要件。如果缔结婚姻并非当事人双方完全自愿，婚姻登记机关将不予办理结婚登记。

三、关于婚约问题

依照我国民间习俗，有时在结婚前，男女双方还会约定订立婚约，即订婚。新中国成立以来，移风易俗一直是婚姻家庭领域的道德追求与法律追求。为倡导婚姻自由、一夫一妻、男女平等的婚姻家庭制度，我国历次颁行的《婚姻法》均未对婚约予以明确规定，但婚约习惯依然存在，因婚约引发的人身关系、财产关系纠纷依然存在。为妥善解决婚约纠纷，我国的相关法律和司法解释曾表明了对待婚约的态度：（1）订婚不是结婚的必要程序和条件。婚约不具有法律约束力，解除婚约无须任何法定程序。（2）军人的婚约要有条件地保护。（3）解除婚约或恋爱终止时，应妥善处理财物纠纷①。

在我国，婚约不属于法律意义上的合同，不具有强制执行性。婚约对于当事人来说，只能是自愿履行。如果一方当事人反悔，只要通知另一方当事人即可解除，不需要征得另一方当事人的同意，也无须承担任何法律责任②。有学者提出，在婚姻家庭立法中，应当增加有关否定婚约法律效力和解除婚约导致的财产

① 王歌雅．《民法典·婚姻家庭编》的编纂策略与制度走向．法律科学，2019（6）．

② 国务院法制办公室．中华人民共和国婚姻法（含最新司法解释）注解与配套．4版．北京：中国法制出版社，2017：10．

返还规则的规定。并建议增设如下内容："男女双方订立的婚约对双方没有法律约束力。男女双方解除婚约后，一方因订立婚约而给付的财物依法应当返还，不能返还的应承担赔偿责任。"此项立法建议的理由在于：第一，在中国民间，订立婚约已成普遍习俗，且该习俗历史悠久、影响面广，本编的法律规定若不认可婚约的法律效力，那么，就应当将该法律理念宣示全社会，以正世俗。第二，因婚约而给付的财物已经产生财产转移的法律后果，在男女双方解除婚约后，对财物进行返还已成为习惯，在不违背公序良俗的情况下，返还该财产具有合理性①。

典型案例

对结婚登记的审查应以结婚意愿为重——宋家四子女要求撤销二审被上诉人梅河口市民政局结婚登记证案②

【裁判要旨】

有权起诉的公民死亡后，其近亲属不服结婚登记行为，可以死者权利受到侵犯为由提起行政诉讼，但不得仅以自身继承权受损为由。法院审理此类案件，应更多地尊重婚姻双方的结婚意愿，采取实质合法审查标准。

【基本案情】

申诉人（一审原告，二审上诉人，再审申请人）：宋家四子女。

被申诉人（一审被告，二审被上诉人，再审被申请人）：梅河口市民政局（以下简称"市民政局"）。

被申诉人（原审第三人）：李某。

2000年11月14日，李某和宋某（4位申诉人已故父亲）两人办理结婚登记，吉林省梅河口市民政局按照规定审查了两人提供的有效证件后认为符合结婚登记申请条件，为李某和宋某填写了结婚登记申请表，拍了结婚证合影照片，填写了结婚证，并履行了必要的结婚登记手续，根据《婚姻登记管理条例》第九条的规定，为两人办理了结婚证。当时李某所持证件齐全，宋某因子女不同意其再婚，户口簿和身份证被子女扣留未能提交。市民政局在宋某未提交户籍身份证明

---

① 龙翼飞．编纂民法典婚姻家庭编的法理思考与立法建议．法制与社会发展，2020（2）．

② 一审法院为吉林省梅河口市人民法院，案号：（2010）梅行初字第9号；二审法院为吉林省通化市中级人民法院，案号：（2010）通中行终字第15号；再审法院为吉林省通化市中级人民法院，案号：（2011）通中行再字第4号；申诉审查法院为吉林省高级人民法院，案号：（2013）吉行监字第47号；申诉审查法院为最高人民法院，案号：（2013）行监字第679号。

的情况下办理了结婚证，同时依据《婚姻登记管理条例》第十三条的规定，要求宋某到户籍地派出所开具身份证明。2000年11月27日，李某和宋某向市民政局补交了户籍地派出所出具的身份证明。同日，市民政局为两人发放了结婚证。宋家四子女认为，一是市民政局出具的婚姻登记申请书等材料是编造的，与其父亲的真实意愿不符，二是该婚姻登记证在遗产继承案件中对四人不利，故向法院起诉要求确认市民政局的婚姻登记违法，婚姻关系无效。主要理由：一是市民政局在证件不全的情况下进行了登记，构成违法；二是派出所出具的身份证明系伪造（2000年时，通行的身份证号是15位，该证明中为18位）。

一审庭审中，经宋家四子女申请，梅河口市人民法院同意对李某和宋某在结婚登记申请中的签名、指纹进行委托鉴定。2010年5月31日，吉林某鉴定所做出司法鉴定，认为李某和宋某在结婚登记申请表中的签字与提供的样本不是同一人书写；李某在结婚登记申请书中按压的指纹与样本对比，倾向认定是同一人指纹。2010年6月13日，该鉴定所又做出相同文号的司法鉴定书，但内容有变动，即将“倾向认定是同一人指纹”变更为“倾向否定是李某的指纹所按印”。

【审判要览】

吉林省梅河口市人民法院一审认为：根据《婚姻登记管理条例》第四条的规定，梅河口市婚姻登记管理处是被告授权的主管梅河口市婚姻登记管理工作的部门，具有婚姻登记管理职能。在办理第三人和宋某结婚登记时，履行了国家行政机关应尽的登记审查义务。被告要求宋某必须到户籍地派出所开具身份证明后方可领取结婚证，符合《婚姻登记管理条例》第十三条“申请结婚登记的当事人受单位或者他人干涉，不能获得所需证明时，经婚姻登记管理机关查明确实符合结婚条件的，应当予以登记”的规定。虽然被告在宋某户口簿和身份证未提交的情况下就填写了结婚证，但从结婚登记过程及宋某在遗嘱笔录中的叙述来看，可以认定李某和宋某是自愿、合法办理了结婚登记手续。原告所提供的证据不能充分反证被告所有登记材料都是编造、伪造的，对原告要求撤销该结婚登记证的主张不予支持。

梅河口市人民法院根据《最高人民法院关于执行〈中华人民共和国行政诉讼法〉若干问题的解释》第五十六条第（二）项的规定，经本院2010年第11次审判委员会讨论决定，判决：驳回原告宋家四子女的诉讼请求。

吉林省通化市中级人民法院二审认为：本案的争议焦点是被上诉人市民政局发放的被诉结婚证是否合法。二审法院根据庭审举证、质证而认定的有效证据查明的事实与一审基本一致，并认为被上诉人市民政局为李某与宋某发放结婚证，符合《婚姻登记管理条例》第十三条的规定，是根据《婚姻登记管理条例》第四条规定办理的。上诉人所提供的证据不能充分证明自己的主张。对于四位上诉人要求撤销一审判决、依据司法鉴定确认被上诉人市民政局违法发放结婚证的请求不予支持。

吉林省通化市中级人民法院判决驳回上诉，维持原判。

后经通化市中院再审维持原判以及吉林省高院驳回再审申请后，宋家四子女向最高人民法院提起申诉，要求撤销原审判决，依法确认婚姻登记违法无效。主要理由：（1）申领签字伪造，结婚照属合成照，婚姻登记应属无效；（2）原审判决中“被诉行为存在程序瑕疵并不影响登记结果”的论理存在不当。

最高人民法院最终决定不予再审立案处理，主要指导精神是：婚姻登记行为是婚姻登记机关对双方民事关系的确认，对该行为进行合法性审查应更注重双方是否自愿结婚这一实体问题。只要双方自愿且无法律禁止或者无效的情形，就应认定婚姻登记行为有效。因此，结婚登记的程序瑕疵不足以否定婚姻登记行为的效力。

【法官观点】

关于对婚姻登记是进行实质合法审查还是形式合法审查，确实需要设立相应的标准。

本案中，宋家四子女起诉认为，2000年11月14日填写的婚姻登记申请表等材料是市民政局编造的，公安机关出具的身份证明是伪造的，并就李某、宋某在结婚登记申请中的签名、指纹提出鉴定申请。可以说，宋家四子女对申请材料的真实性质疑，由此引出人民法院对婚姻登记是进行实质合法审查还是形式合法审查的标准问题。

持形式合法审查标准的人主要基于两点理由：一是法律对婚姻登记机关的审查义务限于形式审查；二是司法审查针对登记行为的合法性，只要登记机关依法尽到形式审查义务，就应该被认定为合法。倘若法院事后提高法律规范设定的审查标准，以此衡量先前的登记行为，实属不公。

持实质合法审查标准的人认为，结婚登记是以结婚民事合意为基础的行政确认。国务院法制办《行政许可法疑难问题解答》中指出：“行政许可是行政机关对经济和社会事务的管理行为，不包括对民事权利、民事关系的确认。因此，……产权登记、机动车登记、婚姻登记、户籍登记、抵押登记等，不是行政许可”。可以说，行政许可的效力是向后的，一经许可登记即创设新的权利义务关系；而行政确认是对既有民事关系的记载，其权利义务从根本上取决于基础民事法律关系或者法律事实，如结婚登记取决于当事人缔结婚姻关系的意愿。确认登记的作用只是在相对人的民事权利上叠加一层官方认可的色彩，其行为效力完全基于法律的直接规定而非行政机关的意思产生。因此，结婚自愿才是衡量婚姻是否有效的实质要件。确认行为在法律性质上只是一种公示行为，通过确认方式使当事人的民事意愿表示出来，故人民法院司法审查时应着重把握实质要件，采取实质合法审查标准。首先，不轻易因为登记程序问题否定婚姻效力。有关法律在设定行政确认法律关系时，更重视其所确认行为的实质要件，及该确认行为所确认的民事法律关系是否有效，甚至为达到实质目的而迁就形式目的。婚姻登记是结婚的必经程序，但未办理结婚登记而具备结婚实质要件的，应当允许补办，且补办登记具有溯及力。一旦婚姻登记程序办理完毕，即使婚姻登记违反法定程序，若结婚符合实质要件，也不应撤销该婚姻登记。此时以程序违法为由撤销婚姻登记行为，受损害的恰恰是婚姻当事人自己，而且与设定婚姻登记程序的本意不符。其次，实质合法审查标准才能实质化解纠纷。考虑到绝大部分婚姻登记案件源于基础民事纠纷，如果人民法院采取保守的形式合法审查标准，甚至审慎合理标准，都不足以解决纠纷，徒增讼累。以最高人民法院答复为据，法［2005］行他字第 13 号答复第二条指出："婚姻关系双方或一方当事人未亲自到婚姻登记机关进行婚姻登记，且不能证明婚姻登记系男女双方的真实意思表示，当事人对该婚姻登记不服提起诉讼的，人民法院应当依法予以撤销。"当形式要件未满足时，法院有义务进一步核实婚姻关系双方是否自愿结婚这一实质要件。该答复的精神应当适用于本案形式要件真实性受到质疑的情况。

第一千零四十七条

结婚年龄，男不得早于二十二周岁，女不得早于二十周岁。

本条主旨

本条是关于法定结婚年龄的规定。

相关条文

本条是在《婚姻法》第六条的基础上修改而成，该条规定为："结婚年龄，男不得早于二十二周岁，女不得早于二十周岁。晚婚晚育应予鼓励。"本条的修改之处在于取消了"晚婚晚育应予鼓励"的规定。"晚婚晚育应予鼓励"曾经作为 1980 年《婚姻法》的一项倡导性规定。值得注意的是，2015 年修订的《人口与计划生育法》已将第十八条中的"国家稳定现行生育政策，鼓励公民晚婚晚育"径行删除。

理解与适用

本条规定，直接体现了《民法典》婚姻家庭编中贯穿的人权平等、人本秩序等核心法理思想和权利法定、行为公示等具体法理精神①。

一、法定结婚年龄的含义

法定结婚年龄，指法律规定允许结婚的最低年龄界限，在此年龄以上始得结婚。我国《民法典》婚姻家庭编第一千零四十七条规定："结婚年龄，男不得早于二十二周岁，女不得早于二十周岁。"凡双方或一方未达到法定结婚年龄，婚姻登记机关一律不予登记。

二、法定结婚年龄的确定

由于婚姻兼具自然属性和社会属性，因而，法定结婚年龄的确定也取决于自然因素和社会因素。结婚的男女双方只有达到一定的年龄，才能具备适合的生理条件和心理条件并履行夫妻义务，承担对家庭和社会的责任。尽管我国法律赋予每个公民结婚的权利能力，但并非所有公民都可以成为婚姻法律关系的主体，只有达到法律规定的结婚年龄的人，才享有结婚的权利②。

我国1950年《婚姻法》规定的法定婚龄为男二十岁、女十八岁。这与当时的政治、经济、文化发展水平，与人民群众的觉悟程度和接受能力相适应。为了适应改革开放的新形势，1980年《婚姻法》将保护妇女和儿童合法权益的原则扩大为保护妇女、儿童和老人合法权益的原则，增加了实行计划生育的原则③，为了配合国家"晚婚晚育"的人口政策，相应地，法定结婚年龄也调整为男二十二周岁、女二十周岁。由此可知，结婚年龄并不基于客观的生理标准确定，其并不与民事主体的民事行为能力标准挂钩，很大程度上是作为国家进行人口治理的政策工具而存在④。考虑到1980年《婚姻法》确定的法定结婚年龄执行情况基本是可行的，因此，2001年修订的《婚姻法》对法定结婚年龄没有再做修改。

然而，有关是否应当降低法定结婚年龄的争论由来已久。一种观点认为，应当降低法定婚龄并取消男女婚龄差，即修改为："结婚年龄，男女双方均不得早

---

① 龙翼飞．编纂民法典婚姻家庭编的法理思考与立法建议．法制与社会发展，2020（2）．

② 吴高盛．《中华人民共和国婚姻法》释义及实用指南．北京：中国民主法制出版社，2014：26．

③ 冉克平．论《民法典婚姻家庭编（草案）》的体系、内容及其完善．武汉大学学报（哲学社会科学版），2019（6）．

④ 申晨．论婚姻无效的制度构建．中外法学，2019（2）．

于二十周岁。”理由是：第一，法定婚龄过高违背了自然人的生长发育规律。第二，由我国广大农村地区和少数民族地区的结婚习俗可知，很多男女青年有早结婚的意愿，降低法定婚龄有利于满足其正当需求，减少因不能结婚而形成的同居现象。第三，我国控制人口数量的生育政策已经发生改变，1980 年《婚姻法》提高法定婚龄的现实基础已经不存在。第四，法定婚龄男女差异没有现实的依据和合法性基础，不符合性别平等观。为了进一步贯彻男女平等原则，应当删除男女法定婚龄的差异规定①。

另一种观点认为，应维持现行法定婚龄。理由是：第一，民政部 2015—2017 年婚姻登记数据显示，男女青年结婚的最高峰是 25～29 周岁，占到结婚人数的 35%～39%；有多少男青年在 20～22 周岁即有结婚要求，缺乏数据支撑。第二，人们结婚以后要承担供养家庭的义务与责任，20～22 周岁的男青年有无供养能力，值得怀疑。因此，降低法定婚龄没有实际意义，维持现状也不会产生太大影响。

“男不得早于二十二周岁，女不得早于二十周岁”体现了男女两性的自然生理差异。基于实施效果及尊重民众习惯的考虑②，该规定应予以保留。因此，《民法典》婚姻家庭编第一千零四十七条沿袭了《婚姻法》第六条的规定，“结婚年龄，男不得早于二十二周岁，女不得早于二十周岁”。

典型案例

未达法定结婚年龄，婚姻无效——雷某甲与张某甲婚姻无效纠纷案③

【基本案情】

原告雷某甲诉称，原、被告双方于 2011 年 5 月 17 日登记结婚，婚后不久，原告发现被告同时有两个身份证，被告注销了与原告结婚时所用身份证，现在所持身份证未达法定婚龄，原告为此承担巨大精神痛苦，且双方因性格不合，经常争吵，导致夫妻感情彻底破裂。现诉至法院，请求依法判决宣告双方婚姻无效。

被告张某甲辩称，由于当时未到法定结婚年龄，结婚心切，冒用别人的身份证与原告结婚，给原告造成了非常大的精神损害，我愿意承担由此产生的一切责任。

① 龙翼飞．编纂民法典婚姻家庭编的法理思考与立法建议．法制与社会发展，2020（2）．

② 王歌雅．《民法典·婚姻家庭编》的编纂策略与制度走向．法律科学，2019（6）．

③ 审理法院为河南省信阳市平桥区人民法院，案号：（2014）平民初字第 590 号。

法院审理查明，原告雷某甲于 1989 年 1 月 10 日出生，被告张某甲于 1991 年 12 月 23 日出生，双方于 2010 年 3 月经人介绍相识并建立恋爱关系，于 2011 年 5 月 17 日登记结婚。双方共同生活期间无生育子女，无共同财产、共同债权债务。被告张某甲至原告起诉时尚未达到法定婚龄。

【争议焦点】

本案的争议焦点为，原、被告婚姻是否有效。

【裁判】

审理法院认为，原告雷某甲以被告张某甲未达法定婚龄为由，起诉要求宣告原、被告婚姻无效，本案为婚姻无效纠纷。《中华人民共和国婚姻法》第六条规定："结婚年龄，男不得早于二十二周岁，女不得早于二十周岁。"第十条规定："有下列情形之一的，婚姻无效：（一）重婚的；（二）有禁止结婚的亲属关系的；（三）婚前患有医学上认为不应当结婚的疾病，婚后尚未治愈的；（四）未到法定婚龄的。"双方在办理结婚登记手续时，被告张某甲未达到法定婚龄，且至原告起诉时仍未达到法定婚龄，故原、被告法定婚姻无效的情形仍未消失，原告雷某甲请求宣告原、被告之间的婚姻无效，符合法律规定，本院予以支持。

综上，河南省信阳市平桥区人民法院依照《中华人民共和国婚姻法》第六条、第十条、第十二条，《最高人民法院关于适用〈中华人民共和国婚姻法〉若干问题的解释（一）》第八条、第九条之规定，于 2014 年 4 月 8 日作出民事判决如下：

宣告原告雷某甲与被告张某甲的婚姻无效。

本判决一经作出即具有法律效力。

【评析】

本案涉及未达法定婚龄的婚姻效力问题。对于这一问题，理论和司法实践中的态度高度一致，即一方或双方未达法定婚龄的婚姻为无效婚姻。在司法实践中应当注意的是，因未达法定婚龄请求确认婚姻无效的，结婚时未达法定婚龄的一方必须在起诉时仍未达到法定婚龄，人民法院才可能确认婚姻无效。人民法院审理宣告婚姻无效案件，对婚姻效力的审理不适用调解，应当依法作出判决；该判决一经作出，即发生法律效力。

本案中，被告结婚时未达法定婚龄，且在原告起诉时被告仍然未达到法定结婚年龄，婚姻无效的情形是始终存在的，因此法院支持了原告的诉讼请求。如果原告起诉时被告已经达到法定结婚年龄，则因导致婚姻无效的情形已经消失，原告的诉讼请求不应得到支持。

第一千零四十八条

直系血亲或者三代以内的旁系血亲禁止结婚。

本条主旨

本条是关于禁止结婚的亲属关系的规定。

相关条文

本条是在《婚姻法》第七条的基础上修改而成，该条规定为："有下列情形之一的，禁止结婚：（一）直系血亲和三代以内的旁系血亲；（二）患有医学上认为不应当结婚的疾病。"本条主要是针对《婚姻法》第七条第二项做了修改。患有医学上认为不应当结婚的疾病者禁止结婚，这一规定在实践中很难操作，且在对方知情的情况下，是否患有疾病并不必然会影响当事人的结婚意愿。为尊重当事人的婚姻自主权，《民法典》婚姻家庭编单列条文规定：一方患有重大疾病的，应当在结婚登记前如实告知另一方；不如实告知的，另一方可以向人民法院请求撤销婚姻。我国《民法典》婚姻家庭编关于直系血亲或者三代以内的旁系血亲禁止结婚的规定属于强制性规范，不允许随意变通适用[①]。当事人的结婚行为因违背禁止结婚的法定条件而当然归于无效。

理解与适用

本条规定，直接体现了《民法典》婚姻家庭编中贯穿的人伦正义的核心法理思想和公序良俗的具体法理精神[②]。

一、亲系——亲属的血缘联系

亲系，指的是亲属间的联络系统，这种联络的载体是客观存在的血缘联系[③]。血亲之间当然具有血缘联系，姻亲虽以婚姻为中介，但它是配偶一方与另一方的血亲之间的关系，配偶双方与各自的血亲之间同样也具有血缘联系。狭义的亲系，仅指血亲的联络系统，而广义的亲系兼指姻亲的联络系统。除配偶本身

① 陈坤．所指确定与法律解释：一种适用于一般法律词项的指称理论．法学研究，2016（5）．

② 龙翼飞．编纂民法典婚姻家庭编的法理思考与立法建议．法制与社会发展，2020（2）．

③ 杨大文．亲属法与继承法．北京：法律出版社，2013：50．

外，一切亲属关系中总是有一定的亲系可循。各种亲系互相交织，形成了一个复杂的亲属网络。

根据亲属间血缘关系亲疏远近的不同，可分为直系血亲和旁系血亲。

(一) 直系血亲

直系血亲，指彼此之间具有直接的血缘联系的血亲，即己身所从出和从己身所出的血亲。直系血亲是被一系列的直线式的出生事实联结在一起的[①]。生育自己的和自己生育的上下各代血亲，都属于直系血亲的范围，如父母与子女、祖父母与孙子女、外祖父母与外孙子女等。

(二) 旁系血亲

旁系血亲，指彼此之间具有间接的血缘联系的血亲。在血缘上具有同源关系的，除直系血亲外均为旁系血亲。旁系血亲的范围很广，呈网络状向外延伸[②]。例如，兄弟姐妹因同源于父母而具有间接的血缘联系，己身与伯、叔、姑及其子女因同源于祖父母而具有间接的血缘联系，己身与舅、姨及其子女因同源于外祖父母而具有间接的血缘联系。

二、亲等——亲属关系远近计算法

衡量亲属关系远近主要是采用亲等来计算。亲等是计算亲属关系远近的单位，即每经一代为一亲等。亲等数越少，亲属关系越近。世界上主要有两种亲等计算法：一种是世界多数国家所采用的罗马法亲等计算法；另一种是部分国家所采用的寺院法亲等计算法。我国《民法典》婚姻家庭编未采用亲等计算法，而是沿用了世代计算法。具体内容分述如下：

(一) 罗马法亲等计算法

(1) 直系血亲计算法。从己身往上数，每经一代为一亲等；从己身往下数，每经一代也是一亲等。比如，往上数，自己与父母为一亲等直系血亲，与祖父母、外祖父母为二亲等直系血亲；往下数，自己与子女为一亲等直系血亲，与孙子女、外孙子女为二亲等直系血亲。

(2) 旁系血亲计算法。从己身上数至共同的直系血亲，再由共同的直系血亲下数至所要计算的亲属，其世代相加之数，就是己身与所指亲属的亲等数。比如，自己与同胞兄弟姐妹的共同直系血亲是父母，为一亲等，再由父母数至兄弟姐妹也为一亲等，一加一等于二，自己与兄弟姐妹便为二亲等旁系血亲。自己与

① 杨大文．亲属法与继承法．北京：法律出版社，2013：50.

② 巫昌祯，夏吟兰．婚姻家庭法学．2版．北京：中国政法大学出版社，2016：51.

伯、叔、姑、舅、姨的共同直系血亲均上数至祖父母或者外祖父母，因此自己与伯、叔、姑、舅、姨均为三亲等旁系血亲。堂兄弟姐妹间为四亲等旁系血亲。

（二）寺院法亲等计算法

（1）直系血亲计算法。与罗马法直系血亲计算法相同，即以己身为基点，向上或向下数，以间隔一世为一亲等。

（2）旁系血亲计算法。从己身上数至共同的直系血亲，再从所指亲属也上数至共同的直系血亲。如果双方与共同的直系血亲间的代数相同，可按一方的代数定其亲等，代数不同，则按代数多的一方定其亲等。比如，同胞兄弟姐妹上数至父母，代数相同，为一亲等旁系血亲。己身与伯、叔、姑共同的直系血亲为祖父母，己身与祖父母是二亲等，伯、叔、姑与祖父母是一亲等，以己身的代数确定，伯、叔、姑与侄为二亲等旁系血亲。堂兄弟姐妹上数至祖父母，代数相同，也为二亲等旁系血亲。这种计算法往往不能准确地表示旁系血亲间的亲疏远近关系，不如罗马法计算法科学。

（三）我国《民法典》婚姻家庭编中的亲属计算法

我国《民法典》婚姻家庭编没有采用亲等计算法，而是采用简便的代数来表示血亲关系，一辈为一代，代数小的比代数大的亲属关系要亲近。

（1）直系血亲代数的计算。直系血亲是从自己算起为一代，向上数至父母为二代，至祖父母、外祖父母为三代，至曾祖父母、曾外祖父母为四代，至高祖父母为五代。往下也是如此，自己至子女为二代，至孙子女、外孙子女为三代……依次类推。

（2）旁系血亲代数的计算。首先找出自己与所要计算的旁系血亲的共同血缘处，以代数最高者为旁系血亲的代数。如己身与姑表亲的共同血缘处在己身的祖父母，己身与祖父母为三代，姑表亲与己身的祖父母也是三代，则己身与姑表亲为三代旁系血亲。再如，己身与姑表亲之女（即表侄女），共同血缘处在己身的祖父母，而己身的表侄女与己身的祖父母为四代直系血亲，则己身与表侄女为四代旁系血亲，不在禁止结婚的血亲范围之内。

三、禁止一定范围血亲结婚的必要性

禁止一定范围的血亲结婚是优生的要求。人类两性关系的发展证明，血缘过近的亲属间通婚，容易把双方生理上的缺陷遗传给后代，影响家庭幸福，危害民族健康。有学者认为，禁止一定范围的血亲结婚也是人伦正义这一核心法理思想在《民法典》婚姻家庭编的重要体现①。

① 龙翼飞．编纂民法典婚姻家庭编的法理思考与立法建议．法制与社会发展，2020（2）．

新中国成立后，1950 年《婚姻法》除禁止直系血亲、同胞兄弟姐妹、同父异母或同母异父兄弟姐妹结婚外，对其他五代以内的旁系血亲间禁止结婚的问题，做了从习惯的规定。1980 年《婚姻法》除保留禁止直系血亲结婚的规定外，又明确规定禁止三代以内的旁系血亲结婚。2001 年修订的《婚姻法》和《民法典》婚姻家庭编对于禁止血亲结婚的范围没有改动。也就是说，《民法典》婚姻家庭编所规定的禁止结婚的血亲有两类：

（1）直系血亲。包括父母子女，祖父母、外祖父母与孙子女、外孙子女，即父母不能与儿女结为配偶，祖父母、外祖父母不能与孙子女、外孙子女婚配。

（2）三代以内旁系血亲。包括：1）同源于父母的兄弟姐妹（含同父异母、同母异父的兄弟姐妹），即同一父母的子女之间不能结婚。2）不同辈的叔、伯、姑、舅、姨与侄子女、外甥子女不能结婚。3）同源于祖父母、外祖父母的堂兄弟姐妹、表兄弟姐妹不能结婚。

典型案例

三代以内旁系血亲结婚无效——张某诉罗某申请确认婚姻无效纠纷案①

【案情】

法院审理查明：申请人的母亲与被申请人的父亲系同胞兄妹。2005 年 4 月，申请人、被申请人在双方父母的撮合下共同生活，其间生育一子，取名张某甲。2006 年 4 月 26 日，双方在本县南腰界乡人民政府补办了结婚登记。不久两人各自外出务工，一直无联系。申请人以双方系三代以内的旁系血亲为由，起诉要求法院判决其与被申请人的婚姻无效。

【争议焦点】

本案的争议焦点为，申请人与被申请人的婚姻是否有效。

【裁判】

法院认为：申请人与被申请人系嫡亲的表兄妹，属三代以内旁系血亲。两人的结婚登记行为，已违反了婚姻法禁止结婚的规定，其婚姻自始无效，当事人不具有夫妻的权利和义务。故对申请人要求宣告与被申请人婚姻无效的请求，法院予以支持。

综上，重庆市酉阳土家族苗族自治县人民法院依照《中华人民共和国婚姻法》第七条第（一）项、第十条第（二）项、第十二条及《最高人民法院关于适用〈中华人民共和国婚姻法〉若干问题的解释（一）》第九条第一款之规定，于

① 审理法院为重庆市酉阳土家族苗族自治县人民法院，案号：（2008）酉法民初字第 228 号。

2008年6月16日作出民事判决如下：

张某与罗某的婚姻无效。

本判决为终审判决。

【评析】

本案涉及血亲结婚的效力问题。按照我国法律规定，直系血亲以及三代以内的旁系血亲禁止结婚，已经缔结的婚姻为无效婚姻，不产生婚姻的法律效力，其婚姻自始无效，当事人不具有夫妻的权利和义务。

本案中，申请人与被申请人属于嫡亲的表兄妹，属于三代以内旁系血亲，应禁止结婚；已经结婚的，为无效婚姻。

第一千零四十九条

要求结婚的男女双方应当亲自到婚姻登记机关申请结婚登记。符合本法规定的，予以登记，发给结婚证。完成结婚登记，即确立婚姻关系。未办理结婚登记的，应当补办登记。

本条主旨

本条是关于结婚登记的规定。

相关条文

本条是在《婚姻法》第八条的基础上修改而成，该条规定为："要求结婚的男女双方必须亲自到婚姻登记机关进行结婚登记。符合本法规定的，予以登记，发给结婚证。取得结婚证，即确立夫妻关系。未办理结婚登记的，应当补办登记。"本条略有改动之处是将确立婚姻关系的标志由"取得结婚证"改为"完成结婚登记"。

理解与适用

本条规定，直接体现了《民法典》婚姻家庭编中贯穿的人身自由、人格尊严、人本秩序等核心法理思想和权利法定、行为公示等具体法理精神①。

一、结婚登记的目的和意义

我国《婚姻登记条例》第一条规定："为了规范婚姻登记工作，保障婚姻自

① 龙翼飞．编纂民法典婚姻家庭编的法理思考与立法建议．法制与社会发展，2020（2）.

由、一夫一妻、男女平等的婚姻制度的实施，保护婚姻当事人的合法权益，根据《中华人民共和国婚姻法》，制定本条例。”据此规定，结婚登记的目的是规范管理婚姻登记工作，保障我国婚姻制度的实施，保护婚姻当事人的合法权益。

具体而言，结婚登记的意义主要包括以下三个方面：

第一，保障社会主义婚姻制度的实行。国家通过结婚登记，可以对公民婚姻的建立进行监督，有利于维护法律的严肃性，防止包办、买卖婚姻，制止早婚和重婚的发生，以国家的强制力确保社会主义婚姻家庭制度的巩固。

第二，保护婚姻当事人的合法权益。国家实行结婚登记制度，可给予争取婚姻自主的男女及时的法律支持，保护基于爱情而要求结合的男女的正当权利，还可以帮助、指导婚姻双方当事人避免因无知或者受欺骗而陷于不幸的婚姻之中。

第三，及时防止和惩治违反婚姻法的行为。通过结婚登记，国家工作人员可以直接对婚姻当事人开展法制教育，及时发现违反婚姻法的行为，并采取相应的有效措施①。

二、结婚登记的机关

《婚姻登记条例》第四条规定：“内地居民结婚，男女双方应当共同到一方当事人常住户口所在地的婚姻登记机关办理结婚登记。中国公民同外国人在中国内地结婚的，内地居民同香港居民、澳门居民、台湾居民、华侨在中国内地结婚的，男女双方应当共同到内地居民常住户口所在地的婚姻登记机关办理结婚登记。”具体办理结婚登记的机关是：

第一，内地居民办理婚姻登记的机关是县级人民政府民政部门或者乡（镇）人民政府，省、自治区、直辖市人民政府可以按照便民原则确定农村居民办理婚姻登记的具体机关。

第二，中国公民同外国人，内地居民同香港特别行政区居民、澳门特别行政区居民、台湾地区居民、华侨办理婚姻登记的机关是省、自治区、直辖市人民政府民政部门或者省、自治区、直辖市人民政府民政部门确定的机关。

第三，男女双方均居住于驻在国的中国公民的婚姻登记，可由中华人民共和国驻外使（领）馆办理。

三、结婚登记的程序

结婚登记的程序分为申请、审查和登记三个环节。

---

① 巫昌祯，夏吟兰．婚姻家庭法学．2版．北京：中国政法大学出版社，2016：52.

（一）申请

要求结婚的当事人，应当向婚姻登记机关提出结婚申请。中国内地居民结婚，男女双方应当共同到一方当事人常住户口所在地的婚姻登记机关办理结婚登记。中国公民同外国人在中国内地结婚的，内地居民同香港居民、澳门居民、台湾居民、华侨在中国内地结婚的，男女双方应当共同到内地居民常住户口所在地的婚姻登记机关办理结婚登记。申请时，应当出具规定的证件和证明材料。具体而言：

第一，办理结婚登记的内地居民应当出具下列证件和证明材料：（1）本人的户口簿、身份证；（2）本人无配偶以及与对方当事人没有直系血亲和三代以内旁系血亲关系的签字声明。

第二，办理结婚登记的香港特别行政区居民、澳门特别行政区居民、台湾地区居民应当出具下列证件和证明材料：（1）本人的有效通行证、身份证；（2）经居住地公证机构公证的本人无配偶以及与对方当事人没有直系血亲和三代以内旁系血亲关系的声明。

第三，办理结婚登记的华侨应当出具下列证件和证明材料：（1）本人的有效护照；（2）居住国公证机构或者有权机关出具的、经中华人民共和国驻该国使（领）馆认证的本人无配偶以及与对方当事人没有直系血亲和三代以内旁系血亲关系的证明，或者中华人民共和国驻该国使（领）馆出具的本人无配偶以及与对方当事人没有直系血亲和三代以内旁系血亲关系的证明。

第四，办理结婚登记的外国人应当出具下列证件和证明材料：（1）本人的有效护照或者其他有效的国际旅行证件；（2）所在国公证机构或者有权机关出具的、经中华人民共和国驻该国使（领）馆认证或者该国驻华使（领）馆认证的本人无配偶的证明，或者所在国驻华使（领）馆出具的本人无配偶的证明。

（二）审查

婚姻登记机关对当事人的结婚申请进行审查，即婚姻登记机关应当对结婚登记当事人出具的证件、证明材料进行审查并询问相关情况。办理结婚登记的当事人有下列情形之一的，婚姻登记机关不予登记：（1）未到法定结婚年龄的；（2）非双方自愿的；（3）一方或者双方已有配偶的；（4）属于直系血亲或者三代以内旁系血亲的。对结婚登记当事人不符合结婚条件不予登记的，应当向当事人说明理由。

（三）登记

婚姻登记机关对结婚登记当事人符合结婚条件的，应当当场予以登记，发给结婚证。

四、补办结婚登记

2001 年《婚姻法》修正案将 1980 年《婚姻法》第七条修改为第八条，并在原有规定的基础上增加了“未办理结婚登记的，应当补办登记”的规定。该规定包含了如下含义：我国婚姻法从积极的角度重申办理结婚登记的必要性，但对于不登记的仍可以通过“补办”加以弥补，试图以补办结婚登记的办法解决事实婚姻问题。从现有的立法资料来看，2001 年《婚姻法》修正案（法学专家建议稿）强调结婚登记的严肃性，该建议稿第 24 条还规定：“未经办理结婚登记而以夫妻名义同居生活的，不发生婚姻的法律效力。”① 2001 年《婚姻法》修正案（草案）第 8 条也未确立补办登记制度②。由此分析判断，2001 年《婚姻法》修正案（草案）之前并未就未登记的情况做出妥协，而是重申和严肃结婚登记制度。但是，在九届全国人大常委会第十九次会议上，全国人大法律委员会向全国人民代表大会常务委员会汇报关于 2001 年《婚姻法》修正案（草案）时指出：考虑到农村中未办理登记举行结婚仪式的不少，原因很复杂，因此，对没有登记的应区别情况分别处理。对符合结婚实质要件只是没有办理登记手续的，一律简单宣布为无效婚姻，对保护妇女的权益不利，应当通过加强法制宣传和完善登记等工作，采取补办登记等办法去解决③。由此可见，补办结婚登记更多是对客观存在的事实婚姻的倾向性的妥协。

《最高人民法院关于适用〈中华人民共和国婚姻法〉若干问题的解释（一）》第四条、第五条进一步解释了补办结婚登记，以 1994 年 2 月 1 日《婚姻登记管理条例》公布实施为分界点，做出事实婚姻和同居的区分：对于 1994 年 2 月 1 日《婚姻登记管理条例》公布实施以前，男女双方符合结婚实质要件的，可认定其具有事实婚姻的效力，不必以补办结婚登记为条件；对于 1994 年 2 月 1 日《婚姻登记管理条例》公布实施后，男女双方符合结婚实质要件的，应当告知其在案件受理前补办结婚登记，补办之后方可按离婚案件处理，对拒不补办结婚登记坚持“离婚”的，按解除同居关系处理。

对于 1994 年 2 月 1 日《婚姻登记管理条例》公布实施以后的同居关系，补办结婚登记是转化为婚姻关系的必要条件，其效力可追溯至双方均符合结婚的实质要件时。通过补办登记，有利于维护妇女的合法权益。只有补办后才可以适用

---

① 夏吟兰，蒋月，薛宁兰．21 世纪婚姻家庭关系新规制．北京：中国检察出版社，2001：334.
② 王胜明，孙礼海．《中华人民共和国婚姻法》修改立法资料选．北京：法律出版社，2001：82.
③ 姚红，等．中华人民共和国婚姻法释解．北京：群众出版社，2001：48－49.

判决不准离婚、适用离婚损害赔偿制度和经济帮助制度等给妇女等弱势方带来利益。因此，补办结婚登记手续具有溯及力，溯及至当事人双方符合结婚的实质要件时。由此可见，补办结婚登记制度不仅是对补办结婚登记后的婚姻关系的认可，而且也是对补办结婚登记前符合结婚实质要件的以夫妻名义同居关系的认可，这种关系从当事人双方符合结婚的实质要件时起因补办结婚登记手续而产生婚姻的效力，该效力期间的界定更被认为是我国2001年《婚姻法》修正案对未登记的情况做出的立法上的妥协①。

典型案例

双方在登记时未做补办登记的声明应当认定为婚姻登记，而不应进行婚姻效力的追溯——徐甲与郑某继承纠纷案②

【裁判要旨】

补办结婚登记的相关规定并非对于事实婚姻的认可，补办结婚登记是将事实婚姻有条件地纳入婚姻登记制度中的变通性规定。补办结婚登记的，婚姻效力从双方具备法定结婚实质要件时起算，但双方在登记时未声明为补办登记的，应当认定为婚姻登记，不应进行婚姻效力的追溯。

【案情】

徐甲与郑某继承纠纷一案，经审理查明：徐某与被上诉人（一审被告）郑某系再婚夫妻关系，二人于2005年3月18日登记结婚，婚后未生育子女。徐某于2009年12月26日因重症肺部感染死亡。徐某曾有过三次婚姻，第一任配偶为潘某，二人育有一女即上诉人（一审原告）徐甲；第二任配偶为谭某，徐某与谭某未生育子女，二人于1995年4月21日登记离婚；第三任配偶系郑某。徐某之父于1991年3月1日死亡，徐某之母于1964年5月20日死亡。就徐某的遗产分割问题，徐某之女徐甲与郑某发生争议，焦点在于徐某名下的房屋是否属于夫妻共同财产。

徐甲起诉称：徐某与郑某于2005年3月登记结婚，北京市某区某小区某号房产系徐某于婚前购买并获得产权证书，应当认定为徐某的婚前个人财产，由徐甲、郑某进行法定继承。

对此，郑某答辩称：郑某与徐某的婚姻关系应当从1999年2月底发生法律

---

① 何丽新．论事实婚姻与非婚同居的二元化规制．比较法研究，2009（2）．

② 一审法院为北京市石景山区人民法院，案号：（2010）石民初字第04558号；二审法院为北京市第一中级人民法院，案号：（2012）一中民终字第03095号。

效力，此后夫妻关系存续期间取得财产均为夫妻共同财产。郑某于1998年11月3日离异，徐某于1995年4月21日离异。二人于1999年2月底起以夫妻名义共同生活和居住，未及时办理结婚登记。2005年3月，郑某与徐某补办结婚登记手续。《最高人民法院关于适用〈中华人民共和国婚姻法〉若干问题的解释(一)》第四条规定："男女双方根据婚姻法第八条规定补办结婚登记的，婚姻关系的效力从双方均符合婚姻法所规定的结婚的实质要件时起算。"1999年2月底，郑某与徐某已经符合婚姻法规定的结婚实质要件，郑某与徐某的婚姻关系应当自1999年2月底发生法律效力。

在庭审中，依据徐甲申请，一审法院依法委托某房地产评估有限公司对上述房产市场价值进行评估，结果为：市场价值2 077 127元。

在庭审中，郑某申请证人徐某甲、母某、孙某、宋某、毕某到庭，证实徐某与郑某于1999年春节后以夫妻名义共同居住生活及出席公众场合。证人亦均表示二人未举行结婚仪式。

另查明，徐某生前曾于2000年9月30日在某医院住院治疗肾结石病，在该医院的病案首页中联系人一栏填有"郑某/妻子"；2000年11月27日，徐某购买中国太平洋保险公司个人长期人身保险保险单一份，保险合同内受益人资料一栏填有"姓名：郑某。与被保险人关系：夫妻"。

一审法院判决：(1) 位于北京市某区某小区某号的房产自本判决生效之日起由郑某取得，房屋所有权人为郑某；(2) 郑某于本判决生效后30日内给付徐甲房屋折价款519 281.75元。

徐甲不服一审法院判决，提起上诉。

二审中，法院调取郑某与徐某结婚登记档案，查明双方在结婚时所签署的声明书为申请结婚登记声明书。

【结论】

二审法院判决：(1) 维持一审判决第一项；(2) 变更一审判决第二项为郑某于本判决生效后30日内给付徐甲房屋折价款1 038 563.5元。

【审判要览】

一审法院认定双方当事人争议焦点为被继承人徐某与被告郑某的婚姻效力起算时间。一审法院认为，依据《最高人民法院关于适用〈中华人民共和国婚姻法〉若干问题的解释(一)》第四条的规定，男女双方根据《婚姻法》第八条规定补办结婚登记的，婚姻关系的效力从双方均符合婚姻法所规定的结婚的实质要件时起算。据此规定可知，未办理结婚登记而以夫妻名义共同生活的男女，只要符合结婚的实质要件，即达到法定结婚年龄，双方自愿且无配偶，无禁止结婚的疾病，可以补办结婚登记，虽然是后来补办的结婚登记，婚姻关系的效力却是从双方具备法定结婚实质要件时起算。在本案中，郑某所提交的徐某的住院病历（2000 年 9 月 30 日）与保险合同（2000 年 11 月 27 日）中关于二人关系的记载均显示二人为夫妻，证人徐某甲、母某、孙某、宋某、毕某出庭证实了徐某与郑某已于 1999 年 3 月起以夫妻名义共同生活的事实；在 1999 年徐某与郑某同居时，二人已成年、无配偶、无禁止结婚的疾病，符合结婚的实质要件。综上，一审法院认为郑某与徐某于 1999 年以夫妻名义同居的事实已成立，二人在 2005 年 3 月 18 日补办结婚登记后，二人的婚姻关系效力应当从 1999 年 3 月起算。据此，本案的涉诉房产系夫妻关系存续期间所购买，系郑某与徐某的夫妻共同财产，在分割徐某的遗产时，应当先分出属于郑某的一半。

二审法院经审理认为：本案争议焦点在于徐某遗产范围的确定。徐某生前取得的合法财产均为可继承的遗产，现其名下有房产、存款、基金、住房公积金、年终奖金等财产，其中，属于其与郑某夫妻关系存续期间取得的财产在进行遗产分割时，应先留出郑某的一半，剩余部分为徐某的遗产。因此，在确认徐某的遗产范围时，应当首先明确徐某与郑某的婚姻关系存续时间。《婚姻法》第八条规定："要求结婚的男女双方必须亲自到婚姻登记机关进行结婚登记。……未办理结婚登记的，应当补办登记。"《最高人民法院关于适用〈中华人民共和国婚姻法〉若干问题的解释（一）》第四条规定："男女双方根据婚姻法第八条规定补办结婚登记的，婚姻关系的效力从双方均符合婚姻法所规定的结婚的实质要件时起算。"然而，本案中徐某与郑某于 2005 年 3 月 18 日登记结婚，经本院调取双方结婚登记档案，双方签署的声明书为申请结婚登记声明书，其中明确表示双方申请进行结婚登记，故双方之婚姻效力应当从双方登记结婚之日即 2005 年 3 月 18 日起算，而不应进行婚姻效力的追溯。据此，本案的涉诉房产系徐某婚前所购买，系徐某的个人财产。

【法官观点】

结婚是典型的要式行为，须具有形式性，这就要求结婚的双方以法定的形式做出缔结婚姻的意思表示，即结婚之声明。缔结婚姻的意思表示既要根植于当事人的内心确认，又须以特定的形式做出。《最高人民法院关于适用〈中华人民共和国婚姻法〉若干问题的解释（一）》中所规定的补办登记是对于 1994 年 2 月 1 日之后的事实婚姻的救济性规定，补办结婚登记时必须在婚姻登记机关做出补办结婚的声明，该声明应当严格按照规定的方式进行。正是基于补办登记的这种严格的形式性特点，若双方在登记时并未做出补办登记的声明，则应当认定为婚姻登记，婚姻关系的效力"向后"发生，而不能进行婚姻效力的追溯。

第一千零五十条

登记结婚后，按照男女双方约定，女方可以成为男方家庭的成员，男方可以成为女方家庭的成员。

本条主旨

本条是关于男女双方在登记结婚后以家庭成员身份共同生活的规定。

相关条文

本条是在《婚姻法》第九条的基础上修改而成，该条规定为："登记结婚后，根据男女双方约定，女方可以成为男方家庭的成员，男方可以成为女方家庭的成员。"相较于2001年修订的《婚姻法》，《民法典》婚姻家庭编对该条规定未做修改。

理解与适用

本条规定，直接体现了《民法典》婚姻家庭编中贯穿的人权平等、人格尊严、人性友善、人亲和谐等核心法理思想的要求①。

通常，结婚登记后，举办了婚礼，男女双方就开始了共同生活。男女双方在登记结婚后，到底是女方到男方家庭去生活，还是男方到女方家庭去生活，要根据男女双方的意愿来决定，即男女双方在协商一致的基础上，自己决定双方到哪一方的家庭去生活。结婚后，根据男女双方的约定，双方可以到自己的住所，建立小家庭；也可以一方到另一方家庭中去，成为其家庭成员，即女方可以到男方家去落户，男方也可以到女方家去落户。因一方成为对方家庭成员而引起的户籍变更问题，应按照国家有关户籍管理的专门规定办理②。同时，根据本条规定，并不是要求男女双方中的一方必须成为对方家庭的成员。男女双方在登记结婚后，根据男女双方的约定，也可以不加入任何一方的原有家庭，而是另行组成新的小家庭。随着经济的发展、人口流动规模的加大，以及观念的更新，越来越多的人在结婚时选择男女双方另行组成新的小家庭的模式，而不是选择成为一方家庭的成员。

在旧中国的婚姻制度下，一般是男娶女嫁，女方到男方家共同居住生活。虽

① 龙翼飞．编纂民法典婚姻家庭编的法理思考与立法建议．法制与社会发展，2020（2）．

② 中国法制出版社．婚姻法新解读．4版．北京：中国法制出版社，2017：21．

然也有男方到女方家的（称为“入赘”），然而，此种情形往往受到歧视。新中国实行男女平等，男方到女方家不应受到歧视。因此，1980 年《婚姻法》规定：“登记结婚后，根据男女双方约定，女方可以成为男方家庭的成员，男方也可以成为女方家庭的成员。”这一规定体现了男女平等原则，是对旧的婚姻习俗的改革，其立法精神是提倡男方到女方家落户。2001 年修订的《婚姻法》在此基础上，将“男方也可以成为女方家庭的成员”中的“也”字删除，进一步体现男女平等的婚姻家庭原则。因此，一定要将男方成为女方家庭成员的婚姻与“入赘婚”加以区别，切实保护男方在女方家庭中依法享有的权益。

值得注意的是，无论是女方成为男方家庭的成员，还是男方成为女方家庭的成员，其夫妻之间的基本权利义务是不变的。本条规定的基础是夫妻在婚姻家庭中地位平等，男女双方在家庭中都保留自己的独立人格①，不丧失任何人身权利和财产权利，特别是要注意对女方在男方家生活的权益加以保护。

典型案例

因结婚男方到女方住所落户——晋宁县昆阳镇某村民委员会某组与贾某承包土地征收补偿费用分配纠纷上诉案②

【案情】

一审法院经审理确认：贾某系晋宁县昆阳镇某村民委员会某组村民，1993 年贾某与四川籍男子温某一起生活，1994 年 3 月贾某与温某生育一男孩温某甲，2002 年 12 月 12 日贾某与温某在晋宁县民政局补办了结婚登记手续。贾某结婚后一直在本村生活，户口登记在晋宁县昆阳镇某村民委员会某组处，土地包产到户时，贾某与晋宁县昆阳镇某村民委员会某组建立了土地承包关系。2002 年以来，晋宁县昆阳镇某村民委员会某组分给本组村民承包地补偿款 2 900 元。但晋宁县昆阳镇某村民委员会某组以贾某虽然婚后户口在本村，但贾某没有缴纳村建基金不能享受村民待遇参与分配为由，拒绝分配给贾某承包地补偿款。

二审经审理确认的事实与一审确认的事实一致。

【争议焦点】

本案的争议焦点是，贾某是否具有晋宁县昆阳镇某村民委员会某组的集体经济

① 全国人大常委会法工委研究室．《中华人民共和国婚姻法》条文释义及实用指南．北京：中国物价出版社，2001：40.

② 一审法院为云南省晋宁县人民法院，案号：（2008）晋民初字第 74 号；二审法院为云南省昆明市中级人民法院，案号：（2008）昆民一终字第 483 号。

组织成员资格，是否应当参加分配晋宁县昆阳镇某村民委员会某组的土地补偿款。

【裁判】

一审法院经审理认为：本案中，贾某、晋宁县昆阳镇某村民委员会某组双方争议的焦点是贾某是否应享有承包地补偿款合计 2 900 元。对贾某村民资格的界定（除义务兵、在校生及服刑人员等外），原则上主要以是否为具有本村户口的集体经济组织成员为判断标准，在以户籍登记为前提的基础上，考虑该村民与集体经济组织是否建立了土地承包关系，生活基础是否在该村，是否承担了该村相应的村民义务等。本案中，贾某的户口登记在晋宁县昆阳镇某村民委员会某组名下，贾某落户后与晋宁县昆阳镇某村民委员会某组建立了土地承包关系。庭审中，晋宁县昆阳镇某村民委员会某组提交了本村委会制定的《村规民约》并申请六位证人出庭作证，证明贾某的情况属于《村规民约》中规定的，家中有儿子、女儿的，女儿与本组以外的人员结婚，女儿不再享受本村村民待遇。《中华人民共和国婚姻法》第九条规定："登记结婚后，根据男女双方约定，女方可以成为男方家庭的成员，男方可以成为女方家庭的成员。"《中华人民共和国妇女权益保障法》第二条规定："妇女在政治的、经济的、文化的、社会的和家庭的生活等各方面享有同男子平等的权利。实行男女平等是国家的基本国策。国家采取必要措施，逐步完善保障妇女权益的各项制度，消除对妇女一切形式的歧视。国家保护妇女依法享有的特殊权益。禁止歧视、虐待、遗弃、残害妇女。"第四十三条规定："国家保障妇女享有与男子平等的婚姻家庭权利。"本案中，贾某的户口登记在晋宁县昆阳镇某村民委员会某组名下，贾某与晋宁县昆阳镇某村民委员会某组建立了土地承包关系，贾某的生活基础自出生起一直在晋宁县昆阳镇某村民委员会某组处，晋宁县昆阳镇某村民委员会某组未提交确实充分的证据，证明本村村民所应尽义务。由于晋宁县昆阳镇某村民委员会某组以多数人的意志，剥夺了少数人的合法权利，故原审法院认为，贾某是晋宁县昆阳镇某村民委员会某组的村民，村民资格与其他村民相同。故对贾某提出要求晋宁县昆阳镇某村民委员会某组支付土地补偿款 2 900 元的诉讼请求，原审法院予以支持。

综上，根据《中华人民共和国民法通则》第二条、第五条，《中华人民共和国土地管理法实施条例》第二十六条第一款，《中华人民共和国婚姻法》第九条，《中华人民共和国妇女权益保障法》第二条、第四十三条，《中华人民共和国民事诉讼法》第六十四条第一款、第一百三十八条、第一百零七条第一款之规定，判决：由晋宁县昆阳镇某村民委员会某组于判决生效后 10 日内，支付贾某承包地补偿款 2 900 元。案件受理费 50 元，由晋宁县昆阳镇某村民委员会某组承担。

一审判决宣判后，晋宁县昆阳镇某村民委员会某组不服，向云南省昆明市中级人民法院提起上诉，上诉人晋宁县昆阳镇某村民委员会某组上诉称：(1) 原审判决错误认定上诉人与被上诉人有土地承包关系，早在2001年，上诉人的所有土地都进行过调整，所有土地由组上收回，重新确定承包关系，被上诉人没有与上诉人续签承包合同，只有其子温某甲按全组平均数承包了0.8亩。因此，上诉人与被上诉人没有土地承包关系。(2) 上诉人与被上诉人在落户时对于村民待遇有明确约定，被上诉人只落户口，不享受村民待遇，现被上诉人反悔，要求享有村民待遇，没有事实及法律依据。(3) 被上诉人没有履行相关村民义务，没有缴纳村建基金，没有履行掏沟打坝等义务，根据权利义务的一致性，被上诉人不应享有村民待遇。综上所述，原审判决认定事实不清，致判决错误，请求二审法院查清案情，依法改判。

针对上诉人晋宁县昆阳镇某村民委员会某组的上诉，被上诉人贾某答辩称：上诉人称我没有土地不当，事实是我的户口一直都在本村；上诉人认为我在村上没有待遇，土地被村上收回，如果不发补偿款，我的生活就没有保障，其他人有补偿款我也应该有。经二审征询双方当事人对原审确认事实的意见，上诉人晋宁县昆阳镇某村民委员会某组对原审确认的事实“原告贾某与被告签订土地承包关系”有异议，认为其并没有与贾某建立土地承包关系，针对该异议，其向二审法院提交以下证据证明其观点：(1) 2004年晋宁县农村税费改革农业税落实到户清册，证明：被上诉人与上诉人没有土地承包关系。(2) 打坝掏沟人员花名册，证明：被上诉人没有履行相关的村民义务。根据上诉人晋宁县昆阳镇某村民委员会某组的申请，证人李某、耿某、张某出庭作证，上诉人所要证明的观点是：在落户时上诉人与被上诉人有过约定，缴纳村建基金，才能享有村民待遇，不缴纳村建基金，则只留户口，不享受村民待遇。证人李某出庭证明：村上开会，说的是每人缴纳村建基金5 000元就有待遇。证人耿某出庭证明：证人嫁给工人，户口未迁出，证人与其女儿各交村建基金5 000元，已经享受了6年的待遇。证人张某出庭证明：村上规定有儿子的，就不能招女婿，如果要户口又要待遇，则每人交5 000元就有待遇，未交钱就没有待遇。针对上诉人晋宁县昆阳镇某村民委员会某组所提交的证据，被上诉人贾某质证后认为：(1) 对上诉人提交的以上证据的真实性以及证明目的不予认可。(2) 对三个证人的证明内容不予确认，被上诉人贾某认为其本人是农民，不应当缴纳这笔基金，该基金缴纳不符合国家政策、法律。

二审法院认为，《最高人民法院关于审理涉及农村土地承包纠纷案件适用法律问题的解释》第二十四条规定：“农村集体经济组织或者村民委员会、村民小组，可以依照法律规定的民主议定程序，决定在本集体经济组织内部分配已经收到的土地补偿费。征地补偿安置方案确定时已经具有本集体经济组织成员资格的人，请求支付相应份额的，应予支持。”贾某是否具备集体经济组织成员资格，是能否参加土地补偿款分配的依据。集体经济组织成员资格界定，应以是否为具有本村户口的集体经济组织成员为判断标准，在以户籍登记为前提的基础上，考虑该村民与集体经济组织是否建立了土地承包关系，生活基础是否在该村，是否承担了该村相应的村民义务等。本案中，贾某的户口登记在晋宁县昆阳镇某村民委员会某组名下，贾某落户后与晋宁县昆阳镇某村民委员会某组建立了土地承包关系。虽然晋宁县昆阳镇某村民委员会某组所提交的本村委会制定的《村规民约》证明贾某的情况属于《村规民约》中规定的，家中有儿子、女儿的，女儿与本组以外的人员结婚，女儿不再享受本村村民待遇，但是《中华人民共和国婚姻法》第九条规定：“登记结婚后，根据男女双方约定，女方可以成为男方家庭的成员，男方可以成为女方家庭的成员。”以及《中华人民共和国妇女权益保障法》第二条规定：“妇女在政治的、经济的、文化的、社会的和家庭的生活等各方面享有同男子平等的权利。实行男女平等是国家的基本国策。国家采取必要措施，逐步完善保障妇女权益的各项制度，消除对妇女一切形式的歧视。国家保护妇女依法享有的特殊权益。禁止歧视、虐待、遗弃、残害妇女。”贾某的户口登记在晋宁县昆阳镇某村民委员会某组名下，贾某与晋宁县昆阳镇某村民委员会某组建立了土地承包关系，贾某的生活基础在晋宁县昆阳镇某村民委员会某组。晋宁县昆阳镇某村民委员会某组未提交确实充分的证据，证明本村村民所应尽义务以及贾某未尽本村村民义务，故贾某具备晋宁县昆阳镇某村民委员会某组的集体经济组织成员资格。故原审法院判决由上诉人晋宁县昆阳镇某村民委员会某组支付贾某承包地补偿款并无不当。

综上所述，二审法院认为：原审判决认定事实清楚，处理正确，本院依法予以维持。上诉人晋宁县昆阳镇某村民委员会某组的上诉请求不能成立，本院依法予以驳回。依照《中华人民共和国民法通则》第二条、第五条，《中华人民共和国婚姻法》第九条，《中华人民共和国妇女权益保障法》第二条，《中华人民共和国民事诉讼法》第一百五十三条第一款第（一）项之规定，判决如下：驳回上诉，维持原判。二审案件受理费 50 元，由上诉人晋宁县昆阳镇某村民委员会某组负担。本判决为终审判决。

【评析】

本案涉及因结婚男方到女方住所落户，女方权益被女方所在集体经济组织侵害的保护问题。根据《婚姻法》第九条的规定，男女结婚后，女方可以成为男方家庭的成员，男方可以成为女方家庭的成员，任何人不得干涉。无论是女方到男方家落户，还是男方到女方家落户，双方在农村集体经济组织中的合法权益均应受到保护。在现实生活中，由于多是女方到男方家落户，因此对于女方权益的保护尤为重要。

本案所涉及的纠纷主要是因结婚男方到女方住所落户，女方所在集体经济组织不承认当事人具有集体经济组织成员资格，侵害男方和女方享有的与所在地农村集体经济组织成员平等的权益。针对此种情况，中共中央办公厅、国务院办公厅联合发出《关于切实维护农村妇女土地承包权益的通知》（中办厅字［2001］9号），明确指出农村土地承包中，必须坚持男女平等原则，不允许对妇女有任何歧视。农村妇女无论是否婚嫁，都应与相同条件的男性村民享有同等权利，任何组织和个人不得以任何形式剥夺其合法的土地承包权、宅基地使用权、集体经济组织收益分配权和其他有关经济权益。有女无儿、儿子没有赡养能力或者女儿尽主要赡养义务的家庭，男到女家生产和生活的，应享受同等村民待遇。

第一千零五十一条

有下列情形之一的，婚姻无效：

（一）重婚；

（二）有禁止结婚的亲属关系；

（三）未到法定婚龄。

本条主旨

本条是关于无效婚姻情形的规定。

相关条文

本条是在《婚姻法》第十条的基础上修改而成，该条规定为：“有下列情形之一的，婚姻无效：（一）重婚的；（二）有禁止结婚的亲属关系的；（三）婚前患有医学上认为不应当结婚的疾病，婚后尚未治愈的；（四）未到法定婚龄的。”本条的修改之处在于：不再将“婚前患有医学上认为不应当结婚的疾病，婚后尚未治愈的”作为婚姻无效情形。

理解与适用

本条规定，直接体现了《民法典》婚姻家庭编中贯穿的人权平等、人格尊严、人伦正义和人本秩序等核心法理思想和权利法定、行为公示、公序良俗等具体法理精神①。

一、无效婚姻

无效婚姻，即不具有法律效力的婚姻，是指男女双方因违反了法律规定的结婚要件而不具有法律效力的违法结合。婚姻无效制度，是婚姻家庭法规范体系中基础而重要的一环，其直接决定了一切婚姻关系的内容是否能够展开②。无效婚姻的本质特征就是违反法定结婚条件的法律后果。我国 1950 年《婚姻法》和 1980 年《婚姻法》虽然对婚姻成立的必备条件和禁止条件以及结婚登记要求做了明确规定，从正面积极引导人们的结婚行为，但是并没有明确的关于违法婚姻的法律规定。司法实践中，对无效婚姻按照离婚案件处理，只是对重婚宣告重婚关系无效③。1986 年 3 月 15 日民政部发布的《婚姻登记办法》（已失效）规定了行政程序的宣告婚姻无效制度。1986 年《婚姻登记办法》第九条第二款规定："婚姻登记机关发现婚姻当事人有违反婚姻法的行为，或在登记时弄虚作假、骗取《结婚证》的，应宣布该项婚姻无效，收回已骗取的《结婚证》，并对责任者给予批评教育。触犯刑律的，由司法机关依法追究刑事责任。" 2001 年修订的《婚姻法》正式确立婚姻无效制度，填补了相关立法空白，具有相当的进步意义④。

二、婚姻无效的法定事由

根据《民法典》婚姻家庭编的规定，无效婚姻的情形包括：（1）重婚；（2）有禁止结婚的亲属关系；（3）未到法定婚龄。以上情形是为法律所严格禁止的。最高人民法院在有关司法解释中指出，当事人以此规定以外的情形申请宣告婚姻无效的，人民法院应当驳回当事人的申请。

（一）重婚

依照《民法典》婚姻家庭编的规定，重婚是结婚的禁止条件和婚姻无效的原因。禁止重婚行为是落实一夫一妻原则的必然要求⑤。重婚，指有配偶者又与他人结婚的违法行为，即一个人在同一时间内存在两个或两个以上的婚姻关系。按照一夫一妻原则的要求，有配偶者只有在婚姻终止，即配偶死亡或依法离婚后始

---

① 龙翼飞．编纂民法典婚姻家庭编的法理思考与立法建议．法制与社会发展，2020（2）.

② 申晨．论婚姻无效的制度构建．中外法学，2019（2）.

③ 巫昌祯，夏吟兰．婚姻家庭法学．2 版．北京：中国政法大学出版社，2016：93.

④ 薛宁兰．婚姻无效制度论：从英美法到中国法．环球法律评论，2001（2）.

⑤ 吴高盛．《中华人民共和国婚姻法》释义及实用指南．北京：中国民主法制出版社，2014：20.

得再行结婚，否则构成重婚[①]。构成重婚须具备两个要件：（1）当事人一方或者双方存在有效的婚姻关系。（2）有配偶者与他人结婚。一是法律上的重婚，有配偶者又与他人登记结婚；二是事实上的重婚，虽未经结婚登记，但又与他人以夫妻关系同居生活。

为维持一夫一妻婚姻制度的社会秩序[②]，《刑法》第二百五十八条规定了重婚罪。值得注意的是，刑法上的重婚侧重于对当事人主观恶性的惩罚[③]，在犯罪的主观要件上属于故意，过失不构成本罪；符合重婚罪的客观构成要件[④]的，必须是有配偶而又与他人结婚，或者明知他人有配偶而与之结婚。如果是“包二奶”或者通奸行为，这类行为与重婚行为并不相同，不能依照重婚罪定罪处罚。依照《民法典》婚姻家庭编第一千零八十七条[⑤]和第一千零九十一条[⑥]的规定，对于因一方“包二奶”、通奸给另一方配偶造成的损害，无过错方可以在离婚时请求损害赔偿，可以要求分割夫妻共同财产时按照照顾无过错方权益的原则适当多分。出于对现役军人婚姻的特殊保护，我国《刑法》第二百五十九条规定了破坏军婚罪，即明知是现役军人的配偶而与之同居或者结婚的行为。重婚行为符合破坏军婚的，应以破坏军婚罪论处[⑦]。

典型案例

重婚情形已消失能否判定现存婚姻有效——田某甲诉田某、郭某婚姻无效纠纷案[⑧]

【裁判要旨】

重婚行为违反一夫一妻制，申请确认婚姻无效时，重婚者无论是否存在两个婚

---

① 杨大文，龙翼飞．婚姻家庭法．7版．北京：中国人民大学出版社，2018：52；夏吟兰．中华人民共和国婚姻法评注·总则．厦门：厦门大学出版社，2016：221.

② 王洪．婚姻家庭法．北京：法律出版社，2003：27.

③ 夏吟兰．中华人民共和国婚姻法评注·总则．厦门：厦门大学出版社，2016：224.

④ 张明楷．刑法学．3版．北京：法律出版社，2007：695.

⑤ 《民法典》第一千零八十七条规定：“离婚时，夫妻的共同财产由双方协议处理；协议不成的，由人民法院根据财产的具体情况，按照照顾子女、女方和无过错方权益的原则判决。对夫或者妻在家庭土地承包经营中享有的权益等，应当依法予以保护。”

⑥ 《民法典》第一千零九十一条规定：“有下列情形之一，导致离婚的，无过错方有权请求损害赔偿：（一）重婚；（二）与他人同居；（三）实施家庭暴力；（四）虐待、遗弃家庭成员；（五）有其他重大过错。”

⑦ 张明楷．刑法学．3版．北京：法律出版社，2007：697.

⑧ 审理法院为河南省郑州市金水区人民法院，案号：（2011）金民一初字第1973号、（2012）金民再初字第13号。

姻关系，人民法院都应判决宣告构成重婚的婚姻无效。

【基本案情】

田某与黄某于1984年1月1日结婚，婚后生育两子田某甲、田某乙。田某与郭某于1991年9月19日在河南省郑州市金水区民政局登记结婚，婚后生育两女田某丙、田某丁。1996年1月3日，田某与黄某经湖北省天门市人民法院调解离婚。

2011年4月12日，田某甲诉至河南省郑州市金水区人民法院，要求宣告郭某与田某的婚姻无效。该院于2011年10月19日作出（2011）金民一初字第1973号民事判决，宣告田某与郭某之间的婚姻关系无效。该判决生效后，郭某不服，向金水区人民法院申诉，该院审判委员会经讨论决定，于2012年10月8日作出（2012）金民监字第12号民事裁定，该案进入再审。

【裁判结果】

法院再审认为，田某在与郭某登记结婚时并未与黄某离婚，即田某一人同时存在两个婚姻关系，其行为违反《中华人民共和国婚姻法》规定的一夫一妻原则，已构成重婚。《最高人民法院关于适用〈中华人民共和国婚姻法〉若干问题的解释（一）》对于婚姻无效的阻却事由是存在于所有四种婚姻无效情形中还是仅适用于部分情形，并没有做出明确表态，对此应根据《中华人民共和国婚姻法》基本原则进行分析。重婚行为严重违反一夫一妻原则，从性质上不应当存在阻却事由。故原审原告申请原审两被告之间的婚姻关系无效，符合《中华人民共和国婚姻法》规定的无效婚姻情形，本院予以支持。本案经本院审判委员会讨论决定，依照《中华人民共和国民事诉讼法》第二百零七条，《最高人民法院关于适用〈中华人民共和国民事诉讼法〉若干问题的意见》第201条，《中华人民共和国婚姻法》第二条第一款、第十条第一项之规定，判决如下：维持本院（2011）金民一初字第1973号民事判决。本判决书送达后，即发生法律效力。

【案例评析】

考虑到婚姻行为的私权性、稳定性和对当事人利益的保护，国家在监督干预的同时，也从实际情况出发，特别是针对现实生活中有些无效婚姻在经过一定时间后无效事由已经消除的情况，又规定了申请宣告婚姻无效的阻却事由。《最高人民法院关于适用〈中华人民共和国婚姻法〉若干问题的解释（一）》第八条规定："当事人依据婚姻法第十条规定向人民法院申请宣告婚姻无效的，申请时，法定的无效婚姻情形已经消失的，人民法院不予支持。"但该司法解释没有区分无效婚姻情形消失的具体情况，这就意味着重婚存在转化的可能性。

重婚情形已消失能否判定重婚有效？本案中，田某甲以田某与郭某结婚时构成重婚为由申请宣告田某与郭某婚姻无效，案件审理过程中形成两种观点：第一种观点认为，既然最高人民法院规定当事人申请宣告婚姻无效时法定无效婚姻的情况已经消失就不再支持宣告婚姻无效，那么本案中田某甲提出申请时，因田某与黄某已经法院调解离婚，田某的重婚情形已不存在，就应当驳回田某甲的诉讼请求，不再宣告田某与郭某婚姻无效。第二种观点认为，重婚是婚姻法明令禁止的，所以无论申请宣告婚姻无效时重婚是否仍然存在，都应宣告构成重婚的婚姻无效，因此应支持田某甲的诉讼请求，宣告田某与郭某的婚姻无效。

最高人民法院虽以司法解释的形式规定了宣告婚姻无效的阻却事由，但对于阻却事由是存在于所有婚姻无效情形中还是仅适用于部分情形，并没有做出明确规定。就重婚而言，其是否因前一婚姻关系的终止而合法，应当从婚姻法的基本原则进行分析：重婚行为违反一夫一妻原则，有悖于社会的公序良俗，是我国法律明令禁止的严重的婚姻违法行为，从性质上不应当存在阻却事由，从而产生从违法到合法转化的问题。因此，申请确认构成重婚的婚姻无效时，无论重婚者是存在两个婚姻关系，还是只存余一个婚姻关系，都应确认构成重婚的婚姻无效。即使前婚已合法终止，后一婚姻关系仍为无效。最终，金水区人民法院再审后采纳了第二种观点，宣告田某与郭某的婚姻无效。

（二）有禁止结婚的亲属关系

禁止一定范围的血亲结婚是人类优生的客观要求。人类两性关系的发展证明，血缘过近的亲属间通婚，容易把双方生理上的缺陷遗传给后代，影响家庭幸福，危害民族健康。

新中国成立后，1950 年《婚姻法》除禁止直系血亲、同胞兄弟姐妹、同父异母或同母异父兄弟姐妹结婚外，对其他五代以内的旁系血亲间禁止结婚的问题，做了从习惯的规定。1980 年《婚姻法》除保留禁止直系血亲结婚的规定外，又明确规定禁止三代以内的旁系血亲结婚。2001 年修订的《婚姻法》和《民法典》婚姻家庭编对于禁止血亲结婚的范围没有改动。也就是说，《民法典》婚姻家庭编所规定的禁止结婚的血亲有两类：

（1）直系血亲。包括父母子女间，祖父母、外祖父母与孙子女、外孙子女间禁止结婚。

（2）三代以内旁系血亲。包括：1）同源于父母的兄弟姐妹（含同父异母、同母异父的兄弟姐妹），即同一父母的子女之间不能结婚。2）不同辈的叔、伯、姑、舅、姨与侄子女、外甥子女不能结婚。3）同源于祖父母、外祖父母的堂兄弟姐妹、表兄弟姐妹不能结婚。

（三）未到法定婚龄

法定结婚年龄，指法律规定允许结婚的最低年龄界限，在此年龄以上始得结婚。我国《民法典》婚姻家庭编第一千零四十七条规定:“结婚年龄,男不得早于二十二周岁,女不得早于二十周岁。”凡双方或一方未达到法定结婚年龄,婚姻登记机关一律不予登记。

我国1950年《婚姻法》规定的法定婚龄为男二十岁、女十八岁。这与当时的政治、经济、文化发展水平,与人民群众的觉悟程度和接受能力相适应。为了适应改革开放的新形势,1980年《婚姻法》将保护妇女和儿童合法权益的原则扩大为保护妇女、儿童和老人合法权益的原则,增加了实行计划生育的原则①,为了配合国家“晚婚晚育”的人口政策,相应地,法定结婚年龄也调整为男二十二周岁、女二十周岁。由此可知,结婚年龄并不基于客观的生理标准确定,其并不与民事主体的民事行为能力标准挂钩,很大程度上是作为国家进行人口治理的政策工具而存在②。考虑到1980年《婚姻法》确定的法定结婚年龄执行情况基本是可行的,因此,2001年修订的《婚姻法》对法定结婚年龄没有再做修改。

“男不得早于二十二周岁,女不得早于二十周岁”体现了男女两性的自然生理差异。基于实施效果及尊重民众习惯的考虑③,该规定应予以保留。因此,《民法典》婚姻家庭编第一千零四十七条沿袭了《婚姻法》第六条的规定,“结婚年龄,男不得早于二十二周岁,女不得早于二十周岁”。

第一千零五十二条

因胁迫结婚的,受胁迫的一方可以向人民法院请求撤销婚姻。

请求撤销婚姻的,应当自胁迫行为终止之日起一年内提出。

被非法限制人身自由的当事人请求撤销婚姻的,应当自恢复人身自由之日起一年内提出。

本条主旨

本条是关于因受胁迫结婚的当事人可以请求撤销婚姻的规定。

相关条文

本条是在《婚姻法》第十一条的基础上修改而成,该条规定为:“因胁迫结

---

① 冉克平.论《民法典婚姻家庭编(草案)》的体系、内容及其完善.武汉大学学报(哲学社会科学版),2019(6).

② 申晨.论婚姻无效的制度构建.中外法学,2019(2).

③ 王歌雅.《民法典·婚姻家庭编》的编纂策略与制度走向.法律科学,2019(6).

婚的，受胁迫的一方可以向婚姻登记机关或人民法院请求撤销该婚姻。受胁迫的一方撤销婚姻的请求，应当自结婚登记之日起一年内提出。被非法限制人身自由的当事人请求撤销婚姻的，应当自恢复人身自由之日起一年内提出。”本条的修改之处在于：第一，将“受胁迫的一方可以向婚姻登记机关或人民法院请求撤销该婚姻”修改为“受胁迫的一方可以向人民法院请求撤销婚姻”。第二，受胁迫方请求撤销婚姻的期限由“自结婚登记之日起一年内提出”改为“自胁迫行为终止之日起一年内提出”。

理解与适用

本条规定，直接体现了《民法典》婚姻家庭编中贯穿的人权平等、人身自由等核心法理思想的要求和权利法定、禁止权利滥用等具体法理精神①。

一、历史沿革

1950年《婚姻法》、1980年《婚姻法》均未对因受胁迫而缔结的婚姻的效力做出规定。在2001年修订《婚姻法》时，对于将因受胁迫而缔结的婚姻规定为可撤销婚姻或无效婚姻也有过争议。2001年修订的《婚姻法》将因受胁迫而缔结的婚姻关系规定为可撤销婚姻。2001年修订的《婚姻法》第十一条规定：“因胁迫结婚的，受胁迫的一方可以向婚姻登记机关或人民法院请求撤销该婚姻。受胁迫的一方撤销婚姻的请求，应当自结婚登记之日起一年内提出。被非法限制人身自由的当事人请求撤销婚姻的，应当自恢复人身自由之日起一年内提出。”《民法典》婚姻家庭编在该规定的基础上，将“受胁迫的一方可以向婚姻登记机关或人民法院请求撤销该婚姻”修改为“受胁迫的一方可以向人民法院请求撤销婚姻”。同时，受胁迫方请求撤销婚姻的期限由“自结婚登记之日起一年内提出”改为“自胁迫行为终止之日起一年内提出”。

二、可撤销婚姻的原因

我国《民法典》婚姻家庭编规定的可撤销婚姻，指已成立婚姻关系，因欠缺婚姻合意，受胁迫的一方当事人可向人民法院申请撤销的违法结合。依照《民法典》婚姻家庭编第一千零五十二条的规定，婚姻撤销的事由是因受胁迫而结婚。由于婚姻自由是我国宪法赋予公民的基本权利，也是《民法典》婚姻家庭编的重要原则，结婚自由是婚姻自由原则的重要组成部分，当事人有权决定是否结婚、

① 龙翼飞．编纂民法典婚姻家庭编的法理思考与立法建议．法制与社会发展，2020（2）．

与谁结婚，这是其本人的权利，不许任何一方对另一方加以强迫或者任何组织、个人对婚姻当事人加以干涉。结婚自愿是实现结婚自由的前提，要求男女双方对于缔结婚姻关系的意思表示一致且真实。如果一方或双方当事人因受胁迫，不得不违心地做出同意结婚的意思表示，鉴于婚姻当事人并不具有结婚的真实意愿，那么法律应当赋予其撤销该婚姻的权利。

构成胁迫须具有下列要件：(1) 须有胁迫的故意。即行为人有通过胁迫行为迫使被胁迫人产生恐惧心理，并基于恐惧心理而被迫同意结婚的故意。(2) 须有胁迫的行为。(3) 胁迫须具有违法性。(4) 须受胁迫人同意结婚与胁迫行为之间具有因果关系。

《最高人民法院关于适用〈中华人民共和国婚姻法〉若干问题的解释（一）》中指出：“‘胁迫’，是指行为人以给另一方当事人或者其近亲属的生命、身体健康、名誉、财产等方面造成损害为要挟，迫使另一方当事人违背真实意愿结婚的情况。”值得注意的是，在现实生活中，胁迫婚姻并不限于一方对另一方的胁迫，也有双方均受胁迫的情形。例如，在包办婚姻中，有的双方当事人均受第三人的胁迫而结婚。《最高人民法院关于适用〈中华人民共和国婚姻法〉若干问题的解释（一）》中又指出：“因受胁迫而请求撤销婚姻的，只能是受胁迫一方的婚姻关系当事人本人。”因此，在这种情形下，受胁迫的双方当事人均有权请求撤销该婚姻。

三、可撤销婚姻的请求权人

可撤销婚姻的原因属于妨碍婚姻当事人结婚自由权的情形，为了尊重婚姻当事人的意愿，可撤销婚姻请求权人仅限于受胁迫一方的婚姻关系当事人。由于胁迫婚姻的未受胁迫一方当事人在缔结婚姻关系时，并没有违背自己真实的婚姻意思，换言之，他（她）在结婚时已经明确知道自己将与受胁迫的一方结婚，且愿意与其结婚，因此，胁迫婚姻中的这方当事人在婚姻关系成立后，没有提出撤销婚姻的请求权①。《最高人民法院关于适用〈中华人民共和国婚姻法〉若干问题的解释（一）》第十条明确指出：“因受胁迫而请求撤销婚姻的，只能是受胁迫一方的婚姻关系当事人本人。”

四、撤销婚姻的程序

撤销婚姻的程序，即可撤销婚姻的请求权人可以依照诉讼程序向人民法院提

---

① 吴高盛．《中华人民共和国婚姻法》释义及实用指南．北京：中国民主法制出版社，2014：50.

起诉讼请求撤销该婚姻。

根据《最高人民法院关于适用〈中华人民共和国婚姻法〉若干问题的解释（一）》第十一条的规定，人民法院审理婚姻当事人因受胁迫而请求撤销婚姻的案件，应当适用简易程序或者普通程序。人民法院审理后，可根据情况作出婚姻撤销的宣判。还要指出的是，《最高人民法院关于适用〈中华人民共和国婚姻法〉若干问题的解释（三）》规定，当事人以结婚登记程序存在瑕疵为由提起民事诉讼，主张撤销结婚登记的，告知其可以依法申请行政复议或者提起行政诉讼。

五、行使请求权的期限

因胁迫而结婚的，受胁迫的一方虽然具有撤销该婚姻效力的请求权，但是为了促使请求权人尽快地行使请求权，避免婚姻关系长期处于不稳定的状态，《民法典》婚姻家庭编对受胁迫一方行使这一请求权规定了除斥期间，即行使撤销权的法定期间①。撤销请求权人应当自胁迫行为终止之日起一年内行使撤销权，该项撤销请求权因法定期间的经过而归于消灭，逾期不行使，视为默示放弃。本条还特别规定，如受胁迫一方结婚后的人身自由受到非法限制，被非法限制人身自由的当事人请求撤销婚姻的，应当自恢复人身自由之日起一年内提出。《最高人民法院关于适用〈中华人民共和国婚姻法〉若干问题的解释（一）》指出，此处的“一年”，不适用诉讼时效中止、中断或者延长的规定。

典型案例

受胁迫一方能否撤销婚姻——卓某与宋某撤销婚姻纠纷案②

【案情】

经审理查明，2012年底，原告卓某、被告宋某经人介绍相识，2013年8月12日，原、被告在临沭县民政局进行了婚姻登记。原、被告结婚登记后，未举行结婚仪式，未共同生活，未生育子女，双方亦无个人财产、共有财产及债权债务等财产纠纷。

后原告主张系因被告胁迫而结婚，庭审中被告予以认可。经临沭县公安局城北派出所调查询问，被告对于以若原告不同意结婚就杀了原告家人的言语胁迫原告与其结婚的事实予以承认。

① 杨大文，龙翼飞．婚姻家庭法．7版．北京：中国人民大学出版社，2018：98.

② 审理法院为山东省临沭县人民法院，案号：（2014）沭民一初字第4号。

上述事实，有原、被告的陈述，结婚证，城北派出所询问笔录等证据证实。

【争议焦点】

本案的争议焦点：（1）被告是否胁迫原告与其结婚；（2）如确属胁迫结婚，该婚姻能否撤销。

【裁判】

山东省临沭县人民法院认为，婚姻法规定婚姻自由。因胁迫结婚的，受胁迫的一方可以请求撤销该婚姻。本案原告系受被告的胁迫而结婚。原告现要求撤销该婚姻，符合法律规定，本院予以支持。

综上，山东省临沭县人民法院依照《中华人民共和国婚姻法》第十一条、第十二条，《最高人民法院关于适用〈中华人民共和国婚姻法〉若干问题的解释（一）》第十一条、第十二条的规定，判决如下：

撤销原告卓某与被告宋某于2013年8月12日在临沭县民政局的婚姻登记。

案件受理费100元，由被告宋某负担。

如不服本判决，可在判决书送达之日起十五日内向本院递交上诉状，并按对方当事人的人数提出副本，上诉于山东省临沂市中级人民法院。

【评析】

根据《婚姻法》的规定，因胁迫结婚的，受胁迫的一方可以向婚姻登记机关或人民法院请求撤销该婚姻。依据《婚姻登记条例》第九条第二款的规定，婚姻登记机关经审查认为受胁迫结婚的情况属实且不涉及子女抚养、财产及债务问题的，应当撤销该婚姻，宣告结婚证作废。本案情形符合婚姻登记机关撤销婚姻的两个前提条件：当事人受胁迫结婚，提供能够证明受胁迫结婚的证明材料和本人的身份证、结婚证；该婚姻不涉及子女抚养、财产及债务问题。因此，原告可以向婚姻登记机关请求撤销婚姻，婚姻登记机关应当对该婚姻予以撤销。

第一千零五十三条

一方患有重大疾病的，应当在结婚登记前如实告知另一方；不如实告知的，另一方可以向人民法院请求撤销婚姻。

请求撤销婚姻的，应当自知道或者应当知道撤销事由之日起一年内提出。

本条主旨

本条是关于一方患有重大疾病未如实告知的可撤销婚姻的规定。

相关条文

本条为《民法典》婚姻家庭编的新增规定。

理解与适用

本条规定，直接体现了《民法典》婚姻家庭编中贯穿的人身自由、人际诚信和人本秩序的核心法理思想的要求①。

本条规定原为《婚姻法》规定的禁止结婚的情形之一：患有医学上认为不应当结婚的疾病的，禁止结婚。在司法实践中，由于法律对哪些疾病是医学上认为不应当结婚的疾病没有明确规定，所以，在实行强制婚检时，婚检作为相应的配套措施，由行政法规辅助其实施。凡患有医学上认为不应当结婚的疾病，都由婚检机构直接下结论，所引发的纠纷一般都化解在了医疗机构或婚姻登记机关；对于提起诉讼的案件，人民法院可以以医疗机构的婚检证明为判案依据，这不仅使此类案件的处理相对简单，而且对当事人而言也较为清晰明确。但取消强制婚检后，问题都集中到了法院，如何判断当事人是否患有医学上认为不应当结婚的疾病，哪一级的医疗机构可以鉴定等问题，都成了困扰司法机关的难题。在没有可以参照的医学标准也没有明确的法律依据的情况下，审判实践中，人民法院大多采取回避的方式，对于患有医学上认为不应当结婚的疾病的情形的处理开始依据民法上的诚信原则，将问题移转到对患病的一方有无隐瞒病情以及欺骗的认定上。换言之，婚前是否隐瞒病情成了判案的落脚点。常见的做法是，如果患病的一方隐瞒病情、存在欺诈的，宣告该婚姻无效；如果告知过对方的，按离婚处理。这种因主观状况不同，适用的规则和标准也不同的处理方式，最终演绎成将欺诈作为了影响婚姻效力的关键性因素，而当事人是否患有医学上认为不应当结婚的疾病，已变得不那么重要了②。

《民法典》婚姻家庭编第一千零五十三条规定实际上可以被涵盖在《民法典》总则编的欺诈制度中。关于欺诈，《民法典》第一百四十八条的文字表述为“一方以欺诈手段”，但《关于贯彻执行〈中华人民共和国民法通则〉若干问题的意见（试行）》第六十八条将欺诈界定为“一方当事人故意告知对方虚假情况，或者故意隐瞒真实情况，诱使对方当事人作出错误意思表示的，可以认定为欺诈行

① 龙翼飞．编纂民法典婚姻家庭编的法理思考与立法建议．法制与社会发展，2020（2）．

② 孙若军．疾病不应是缔结婚姻的法定障碍：废除《婚姻法》第7条第2款的建议．法律适用，2009（2）．

为”，欺诈行为不仅指一方故意告知错误事实，还包括一方在承担告知义务的前提下故意隐瞒真实情况。缔结婚姻的患有重大疾病的一方对患有重大疾病的情况负有主动告知义务，在其不如实告知的情况下，另一方享有请求撤销该婚姻的权利。因此，在缔结婚姻时，如果患病的一方并不知晓患病的事实，婚后另一方便不能以认识错误为由主张撤销婚姻，而仅在一方知情且故意隐瞒的前提条件下，另一方才能以欺诈为由主张撤销该婚姻。从可撤销婚姻制度的目的出发，本条规定并不是为了体现国家对于一方患有重大疾病的婚姻的管制，而是为了保护受欺诈的另一方的缔结婚姻的自由①。请求撤销婚姻的当事人，应当自知道或者应当知道该撤销事由之日起一年内提出。法律应当追求公平合理、人伦正义和人际诚信，一方因实施了隐瞒重大疾病的行为而造成另一方身体健康遭受损害的，应当依照《民法典》侵权责任编的规定，由侵权行为人承担损害赔偿责任②。

第一千零五十四条

无效的或者被撤销的婚姻自始没有法律约束力，当事人不具有夫妻的权利和义务。同居期间所得的财产，由当事人协议处理；协议不成的，由人民法院根据照顾无过错方的原则判决。对重婚导致的无效婚姻的财产处理，不得侵害合法婚姻当事人的财产权益。当事人所生的子女，适用本法关于父母子女的规定。

婚姻无效或者被撤销的，无过错方有权请求损害赔偿。

本条主旨

本条是关于婚姻无效或者被撤销的法律后果的规定。

相关条文

本条是在《婚姻法》第十二条的基础上修改而成，该条规定为：“无效或被撤销的婚姻，自始无效。当事人不具有夫妻的权利和义务。同居期间所得的财产，由当事人协议处理；协议不成时，由人民法院根据照顾无过错方的原则判决。对重婚导致的婚姻无效的财产处理，不得侵害合法婚姻当事人的财产权益。当事人所生的子女，适用本法有关父母子女的规定。”本条的修改之处在于：第

① 李昊，王文娜．婚姻缔结行为的效力瑕疵：兼评民法典婚姻家庭编草案的相关规定．法学研究，2019（4）.

② 龙翼飞．编纂民法典婚姻家庭编的法理思考与立法建议．法制与社会发展，2020（2）.

一，《民法典》第一百五十五条对无效或被撤销的民事法律行为的法律后果规定为："无效的或者被撤销的民事法律行为自始没有法律约束力。"为了与此内容保持一致，本条在2001年修订的《婚姻法》第十二条的基础上，将"无效或被撤销的婚姻，自始无效"修改为"无效的或者被撤销的婚姻自始没有法律约束力"。第二，确立了婚姻无效或者被撤销的无过错方有权请求损害赔偿的内容。

理解与适用

本条规定，直接体现了《民法典》婚姻家庭编中贯穿的人权平等、人伦正义、人本秩序和人文关怀等核心法理思想的要求①。

一、历史沿革

1950年《婚姻法》和1980年《婚姻法》均未规定婚姻无效或被撤销的法律后果。2001年修订的《婚姻法》对婚姻无效或被撤销的法律后果做出了规定，即"无效或被撤销的婚姻，自始无效"。2001年修订的《婚姻法》第十二条规定："无效或被撤销的婚姻，自始无效。当事人不具有夫妻的权利和义务。同居期间所得的财产，由当事人协议处理；协议不成时，由人民法院根据照顾无过错方的原则判决。对重婚导致的婚姻无效的财产处理，不得侵害合法婚姻当事人的财产权益。当事人所生的子女，适用本法有关父母子女的规定。"《民法典》婚姻家庭编在2001年修订的《婚姻法》第十二条的基础上，将"无效或被撤销的婚姻，自始无效"修改为"无效的或者被撤销的婚姻自始没有法律约束力"。同时，确立了婚姻无效或者被撤销的无过错方有权请求损害赔偿的内容。

二、婚姻无效或被撤销的法律后果

从法律效力上看，无效的或者被撤销的婚姻均自始没有法律约束力，即婚姻关系自始不发生法律效力。因此，对当事人而言，婚姻无效或者被撤销将会产生以下法律后果：

第一，婚姻无效或者被撤销的，当事人之间不具有夫妻的权利和义务。《民法典》婚姻家庭编适用有关夫妻权利义务规定的前提是婚姻合法有效。由于无效婚姻、被撤销婚姻欠缺婚姻成立的法定条件，是违法婚姻②，因此，《民法典》

① 龙翼飞．编纂民法典婚姻家庭编的法理思考与立法建议．法制与社会发展，2020（2）.

② 王歌雅．婚姻家庭继承法学．2版．北京：中国人民大学出版社，2013：78.

婚姻家庭编有关夫妻权利和义务的规定对无效婚姻、被撤销婚姻的当事人均不能适用。

第二，婚姻无效或者被撤销的，当事人所生子女的权利义务关系适用《民法典》婚姻家庭编关于父母子女间的权利义务的规定。无效婚姻、被撤销婚姻不具有法律效力，但由于男女当事人的同居关系，可能产生生育子女的事实，随之而来的是对无效婚姻、被撤销婚姻所生子女法律地位的确定。由于无效婚姻、被撤销婚姻的男女双方没有合法的夫妻关系，因此，他们在共同生活期间所生的子女应为非婚生子女，但从保护未成年子女的合法权益原则出发，对无效婚姻、被撤销婚姻当事人共同生活期间所生的子女应采取保护的原则，承认其子女的合法地位。《民法典》婚姻家庭编在规定无效婚姻、被撤销婚姻当事人所生子女的法律地位时，坚持并贯彻了《民法典》婚姻家庭编的基本原则，规定无效或者被撤销婚姻的当事人所生子女的权利义务，与合法婚姻当事人所生子女的权利义务相同。

第三，婚姻无效或者被撤销的，当事人同居期间所得的财产，在婚姻被确认无效或婚姻关系被依法撤销时，由当事人协议处理。无效婚姻或被撤销婚姻当事人在同居期间对财产的归属有约定的，要依据当事人的约定，分割当事人同居期间的财产。如果双方对同居期间所得的财产没有约定又没有达成协议，人民法院对当事人同居期间所得的财产，根据照顾无过错方的原则予以分割，即无效婚姻或者被撤销婚姻的无过错的一方当事人可以多分财产。这里的无过错方是指本人不具有婚姻无效或被撤销的情形，且善意相信登记成立的婚姻有效的一方①。但是，对重婚导致婚姻无效的财产的处理，不得侵害合法婚姻当事人的财产权益，即对于重婚导致的无效婚姻当事人在同居期间所得财产，可适当多分给无过错方，同时不得侵害重婚一方的合法婚姻的配偶的财产权益。在具体适用中，《最高人民法院关于适用〈中华人民共和国婚姻法〉若干问题的解释（一）》第十五条规定："被宣告无效或被撤销的婚姻，当事人同居期间所得的财产，按共同共有处理。但有证据证明为当事人一方所有的除外。"即一方当事人主张是个人财产的，应当负举证责任，对于双方共同共有的财产，应当按照有关共有财产的规定进行分割，并照顾无过错方。为了保护无过错方的合法权益，《民法典》婚姻家庭编在2001年修订的《婚姻法》的基础上增加一款，赋予无过错方请求损害赔偿的权利。

---

① 吴高盛．《中华人民共和国婚姻法》释义及实用指南．北京：中国民主法制出版社，2014：55.

第三章

家庭关系

本章由第一节“夫妻关系”和第二节“父母子女关系和其他近亲属关系”构成。

本章第一节主要是根据《婚姻法》第三章相关条文修改而成，主要包括以下内容：夫妻在婚姻家庭中的地位，夫妻姓名权，夫妻人身自由权，夫妻抚养、教育、保护未成年子女的权利和义务，夫妻之间互负扶养义务，夫妻日常家事代理权，夫妻间的相互继承权，夫妻共同财产制，夫妻个人财产制，夫妻共同债务，夫妻约定财产制，婚姻关系存续期间请求分割夫妻共同财产的必要条件。

与《婚姻法》及其司法解释相比，本章第一节主要修改了以下内容：第一，在夫妻关系平等上，将夫妻在“家庭”中地位平等，改为夫妻在“婚姻家庭”中地位平等。第二，基于权利和义务的一致，规定夫妻抚养、教育、保护未成年子女，既是权利，也是义务。第三，增加夫妻日常家事代理权内容，夫妻一方因家庭日常生活需要而实施的民事法律行为，对夫妻双方发生效力，但是夫妻一方与相对人另有约定的除外。夫妻之间对一方可以实施的民事法律行为范围的限制，不得对抗善意相对人。第四，在夫妻共同财产上，在“工资、奖金”的基础上，增加“劳务报酬”；参考《最高人民法院关于适用〈中华人民共和国婚姻法〉若干问题的解释（二）》对“其他应当归共同所有的财产”的界定，吸纳了“一方以个人财产投资所得的收益”，列为与生产、经营收益并存的投资的收益。第五，在夫妻个人财产上，将“一方因身体受到伤害获得的医疗费、残疾人生活补助费等费用”修改为“一方因受到人身损害获得的赔偿或者补偿”。

本章第二节主要也是根据《婚姻法》第三章相关条文修改而成，主要包括以下内容：父母与子女之间的抚养和赡养权利义务，父母教育、保护未成年子女的权利、义务和责任，子女不得干涉父母离婚和再婚权利的实现，父母与子女之间的相互继承权，非婚生子女和父母之间的权利义务，继父母与继子女之间的权利义务，亲子关系确认、否认，祖父母、外祖父母与孙子女、外孙子女之间的权利义务，兄、姐与弟、妹之间的扶养义务。

与《婚姻法》及其司法解释相比，本章第二节主要修改了以下内容：第一，删除“父母对子女有抚养教育的义务；子女对父母有赡养扶助的义务”，直接规定父母不履行抚养义务和成年子女不履行赡养义务的后果。与此同时，将履行赡养义务的主体由“子女”改为“成年子女”，明确赡养的义务主体是成年子女，未成年子女不是父母的赡养义务人。第二，在父母教育、保护未成年子女的权利、义务和责任上，将未成年子女“对国家、集体或他人造成损害”改为“造成他人损害”。目的在于确保“编纂一部适应中国特色社会主义发展要求，符合我国国情和实际，体例科学、结构严谨、规范合理、内容协调一致的法典”①。第三，在子女尊重父母婚姻自主权上，在“不得干涉父母再婚以及婚后的生活”的基础上增加不得干涉父母离婚的内容，即“不得干涉父母离婚、再婚以及婚后的生活”。第四，在对于非婚生子女抚养权的保护上，将不直接抚养非婚生子女的生父母给付生活费和教育费，扩大为“抚养费”。此处的抚养费不局限于生活费、教育费，还包括了医疗费等费用。第五，增加了亲子关系确认、否认制度，填补其在制定法上的缺位。对亲子关系有异议且有正当理由的，父或者母可以向人民法院提起诉讼，请求确认或者否认亲子关系。对亲子关系有异议且有正当理由的，成年子女可以向人民法院提起诉讼，请求确认亲子关系。

第一节　夫妻关系

第一千零五十五条

夫妻在婚姻家庭中地位平等。

本条主旨

本条是关于夫妻在婚姻家庭中地位的规定。

---

① 李建国．关于《中华人民共和国民法总则（草案）》的说明．人民日报，2017－03－09（5）．

相关条文

本条是在《婚姻法》第十三条的基础上修改而成，该条规定为："夫妻在家庭中地位平等。"本条的修改之处在于将夫妻在"家庭"中地位平等，改为夫妻在"婚姻家庭"中地位平等，夫妻不仅在家庭关系中地位平等，在婚姻关系中也地位平等。

理解与适用

本条规定，直接体现了《民法典》婚姻家庭编中贯穿的人权平等、人格尊严、人伦正义和人亲和谐等核心法理思想的要求①。

一、历史沿革

1950年《婚姻法》首次对夫妻在家庭中的地位做出明确规定。1950年《婚姻法》第七条规定："夫妻为共同生活的伴侣，在家庭中地位平等。"1980年《婚姻法》保留了夫妻在家庭中地位平等的内容。1980年《婚姻法》第九条规定："夫妻在家庭中地位平等。"相较于1980年《婚姻法》，2001年修订的《婚姻法》对此内容未做修改。《民法典》婚姻家庭编在2001年修订的《婚姻法》的基础上，将夫妻在"家庭"中地位平等，改为夫妻在"婚姻家庭"中地位平等。《民法典》婚姻家庭编第一千零五十五条规定："夫妻在婚姻家庭中地位平等。"

二、夫妻在婚姻家庭中地位平等

夫妻在婚姻家庭中地位平等，是男女平等原则在夫妻关系中的具体体现，是对夫妻法律地位的原则性规定②，在《民法典》婚姻家庭编中主要包括以下几个方面：

第一，夫妻在婚姻家庭中地位平等，是夫妻关系的指导原则，是确定夫妻各项权利义务的基础。夫妻在婚姻家庭中地位平等意味着夫妻在共同生活中平等地行使法律规定的权利，平等地履行法律规定的义务，共同承担对家庭和社会的责任。在"家庭关系"一章规定夫妻在婚姻家庭中地位平等，也是婚姻家庭编"一般规定"一章规定的男女平等原则在家庭关系中的具体体现。夫妻在婚姻家庭中地位平等作为《民法典》婚姻家庭编"家庭关系"一章中的第一条，也是"家庭

---

① 龙翼飞．编纂民法典婚姻家庭编的法理思考与立法建议．法制与社会发展，2020（2）．

② 杨大文，龙翼飞．婚姻家庭法．7版．北京：中国人民大学出版社，2018：104．

关系”一章其他各条的指导原则。《民法典》婚姻家庭编对夫妻关系的其他具体规定，都体现了这一原则的精神，“家庭关系”一章中其他各条都要贯彻这一原则。“家庭关系”一章只有十余条，而现实生活是复杂的，涉及家庭关系会出现各种各样的情况，在司法实践中，要化解矛盾、解决纠纷，要依法做出裁判。在法律没有具体规定的情况下，对夫妻关系的处理，就要依据夫妻在婚姻家庭中地位平等这一原则做出判断。因此，这一条规定也为司法实践中处理家庭纠纷提供了依据。

第二，夫妻在婚姻家庭中地位平等，主要意义在于强调夫妻在人格上的平等以及权利义务的平等。强调夫妻的人格独立，夫妻都是婚姻家庭关系中的主体。夫妻双方应当互相尊重对方的人格独立，不得剥夺对方享有的权利。特别是要强调保护妇女，保护妻子在婚姻家庭中有独立的人格和尊严，有权利能力和行为能力，反对歧视妇女，反对以打骂等方式虐待妇女。重点是保护妇女在婚姻家庭中的各项合法权益。

第三，夫妻在婚姻家庭中地位平等，包括夫妻双方在人身关系和财产关系两个方面的权利和义务是完全平等的。双方平等地享有权利，同时平等地承担义务。法律不允许夫妻任何一方只享受权利而不履行义务，或者只尽义务而不享受权利。主要包括：（1）夫妻间人身权利义务平等；（2）对夫妻共同财产有平等的处理权；（3）对子女有平等的亲权和监护权；（4）相互间有平等的扶养义务与继承权。

第四，夫妻在婚姻家庭中地位平等，不是指夫妻在家庭中权利义务一一对等，也不是指夫妻要平均承担家庭劳务。平等不是平均，家庭劳务要合理分担。对于家庭事务，夫妻双方均有权发表意见，应当协商做出决定，一方不应独断专行。

典型案例

夫妻平等——张某与李某监护权纠纷案①

【基本案情】

原审法院查明：被告李某与原告张某的儿子张某东于2006年结婚，婚后生育两个子女：长女张某涵生于2007年10月，次女张某墨生于2009年8月。2010年农历四月二十五日张某东因故死亡，两个女儿一直随原告共同生活。后

① 一审法院为河南省柘城县人民法院，案号：（2011）柘慈民初字第681号；二审法院为河南省商丘市中级人民法院，案号：（2011）商民终字第1709号。

原、被告在孩子抚养问题上发生纠纷，原告诉讼来院，被告提起反诉。

二审法院经审理查明的事实与原审法院查明的事实相同。

【争议焦点】

本案的争议焦点是：(1) 原审判决程序是否合法；(2) 张某涵、张某墨应由谁行使监护权。

【裁判】

一审法院认为：未成年人的父母是未成年人的监护人，未成年人的父母已经死亡或者没有监护能力的，祖父母、外祖父母及其他近亲属可以担任监护人。父母对未成年人的监护是基于父母子女关系而产生的，任何人不得非法剥夺和限制。本案中，张某涵、张某墨的父亲虽然死亡，但其母亲健在，具有监护能力，是第一顺序监护人；原告张某是第二顺序监护人，且经济特别困难。双方发生抚养争议，张某涵、张某墨应由被告抚养。原告要求抚养两个孙女，理由不足，不予支持。

综上，河南省柘城县人民法院根据《中华人民共和国民法通则》第十六条第一、二款之规定，判决：(1) 驳回原告张某的诉讼请求。(2) 反诉原告李某自本判决生效之日起对其女儿张某涵、张某墨行使监护权，张某不得阻止。案件受理费 100 元，反诉费 50 元，合计 150 元由原告承担。

张某不服一审判决上诉称：(1) 原审审判程序违法（不适用普通程序，对反诉不应合并审理)。(2) 被上诉人未尽到监护职责，张某涵、张某墨应由上诉人抚养。请求二审法院依法改判。

李某答辩称：反诉是依据张某要求行使监护权而提出，原审判决正确。请求二审法院维持原判。

根据双方当事人的诉辩意见，二审法院归纳本案争议的焦点是：原审判决程序是否合法，张某涵、张某墨应由谁行使监护权。双方当事人对上述争议焦点无异议，二审法院予以确认。

二审中，当事人均没有提供新的证据材料。

二审法院认为，依照特别程序审理的案件，不是解决民事权利义务争议，而是确认某种法律事实是否存在，确认某种权利的实际状况，而本案涉及的是由谁行使监护权的问题。《中华人民共和国民事诉讼法》第一百六十条规定的特别程序审理的案件，并不包含监护权案件。故原审适用普通程序审理本案其审判程序并不违法。在张某提起诉讼后，李某提出反诉，并按规定提交了反诉状，交纳了反诉费。原审法院依照《中华人民共和国民事诉讼法》第一百二十六条之规定，合并进行审理，符合法律规定。《中华人民共和国民法通则》第十六条规定，未成年人的父母是未成年人的监护人。未成年人的父母已经死亡或者没有监护能力的，由祖父母、外祖父母等有监护能力的人担任监护人。张某涵、张某墨之父张某东虽于2010年农历四月二十五日去世，但其母李某健在，依法应为其法定监护人。张某虽称李某未尽到监护责任，但未有充分有效的证据予以证明。张某的上诉理由不能成立。二审审理过程中李某表示，愿意两个婚生子女中的一个由其祖父张某抚养。李某的意思表示真实，且符合《最高人民法院关于贯彻执行〈中华人民共和国民法通则〉若干问题的意见（试行）》第22条之规定，本院予以准许。考虑两个婚生子女中张某墨年龄较小，应以其母李某抚养为宜。

综上，河南省商丘市中级人民法院依照《中华人民共和国民事诉讼法》第一百五十三条第一款第（一）项之规定，判决如下：

（1）维持柘城县人民法院（2011）柘慈民初字第681号民事判决第一项，即：驳回原告张某的诉讼请求。

（2）变更第二项为：李某于本判决生效之日起对其婚生次女张某墨行使监护权，张某不得阻止。

一审案件受理费、反诉费按原判决执行，二审案件受理费100元由张某负担。

本判决为终审判决。

【评析】

本案涉及夫妻家庭地位平等问题。夫妻平等，在婚姻法上主要包括两个方面的内容：一方面，强调夫妻在人格上的平等，夫妻双方应当互相尊重对方的人格独立，不得剥夺对方享有的权利。另一方面，夫妻双方在人身关系和财产关系两个方面的权利和义务是完全平等的，其内容主要包括：夫妻间人身权利义务平等，对夫妻共同财产有平等的处理权，对子女有平等的抚养权，相互间有平等的扶养义务与继承权等。

父母是未成年子女的法定监护人。父母双方对未成年子女享有平等的监护权。在父亲死亡的情况下，母亲的监护权任何人不得剥夺和干涉。只有在母亲不履行监护职责或者没有能力履行监护职责的情况下，才能由其他有监护能力的人担任监护人。《妇女权益保障法》第四十九条规定，父母双方对未成年子女享有平等的监护权。父亲死亡、丧失行为能力或者有其他情形不能担任未成年子女的监护人的，母亲的监护权任何人不得干涉。由此，法院可以直接援引该法条作为裁判依据。

第一千零五十六条

夫妻双方都有各自使用自己姓名的权利。

本条主旨

本条是关于夫妻姓名权的规定。

相关条文

本条是在《婚姻法》第十四条的基础上修改而成，该条规定为："夫妻双方都有各用自己姓名的权利。"本条内容的修改之处在于：在《婚姻法》第十四条的基础上，更加精确表述为"各自使用"自己姓名，与《民法典》人格权编"姓名权和名称权"一章中的表述一致。使用姓名权是指自然人依法使用自己姓名的权利，包括自己使用、不使用、变更或许可他人使用自己的姓名，但是不得违背公序良俗。

理解与适用

本条规定，直接体现了《民法典》婚姻家庭编中贯穿的人权平等、人格尊严等核心法理思想的要求，也反映了《民法典》中自然人尊重自己和被他人尊重的有机统一性和伦理品格性等时代特征①。

一、姓名权

（一）姓名权的保护范围

姓名权，是自然人决定其姓名、使用其姓名、变更其姓名，并要求他人尊重自己姓名的一种权利。简言之，姓名权是自然人对其姓名在法律上所享有的权利。姓名是指自然人的姓氏和名字。人的名字在法律上的正式称谓为"姓名"。姓名是公民的特定化标志，是公民的"符号"。有了姓名，就便于与其他人区别开来。人不同于物，其名字一般由"姓"加"名"组成。"姓"是其家族的标志，最初代表了血缘和家族的归属，通常由一群人共用②。在现代社会，"姓"仍然

---

① 龙翼飞．编纂民法典婚姻家庭编的法理思考与立法建议．法制与社会发展，2020（2）．

② 王利明．人格权法研究．2版．北京：中国人民大学出版社，2012：362．

是特定群体在社会中的标志。“名”是个人的代表符号，也是一种个人的标志①。名字由“姓”加“名”组成是传统习惯，表现了个人对社会团体或血缘家族或某一类的归属，也表现了从个体到群体的关系②。姓名是人的生理属性、社会属性的代号和标志，是每一个人用以表现自己并区别于他人的符号。在法律上，姓名是区别于他人的主体标识，是标志权利义务主体的符号，因而，姓名也成为个人人格的独特标志③。审判实践对于姓名的认识，多集中于姓名之指称功能与表现形式，即文字形式的、用以区别于其他公民的社会标志。以规范对姓名构成进行明确规定，对姓名权分条析理，尤其是把握姓名权利的内涵、完善姓名之决定与使用的内容，具有重要意义④。姓名权作为具体人格权，其保护的是姓名权人的人格利益及其中的商业化利益⑤。根据《民法典》人格权编第一千零一十二条的规定，“自然人享有姓名权，有权依法决定、使用、变更或者许可他人使用自己的姓名”。

（二）姓名权的法律特征

第一，姓名权的主体限于自然人。如果自然人将其姓名作为法人的名称使用，姓名则转化为名称，受名称权的保护。第二，姓名权的客体是姓名。姓名作为自然人表彰自己、区别他人的符号，必须以文字形式表现出来，不能仅仅是一个符号⑥。姓名权的客体不仅包括本名，还包括别名、笔名、艺名、乳名等。第三，姓名权是一种标表性的人格权。姓名权既可以单独标表个人人格特征，也可以与肖像权等权利结合以实现标表的功能⑦。基于此，权利人既可以自己使用，也可以许可他人使用。与此同时，姓名权的标表权利性质也决定了姓名权的内容⑧，包括决定、使用和改变姓名的权利。第四，姓名权兼具精神利益和财产利益。由于姓名权商业化利用的不断发展，姓名权的经济价值日益凸显。姓名作为人格个性的表达，不仅体现了权利人的精神利益，还会与与其相伴的声誉、名誉等相关联，因而带来一定的经济价值。

（三）姓名权的内容

从积极的权能角度来划分，姓名权的内容主要包括以下几个方面：（1）姓名

---

① 何晓明．姓名与中国文化．北京：人民出版社，2001：9.
② 陈伟雄．姓名工具书．南昌：江西教育出版社，2010：20.
③ 王利明．人格权法研究．2版．北京：中国人民大学出版社，2012：363.
④ 张红．民法典之姓名权立法论．河北法学，2019（10）.
⑤ 王利明．人格权法研究．3版．北京：中国人民大学出版社，2018：362.
⑥ 王利明．人格权法．2版．北京：中国人民大学出版社，2016：210.
⑦ 王利明．人格权法研究．3版．北京：中国人民大学出版社，2018：365.
⑧ 王利明．人格权法．2版．北京：中国人民大学出版社，2016：211.

决定权。姓名决定权指自然人决定其姓名的权利。为自己命名是自然人的基本权利之一。自然人可以自己决定随父姓或者随母姓，也可以采取其他姓或者不要姓，也有权决定自己的姓名。(2) 姓名变更权。姓名变更权是指自然人变更其姓名的权利，这一权利来自姓名决定权，也是姓名决定权的应有之义①。当事人在变更姓名之前，以原姓名参与社会活动，行使权利，承担义务，变更姓名有可能影响到他人的权益。因此，必须依法行使姓名变更权，不得滥用此权利。(3) 姓名使用权。姓名使用权是指自然人依法使用自己姓名的权利，包括自己使用、不使用和禁止他人使用的权利。

二、夫妻关系下的姓名权

姓名权是基于人身关系而产生的一项重要的民事权利，它是人格权的重要组成部分。夫妻关系下的姓名权，是夫或妻都可以保持姓名的独立，不因结婚而改变自己的姓名的权利。

在奴隶社会和封建社会，夫妻关系下姓名权行使的立法原则为“妻从夫姓”。婚姻多实行男娶女嫁，妻子婚后即加入夫宗，冠以夫姓而丧失姓名权②。这一习俗显然有违现代社会公民享有独立人格的理念。在旧中国，未婚女性在家称小名，有的甚至没有自己的名；出嫁从夫姓，如“张王氏”，谓姓王的嫁给姓张的做妻子。这是夫权婚姻中妻子对丈夫人身依附关系的表现。比如，北洋政府《民国民律草案》亲属编第一千一百一十八条规定：“妻于本姓之上冠称夫家之姓，并取得与夫同一身份之待遇。”1930 年国民政府公布的《中华民国民法》亲属编第 1000 条规定：“妻以其本姓冠以夫姓，赘夫以其本姓冠以妻姓。但当事人另有约定者，不在此限。”以上规定均具有封建观念。新中国成立后，1950 年《婚姻法》第十一条规定：“夫妻有各用自己姓名的权利。”废除在姓名问题上歧视妇女的旧法，代之以夫妻在姓名权上完全平等的规定。1980 年《婚姻法》重申了这一规定。2001 年修订的《婚姻法》对这一条未做修改，仍然保持了原来的规定。

《民法典》婚姻家庭编在《婚姻法》规定的基础上做出了相应的修改，更加精确表述为“各自使用自己姓名”。这个规定的实际含义是，妇女结婚后有权使用自己的姓名，主要是保护已婚妇女的姓名权。同样，结婚后男方到女方家落户的，男方也不必改变自己的姓名。当然也并不排除当事人结婚后自愿选择姓氏，

---

① 国务院法制办公室．中华人民共和国婚姻法（含最新司法解释）注解与配套．4 版．北京：中国法制出版社，2017：27.

② 王歌雅．婚姻家庭继承法学．2 版．北京：中国人民大学出版社，2013：86.

因为自然人都有姓名权。自1950年《婚姻法》实施以来，妇女结婚后仍然使用自己姓名已成为习惯。《民法典》婚姻家庭编这一规定，是为践行男女平等，夫妻关系规范应内涵平等追求①。这对于改变或抵制旧婚俗的影响，对夫妻在家庭中平等地位的巩固有着积极的意义。

第一千零五十七条

夫妻双方都有参加生产、工作、学习和社会活动的自由，一方不得对另一方加以限制或者干涉。

本条主旨

本条是关于夫妻在婚姻家庭关系中享有人身自由权的规定。

相关条文

本条是在《婚姻法》第十五条的基础上修改而成，该条规定为："夫妻双方都有参加生产、工作、学习和社会活动的自由，一方不得对他方加以限制或干涉。"本条略有改动之处在于将"他方"改为"另一方"。

理解与适用

本条规定，直接体现了《民法典》婚姻家庭编中贯穿的人权平等、人身自由等核心法理思想的要求。夫妻双方都有参加生产、工作、学习和社会活动的自由。"只要妇女仍然被排除于社会的生产劳动之外而只限于从事家庭的私人劳动，那么妇女的解放，妇女同男子的平等，现在和将来都是不可能的。"② 只有妻子可以像丈夫一样，自由地参加生产、工作、学习和社会活动，才能真正地实现男女平等、夫妻平等③。

一、夫妻人身自由权

我国《宪法》对公民的人身自由权做出了明确规定。可以说，保障公民的人身自由权应当是现代国家最基本的属性之一④。本条是夫妻双方的人身自由权在

---

① 王歌雅．《民法典·婚姻家庭编》的编纂策略与制度走向．法律科学，2019（6）．

② 恩格斯．家庭、私有制和国家的起源．北京：人民出版社，2018：180．

③ 龙翼飞．编纂民法典婚姻家庭编的法理思考与立法建议．法制与社会发展，2020（2）．

④ 吴高盛．《中华人民共和国婚姻法》释义及实用指南．北京：中国民主法制出版社，2014：63．

婚姻家庭关系中的规定，并不是公民的人身自由权的全部内容①，换言之，是人身关系中与婚姻家庭关系有关的部分，包括参加生产、工作、学习和社会活动的自由。有人认为本条规定仅是对妇女权益的保护，对妇女参加社会活动、进行社会交往、从事社会职业的权利的保护。事实上，《民法典》婚姻家庭编的该条规定应当适用于夫妻双方，不仅妇女有参加生产、工作、学习和社会活动的自由，男性也同样享有上述权利。

结合中国国情，本条规定对妇女的人身自由权的实现有着更加重要的意义。在旧中国，妇女在家庭中处于从属的地位，妇女是“从人者”，凡事“皆从男子”，婚前从父兄，婚后从夫，夫死从子。“女不言外”，将妇女排除在社会活动之外，囚禁于家庭的牢笼之中，从事家务劳动，无权参与社会公共管理事务。因此，妇女在旧社会是没有独立社会地位的，在家庭生活中也依赖丈夫，没有与男性真正的平等的地位。新中国成立后，1950 年《婚姻法》第九条规定：“夫妻双方均有选择职业、参加工作和参加社会活动的自由。”这一规定对妇女积极参加生产和社会工作起到了积极作用。妇女只有积极参加学习，不断提高自身的文化素质，参加公共劳动和社会活动，才能使其在家庭和社会中的地位得到真正提高，从而实现男女平等。1980 年《婚姻法》增加了夫妻双方均有参加学习的自由。这是宪法保障妇女在政治、经济、文化、社会和家庭生活等方面同男性权利平等的具体体现，也是妇女的生存权和发展权实现的基础②。2001 年修订的《婚姻法》和《民法典》婚姻家庭编对此条内容未做实质性修改。夫妻平等享有人身自由权，既是夫妻在婚姻家庭中地位平等的标志，也是为夫妻平等地行使权利和承担义务提供法律保障。

夫妻人身自由权的行使，必须符合法律和道德的要求，也须做到与其他权利义务的协调一致。同时，夫妻应当互相尊重，任何一方不得对另一方加以限制或者干涉。夫妻人身自由权的行使也要考虑夫妻双方的实际情况，不得因滥用权利而损害另一方和家庭的利益。如果夫妻一方不当行使该项权利，另一方有权提出意见，进行必要的劝阻。但是，应当把善意的帮助、建议与非法的限制、干涉加以区分③。

---

① 全国人大常委会法工委研究室．《中华人民共和国婚姻法》条文释义及实用指南．北京：中国物价出版社，2001：55.

② 夏吟兰．婚姻家庭继承法．2 版．北京：中国政法大学出版社，2017：95.

③ 王洪．婚姻家庭法．北京：法律出版社，2003：109.

二、夫妻人身自由权的内容

夫妻在婚姻家庭关系中的人身自由权虽不属于配偶身份权范畴，却是夫妻人身关系的必要方面，属于婚姻的人身效力①，主要包括以下内容：

（一）参加生产、工作的权利

夫妻双方都有参加生产、工作的权利，即选择职业的自由。此处的生产、工作是指取得劳动报酬或者经营收入的一切社会劳动。夫妻双方均有权选择其认为适合自己的工作，任何一方都不得干涉另一方。

（二）参加学习的权利

夫妻双方都有参加学习的自由。此处的学习，不仅包括在校学习，也包括扫盲学习、职业培训以及其他各种形式的专业知识与专业技能的学习。其中，保证妇女学习的自由权，对于提高妇女的文化素质、提升妇女的就业率，以及对于妇女在家庭中与丈夫的平等地位都是必不可少的。保证妇女学习的自由权，对于子女的培养，对于全民族文化素质的提高，都是必要的。

（三）参加社会活动的权利

夫妻双方享有参加社会活动的自由权，从根本上说，来自宪法赋予公民依法享有的民主权利。所谓参加社会活动，是指参政、议政活动，参加科学、技术、文学、艺术和其他文化活动，参加各种群众组织、社会团体的活动，以及参加各种形式的公益活动等②。

第一千零五十八条

夫妻双方平等享有对未成年子女抚养、教育和保护的权利，共同承担对未成年子女抚养、教育和保护的义务。

本条主旨

本条是关于夫妻抚养、教育、保护未成年子女的权利和义务的规定。

相关条文

本条是在《婚姻法》第二十三条的基础上修改而成，该条规定为：“父母有

---

① 杨大文，龙翼飞．婚姻家庭法．7版．北京：中国人民大学出版社，2018：111.

② 吴高盛．《中华人民共和国婚姻法》释义及实用指南．北京：中国民主法制出版社，2014：64.

保护和教育未成年子女的权利和义务。在未成年子女对国家、集体或他人造成损害时，父母有承担民事责任的义务。”本条的主要修改在于：第一，在教育和保护的基础上增加了抚养。第二，基于权利和义务的一致，夫妻抚养、教育、保护未成年子女，既是权利，也是义务，与《民法典》总则编在“监护”一节中规定的“父母对未成年子女负有抚养、教育和保护的义务”内容协调一致。父母应当创造良好、和睦的家庭环境，依法履行对未成年人的监护职责和承担对未成年人抚养、教育和保护的义务。

理解与适用

本条规定，直接体现了《民法典》婚姻家庭编中贯穿的人权平等、人亲和谐、人伦正义、人性友善等核心法理思想的要求①。

一、立法目的

（一）保障未成年子女健康成长

只有从法律上明确规定夫妻（父母）对未成年子女的抚养、教育和保护，才能更好地贯彻《民法典》婚姻家庭编关于保护未成年人合法权益原则，实现未成年人利益最大化。我国《宪法》第四十九条第一款规定：“婚姻、家庭、母亲和儿童受国家的保护。”人权是一个人作为人所应当具有的权利，为全体人类普遍地拥有②。《儿童权利公约》将儿童界定为“18 岁以下的任何人”，适用于全世界的儿童。根据《民法典》总则编第十七条的规定，“不满十八周岁的自然人为未成年人”，因此，这里的儿童对应到我国就是未成年人。未成年人是有独立人格的个体，法律规定要突出未成年人的主体地位。处于强势地位的成年人应当正视作为弱者的未成年人的要求与利益，以保障未成年人的健康发展③。与此同时，未成年人由于在年龄、智力、判断能力、控制能力等方面不及成年人，需要父母的教育和保护。《儿童权利公约》第十八条规定：“缔约国应当尽其最大努力，确保父母双方对儿童的养育和发展负有共同责任的原则得到确认。父母或视其情况而定的法定监护人对儿童的养育和发展负有首要责任。儿童的最大利益将是他们主要关心的事。”因此，父母是未成年子女最佳的监护人，负有对未成年子女监护的职责。法律赋予父母抚养、教育和保护未成年子女的权利，意在使父母更好

① 龙翼飞．编纂民法典婚姻家庭编的法理思考与立法建议．法制与社会发展，2020（2）.

② 杰克・唐纳利．普遍人权的理论与实践．王浦劬，张文成，燕继荣，等译．北京：中国社会科学出版社，2001：1.

③ 薛宁兰．中华人民共和国婚姻法评注・家庭关系．厦门：厦门大学出版社，2017：85.

地履行抚养、教育和保护未成年子女的义务。

（二）预防和矫治未成年子女的不良行为

《民法典》婚姻家庭编规定夫妻对未成年子女的抚养、教育和保护义务，不仅是为了保障未成年人的健康成长，也是为了预防未成年人损害他人和社会利益，预防未成年人犯罪。父母是子女的第一任老师，应在子女的思想品德、行为规范、生活技能、文化知识等多方面予以正确引导和教诲。法律是人们行为的基本规范和准则，法治教育作为教育的重要内容，应当贯穿于父母教育子女的始终[①]。预防和矫治未成年子女的不良行为，家庭教育是不可或缺的重要环节，通过父母的教育，及时纠正未成年人不良行为，进而预防未成年人犯罪，对保障未成年人的健康成长有重大意义。

二、夫妻对未成年子女有抚养、教育和保护的权利和义务

夫妻对未成年子女的抚养、教育和保护，既是权利也是义务。根据《民法典》婚姻家庭编第一千零五十八条的规定，对未成年子女的抚养、教育和保护的权利义务由夫妻双方行使，这也是男女平等原则和夫妻在婚姻家庭中地位平等的体现。1980 年《婚姻法》明确规定了父母都有管教和保护其未成年子女的权利和义务。1992 年《妇女权益保障法》也明确规定了父母双方对未成年子女享有平等的监护权。2001 年修订的《婚姻法》延续了上述规定。《民法典》婚姻家庭编在保护和教育的基础上，增加了抚养，兼有亲权和监护的含义。因此，依照《民法典》婚姻家庭编的该条规定，不仅丈夫有抚养、教育和保护未成年子女的权利和义务，妻子也同样有抚养、教育和保护未成年子女的权利和义务。

（一）抚养

抚养，指父母从物质上供养子女和日常生活中照料子女，保障子女的生活，使子女得以健康成长。抚养义务是父母对未成年子女所负的最主要的义务，目的是保障未成年子女的生存[②]。根据《宪法》第四十九条的规定，父母有抚养教育未成年子女的义务。《未成年人保护法》第十条规定，父母应当创造良好、和睦的家庭环境，依法履行对未成年人的监护职责和抚养义务。由此可见，抚养未成年子女是父母的法定义务。根据《民法典》婚姻家庭编第一千零六十七条的规定，父母不履行抚养义务的，未成年子女有要求父母给付抚养费的权利。由此可

---

① 薛宁兰．中华人民共和国婚姻法评注・家庭关系．厦门：厦门大学出版社，2017：87.

② 巫昌祯，夏吟兰．婚姻家庭法学．2 版．北京：中国政法大学出版社，2016：143.

知，父母对未成年子女的抚养是无条件的①，除非法律另有规定，任何情况下父母都必须履行抚养义务。值得注意的是，父母对子女的抚养义务，是父母双方的共同义务和共同责任，而非一方的单方义务和责任。父母即使已经离婚，对未成年子女也应依法履行抚养义务。

典型案例

未成年子女在父母一方每月支付的固定数额抚养费之外，另行主张大额抚养费用，是否应予支持——麻某诉麻晓某抚养费纠纷案②

【基本案情】

麻某的法定代理人李某与麻晓某原系夫妻关系，麻某系双方婚生子。后双方于2011年12月1日离婚，离婚协议书中约定：双方婚生之子麻某由女方抚养，男方每月10日前支付共计1 500元人民币，抚养费每年根据情况酌情增加，麻某在学习、医疗等各方面的开支双方共同承担。2013年2月15日至2月22日，麻某因间歇性外斜视、双眼屈光不正到北京某医院住院治疗，共支出医疗费13 422.02元。2010年、2012年麻某参加北京某少儿围棋培训，共支出教育费11 105元，2010年、2011年、2013年麻某参加某学校学习辅导班，共支出教育费11 105元。2013年，李某起诉至法院，请求增加每月应当支付的抚养费，请求判令麻晓某支付麻某的医疗费和教育培训费用。

【裁判结果】

对于子女生活费和教育费的协议或判决，不妨碍子女在必要时向父母任何一方提出超过协议或判决原定数额的合理要求。根据《最高人民法院关于适用〈中华人民共和国婚姻法〉若干问题的解释（一）》第二十一条的规定，抚养费包括子女生活费、教育费、医疗费等费用。但不应就此一概认为每月支付固定数额抚养费后，无须再支付医疗费，而应考虑抚养费、教育费、医疗费的支出的原因与具体数额，同时兼顾夫妻双方的利益公平。因此，对于我国法律规定的抚养费包含教育费、医疗费，应理解为抚养费包含基本的教育费与医疗费，而不应包含为孩子利益客观上必须支出的较大数额的医疗与教育费用。

同时，为保护未成年人利益，促进未成年人身心的全面发展，法律适当鼓励

① 巫昌祯，夏吟兰．婚姻家庭法学．2版．北京：中国政法大学出版社，2016：143.

② 婚姻家庭纠纷典型案例（北京）．（2015-11-20）［2020-03-03］．http：//www.court.gov.cn/zixun-xiangqing-16035.html.

未成年人根据个人天赋与爱好参与一定的课外辅导课程。本案中麻某长期参加围棋辅导班，从父母婚姻关系存续期间持续到离婚之后，麻晓某在婚姻关系存续期间对此同意，离婚后亦知情且未明确表示反对。同时也缺乏证据证明围棋班与麻某兴趣不符，围棋班并不属于过分的课余学习的情形，因而依法应予支持。

北京市昌平区人民法院作出（2013）昌民初字第 8252 号民事判决：（1）麻晓某自 2013 年 8 月起每月 10 日前支付麻某抚养费人民币 2 500 元，至麻某年满十八周岁止；（2）麻晓某支付麻某医疗费 6 711.01 元，教育费 5 552.50 元，于本判决生效后十日内支付；（3）驳回麻某的其他诉讼请求。宣判后麻晓某提出上诉。北京市第一中级人民法院于 2013 年作出（2013）一中少民终字第 13395 号判决：驳回上诉，维持一审判决。

【典型意义】

本案例案情简单、诉讼标的不大，但却涉及未成年人最基本的利益需求，体现了近年来物价上涨与未成年人抚养费理念、立法相对滞后之间的冲突。在审判实践中，应着眼于未成年人的合理需求，既排斥奢侈性的抚养费请求，也避免过低的抚养费给付，遵循未成年人最大利益原则。因此，在每月支付的固定数额抚养费之外另行主张的大额子女抚养费用请求是否应予准许，应考虑以下因素：首先，该请求是否符合未成年人的利益以及是否有相应的法律依据；其次，该请求是否属于因未成年人合理需求产生的支出，法律不鼓励超前的或者奢侈的抚养费需求；最后，应考虑夫妻双方的经济能力与实际负担义务，相应费用若由一方负担是否会导致夫妻双方义务负担的不平衡。

（二）教育

教育子女是家庭的一项重要职能，家庭教育对子女的健康成长有着至关重要的影响。父母子女间的亲密关系，为教育子女提供了有利的条件[①]。因此，教育子女既是父母双方在法律上应尽的义务，也是社会道德的必然要求。此处的教育侧重于管教的意思，指父母要按照法律和社会公德的要求，采用正确、适当的方法，对未成年子女进行教导，并对其行为进行必要的约束，其目的是保障未成年子女的身心健康。未成年子女是未满十八周岁的自然人，不论是在生理上还是心理上，都处于未完全成熟时期，他们的人生观、世界观也尚未完全形成，辨别是非的能力和控制自己行为的能力相对较弱。根据《未成年人保护法》第一条的规定，父母有义务促进未成年人在品德、智力、体质等方面全面发展，培养其成为有理想、有道德、有文化、有纪律的社会主义建设者和接班人。因此，父母应当

① 吴高盛．《中华人民共和国婚姻法》释义及实用指南．北京：中国民主法制出版社，2014：82.

以健康的思想品德和适当的方法教育未成年子女，引导他们参加有益身心健康的活动，预防其吸烟、酗酒、流浪以及聚赌、吸毒等恶习，使其树立防范意识。

根据《预防未成年人犯罪法》第十四条的规定，未成年人的父母应当教育未成年人不得有下列不良行为：（1）旷课、夜不归宿；（2）携带管制刀具；（3）打架斗殴、辱骂他人；（4）强行向他人索要财物；（5）偷窃、故意毁坏财物；（6）参与赌博或者变相赌博；（7）观看、收听色情、淫秽的音像制品、读物等；（8）进入法律、法规规定未成年人不适宜进入的营业性歌舞厅等场所；（9）其他严重违背社会公德的不良行为。根据该法第十五条的规定，未成年人的父母应当教育未成年人不得吸烟、酗酒。对于已有不良行为的未成年子女，则应当加强教育约束，制止和纠正其不良行为。对未成年子女的教育应当尊重其人格尊严，适应其身心发展的特点，通过多种形式进行教育和约束。虽然在管教过程中，父母可以对未成年子女使用适当的惩戒手段，但不得对其使用暴力或者以其他形式进行虐待。与此同时，根据《义务教育法》第五条第二款的规定，“适龄儿童、少年的父母或者其他法定监护人应当依法保证其按时入学接受并完成义务教育”，父母有义务保证未成年子女上学接受义务教育，不得让子女中途辍学。

（三）保护

保护，是指父母应当保护其未成年子女的人身安全和合法权益，预防和排除来自外界的危害，使其未成年子女的身心处于安全状态。《民法典》总则编第三十四条规定，监护人的基本职责是：“代理被监护人实施民事法律行为，保护被监护人的人身权利、财产权利以及其他合法权益等。”根据该条规定，父母对其未成年子女的保护主要包括人身保护和财产保护。对未成年子女的人身保护，主要包括照顾未成年子女的生活，保护其身体健康，保护未成年子女的人身不受侵害，为未成年子女提供住所等。对未成年子女的财产保护，主要是为未成年子女的利益管理和保护其财产权益，除为未成年子女的利益外，不得处理属于该未成年子女的财产。父母未履行监护职责或者侵害未成年子女的合法权益，造成未成年子女财产损失的，应当赔偿其损失。父母对未成年子女的保护，还体现在父母代理其未成年子女进行民事活动上。根据《民法典》总则编的规定，未成年人是不具有完全行为能力的人，未成年子女仅独立实施与其智力、精神健康状况相适应的民事法律行为，其他民事活动由其法定代理人（父母）代理或者经其法定代理人同意、追认。当未成年子女的权益受到侵害时，其父母作为法定代理人有权提起诉讼，请求侵权人停止侵害、赔偿损失，以维护未成年子女的合法权益。当未成年子女被人拐骗，脱离家庭或者监护人时，父母有权要求归还子女，并要求司法机关追究拐骗者的刑事责任①。

第一千零五十九条

夫妻有相互扶养的义务。

需要扶养的一方，在另一方不履行扶养义务时，有要求其给付扶养费的权利。

本条主旨

本条是关于夫妻之间互负扶养义务的规定。

相关条文

本条是在《婚姻法》第二十条的基础上修改而成，该条规定为："夫妻有互相扶养的义务。一方不履行扶养义务时，需要扶养的一方，有要求对方付给扶养费的权利。"相较于2001年修订的《婚姻法》，《民法典》婚姻家庭编对夫妻扶养义务的规定，没有实际变化。

理解与适用

本条规定，直接体现了《民法典》婚姻家庭编中贯穿的人权平等、人亲和谐、人性友善、人本秩序等核心法理思想的要求②。

一、历史沿革

新中国成立以前，我国传统社会特别强调夫权的统治，奉行"夫为妻纲"，妻子在生活上完全受其丈夫的支配。在经济上，由于封闭的封建经济模式，男主外，女主内，妻子在经济上也从属于其丈夫。因此，丈夫理所应当地负起扶养妻子的义务。夫权制度一直持续到20世纪40年代。新中国成立后，1950年制定的《婚姻法》确立男女平等原则为婚姻法的基本原则，1950年《婚姻法》第八条规定："夫妻有互爱互敬、互相帮助、互相扶养、和睦团结、劳动生产、抚育子女，为家庭幸福和新社会建设而共同奋斗的义务。"由此可知，自1950年《婚姻法》实施以来，确立了夫妻有互相扶养的义务。1980年《婚姻法》进一步规定了夫妻有互相扶养的义务，1980年《婚姻法》第十四条规定："夫妻有互相扶养的义

---

① 王洪．婚姻家庭法．北京：法律出版社，2003：223.

② 龙翼飞．编纂民法典婚姻家庭编的法理思考与立法建议．法制与社会发展，2020（2）.

务。一方不履行扶养义务时，需要扶养的一方，有要求对方付给扶养费的权利。”2001年修订的《婚姻法》沿用了1980年《婚姻法》关于夫妻之间互负扶养义务的规定。相较于2001年修订的《婚姻法》，《民法典》婚姻家庭编对夫妻扶养义务的规定，未做实质内容的修改。

二、扶养的含义

广义的扶养，指一定范围的亲属间的相互供养和扶助的法定权利和义务。它没有身份、辈分的区别，是赡养、扶养、抚养的统称①。接受扶养的人为受扶养人，是权利人；履行扶养义务的人为扶养人，是义务人。《民法典》婚姻家庭编根据不同亲属之间的扶养情况，相应地将扶养分别规定，比如夫妻之间适用扶养。夫妻是共同生活的伴侣，夫妻之间具有相互扶养的义务，对保障夫妻正常生活、加强夫妻之间物质上的帮助和生活上的相互照料具有重要意义。尤其是在一方无固定收入和缺乏生活来源或者由于年老、患病等原因需要扶养时，另一方应依法履行扶养义务。

三、夫妻之间的扶养

第一，夫妻间的扶养关系基于夫妻人身关系而产生。男女因结婚而形成夫妻关系，夫妻身份关系的存在决定了其相互之间扶养关系的存在。当事人之间不存在合法的婚姻关系，就不产生相互扶养关系。夫妻的身份关系是夫妻扶养关系的前提。夫妻扶养关系从婚姻合法成立之时产生，至婚姻合法终止时消灭，在婚姻关系有效存续的整个过程中一直具有法律拘束力，是一种常态性、持续性的法律关系②。

第二，夫妻间的扶养义务主要以经济上相互供养、生活上相互扶助为内容，是婚姻内在属性和法律效力对主体的必然要求。就其性质来看，夫妻间的扶养属于生活保持义务范畴，既是双方当事人从缔结婚姻开始就产生的义务，也是婚姻或家庭共同体得以维系和存在的基本保障，这是人类个体婚制形成以来婚姻一直负载的基本功能③。

第三，夫妻间的扶养义务是对等的。任何一方既是权利人，也是义务人。夫妻之间有相互扶养的义务，这种扶养义务对夫妻双方而言是对等的，即夫妻双方

① 王歌雅．婚姻家庭继承法学．2版．北京：中国人民大学出版社，2013：92.

② 杨大文，龙翼飞．婚姻家庭法．7版．北京：中国人民大学出版社，2018：213.

③ 杨大文，龙翼飞．婚姻家庭法．7版．北京：中国人民大学出版社，2018：213.

互为扶养义务人。从夫妻一方来看，扶养既是一方的权利，也是一方的义务。任何一方都有接受和要求对方扶养的权利，也有扶养对方的义务。

第四，夫妻间的扶养义务具有强制性。如果夫妻一方生活困难或无独立生活来源，另一方有义务扶养。《民法典》婚姻家庭编规定了对不履行扶养义务的一方的强制性条款，赋予权利人依法追索扶养费的请求权，即需要扶养的一方，在另一方不履行抚养义务时，有权直接要求其给付扶养费，也可向人民法院起诉，要求对方给付扶养费。但在实际运作上，基于夫妻关系的特殊性，应以当事人自我调节为主导，以自觉履行为普遍，并以公力干预为辅助，以司法救济为保障①。

典型案例

夫妻扶养义务——王某与胡某扶养纠纷案②

【基本案情】

上诉人王某、胡某因扶养纠纷一案，均不服渑池县人民法院（2010）渑民一初字第 655 号民事判决，向河南省三门峡市中级人民法院提起上诉。二审法院依法组成合议庭，公开开庭审理了本案。

一审法院查明：王某、胡某结婚已有五十余年，婚后生育五子一女，由于双方婚后感情不和，经常发生矛盾，长期分居生活。经有关部门调解，胡某每月支付王某 50 元生活费，后经调解增加至每月 150 元。2008 年王某患病住院期间，胡某未支付过王某医疗费。后王某诉至法院，请求判令胡某向王某每月支付胡某退休金的一半 700 元及每月扶养费 200 元。另查明，胡某系杨村煤矿退休职工，现月收入 1 519.90 元。

二审法院经审理查明事实与一审查明事实一致。

【争议焦点】

本案的争议焦点为，一审判决的扶养费数额是否合理。

【裁判】

一审法院认为，根据法律规定，夫妻双方在婚姻关系存续期间有相互扶养义务。本案中，王某系农民，无固定工作及固定收入，胡某作为退休职工，有固定收入，每月 1 519.90 元，因此王某要求胡某履行扶养义务，理由正当，予以支

① 杨大文，龙翼飞．婚姻家庭法．7 版．北京：中国人民大学出版社，2018：213.

② 一审法院为河南省渑池县人民法院，案号：（2010）渑民一初字第 655 号；二审法院为河南省三门峡市中级人民法院，案号：（2010）三民终字第 505 号。

持，同时考虑到王某每月需服用药品，扶养费数额可略高于2009年河南省农村居民人均生活消费支出。王某请求胡某每月付其退休金的一半700元及每月扶养费200元，数额过高，对其过高部分法院不予支持。经调解无效，依据《中华人民共和国婚姻法》第二十条之规定，判决：胡某自2009年12月开始，每月向王某支付扶养费422元。2010年6月之前的费用，于本判决生效后十日内支付，以后每月支付一次。案件受理费50元，由胡某负担。

宣判后，双方均不服。王某上诉称：（1）一审判决改变了王某的诉讼请求。王某起诉要求胡某支付退休金的一半，意在分割共同财产，根据《婚姻法》第十七条及《物权法》第九十九条之规定，结合王某目前的实际生活困难程度，王某要求分割共同财产的请求应当得到支持，一审法院却以判决扶养费了之。（2）一审法院在衡量王某扶养费标准时严重丧失公平。王某与胡某系夫妻，理应在一起生活，生活消费应是同一标准，不能因为王某是农民就按农民的消费标准来确定扶养费，胡某能有退休金，与王某一生在家操持家务是分不开的。胡某与王某是夫妻，不能仅以王某需要多少扶养费作为扶养费的支付标准，而应根据双方的经济条件来衡量王某应当享有的消费标准。综上，王某提起上诉，请求二审法院查明事实，依法判决。

胡某答辩称：胡某的退休金每月1 500元，且身患糖尿病、颈椎病等疾病，医疗费只能报销很少一部分。胡某夫妇有五个儿子，现在四个儿子赡养王某，四个儿子都有收入，应同胡某一起承担照顾王某的义务，王某的要求过高。

胡某上诉称：（1）一审判决胡某每月支付扶养费422元过高，调整为300元比较合适。胡某自成家以来，含辛茹苦抚养五子一女，虽和王某婚姻关系存续，但已分居多年，婚姻名存实亡。其中辛酸，村人皆知。胡某现已体弱多病，加上生活开支，确实难以支付。五个儿子都有固定收入，为什么不能尽一点赡养义务，在减轻胡某压力的同时，又可改善王某的生活状况呢？（2）胡某本无积蓄，一审判决一次性支付2010年6月份之前的抚养费，胡某没有能力支付，2010年6月份之前的费用，胡某同意按以前的标准即每月150元一次性支付。另外，无劳动能力的父母有要求子女给付赡养费的权利，请求判决五个儿子每人每月支付胡某100元的赡养费。请求法院依法审判。

王某答辩称：胡某系杨村煤矿退休干部，参加了医疗保险，其医疗费用全部由社保机构支付，不需从其退休金中扣除。胡某自2009年12月份以来未支付过扶养费，一审判决从该时间继续支付扶养费是正确的。另外，子女对父母的赡养义务与本案不是一个法律关系。胡某的上诉理由不能成立。

二审法院认为，夫妻有互相扶养的义务。一方不履行扶养义务时，需要扶养的一方有要求对方付给扶养费的权利。夫妻作为共同生活的伴侣，在生活上应该相互照料、相互供养，尤其在一方年老、患病、丧失劳动能力或没有固定经济收入的情况下，有扶养能力的配偶，更应主动扶助对方。夫妻之间相互扶养，既是权利也是义务，它基于婚姻关系而产生，不受感情等因素的影响。本案中，王某系农民，没有固定生活来源，现因身体原因和生活需要，请求胡某支付扶养费，符合法律规定，应予支持。关于扶养费的确定标准，一审法院结合胡某的收入及当地的生活消费支出情况，并结合王某需支付医药费等事实，确定每月由胡某支付 422 元扶养费并无不当。尽管按照《物权法》第九十九条之规定，共同共有人在共有的基础丧失或者有重大理由需要分割时可以请求对共同财产进行分割，需要明确的是，要求分割的共同财产必须在主张权利时切实存在。胡某每个月 1 500 余元的退休金是其唯一的收入来源，胡某目前也患病在身，需要用退休金来维持日常生活和看病支出，王某在起诉时并未考虑该退休金的实际支出情况，故王某要求按月分割胡某退休金一半的主张，本院不予支持。另外，胡某要求判决子女每月支付一定的赡养费，与本案不是同一法律关系，胡某可另案起诉主张自己的权利。原审判决认定事实清楚，处理正确，胡某和王某的上诉理由均不能成立。依照《中华人民共和国民事诉讼法》第一百五十三条第一款第（一）项之规定，判决如下：

驳回上诉，维持原判。

二审案件受理费 100 元，王某负担 50 元，胡某负担 50 元。本判决为终审判决。

【评析】

本案涉及夫妻之间相互扶养的权利义务问题。夫妻有互相扶养的义务，一方不履行扶养义务时，需要扶养的一方有要求对方付给扶养费的权利。扶养义务是相互的，既有经济上的供养，也包括精神上的慰藉以及生活上的照顾等内容，且扶养义务上的经济给付也不等同于夫妻共同财产的分割。具体金额以及给付时间、方式等，应根据原、被告双方的实际情况，结合原告的实际需要以及被告的给付能力来确定。司法实践中，妇女在家庭经济生活中往往处于弱势地位，因此应侧重于保护妇女的合法权益。

男女双方既然缔结了婚姻关系，夫妻就应当互相扶持、互相帮助，这种权利义务是法定的，不得附加任何条件。在权利人需要的时候，义务人必须尽可能给权利人提供生活上的扶助，即使义务人因此而使得自己的生活水平降低，也不能免除其扶养义务。本案中，当事人之间为夫妻关系，在原告年老体弱、没有固定生活来源的情况下，被告作为配偶应当承担夫妻之间的扶养义务，向原告支付必要的生活费用。鉴于被告每月收入仅 1 500 多元，且自身年老多病，而且还有其他具有赡养能力的人可以赡养原告，因此，原审法院判决被告向原告每月支付扶养费422元是适当的，二审法院维持原判亦是公平的。

第一千零六十条

夫妻一方因家庭日常生活需要而实施的民事法律行为，对夫妻双方发生效力，但是夫妻一方与相对人另有约定的除外。

夫妻之间对一方可以实施的民事法律行为范围的限制，不得对抗善意相对人。

本条主旨

本条是关于夫妻日常家事代理权的规定。

相关条文

本条为《民法典》婚姻家庭编的新增条文。

理解与适用

本条规定，直接体现了《民法典》婚姻家庭编中贯穿的人权平等、人际诚信、人财共济和人本秩序等核心法理思想[①]。

一、日常家事代理权的含义

日常家事代理权，有广义与狭义之分。广义的家事代理权，指共同生活的家庭成员可以代理其他家庭成员处理日常生活事务，与相对人实施一定的法律行为[②]。狭义的家事代理权，指在日常家事范围内，配偶一方与第三人进行一定的法律行为时，享有代理配偶另一方的权利[③]。日常家事代理根源于合法的夫妻身份，处于非法婚姻关系、非婚同居关系的自然人不应享有此等权利[④]。日常家事代理权是夫妻基于婚姻所获得的配偶权应有之内容。鉴于配偶权具有支配属性，夫妻一方为共同生活需要而进行日常对外交易，无须获得夫妻另一方的特别同意

---

① 龙翼飞．编纂民法典婚姻家庭编的法理思考与立法建议．法制与社会发展，2020（2）．

② 杨振宏．《民法典》总则增加家事代理制度的立法建议．苏州大学学报（哲学社会科学版），2016（6）．

③ 史浩明．论夫妻日常家事代理权．政治与法律，2005（3）．

④ 杨晋玲．夫妻财产制比较研究．北京：民族出版社，2004：163．

或授权①。

二、日常家事代理权的特点

日常家事代理权作为一项民事权利，有其本身所具有的特点。具体特点如下：

（一）主体的特殊性

在普通的民事代理关系中，代理人需要有完全民事行为能力，被代理人需要具有相应的民事行为能力，代理人与被代理人之间无须存在特殊的关系。然而，在日常家事代理中，代理双方不仅需要有完全民事行为能力，与此同时，代理双方还必须具有合法婚姻关系，夫妻双方互负家事代理关系为应有之义，即配偶之间互为代理人。

（二）内容的特殊性

在普通的民事代理关系中，代理的范围既有法律的规定，也有代理人与被代理人之间的约定，范围比较广泛。然而，在夫妻日常家事代理中，依法将代理的范围局限于家庭日常生活事务领域。相对而言，夫妻日常家事代理的范围较窄。由于夫妻之间关系的亲密性，第三人很难知道夫妻之间的具体约定，出于保护第三人与交易安全的考虑，日常家事代理的范围以家庭日常生活需要为限，但是夫妻一方与相对人另有约定的除外。

（三）责任承担的特殊性

在普通的民事代理关系中，代理人以被代理人之名实施民事法律行为，代理行为导致的权利义务均由被代理人承担。在日常家事代理中，配偶在日常家事的范围内以自己或双方的名义实施民事法律行为，行为产生的代理效果同时及于夫妻双方。

（四）权利来源的特殊性

在普通的民事代理关系中，代理权的产生既有法律的规定，也有被代理人的特别授权。在日常家事代理中，基于婚姻的当然效力，夫妻之间自然享有日常家事代理权，无须一方对另一方的特别授权。

三、日常家事范围

因世界各国、各地区的发展水平千差万别，其民法上所规定的日常家事范围也不尽相同。以下仅以德国、法国、日本的民法规定为例：

（一）德国法

根据《德国民法典》第1357条的规定，日常家事范围主要包括以下几个方

① 杨立新．人身权法论．3版．北京：人民法院出版社，2006：755，756，768.

面：（1）为家庭成员购买粮食和衣物；（2）购买、雇用他人修理家具和日用器具；（3）采购燃料；（4）签订供应电力、煤气的合同；（5）家务辅助人员的雇用和解聘；（6）与第三人签署保险合同，比如家具保险合同；（7）交易额较小的信用交易[①]；（8）针对子女的身体状况与医院签署的合同[②]。

（二）法国法

依据《法国民法典》第220条的规定，在未征得配偶另一方许可的情形下，配偶一方采用分期付款的方式购买和借贷，配偶之间不承担连带债务；但是该小额借款属于家庭日常生活所必要的支出，配偶之间共同承担责任。法国将适用日常家事的范围限定在日常生活的必要开支、旨在维持日常家庭生活与教育子女的事项上。例如：（1）子女治疗和住院所需要的费用；（2）为共同生活订立的租约；（3）用于家庭住宅的夫妻一方自有建筑的公摊费用；（4）维持家庭开支或者以子女教育为目的而产生的债务；（5）家庭信贷；（6）为改善家庭主要住所条件而进行的借贷；（7）数额较小、用于家庭生活所必需开支的借贷等。不属于日常家事的行为包括：（1）投资活动；（2）不必要的休闲、娱乐方面的费用开支；（3）视家庭状况明显过分的开支；（4）用分期付款方式进行的购买，少量借贷除外；（5）为企业运转等非家庭性质的借贷；（6）购买汽车[③]。

（三）日本法

日本民法将日常家事的事项一般限定于低价的经济交易，例如：（1）小额分期付款；（2）为购买微波炉等生活必需品的贷款；（3）为未成年子女教育支出的费用；（4）在只有丈夫工作的家庭，妻子以丈夫名义从账户内提取以日常生活为限的钱款。不属于日常家事的行为主要包括：（1）为生产经营而出售不动产；（2）大额的日常家庭负债；（3）依家庭生活状况明显过分的开支，例如为家庭生活而购买太阳能热水器、被子，或为子女教育，对家庭经济造成沉重负担，夫妻不负担连带责任；（4）使用特殊信用卡进行的分期付款；（5）用途不明的借款。

上述三国对于日常家事范围的划定标准，归纳起来可分为日常家务主义和生活需要主义。日常家务主义以日本为典型代表，以维持夫妻及家庭成员正常生活运转且一般以用于家庭生活的必需品为限。生活需要主义则适用于“与家庭相当的生活需要”范围内的全部法律行为，为德国所采用。除了通常必要的事项以外，还包括与家庭经济收入相符合的改善家庭生活和提高生活质量的支出，以及

① 信用交易，指商业上的赊购行为或通过向第三人借贷之方式获得资金加以购买。根据德国的判例，只有交易额较小的信用交易行为，法院才将其认定为日常家事的范围。

② 张学军．锁匙权研究．金陵法律评论，2004（1）．

③ 法国民法典：上册．罗结珍，译．北京：法律出版社，2005：207－210．

为家庭生活需要的其他特殊法律行为。法国以日常家务主义为一般原则，但不排斥为家庭生活需要的小额贷款、租赁房屋等事项。

由于我国幅员辽阔且各地经济状况、生活条件差异较大，即使在同一地区，每个家庭成员的职业、身份、资产等不尽相同，很难对某一具体事项是否属于日常家事的范围做出直接的规定。在判断一项交易是否属于日常家事范围时，首先应判断此项交易行为是否满足家庭日常生活需要，其次考察该项交易行为是否会对夫妻共同生活产生决定性影响，是否改变家庭生活的状态，只有符合家庭生活水平的行为才具有适用家事代理的前提。因此，这也要求该项交易行为在一定的限度内。

四、日常家事代理权的效力

日常家事代理权的效力，指夫妻一方行使日常家事代理权的法律后果。日常家事代理权的效力，可分为内部效力和外部效力。

(一) 日常家事代理权的内部效力

对于普通的民事代理而言，其法律后果由被代理人承担。对于日常家事代理而言，其目的是满足夫妻家庭日常生活，夫妻双方应对该行为所产生的债权、债务共同享有权利、承担义务。只要夫或妻一方在日常家事的范围内行使代理权，即对配偶产生法律效力，但是夫妻一方与相对人另有约定的除外。这是日常家事代理权内部效力的一般规则。

(二) 日常家事代理权的外部效力

由于日常家事的范围因各个家庭生活水平和生活状态的不同而有所差异，又因为夫妻内部事务和约定具有一定的隐秘性，交易相对人很难从外部情况来判断该行为，这就会损害交易相对人的合法权益。因此，为了维护善意相对人的信赖利益，保护交易的动态安全，只要夫或妻一方所为的家事代理行为在外观上属于日常家事代理的范围，善意相对人有理由相信其代理行为合法有效，法律就应当对这种信赖予以保护，从而类推适用关于表见代理的规定。

第一千零六十一条

夫妻有相互继承遗产的权利。

本条主旨

本条是关于夫妻相互享有继承权的规定。

相关条文

本条沿用了《婚姻法》第二十四条第一款的规定，该条款规定为："夫妻有相互继承遗产的权利。"

理解与适用

本条规定，直接体现了《民法典》婚姻家庭编中贯穿的人财共济、人亲和谐和人本秩序等核心法理思想的要求①。

一、历史沿革

在奴隶社会和封建社会，在"父死子继"的宗祧继承制度下，否认女子的继承权，丈夫死后，其遗产首先由其儿子继承，妻子只有在不改嫁的前提下，才能管理丈夫的遗产。只有在丈夫死后，其财产没有别的男子继承而成为"绝户产"时，妻子才能继承丈夫的遗产。但是，由于封建社会中一夫多妻制和收养制的存在，真正成为"绝户产"的可能性极小。同时，由于当时还盛行"立嗣"制度，又进一步从根本上排除了妻子继承的可能性。

新中国成立后，1950 年《婚姻法》确立男女平等原则，彻底废除了以男子为中心的宗祧继承制度，确立了夫妻之间有相互继承权的规定。1950 年《婚姻法》第十二条规定："夫妻有互相继承遗产的权利。"1980 年《婚姻法》沿用了 1950 年《婚姻法》的规定。1985 年通过的《继承法》确立继承权男女平等原则，该法第十条规定配偶与子女、父母同为第一顺位的法定继承人。2001 年修订的《婚姻法》和《民法典》婚姻家庭编沿用了 1980 年《婚姻法》规定的"夫妻有相互继承遗产的权利"。与此同时，《民法典》继承编也沿用了 1985 年《继承法》关于配偶为第一顺位的法定继承人的规定。

二、夫妻有相互继承遗产的权利

在现代世界各国的民法中，大多以夫妻身份关系或婚姻关系存续状态为前提，确认配偶之间互为法定继承人，相互享有遗产继承权。我国《民法典》婚姻家庭编明确规定，"夫妻有相互继承遗产的权利"。《民法典》继承编作为调整因继承产生的民事关系的法律规范，对配偶继承权做了全面具体的规定。《妇女权益保障法》针对妇女继承权容易受到侵犯的现实，特别强调"妇女享有的与男子

① 龙翼飞．编纂民法典婚姻家庭编的法理思考与立法建议．法制与社会发展，2020（2）.

平等的财产继承权受法律保护。在同一顺序法定继承人中，不得歧视妇女”。综合以上法律规范的内容，对夫妻相互享有继承权的规定，应注意把握以下三点：

第一，婚姻关系的合法存在，是配偶互享继承权的先决条件，也是法律确认配偶互享继承权的依据①。配偶继承权随夫妻关系的成立而产生，在夫妻离婚或婚姻关系被宣告无效时依法消灭。换言之，只有在婚姻关系依法有效存续期间，配偶一方死亡，另一方才享有继承权。因此，配偶继承权是一种身份财产权，带有身份和财产双重属性，既是民事继承制度的组成部分，又是夫妻权利义务中不可或缺的内容。基于此，夫妻一方死亡后，生存配偶不论再婚与否，均有权处分继承的遗产②。配偶继承权不受婚姻关系存续时间长短的影响，也不受生存配偶是否再婚的影响。

第二，《民法典》继承编规定配偶互为第一顺位继承人，享有同等的继承权。除了丧失继承权的情形以外，任何人均不得以任何借口剥夺、干涉或妨碍生存配偶对继承权的享有和行使③。

第三，配偶继承权与夫妻共同财产的分割不能混淆。我国以夫妻共同财产制为法定财产制，除夫妻之间存在合法有效的约定及法定个人财产以外，凡是婚姻关系存续期间所得财产均为夫妻共同共有。因此，当配偶一方死亡，其现有财产多为夫妻共有，并非全部是个人遗产。为此，必须进行夫妻共有财产的认定和分割，保障生存配偶的共有财产权，防止将夫妻或家庭成员共有的财产作为遗产分割，侵犯生存配偶和其他家庭成员的合法财产利益④。与此同时，确定死者个人遗产的价值和范围，认定和保护生存配偶及其他同一顺位继承人的继承权。

典型案例

夫妻之间有相互继承权——吴某甲与何某等继承纠纷上诉案⑤

【案情】

一审法院查明，原告生父即被继承人吴某树 2006 年 7 月与前妻闫某明因感情不和经终审判决离婚，婚生子吴某甲即原告由吴某树抚养，位于本市 A 处的

① 杨大文，龙翼飞．婚姻家庭法．7 版．北京：中国人民大学出版社，2018：109.

② 王歌雅．婚姻家庭继承法学．2 版．北京：中国人民大学出版社，2013：93.

③ 王洪．婚姻家庭法．北京：法律出版社，2003：113.

④ 巫昌祯，夏吟兰．婚姻家庭法学．2 版．北京：中国政法大学出版社，2016：123.

⑤ 一审法院为河南省郑州市上街区人民法院，案号：（2009）上民一初字第 475 号；二审法院为河南省郑州市中级人民法院，案号：（2010）郑民一终字第 129 号。

房屋（2008 年 2 月 14 日登记为吴某树的名字）判决归吴某树所有，另位于本市 B 处的房屋归原告生母闫某明所有，吴某树支付给原告吴某甲法定代理人即闫某明房屋差价 66 700 元（该房屋差价已于 2006 年 8 月 29 日偿还完毕）。2006 年 10 月 20 日，吴某树以其离婚后的上述房产为抵押办理个人住房公积金委托贷款合同，在银行贷款 40 000 元。2006 年 10 月 26 日，吴某树与被告何某登记结婚。婚后，原告随生父吴某树和被告何某共同生活。2006 年 11 月 25 日，吴某树和被告何某生育一女即被告吴某乙。2007 年 3 月底，吴某树被诊断为肺癌，遂入住河南省人民医院治疗。次月 3 日、14 日，吴某树分别向被告何某父亲借款 5 000 元、向所在单位借款 20 000 元用以治疗。2008 年 2 月 4 日，吴某树书写赠与合同一份，内容为：我愿将本市 A 处房屋所有权赠与何某。吴某树另在该赠与合同上注明了被告何某的身份证号码。2008 年 2 月 14 日，吴某树再次借被告何某父亲现金 26 000 元用于偿还贷款。当日，被告何某提前偿还了被继承人吴某树银行贷款剩余本息共计 24 017.25 元。当月 17 日，被告何某出具变更证明一份，内容为：吴某树与何某是夫妻关系，愿将本市 A 处房子变更至何某名下。吴某树和被告何某均在该证明上签字确认。2008 年 2 月 19 日，吴某树因医治无效死亡，被告何某办理了后事。原告在其父病重后一直随其生母生活。

一审诉讼中，原告申请对本市 A 处的房屋（2008 年 2 月 14 日登记为被继承人吴某树的名字，产权证由被告何某持有）及车棚进行评估。经评估，该房总价 287 800 元（含附属车棚价值，估价时点为 2008 年 12 月 12 日）。原告为此支付鉴定费 4 500 元。原告另对被告提交的 2008 年 2 月 17 日的变更证明中“吴某树”的笔迹、2008 年 2 月 14 日吴某树向何某父亲借款 26 000 元的借条中“吴某树”的笔迹是否为吴某树本人笔迹申请鉴定。2009 年 4 月 20 日，经一审法院组织双方对有关检材（含 2008 年 2 月 4 日的赠与合同）质证后委托鉴定部门鉴定，结论为：日期为“2008、2、17”的变更证明第二行“吴某树”三字、“我”字、“变更人：”处的“吴某树”三字和日期为“2008、2、14”的借条“借款人：”处的“吴某树”三字均是吴某树本人所写。

原审另查明，截至 2008 年 2 月，被继承人吴某树的社会医疗保险个人缴费部分余额为 642.13 元、银行存款余额为 1 779.68 元、社会保险个人缴费累计余额为 4 846.24 元。被继承人吴某树死亡后所在单位发放丧葬费 1 000 元、丧葬补助金 7 090 元、抚恤金 20 860 元。诉讼中，被告何某表示被继承人吴某树所欠单位的借款已以社会医疗保险中心返还的住院补贴偿还完毕，剩余 638 元由其持有。另外截至 2009 年 6 月 30 日被继承人吴某树的住房公积金本息余额 11 734.95元（2006 年 10月被继承人吴某树的住房公积金为 1 552.38 元）。

原审庭审后，经原审法院勘验，双方确认被继承人吴某树个人财产有：春兰牌柜式空调、壁挂式空调各一台，木制双人床一张（含床头柜、床垫），玻璃餐桌一张（含三把椅子），六开门柜子一套（已固定），写字台、书桌各一张（均已固定），四开门衣柜一套，铁制桌子一张，电动车一辆（现由被告何某使用）。吴某树与被告何某婚后共同财产有：抽油烟机一台、西门子牌冰箱一台、松下牌全自动洗衣机一台、万利达牌DVD影碟机一台、四组合革制沙发一套、三组合电视柜一套、橱柜一套、木制双人床一张（含床头柜、床垫）、玻璃茶几一张。另被继承人吴某树无其他继承人。

二审法院经审理查明的事实与原审查明一致。

【争议焦点】

本案的争议焦点在于被继承人的遗产范围。

【裁判】

原审认为，原、被告均为被继承人吴某树的法定继承人，均有权继承被继承人吴某树遗留的个人合法财产。被继承人吴某树死亡后，被告何某占有被继承人吴某树遗留的个人财产部分而未进行遗产分割，故原告主张按三分之一的份额继承遗产的诉请，本院予以支持。根据《最高人民法院关于贯彻执行〈中华人民共和国民法通则〉若干问题的意见（试行）》第130条“赠与人为了逃避应履行的法定义务，将自己的财产赠与他人，如果利害关系人主张权利的，应当认定赠与无效”的规定，本案原告系未成年人，被继承人吴某树对原告应履行法定的抚养义务，但被继承人吴某树生前将其与原告共同居住的房屋赠与原告的继母即被告何某，未考虑自幼随其生活的原告的利益，故被继承人吴某树赠与房屋的行为无效，位于本市A处的房屋应属被继承人吴某树的遗产，原告对该房屋有继承权。考虑原告现随其生母生活的情况，该房屋可确定由二被告所有，被告何某应将房屋价格三分之一的份额支付给原告。二被告主张该房屋非被继承人遗产的意见，本院不予采信。被继承人吴某树死亡后所在单位发放丧葬费1 000元、丧葬补助金7 090元不属于遗产范围，对上述款项，本案不予处理。另抚恤金20 860元系被继承人吴某树死亡后发放，可作为遗产予以继承，但抚恤金的发放对象为依靠死者生活的未成年人或丧失劳动能力的亲属，考虑被告何某未丧失劳动能力、原告和被告吴某乙为未成年人的实际，故对该笔20 860元的抚恤金，可由原告和被告吴某乙继承。另考虑被告吴某乙年幼的实际，其继承抚恤金的份额应酌情增加，可确定为12 000元。被继承人吴某树死亡时的社会医疗保险个人缴费部分余额642.13元、社会保险个人缴费累计余额4 846.24元、被继承人吴某树2009年6月30日住房公积金余额11 734.95元与2006年10月即被继承人吴某树与被告何某结婚当月的住房公积金余额 1 552.38 元的差额即 10 182.57 元、银行存款余额 1 779.68 元为被告何某与吴某树婚姻关系存续期间的共同财产，对其中应属被继承人吴某树的部分以及被继承人吴某树与被告何某结婚当月的住房公积金余额 1 552.38 元，按三分之一的份额由原告予以继承。被继承人吴某树生前分别向被告何某父亲借款 5 000 元、26 000 元属被告何某与吴某树婚姻关系存续期间的共同债务，原告也应对被继承人吴某树的分担部分在继承遗产范围内按三分之一的份额予以承担，其他财产根据当事人的实际需要并兼顾双方的利益酌情处理。原告诉请独立享受生父吴某树应享受的困难补助及遗属补贴，无证据证明，且不属继承纠纷处理的范围，故该项诉请，应予驳回。

综上，河南省郑州市上街区人民法院依照《中华人民共和国婚姻法》第十七条、第二十四条，《中华人民共和国继承法》第十条、第十三条、第二十九条、第三十三条，《中华人民共和国民事诉讼法》第一百零八条的规定，判决如下：

(1) 被继承人吴某树个人财产春兰牌柜式空调、壁挂式空调各一台，木制双人床一张（含床头柜、床垫），玻璃餐桌一张（含三把椅子），六开门柜子一套（已固定），写字台、书桌各一张（均已固定），四开门衣柜一套，铁制桌子一张，电动车一辆中的春兰牌柜式空调一台、木制双人床一张（含床头柜、床垫）、四开门衣柜一套和吴某树与被告何某婚后共同财产抽油烟机一台、西门子牌冰箱一台、松下牌全自动洗衣机一台、万利达牌 DVD 影碟机一台、四组合革制沙发一套、三组合电视柜一套、橱柜一套、木制双人床一张（含床头柜、床垫）、玻璃茶几一张中的西门子牌冰箱一台、玻璃茶几一张归原告吴某甲所有。(2) 被继承人吴某树的社会医疗保险个人缴费部分余额 642.13 元、社会保险个人缴费累计余额4 846.24元、银行存款余额 1 779.68 元、住房公积金余额 10 182.57 元合计 17 450.62元中一半的三分之一即 2 908.44 元，被继承人吴某树与被告何某婚前个人的住房公积金余额 1 552.38 元的三分之一即 517.46 元，以及抚恤金 8 860 元共计 12 285.90 元归原告吴某甲所有。被告何某于判决生效后十日内将 12 285.90 元支付给原告吴某甲。(3) 被继承人吴某树生前分别向被告何某父亲借款共计 31 000 元中一半的三分之一即 5 166.67 元由原告吴某甲在继承遗产范围内予以清偿。(4) 本市 A 处的房屋归被告何某所有，被告何某于判决生效后十日内支付原告吴某甲该房总价 287 800 元的三分之一价款即 95 933.33 元。(5) 驳回原告吴某甲的其他诉请。诉讼费 3 011 元、房屋鉴定费 4 500 元合计 7 511 元，原告吴某甲负担 5 006 元，被告何某、吴某乙负担 2 505 元。

宣判后，吴某甲、何某、吴某乙均不服。吴某甲上诉称，原审认定吴某树向何某父亲借款证据不足，吴某树的丧葬费应分割，原审对于房屋鉴定费及诉讼费分担不当，请求二审依法改判。何某、吴某乙上诉称，2008 年 2 月 4 日的赠与合同是被继承人的真实意思表示，合法有效，上诉人何某享有本市 A 处房屋的全部产权，请求二审依法改判。

二审庭审中，上诉人何某提交吴某树于 2008 年 1 月 30 日所立遗嘱一份，在该份遗嘱中吴某树将本市 A 处房屋赠与上诉人何某所有。

二审法院认为，被继承人吴某树向何某父亲借款有吴某树亲笔所写的借条及何某父亲的证言为证，应当予以认定。被继承人吴某树死亡后所在单位发放丧葬费不属于遗产范围，且该款项已被用于吴某树丧葬，对该款项不应再做分割。原审判决对鉴定费及诉讼费所做分担符合法律规定，并无不当，因此上诉人吴某甲的上诉理由不能成立，其上诉请求本院不予支持。被继承人吴某树 2008 年 1 月 30 日所立遗嘱及 2008 年 2 月 4 日的赠与合同均将本市 A 处房屋赠与上诉人何某所有，但无论其遗嘱还是赠与行为都未考虑自幼随其生活的上诉人吴某甲的利益，没有给缺乏生活能力也无收入来源的吴某甲保留必要的份额，这与法律规定不符，因此吴某树的遗嘱与赠与行为均无法律效力。上诉人何某、吴某乙的上诉理由不能成立，其上诉请求本院不予支持。

综上所述，原审判决认定事实清楚，适用法律正确，应予维持。河南省郑州市中级人民法院依照《中华人民共和国民事诉讼法》第一百五十三条第一款第（一）项之规定，判决如下：

驳回上诉，维持原判。

二审案件受理费 3 311 元，上诉人吴某甲负担 300 元，上诉人何某、吴某乙负担 3 011 元。

本判决为终审判决。

【评析】

本案涉及夫妻之间以及父母子女之间的继承权问题。根据婚姻法的规定，夫妻之间有相互继承遗产的权利。夫妻互相享有继承权，是婚姻法男女平等原则的体现，是夫妻双方在婚姻家庭中地位平等的重要标志。父母子女之间有相互继承遗产的权利。子女不分性别平等享有对父母遗产的继承权。

本案中，原告吴某甲与被告何某、吴某乙均为被继承人第一顺位的法定继承人，原则上应当按人数平均分配被继承人遗产。虽然被继承人在生前将诉争房屋赠与何某，但被继承人对该房产的处分没有考虑到自己对其负有法定抚养义务的原告的合法利益，故该赠与行为无效。被继承人的遗产，既包括积极财产，也包括消极财产即债务。在原告没有放弃继承权的情况下，有义务在其继承的遗产范围内承担相应的债务清偿责任。

第一千零六十二条

夫妻在婚姻关系存续期间所得的下列财产，为夫妻的共同财产，归夫妻共同所有：

（一）工资、奖金、劳务报酬；

（二）生产、经营、投资的收益；

（三）知识产权的收益；

（四）继承或者受赠的财产，但是本法第一千零六十三条第三项规定的除外；

（五）其他应当归共同所有的财产。

夫妻对共同财产，有平等的处理权。

本条主旨

本条是关于夫妻共同财产制的规定。

相关条文

本条是在《婚姻法》第十七条的基础上修改而成，该条规定为："夫妻在婚姻关系存续期间所得的下列财产，归夫妻共同所有：（一）工资、奖金；（二）生产、经营的收益；（三）知识产权的收益；（四）继承或赠与所得的财产，但本法第十八条第三项规定的除外；（五）其他应当归共同所有的财产。夫妻对共同所有的财产，有平等的处理权。"相较于2001年修订的《婚姻法》，本条规定的主要修改之处在于：第一，在"工资、奖金"的基础上，增加"劳务报酬"。第二，本条规定参考《最高人民法院关于适用〈中华人民共和国婚姻法〉若干问题的解释（二）》对"其他应当归共同所有的财产"的界定，吸纳了"一方以个人财产投资所得的收益"，列为与生产、经营收益并存的投资的收益。

理解与适用

本条规定，直接体现了《民法典》婚姻家庭编中贯穿的人权平等、人财共济、人本秩序等核心法理思想的要求①。

① 龙翼飞．编纂民法典婚姻家庭编的法理思考与立法建议．法制与社会发展，2020（2）.

一、历史沿革

新中国成立后，彻底废除了封建夫权制度，确立男女权利平等的新民主主义婚姻制度，妻子在财产上享有与丈夫相同的权利。1950 年《婚姻法》第十条规定："夫妻双方对于家庭财产有平等的所有权与处理权。"1980 年《婚姻法》对夫妻共同财产制做出了明确规定，1980 年《婚姻法》第十三条规定："夫妻在婚姻关系存续期间所得的财产，归夫妻共同所有，双方另有约定的除外。夫妻对共同所有的财产，有平等的处理权。"

2001 年修订的《婚姻法》在 1980 年《婚姻法》的基础上，增加了夫妻共同财产的范围。2001 年修订的《婚姻法》第十七条规定："夫妻在婚姻关系存续期间所得的下列财产，归夫妻共同所有：（一）工资、奖金；（二）生产、经营的收益；（三）知识产权的收益；（四）继承或赠与所得的财产，但本法第十八条第三项规定的除外；（五）其他应当归共同所有的财产。夫妻对共同所有的财产，有平等的处理权。"

相较于 2001 年修订的《婚姻法》，《民法典》婚姻家庭编在《婚姻法》规定的"工资、奖金"的基础上，增加"劳务报酬"。同时，参考《最高人民法院关于适用〈中华人民共和国婚姻法〉若干问题的解释（二）》对"其他应当归共同所有的财产"的界定，吸纳了"一方以个人财产投资所得的收益"，列为与生产、经营收益并存的投资的收益。

二、夫妻共同财产的含义

在夫妻财产关系领域，我国目前实行的是夫妻共同财产制、夫妻约定财产制和夫妻个人财产制三种方式，其中，又以法定婚后所得共同制为主。夫妻共同财产，指夫妻双方在婚姻关系存续期间所得的财产，即从男女双方结婚登记之日起，到夫妻离婚或夫妻一方死亡时为止，这一特定时间夫妻取得的财产。夫妻共同财产制虽然给予家庭主妇相当的保护，但往往会使妻子一方贪图金钱上的满足，而默认自己是被扶养、被保护的弱者[①]。就我国现实的国情考虑，我国实行法定婚后所得共同制，更多强调婚姻是由夫妻构成的共同体，有助于承认家务劳动与社会劳动具有同等的价值[②]，保障那些因从事家务劳动而无收入或收入较低的妇女的权利，有

① 林秀雄．夫妻财产制之研究．北京：中国政法大学出版社，2001：40.

② 最高人民法院民事审判第一庭．最高人民法院婚姻法司法解释（二）的理解与适用．2 版．北京：人民法院出版社，2015：150.

利于婚姻的和睦，保护因社会造成的两性经济地位不平等中的弱势群体的权益，避免形成事实上的夫妻不平等，有利于实现夫妻在婚姻家庭中真正的地位平等。

三、夫妻共同财产的范围

关于夫妻共同财产的范围，根据《民法典》婚姻家庭编的规定，下列财产为夫妻的共同财产，归夫妻共有：

(一) 工资、奖金、劳务报酬

2001 年修订的《婚姻法》第十七条第一款第一项规定的“工资、奖金”范围过窄，不能完全包括因工作而获取的劳动报酬。《民法典》婚姻家庭编在此增加了“劳务报酬”。对于“工资、奖金、劳务报酬”，在此处应做广义的理解，泛指工资性收入。目前，我国职工的基本工资只是个人收入的一部分，在基本工资之外，还有各种形式的补贴、奖金、福利以及其他劳动报酬等，甚至还存在着一定范围的实物分配，这些共同构成了职工的个人收入。

(二) 生产、经营、投资的收益

生产、经营、投资的收益，既包括劳动所得，也包括大量的资本性收入。生产、经营收益，指夫妻一方或双方从事生产、经营活动的收益，既包括农民的生产劳动收入，也包括工业、服务业、信息业等行业的生产、经营收益。本项规定参考《最高人民法院关于适用〈中华人民共和国婚姻法〉若干问题的解释（二）》对“其他应当归共同所有的财产”的界定，吸纳了“一方以个人财产投资所得的收益”，列为与生产、经营收益并存的投资的收益。在法定婚后所得共同制下，夫妻一方的婚前个人财产的所有权原则上不因婚姻的成立而改变，如果将夫妻一方的个人财产用于投资，不管是在婚前还是婚后，其本金仍归个人所有，但婚姻关系存续期间的这些财产通过投资所产生的增值，应属于夫妻共同财产。比如，夫妻一方婚前用自己的财产投资做公司的股东，该投资持续至婚后，每年都有分红，股东分红属于投资经营性的收益，既然是在婚姻关系存续期间所得，应认定为夫妻共同财产。

(三) 知识产权的收益

知识产权的收益，是指作品在出版、上演、播映后而取得的报酬，或允许他人使用作品而获得的报酬、专利权人转让专利权或许可他人使用其专利所取得的报酬、个体工商户和个人合伙的商标所有人转让商标权或许可他人使用其注册商标所取得的报酬①。知识产权是一种智力成果权，它既是一种财产权，也是一种

① 最高人民法院民事审判第一庭．最高人民法院婚姻法司法解释（二）的理解与适用．2 版．北京：人民法院出版社，2015：165.

人身权，具有很强的人身性，与人身不可分离。婚姻关系存续期间一方取得的知识产权权利本身归一方专有，作者的配偶无权在作者自己的著作中署名，也无权决定作品是否发表。但是，由知识产权取得的经济利益，则属于夫妻共同财产。原因在于，这些知识产权的获得是在婚姻关系存续期间，离不开配偶的支持和帮助。如因发表作品取得的稿费、因转让专利获得的转让费，归夫妻共同所有。根据《最高人民法院关于适用〈中华人民共和国婚姻法〉若干问题的解释（二）》，“知识产权的收益”是指婚姻关系存续期间，实际取得或者已经明确可以取得的财产性收益。换言之，其把婚姻关系存续期间所得的知识产权收益分为两部分，即实际取得和已经明确可以取得，并视这两部分为夫妻共同财产。

（四）继承或者受赠的财产但排除遗嘱或赠与合同指定仅归夫妻一方的财产

婚姻关系存续期间因继承或赠与所得的财产归夫妻共同所有，但遗嘱或赠与合同中确定只归夫或妻一方的财产除外。夫妻共同财产制关注更多的是家庭，是夫妻共同组成的生活共同体，而不是个人。在这一制度下，夫妻一方经法定继承或遗嘱继承的财产，同个人的工资收入、知识产权收益一样，都是满足婚姻共同体存在的必要财产，应当归夫妻共同所有[①]。而且，法定继承的财产归夫妻共同所有，并没有扩大法定继承人的范围。因为女婿、儿媳只是分享了其配偶应得的遗产份额，并不影响其他法定继承人的利益。遗嘱继承中，如果遗嘱人的本意只是给夫妻一方，不允许其配偶分享，则可以在遗嘱中指明，确定该遗产只归夫妻一方所有，根据《民法典》婚姻家庭编第一千零六十二条第一款第四项的但书和第一千零六十三条第三项的规定，该遗产就不是夫妻共同财产而是夫妻一方的个人财产。

关于赠与的财产，可以将赠与夫妻一方的财产视为赠与整个家庭的财产，归夫妻共同所有。如果赠与人只想赠与夫妻的一方，可以在赠与合同中指明该财产只归其中一方所有，这体现了对赠与人意愿的尊重。

（五）其他应当归共同所有的财产

随着社会经济的发展和人们生活水平的提高，夫妻共同财产的范围在不断地扩大，夫妻共同财产的种类也不断地增加。上述四项只是列举了现已较为明确的夫妻共同财产的范围，但难以列举齐全，因此，做了这项概括性规定：其他应当归夫妻共同所有的财产。根据《最高人民法院关于适用〈中华人民共和国婚姻法〉若干问题的解释（二）》，男女双方实际取得或者应当取得的住房补贴、住房公积金、养老保险金、破产安置补偿费属于“其他应当归共同所有的财产”。

---

① 吴高盛．《中华人民共和国婚姻法》释义及实用指南．北京：中国民主法制出版社，2014：81.

四、夫妻对共同财产有平等的处理权

平等的处理权，是指夫妻在对共同财产行使处分权时，应平等协商，取得一致意见。根据《最高人民法院关于适用〈中华人民共和国婚姻法〉若干问题的解释（一）》对“夫妻对共同所有的财产，有平等的处理权”的解释，应当理解为：（1）夫或妻在处理夫妻共同财产上的权利是平等的。因日常生活需要而处理夫妻共同财产的，任何一方均有权决定。（2）夫或妻非因日常生活需要对夫妻共同财产做重要处理决定，夫妻双方应当平等协商，取得一致意见。他人有理由相信其为夫妻双方共同意思表示的，另一方不得以不同意或不知道为由对抗善意第三人。

从该解释的内容来看，有三层含义：（1）因日常生活需要而处理夫妻共同财产的，任何一方均有权决定，且一经做出即代表夫妻双方的共同意思表示。（2）非因日常生活需要对夫妻共同财产做出重要处理决定时，夫妻双方应当平等协商，达成共识，共同对外做出决定。（3）从保护善意第三人及交易安全的角度考虑，夫妻一方与第三人进行的民事行为，对夫妻一方所为之行为后果，一般适用表见代理之规定。即夫或妻一方所为，他人有理由相信其为夫妻共同意思表示的，夫妻中的另一方不得以不同意或不知道为由进行抗辩①。

典型案例

夫妻单方将巨额款项赠与第三者的行为全部无效——李某、王某诉李某某不当得利纠纷案②

【裁判要旨】

夫妻共同财产制属于共同共有，在夫妻关系存续期间，财产没有份额的区分，夫妻对全部共同财产不分份额地享有所有权。夫妻一方未经另一方同意，将巨额款项赠与第三者，属于无权处分，该赠与行为应属全部无效，第三者应当予以返还。

【案情】

2011年7月18日，李某、王某在民政部门办理登记结婚。2014年初，王某

① 人民法院出版社．最高人民法院婚姻家庭、继承司法解释理解与适用简明版及配套规定．北京：人民法院出版社，2018：11.

② 一审法院为江苏省南京市玄武区人民法院，案号：（2016）苏0102民初1486号；二审法院为江苏省南京市中级人民法院，案号：（2017）苏01民终2667号。

与李某某相识，后两人发展为不正当的男女关系。自2014年4月6日至2015年1月26日期间，王某多次通过其个人银行账户向李某某的银行账户汇款合计达12 070 100元。其间，李某某返还王某278 000元。后李某、王某与李某某沟通无果，遂起诉要求李某某返还财产12 070 100元。案件审理中，李某某辩称汇款中含有王某的婚前个人财产，部分汇款为王某个人举债所得，李某、王某无权就该部分款项要求返还；且夫妻双方对共同财产享有平等的处理权，王某有权处分属于自己的财产份额即诉争款项的一半，该部分款项李某、王某亦无权要求返还。对此，王某称其向李某某的汇款即便为婚前个人财产，亦在婚后赠与了李某；李某、王某均认可举债所得的汇款为夫妻共同债务，由夫妻共同偿还，并确认所汇款项为两人的夫妻共同财产。

【裁判】

江苏省南京市玄武区人民法院经审理认为，王某的汇款行为发生在两原告夫妻关系存续期间，王某在案件审理中亦确认所汇款项为两原告的夫妻共同财产，李某某并未举证证明王某的汇款系与李某无关的个人财产，故王某支付给被告的款项应视为两原告的夫妻共同财产。王某单方将巨额夫妻共同财产赠与被告，超出日常生活需要对夫妻共同财产进行处分，是一种无权处分行为，王某对被告的赠与行为应属无效。在婚姻关系存续期间，夫妻共同财产应作为一个不可分割的整体，夫妻对全部共同财产不分份额地共同享有所有权，故王某单方将共同财产赠与他人的行为应属全部无效。扣除李某某返还给王某的278 000元后，遂判决余款11 792 100元由被告李某某返还原告。一审判决作出后，被告李某某不服，上诉至江苏省南京市中级人民法院。

南京中院经审理认为，李某、王某对诉争12 070 100元为夫妻共同财产的主张并不违反婚姻法的相关规定，应予确认。夫妻共同财产制属于共同共有，在夫妻关系存续期间，财产没有份额的区分，夫妻对全部共同财产不分份额地共同享有所有权。王某向李某某的汇款属于非因日常生活需要对夫妻共同财产所做的重要处理，事前既未征得李某的同意，事后亦未得到其追认，故王某对该部分夫妻共同财产的赠与处分行为无效。李某某的上诉请求不能成立，依法应予驳回。一审法院认定事实清楚，适用法律正确，判决结果予以维持。

【评析】

1. 诉争款项是否为两原告的夫妻共同财产

被告辩称王某的汇款部分系婚前个人财产或个人举债所得，故诉争款项不应认定为两原告的夫妻共同财产，而应为王某个人的债权债务。夫妻在婚姻关系存续期间所得的财产，一般归夫妻共同所有；夫妻可以约定婚姻关系存续期间所得的财产以及婚前财产归各自所有、共同所有或部分各自所有、部分共同所有。在被告并未提供相反证据证明的情况下，因王某向被告的汇款行为发生在夫妻关系存续期间，即便王某的部分汇款系婚前个人财产，王某将该部分财产婚后赠与李某亦属合法有效；李某与王某均明确表示举债所得的汇款为夫妻共同债务，由夫妻共同偿还，并一致确认所汇款项为两人的夫妻共同财产。两原告对诉争款项为夫妻共同财产的主张并不违反婚姻法的相关规定。因此，诉争款项应当认定为两原告的夫妻共同财产，被告的抗辩意见不应予以采信。

2. 诉争款项应部分返还抑或全部返还

夫妻共同财产制属于共同共有，夫妻对共同财产享有平等的处理权，因日常生活需要而处理夫妻共同财产的，任何一方均有权决定，非因日常生活需要对夫妻共同财产做重要处理决定，夫妻双方应当平等协商，取得一致意见。但是，夫妻对共同财产享有平等的处理权，并不意味着夫妻各自对共同财产享有一半的处分权。夫妻共同财产是基于法律的规定，因夫妻关系的存在而产生。在夫妻双方未选择其他财产制的情形下，夫妻对共同财产形成共同共有，而非按份共有。在婚姻关系存续期间，夫妻共同财产应作为一个不可分割的整体，夫妻对全部共同财产不分份额地共同享有所有权，夫妻双方无法对共同财产划分个人份额，在没有重大理由时也无权于共有期间请求分割共同财产。本案中，王某在 9 个月左右的时间内向李某转账汇款 12 070 100 元，属于非因日常生活需要对夫妻共同财产所做的重要处理，事前既未征得李某的同意，事后亦未经过其追认，故王某单方将夫妻共同财产赠与他人的行为应属全部无效。被告取得诉争款项没有合法根据，应当将款项全部返还两原告。

第一千零六十三条

下列财产为夫妻一方的个人财产：

（一）一方的婚前财产；

（二）一方因受到人身损害获得的赔偿或者补偿；

（三）遗嘱或者赠与合同中确定只归一方的财产；

（四）一方专用的生活用品；

（五）其他应当归一方的财产。

本条主旨

本条是关于夫妻个人特有财产的规定。

相关条文

本条是在《婚姻法》第十八条的基础上修改而成，该条规定为：“有下列情形之一的，为夫妻一方的财产：（一）一方的婚前财产；（二）一方因身体受到伤害获得的医疗费、残疾人生活补助费等费用；（三）遗嘱或赠与合同中确定只归夫或妻一方的财产；（四）一方专用的生活用品；（五）其他应当归一方的财产。”相较于2001年修订的《婚姻法》，《民法典》婚姻家庭编本条规定的主要修改之处为将“一方因身体受到伤害获得的医疗费、残疾人生活补助费等费用”修改为“一方因受到人身损害获得的赔偿或者补偿”。

理解与适用

本条规定，直接体现了《民法典》婚姻家庭编中贯穿的人财共济、人本秩序等核心法理思想的要求①。

一、历史沿革

1993年《最高人民法院关于人民法院审理离婚案件处理财产分割问题的若干具体意见》第6条规定：“一方婚前个人所有的财产，婚后由双方共同使用、经营、管理的，房屋和其他价值较大的生产资料经过8年，贵重的生活资料经过4年，可视为夫妻共同财产。”2001年修订的《婚姻法》对夫妻个人特有财产的范围做出了列举式规定，2001年修订的《婚姻法》第十八条规定：“有下列情形之一的，为夫妻一方的财产：（一）一方的婚前财产；（二）一方因身体受到伤害获得的医疗费、残疾人生活补助费等费用；（三）遗嘱或赠与合同中确定只归夫或妻一方的财产；（四）一方专用的生活用品；（五）其他应当归一方的财产。”相较于2001年修订的《婚姻法》，《民法典》婚姻家庭编将《婚姻法》第十八条第三项中的“一方因身体受到伤害获得的医疗费、残疾人生活补助费等费用”修改为“一方因受到人身损害获得的赔偿或者补偿”。

二、夫妻个人特有财产的含义

夫妻个人财产，指夫妻在实行夫妻共同财产制的前提下，依照法律的规定或夫妻之间的约定，各自保留的一定范围的属于个人所有的财产。婚后所得共同制并不排斥夫妻一方对特定财产的个人所有权，确定夫妻个人财产与划定夫妻共有

---

① 龙翼飞．编纂民法典婚姻家庭编的法理思考与立法建议．法制与社会发展，2020（2）.

财产范围，是我国法定夫妻财产制两个相辅相成的方面[①]。相较于夫妻共同财产制，夫妻个人特有财产制可在实现婚姻本质要求的同时，充分尊重和保护夫妻个人的财产利益，实现个体利益和婚姻共同体利益的均衡。

三、夫妻一方的个人财产的范围

（一）一方的婚前财产

一方的婚前财产，指夫妻各自在结婚前就已经取得所有权的财产，包括婚前个人劳动所得财产、继承或受赠的财产以及其他合法财产。婚前财产归各自所有，不属于夫妻共同财产，不能转化为夫妻共同财产，即使在离婚时，也不能作为夫妻共同财产进行分割，除非当事人另有约定。

对于一方婚前财产在婚后的孳息和自然增值部分，《最高人民法院关于适用〈中华人民共和国婚姻法〉若干问题的解释（三）》第五条规定："夫妻一方个人财产在婚后产生的收益，除孳息和自然增值外，应认定为夫妻共同财产。"根据这一规定，孳息和自然增值应当属于夫妻个人财产。孳息的产生依附于原物，原物属于一方个人财产，其产生的孳息也应属于夫妻个人财产。值得注意的是，此处的孳息，应从狭义孳息概念来理解，由于本条对孳息类型并未按天然孳息和法定孳息加以区分，一概认定为夫妻个人财产[②]。夫妻一方个人财产在婚后产生的自然增值通常是通货膨胀或市场行情的变化所致，与夫妻双方的人为协力劳动、努力或管理等并无直接联系，该部分增值认定为夫妻个人财产[③]。

但是，为了保护妇女的权益，《民法典》婚姻家庭编第一千零八十八条规定："夫妻一方因抚育子女、照料老年人、协助另一方工作等负担较多义务的，离婚时有权向另一方请求补偿，另一方应当给予补偿。具体办法由双方协议；协议不成的，由人民法院判决。"同时，第一千零九十条规定："离婚时，如果一方生活困难，有负担能力的另一方应当给予适当帮助。具体办法由双方协议；协议不成的，由人民法院判决。"第一千零九十一条还规定了离婚损害赔偿制度，重婚，有配偶者与他人同居，实施家庭暴力以及虐待、遗弃家庭成员导致离婚的，无过错方有权请求损害赔偿。以上规定都是为了确保在夫妻离婚时，在经济上明显处于弱势的一方，可以维系正常的生活需要，不至于因离婚而导致生计无法维持。

---

① 巫昌祯，夏吟兰．婚姻家庭法学．2版．北京：中国政法大学出版社，2016：135.

② 最高人民法院民事审判第一庭．最高人民法院婚姻法司法解释（三）理解与适用．2版．北京：人民法院出版社，2015：98.

③ 最高人民法院民事审判第一庭．最高人民法院婚姻法司法解释（三）理解与适用．2版．北京：人民法院出版社，2015：98.

（二）一方因受到人身损害获得的赔偿或者补偿

一方因受到人身损害获得的赔偿或者补偿，是夫妻一方人身受到他人的侵害所获得的赔偿或者补偿。在某些情况下，夫妻一方受到人身损害之后，只能依靠这部分赔偿费用和补偿费用维持生活。如果将这一部分也列入夫妻共同财产，有可能使得受害人在夫妻离婚后，所获得的财产无以维持其生计①。2001 年修订的《婚姻法》将一方因受到人身损害获得的费用限定为医疗费、残疾人生活补助费等费用，该规定的范围相对过窄。比如，2010 年修订的《工伤保险条例》第三十四条第一款规定："工伤职工已经评定伤残等级并经劳动能力鉴定委员会确认需要生活护理的，从工伤保险基金按月支付生活护理费。"此外，还可以获得伤残补助金和伤残津贴。对于以上费用，在实践中，不可能因为法律没有明确列出而将这类费用排除在外。因此，凡是因人身受到损害获得的费用，是出于赔偿或者补偿目的的，都应当属于"一方因受到人身损害获得的赔偿或者补偿"的范围。

（三）遗嘱或者赠与合同中确定只归一方的财产

因继承或赠与所得的财产，属于夫妻共同财产，但遗嘱或赠与合同中确定只归夫或妻一方的财产除外。夫妻共同财产制关注更多的是家庭，是夫妻共同组成的生活共同体，而不是个人。在这一制度下，夫妻一方经法定继承或遗嘱继承的财产，同个人的工资收入、知识产权收益一样，都是满足婚姻共同体存在的必要财产，应当归夫妻共同所有②。而且，法定继承的财产归夫妻共同所有，并没有扩大法定继承人的范围。因为女婿、儿媳只是分享了其配偶应得的遗产份额，并不影响其他法定继承人的利益。遗嘱继承中，如果遗嘱人的本意只是给夫妻一方，不允许其配偶分享，则可以在遗嘱中指明，确定该遗产只归夫妻一方所有，根据《民法典》婚姻家庭编第一千零六十二条第一款第四项的但书和第一千零六十三条第三项的规定，该遗产就不是夫妻共同财产而是夫妻一方的个人财产。

同理，关于赠与的财产，可以将赠与夫妻一方的财产视为赠与整个家庭的财产，归夫妻共同所有。如果赠与人只想赠与夫妻的一方，可以在赠与合同中指明该财产只归其中一方所有，这体现了对赠与人意愿的尊重。在对于婚姻当事人接受的父母所赠房屋的认定上，《最高人民法院关于适用〈中华人民共和国婚姻法〉若干问题的解释（二）》第二十二条规定："当事人结婚前，父母为双方购置房屋出资的，该出资应当认定为对自己子女的个人赠与，但父母明确表示赠与双方的

① 吴高盛．《中华人民共和国婚姻法》释义及实用指南．北京：中国民主法制出版社，2014：89.
② 吴高盛．《中华人民共和国婚姻法》释义及实用指南．北京：中国民主法制出版社，2014：81.

除外。当事人结婚后，父母为双方购置房屋出资的，该出资应当认定为对夫妻双方的赠与，但父母明确表示赠与一方的除外。”

（四）一方专用的生活用品

一方专用的生活用品，指一方日常生活起居所需要的物品，如个人的衣服、鞋帽等，这类物品具有专属于个人使用的特点，应当属于夫妻个人财产。在实践中，用夫妻共同财产购买的价值较大的生活用品，如其具有个人专用性，仍应当归个人所有，这也符合夫妻双方购买该生活用品时的意愿。

（五）其他应当归一方的财产

其他应当归一方的财产，指依照其他法律规定，属于夫妻一方特有的财产，此项属于概括性规定，例如军人的伤亡保险金、伤残补助金、医药生活补助费。根据《最高人民法院关于适用〈中华人民共和国婚姻法〉若干问题的解释（二）》第十三条的规定，军人的伤亡保险金、伤残补助金、医药生活补助费属于个人财产。随着社会经济的不断发展、新的财产类型的出现以及个人独立意识的增强，夫妻个人财产的类型也将有所增加，故而设置该项兜底条款。

第一千零六十四条

夫妻双方共同签名或者夫妻一方事后追认等共同意思表示所负的债务，以及夫妻一方在婚姻关系存续期间以个人名义为家庭日常生活需要所负的债务，属于夫妻共同债务。

夫妻一方在婚姻关系存续期间以个人名义超出家庭日常生活需要所负的债务，不属于夫妻共同债务；但是，债权人能够证明该债务用于夫妻共同生活、共同生产经营或者基于夫妻双方共同意思表示的除外。

本条主旨

本条是关于夫妻共同债务的规定。

相关条文

本条是在《最高人民法院关于审理涉及夫妻债务纠纷案件适用法律有关问题的解释》第一条、第二条、第三条的基础上修改而成。第一条规定为：“夫妻双方共同签字或者夫妻一方事后追认等共同意思表示所负的债务，应当认定为夫妻共同债务。”第二条规定为：“夫妻一方在婚姻关系存续期间以个人名义为家庭日常生活需要所负的债务，债权人以属于夫妻共同债务为由主张权利的，人民法院应予支持。”第三条规定为：“夫妻一方在婚姻关系存续期间以个人名义超出家庭日常生活需要所负的债务，债权人以属于夫妻共同债务为由主张权利的，人民法院不予支持，但债权人能够证明该债务用于夫妻共同生活、共同生产经营或者基于夫妻双方共同意思表示的除外。”相较于《最高人民法院关于审理涉及夫妻债务纠纷案件适用法律有关问题的解释》的内容，本条规定未做实质修改。

理解与适用

本条规定，直接体现了《民法典》婚姻家庭编中贯穿的人财共济、人际诚信和人本秩序等核心法理思想的要求①。

一、历史沿革

《最高人民法院关于适用〈中华人民共和国婚姻法〉若干问题的解释（二）》第二十四条第一款规定：“债权人就婚姻关系存续期间夫妻一方以个人名义所负债务主张权利的，应当按夫妻共同债务处理。但夫妻一方能够证明债权人与债务人明确约定为个人债务，或者能够证明属于婚姻法第十九条第三款规定情形的除外。”这一规定确立了夫妻共同债务推定规则。按照最高人民法院的解释，夫妻共同债务推定规则符合夫妻日常家事代理权的法理，而且，由于夫妻一方因实施违法犯罪行为、侵权行为负担的债务属于个人债务②，夫妻共同债务推定规则主要适用于夫妻一方在婚姻关系存续期间以个人名义负担的合同之债。

《最高人民法院关于适用〈中华人民共和国婚姻法〉若干问题的解释（二）》第二十四条规定的产生具有特殊的时代背景，它旨在保护债权人，防止夫妻双方恶意串通逃避债务。然而，由于第二十四条第一款仅仅规定了两种推翻夫妻共同债务推定的除外情形，且司法实践习惯一刀切地适用夫妻共同债务推定规则，实践中又出现了债务人与债权人恶意串通损害债务人配偶的权益的情形。因此，如何限制夫妻共同债务推定规则的适用范围，避免债务人的配偶因债务人擅自举债蒙受不利，成了法学界讨论的热点③。

针对法学界和社会对夫妻共同债务推定规则的批评和质疑，最高人民法院先后发布了《最高人民法院关于适用〈中华人民共和国婚姻法〉若干问题的解释

① 龙翼飞．编纂民法典婚姻家庭编的法理思考与立法建议．法制与社会发展，2020（2）．

② 最高人民法院民事审判第一庭．最高人民法院婚姻法司法解释（二）的理解与适用．北京：人民法院出版社，2004：217，221．

③ 缪宇．走出夫妻共同债务的误区：以《婚姻法司法解释（二）》第24条为分析对象．中外法学，2018（1）．

（二）的补充规定》《最高人民法院关于依法妥善审理涉及夫妻债务案件有关问题的通知》《最高人民法院关于审理涉及夫妻债务纠纷案件适用法律有关问题的解释》等文件，试图遏制司法实践对夫妻共同债务推定规则的滥用。

2017 年《最高人民法院关于适用〈中华人民共和国婚姻法〉若干问题的解释（二）的补充规定》在《最高人民法院关于适用〈中华人民共和国婚姻法〉若干问题的解释（二）》第二十四条的基础上增加两款，分别作为该条第二款和第三款："夫妻一方与第三人串通，虚构债务，第三人主张权利的，人民法院不予支持。夫妻一方在从事赌博、吸毒等违法犯罪活动中所负债务，第三人主张权利的，人民法院不予支持。"

2018 年《最高人民法院关于审理涉及夫妻债务纠纷案件适用法律有关问题的解释》的制定目的是正确审理涉及夫妻债务纠纷案件，平等保护各方当事人合法权益。该解释第一条规定："夫妻双方共同签字或者夫妻一方事后追认等共同意思表示所负的债务，应当认定为夫妻共同债务。"第二条规定："夫妻一方在婚姻关系存续期间以个人名义为家庭日常生活需要所负的债务，债权人以属于夫妻共同债务为由主张权利的，人民法院应予支持。"第三条规定："夫妻一方在婚姻关系存续期间以个人名义超出家庭日常生活需要所负的债务，债权人以属于夫妻共同债务为由主张权利的，人民法院不予支持，但债权人能够证明该债务用于夫妻共同生活、共同生产经营或者基于夫妻双方共同意思表示的除外。"《民法典》婚姻家庭编的本条规定将《最高人民法院关于审理涉及夫妻债务纠纷案件适用法律有关问题的解释》关于夫妻债务纠纷内容的规定升格为法律规定。

二、"共债共签"规则

夫妻共同债务形成时的"共债共签"规则，明确了夫妻双方共同签名或者夫妻一方事后追认以及以其他共同意思表示形式所负的债务为夫妻共同债务，强调基于共同意思表示所负债务属于夫妻共同债务。这一规定意在引导债权人在形成债务尤其是大额债务时，为避免事后引发不必要的纷争，加强事前风险防范，尽可能要求夫妻共同签字。这种制度安排，一方面，有利于保障夫妻另一方的知情权和同意权，可以从债务形成源头上尽可能杜绝夫妻一方"被负债"现象发生；另一方面，也可以有效避免债权人因事后无法举证证明债务属于夫妻共同债务而遭受不必要的损失，对于保障交易安全和夫妻一方合法权益，具有积极意义。实践中，很多商业银行在办理贷款业务时，对已婚者一般都要求夫妻双方共同到场签字。一方确有特殊原因无法亲自到场，也必须提交经过公证的授权委托书，否则不予贷款。这种操作方式最大限度地降低了债务不能清偿的风险，保障了债权人的合法权益，也不会造成对夫妻一方权益的损害。“共债共签”规则实现了婚姻法夫妻财产共有制和合同法合同相对性原则的有机衔接。

虽然《民法典》婚姻家庭编的本条规定要求夫妻“共债共签”，可能会使社会的财产交易效率受到一定影响，但在债权债务关系形成时增加一定交易成本与夫妻一方的知情权、同意权产生冲突时，夫妻一方的知情权、同意权和决定权因关系到地位平等、意思自治等基本法律原则和公民基本财产权利与人格权利，应当优先保护①。事实上，适当增加交易成本不仅有利于保障交易安全，还可以减少事后纷争，从根本上提高交易效率。因此，“共债共签”规则与交易效率本质上并不矛盾。

三、超出家庭日常生活需要的夫妻共同债务

（一）夫妻共同生活的范围

随着我国经济社会的发展，城乡居民家庭财产结构、类型、数量、形态以及理财模式等发生了很大变化，人们的生活水平不断提高，生活消费日趋多元，很多夫妻的共同生活支出不再局限于以前传统的家庭日常生活消费开支，还包括大量超出家庭日常生活范围的支出，这些支出系夫妻双方共同消费支配，或者用于形成夫妻共同财产，或者是基于夫妻共同利益管理共同财产而产生的支出，性质上属于夫妻共同生活的范围。夫妻共同生活包括但不限于家庭日常生活，《民法典》婚姻家庭编第一千零六十四条第二款所规定的需要债权人能够证明的夫妻共同生活的范围，指的就是超出家庭日常生活需要的部分。

（二）夫妻共同生产经营的范围

夫妻共同生产经营，指由夫妻双方共同决定生产经营事项，或者虽由一方决定但另一方进行了授权的情形。判断生产经营活动是否属于夫妻共同生产经营，要根据经营活动的性质以及夫妻双方在其中的地位、作用等进行综合认定。夫妻共同生产经营所负的债务，一般包括双方共同从事工商业、共同投资以及购买生产资料等所负的债务②。

（三）举证责任的分配

从举证责任分配的角度看，可以分为两类：一是家庭日常生活所负的共同债务；二是超出家庭日常生活所负的共同债务。对于家庭日常生活所负的共同债

① 程新文，刘敏，方芳，等．《关于审理涉及夫妻债务纠纷案件适用法律有关问题的解释》的理解与适用．人民司法（应用），2018（4）．

② 程新文，刘敏，方芳，等．《关于审理涉及夫妻债务纠纷案件适用法律有关问题的解释》的理解与适用．人民司法（应用），2018（4）．

务，原则上推定为夫妻共同债务，债权人无须举证证明；如果举债人的配偶一方反驳认为不属于夫妻共同债务，则由其举证证明所负债务并非用于家庭日常生活。对于超出家庭日常生活所负的共同债务，虽然债务形成于婚姻关系存续期间和夫妻共同财产制下，但一般情况下并不当然认定为夫妻共同债务；债权人主张属于夫妻共同债务的，应当根据民事诉讼法的“谁主张，谁举证”原则，即“当事人对自己提出的主张，有责任提供证据”等规定，对于夫妻一方以个人名义超出家庭日常生活所负的债务，举证证明该债务用于夫妻共同生活、共同生产经营或者基于夫妻双方共同意思表示。如果债权人不能证明，则不能认定为夫妻共同债务。该规定通过合理分配举证责任，有效平衡了债权人和债务人配偶的利益保护。

第一千零六十五条

男女双方可以约定婚姻关系存续期间所得的财产以及婚前财产归各自所有、共同所有或者部分各自所有、部分共同所有。约定应当采用书面形式。没有约定或者约定不明确的，适用本法第一千零六十二条、第一千零六十三条的规定。

夫妻对婚姻关系存续期间所得的财产以及婚前财产的约定，对双方具有法律约束力。

夫妻对婚姻关系存续期间所得的财产约定归各自所有，夫或者妻一方对外所负的债务，相对人知道该约定的，以夫或者妻一方的个人财产清偿。

本条主旨

本条是关于夫妻约定财产制的规定。

相关条文

本条是在《婚姻法》第十九条的基础上修改而成，该条规定为：“夫妻可以约定婚姻关系存续期间所得的财产以及婚前财产归各自所有、共同所有或部分各自所有、部分共同所有。约定应当采用书面形式。没有约定或约定不明确的，适用本法第十七条、第十八条的规定。夫妻对婚姻关系存续期间所得的财产以及婚前财产的约定，对双方具有约束力。夫妻对婚姻关系存续期间所得的财产约定归各自所有的，夫或妻一方对外所负的债务，第三人知道该约定的，以夫或妻一方所有的财产清偿。”相较于2001年修订的《婚姻法》，本条规定未做实质修改。

理解与适用

本条规定，直接体现了《民法典》婚姻家庭编中贯穿的人权平等、人际诚信、人财共济等核心法理思想的要求①。

一、历史沿革

我国1950年《婚姻法》对夫妻财产约定制没有做出规定。为适应新时期社会经济的发展和家庭财产关系的变化，1980年《婚姻法》在规定以夫妻共同财产制为法定财产制的同时，允许夫妻双方对财产关系做出约定，以排除对夫妻共同财产制的适用。1980年《婚姻法》第十三条第一款规定："夫妻在婚姻关系存续期间所得的财产，归夫妻共同所有，双方另有约定的除外。"

2001年修订的《婚姻法》在1980年《婚姻法》该规定的基础上补充了夫妻财产约定的方式、范围和效力。2001年修订的《婚姻法》第十九条规定："夫妻可以约定婚姻关系存续期间所得的财产以及婚前财产归各自所有、共同所有或部分各自所有、部分共同所有。约定应当采用书面形式。没有约定或约定不明确的，适用本法第十七条、第十八条的规定。夫妻对婚姻关系存续期间所得的财产以及婚前财产的约定，对双方具有约束力。夫妻对婚姻关系存续期间所得的财产约定归各自所有的，夫或妻一方对外所负的债务，第三人知道该约定的，以夫或妻一方所有的财产清偿。"同年，《最高人民法院关于适用〈中华人民共和国婚姻法〉若干问题的解释（一）》第十八条强调，与相对人有交易行为的夫妻一方对此负有举证责任。该条规定："婚姻法第十九条所称'第三人知道该约定的'，夫妻一方对此负有举证责任。"夫妻一方在与相对人进行交易时，应当告知相对人其夫妻财产约定的情况，而相对人并无当然的注意义务。因此，基于维护交易安全和善意相对人的利益，夫妻对婚姻关系存续期间财产约定归个人所有的，夫或者妻一方对外所负的债务，只有在相对人知道该约定时，才对相对人具有约束力。相较于2001年修订的《婚姻法》，《民法典》婚姻家庭编对夫妻约定财产制的内容未做实质修改。

二、夫妻约定财产制

夫妻约定财产制，是指夫妻双方在结婚之后或结婚之前以订立协议的形式约定婚前财产、婚后各自的收入的归属、管理、使用、处分、收益及债务清偿、婚

① 龙翼飞．编纂民法典婚姻家庭编的法理思考与立法建议．法制与社会发展，2020（2）．

姻解除时财产清算等事项的制度。基于民法原理，夫妻双方关于财产制的约定，可称为“夫妻财产制契约”，夫妻财产制契约主体仅限于夫妻双方或即将成为夫妻的男女双方，并以婚后财产的归属为内容。约定的主体必须是具备完全民事行为能力的人，如果夫妻一方丧失或者部分丧失民事行为能力，则该对夫妻只能适用法定夫妻财产制，而不能另行约定夫妻财产制。夫妻财产制的约定不适用代理的规定。但是，一方当事人是在依法达成夫妻财产制协议以后，丧失或者部分丧失民事行为能力的，不影响原来协议的效力①。

三、夫妻财产约定的内容

关于夫妻约定财产制的类型，《民法典》婚姻家庭编第一千零六十五条对夫妻财产约定的内容有较为明确的规定，提供了三种夫妻约定财产制类型供婚姻当事人进行选择：分别财产制、一般共同制和限定共同制。婚姻当事人订立财产约定时，只能在法律允许约定的这三种财产制中进行选择，超出该范围的财产约定将不为法律承认，在当事人之间也无约束力，双方的财产关系当然适用法定财产制的规定②。

四、夫妻财产约定的形式

《民法典》婚姻家庭编第一千零六十五条明确规定，夫妻财产约定应当采用书面形式。这是对夫妻财产约定的形式要件的规定，其目的在于更好地维护夫妻双方的合法权益以及第三人的利益，维护交易安全，避免发生纠纷③。夫妻以书面形式对其财产做出约定后，可以进行公证。由于《民法典》婚姻家庭编未规定通过登记或交付的方式确定夫妻财产约定的公示方式，未经公示的夫妻财产约定，不具有对抗第三人的效力。

五、夫妻财产约定的效力

夫妻财产约定的效力分为对内效力和对外效力。

（一）对内效力

夫妻财产约定的对内效力，是指夫妻对婚姻关系存续期间所得的财产以及婚前财产的约定一经生效，便对夫妻双方产生拘束力。具体而言，婚前订立的夫妻财产约定，自婚姻关系成立时起对双方具有约束力；婚后订立的夫妻财产约定，

---

① 中国法制出版社．婚姻法新解读．4版．北京：中国法制出版社，2017：39.

② 巫昌祯，夏吟兰．婚姻家庭法学．2版．北京：中国政法大学出版社，2016：138.

③ 吴高盛．《中华人民共和国婚姻法》释义及实用指南．北京：中国民主法制出版社，2014：97.

自约定依法成立时起对双方具有约束力。

（二）对外效力

夫妻财产约定的对外效力，指夫妻财产约定对于与夫妻一方发生债权债务关系的相对人的对抗效力。由于《民法典》婚姻家庭编未规定夫妻财产约定的公示方式，仅以“相对人知道该约定的”作为夫妻约定分别财产制时的对抗要件，如果相对人知道该约定，该约定即对相对人发生效力，否则该约定不对相对人发生效力。《最高人民法院关于适用〈中华人民共和国婚姻法〉若干问题的解释（一）》第十八条强调，与相对人有交易行为的夫妻一方对此负有举证责任。夫妻一方在与相对人进行交易时，应当告知相对人其夫妻财产约定的情况，而相对人并无当然的注意义务。因此，基于维护交易安全和善意相对人的利益，夫妻对婚姻关系存续期间财产约定归个人所有的，夫或者妻一方对外所负的债务，只有在相对人知道该约定时，才对相对人具有约束力。

典型案例

丁某诉王某夫妻财产约定纠纷案①

【案情】

原告丁某诉称：原、被告于 2013 年 12 月 30 日自愿达成协议，协议约定被告将账本给原告和支付给原告现金 24 400 元，并承担孩子的学费。双方签字按印，协议生效并已过约定履行期间，经原告多次催促被告迟迟不履行协议义务，学校多次催缴学费，原告无奈诉至法院，请求：被告履行协议（将债权账本给原告和支付给原告现金 24 400 元，并承担次子王某甲的学费 3 800 元）。

被告王某辩称：2013 年 12 月 30 日，我与原告签订的协议书是我在喝多的情况下签订的，不是我的真实意思表示，原告所诉的账本以前是原告保管着，账本已经被原告撕完了，请求驳回原告的诉讼请求。

根据双方的诉辩意见，归纳以下争议焦点：2013 年 12 月 30 日原告丁某与被告王某签订的协议书内容是否有效，原告的诉讼请求是否应予支持。

针对上述争议焦点，原告丁某向法院提交的证据有：（1）户口本复印件 4 页，证明原、被告有两个孩子；（2）结婚证一份，证明原、被告系夫妻关系；（3）2013 年 12 月 30 日原、被告达成的协议书一份，证明原告的主张成立；（4）封丘县实心学校专用票据一份，证明次子王某甲该学期的学费为 3 800 元。

---

① 审理法院为河南省封丘县人民法院，案号：（2014）封民初字第 00315 号。

被告王某未向法院提交证据。

经庭审质证，被告对原告提交的证据1、证据2无异议；对原告提交的证据3的真实性无异议，但被告辩称协议书是在自己喝醉酒、意识模糊的情况下签订的，不是自己的真实意思表示；对证据4的真实性无异议，但被告辩称该学费是原告出的钱还是原告借别人的钱自己不得而知。法院认为，原告提交的4份证据，客观真实，符合证据的三性特征，法院采信为认定本案事实的依据。

【争点】

本案的争议焦点为：2013年12月30日原告丁某与被告王某签订的协议书内容是否有效，原告的诉讼请求是否应予支持。

【裁判】

法院审理查明：原、被告于2000年12月31日登记结婚；2000年5月29日，生育一男孩叫王某乙，现在冯村乡希哲中学上学，王某乙上学免交学费；2002年7月3日，生育一男孩叫王某甲，现在封丘县实心学校上学，2014年2月17日，原告丁某为王某甲交纳学费3 800元。2013年12月30日，原、被告双方签订了协议书一份，协议内容如下："男方：王某；女方：丁某。经协商，双方自愿达成协议：一、为了孩子，双方不离婚。二、男女双方暂时分居生活，以后互不干涉。三、债权的账本给丁某。四、王某给丁某贰万肆仟肆佰元。时间腊月二十日前。五、两个孩子丁某负责吃穿，王某负责学费。六、王某把以前缺点改正。七、本协议一式三份。男女方各执一份，法庭一份。"

河南省封丘县人民法院认为：原告请求被告归还双方的债权账本，被告辩称该账本不是自己保管的，而是原告丁某保管，且该账本已经被原告销毁。关于该账本现在是否存在或是否由被告保管，原告对此未向本院提交相关证据予以证明，故原告请求被告归还债权账本的诉讼请求，本院不予支持。夫妻双方在婚姻关系存续期间可以约定财产的归属，本案所涉协议第四项即为原、被告对共同财产归属的一种约定，被告辩称该协议是被告在喝醉酒、意思表示不真实的情况下签订的理由不成立，故原告主张被告向其支付24 400元的诉讼请求，本院予以支持。父母有抚养教育孩子的义务，在对孩子抚养教育方面，夫妻双方可以分工合作。本案中，原、被告约定原告负责孩子的吃穿，被告负责孩子的学费，该协议书现已生效，被告应当履行该协议中的义务，被告应当承担次子王某甲的3 800元学费。现该3 800元学费原告已经向次子所在学校交纳完毕，故对原告主张被告支付次子王某甲的学费3 800元的请求，本院予以支持。根据《中华人民共和国婚姻法》第十九条、第二十一条，《中华人民共和国合同法》第四十四条、第六十条，《中华人民共和国民事诉讼法》第六十四条的规定，判决如下：

（1）被告王某于本判决生效之日起20日内支付原告丁某人民币24 400元。

（2）被告王某于本判决生效之日起20日内向原告丁某支付次子王某甲的学费3 800元。

（3）驳回原告丁某的其他诉讼请求。

案件受理费400元，由被告王某承担。

如不服本判决，可在判决书送达之日起15日内向本院递交上诉状，并按对方当事人的人数提出副本，上诉于新乡市中级人民法院。

【评析】

夫妻双方可以约定婚姻关系存续期间所得的财产的归属。本案中，原、被告双方的约定并未违反法律的强制性规定，故而有效。虽然被告主张该约定是其在喝醉酒、意思表示不真实的情况下签订的，但其未能举证加以证明，故法院不予采信。夫妻双方对于财产的约定相当于订立了合同，一经约定，该约定对夫妻双方均具有法律约束力，双方应当全面履行约定。

第一千零六十六条

婚姻关系存续期间，有下列情形之一的，夫妻一方可以向人民法院请求分割共同财产：

（一）一方有隐藏、转移、变卖、毁损、挥霍夫妻共同财产或者伪造夫妻共同债务等严重损害夫妻共同财产利益的行为；

（二）一方负有法定扶养义务的人患重大疾病需要医治，另一方不同意支付相关医疗费用。

本条主旨

本条是关于婚姻关系存续期间请求分割夫妻共同财产的必要条件的规定。

相关条文

本条是在《最高人民法院关于适用〈中华人民共和国婚姻法〉若干问题的解释（三）》第四条的基础上修改而成，该条规定为："婚姻关系存续期间，夫妻一方请求分割共同财产的，人民法院不予支持，但有下列重大理由且不损害债权人利益的除外：（一）一方有隐藏、转移、变卖、毁损、挥霍夫妻共同财产或者伪造夫妻共同债务等严重损害夫妻共同财产利益行为的；（二）一方负有法定扶养义务的人患重大疾病需要医治，另一方不同意支付相关医疗费用的。"相较于

《最高人民法院关于适用〈中华人民共和国婚姻法〉若干问题的解释（三）》的规定，本条未做实质性修改。

理解与适用

本条规定，直接体现了《民法典》婚姻家庭编中贯穿的人权平等、人格尊严、人财共济、人伦正义和人本秩序等核心法理思想的要求①。

一、历史沿革

随着我国经济的快速发展，夫妻共同财产的认定日趋复杂。现实生活中，有的夫妻一方占有夫妻共同财产，排除另一方对夫妻共同财产的支配，甚至出现侵害配偶一方的夫妻共同财产权的现象。但是，由于各种原因，财产受损的配偶一方不愿意离婚，仅以请求分割夫妻共同财产为由提起诉讼。针对此类案件，2011年《最高人民法院关于适用〈中华人民共和国婚姻法〉若干问题的解释（三）》第四条规定："婚姻关系存续期间，夫妻一方请求分割共同财产的，人民法院不予支持，但有下列重大理由且不损害债权人利益的除外：（一）一方有隐藏、转移、变卖、毁损、挥霍夫妻共同财产或者伪造夫妻共同债务等严重损害夫妻共同财产利益行为的；（二）一方负有法定扶养义务的人患重大疾病需要医治，另一方不同意支付相关医疗费用的。"《民法典》婚姻家庭编将司法解释的规定升格为法律规定，完善了《民法典》婚姻家庭编中夫妻财产制的法律体系。

二、婚姻关系存续期间分割夫妻共同财产的物权法依据

由于《民法典》婚姻家庭编没有设定夫妻非常财产制，判断夫妻婚姻关系存续期间是否可以分割夫妻共同财产，必须研究《民法典》物权编中的共同共有制度。《民法典》物权编第三百零三条规定的"共同共有人在共有的基础丧失或者有重大理由需要分割时可以请求分割"中的"重大理由"为司法实践中出现特殊情形需要请求分割夫妻共同财产提供了空间。《民法典》婚姻家庭编第一千零六十六条正是以此为依据，做出规定："（一）一方有隐藏、转移、变卖、毁损、挥霍夫妻共同财产或者伪造夫妻共同债务等严重损害夫妻共同财产利益的行为；（二）一方负有法定扶养义务的人患重大疾病需要医治，另一方不同意支付相关医疗费用。"在夫妻婚姻关系存续期间，以不允许分割夫妻共同财产为原则，允许分割夫妻共同财产为例外。本条规定，既不能类推适用，也不能做扩大解释，

① 龙翼飞．编纂民法典婚姻家庭编的法理思考与立法建议．法制与社会发展，2020（2）．

以避免夫妻双方或一方在婚姻关系存续期间随意主张分割夫妻共同财产请求权，损害家庭稳定及影响夫妻共有财产保障功能的实现①。

三、婚姻关系存续期间请求分割夫妻共同财产的必要条件

（一）隐藏、转移、变卖、毁损、挥霍夫妻共同财产或者伪造夫妻共同债务

如果夫妻共同财产一直处于稳定或增值的状态，只有在离婚后才可以分割夫妻共同财产。但是，如果出现夫妻一方故意减少夫妻共同财产的情况，不及时进行夫妻共同财产的分割，另一方会遭受严重财产损失。减少夫妻共同财产的行为表现为隐藏、转移、变卖、毁损、挥霍夫妻共同财产。隐藏，指采用欺骗的手段将一些本应属于夫妻共同所有的财产予以瞒报。转移，指将属于夫妻共同所有的财产转移到他处。变卖，指将夫妻共同财产予以出卖，所得归个人所有。毁损，指故意毁灭或损坏夫妻共同财产，以降低或消灭财产的价值。挥霍，指毫无限度地随意消耗夫妻共同财产，比如采用吸毒、赌博、超出经济承受能力的随意的巨额奢侈消费等方式浪费夫妻共同财产。伪造夫妻共同债务，指采用虚假的方法伪造夫妻的共同债务，增加夫妻一方的债务负担，造成夫妻共同财产的减少，也对夫妻另一方造成严重的财产损失。从主观上看，一方隐藏、转移、变卖、毁损、挥霍夫妻共同财产或者伪造夫妻共同债务等严重损害夫妻共同财产利益的行为，应为夫妻一方的故意行为，通过上述行为，实现侵占夫妻共同财产的目的。因过失行为导致的夫妻共同财产毁损，不适用本条规定②。

（二）一方负有法定扶养义务的人患重大疾病需要医治

由于夫妻共同财产属于夫妻双方共同共有，对于夫妻共同财产的使用需要夫妻双方共同同意，这就必然会出现一方需要使用夫妻共同财产用于夫妻共同事务以外的事项，而另一方不同意的情况。如果夫妻一方负有法定扶养义务的人，比如其父母，患重大疾病，急需进行救治，而配偶不同意，那么就会对其履行扶养义务造成严重损害，也不利于夫妻感情的维护。最高人民法院认为，父母是婚姻法规定的夫妻一方的法定赡养人，但法定赡养人并不限于父母，且夫妻一方或双方除法定赡养义务外，亦承担法定扶养义务③。因此，在此种情况下，应当允许

---

① 人民法院出版社．最高人民法院婚姻家庭、继承司法解释理解与适用简明版及配套规定．北京：人民法院出版社，2018：80.

② 最高人民法院民事审判第一庭．最高人民法院婚姻法司法解释（三）理解与适用．2版．北京：人民法院出版社，2015：84.

③ 最高人民法院民事审判第一庭．最高人民法院婚姻法司法解释（三）理解与适用．2版．北京：人民法院出版社，2015：85.

其向法院提出分割夫妻共同财产。法律对何种疾病属于重大疾病并无明确规定，参照医学上的认定，借鉴保险行业对重大疾病的划定范围，一般认为，某些需要长期治疗、花费较高的疾病，如糖尿病、肿瘤、脊髓灰质炎、麻风病、结核病等，或者直接关涉生命安全的疾病等属于重大疾病。相关医疗费用，主要指治疗重大疾病需要的必要、合理费用。

典型案例

夫妻关系存续期间，一方严重侵犯配偶享有的共同财产权益的，受侵犯的一方可以申请分割财产——薛某诉陈某分割夫妻共同财产纠纷案①

【裁判要旨】

夫妻关系存续期间，一方对属于夫妻共同财产的巨额款项进行控制，并一次性大量取现使用，又不能说明合理用途的，属于严重侵犯配偶享有的共同财产权益的行为，构成隐藏、转移、挥霍夫妻共同财产，符合《最高人民法院关于适用〈中华人民共和国婚姻法〉若干问题的解释（三）》的规定；夫妻双方感情不和处于分居状态，不可能继续共同生活，一方要求对夫妻共同财产进行分割的，人民法院应予支持。具体分割时既要考虑一方的过错，也要考虑双方各自的生活需求。

【案情】

经法院审理查明：薛某、陈某于1963年9月20日登记结婚，双方均系再婚，婚后未生育子女。婚姻关系存续期间，薛某通过继承、归并取得本市某路某号房屋，并于1991年5月领取房屋产权证（面积79.5平方米）。2009年9月2日，薛某与本市某拆迁公司就本市某路某号房屋签订了拆迁补偿、安置协议书，薛某委托陈某的儿子陈某某办理一切拆迁手续。陈某某领取71万元拆迁补偿款后，于同年10月23日、25日分三次将71万元存入陈某账户。同年10月25日，陈某又将71万元存款存至陈某某账户。

2009年11月3日，薛某诉至法院，请求陈某某返还71万元。同年11月9日，法院依法冻结陈某某账户存款44.6万元。同年12月10日，陈某某向陈某账户中存入26.4万元。同年12月14日，陈某将26.4万元存款一次性取出。2010年3月10日，崇安区人民法院（2009）崇民一初字第1848号民事调解书确定：（1）陈某某于2010年3月10日将446 000元返还薛某、陈某；（2）确认陈

① 审理法院为江苏省无锡市崇安区人民法院，案号：（2011）崇民初字第926号。

某某于 2009 年 12 月 10 日返还给陈某的 264 000 元系薛某与陈某的夫妻共同财产。崇安法院于 2010 年 3 月 31 日从陈某某账户上划扣 446 700.22 元，后因薛某、陈某就该款如何保管无法达成一致意见，该款仍保存于崇安法院账户。

2010 年 4 月 6 日，在（2010）崇民初字第 477 号案件中，薛某诉至崇安法院要求离婚并分割 71 万元拆迁补偿款。该案中，陈某对其保管的 26.4 万元去向多次陈述不一，又未在法庭指定期限内提供证据证明该款的合理用途，后该案判决不准离婚。

另查明，1987 年陈某因患前列腺癌摘除前列腺及睾丸，无法实现正常排尿，需依靠导尿管导尿。陈某现居住在本市某颐养苑，月平均开销为3 300余元。陈某自 2011 年 1 月起月退休金为 1 946.2 元。2009 年 5 月，陈某、薛某曾出售本市另处房屋一套，二人各分得售房款 16.5 万元。陈某称该 16.5 万元及陈某某存入其账户的 26.4 万元已全部用完，具体用途记不清了。

2009 年 9 月起，陈某、薛某分居，二人对外均无债务。

2011 年 8 月 19 日，薛某以陈某转移、隐匿夫妻共同财产为由诉至法院，请求分得 71 万元拆迁补偿款中的 44.6 万元，并要求陈某承担案件诉讼费。

被告陈某辩称：双方未离婚，自己并未隐藏或转移 26.4 万元夫妻共同财产。婚姻关系存续期间，夫妻一方请求分割夫妻共同财产的，法院应不予支持。请求驳回薛某的诉讼请求。

【审判】

江苏省无锡市崇安区人民法院经审理认为，婚姻关系存续期间，夫妻一方请求分割共同财产的，人民法院不予支持，但有重大理由且不损害债权人利益的除外。本市某路某号房屋（面积 79.5 平方米）系薛某在夫妻关系存续期间通过继承、归并取得，该房屋及该房屋因拆迁取得的 71 万元补偿款均属于夫妻共同财产。但双方对 71 万元拆迁补偿款的保管、支配无法达成一致。对陈某保管的 26.4 万元，陈某称其一次性取出该款后短时间内已全部用完。因该款数额巨大，陈某对该款去向多次陈述不一，又未提供证据证明该款的合理用途，故对陈某的辩称本院不予采信。陈某的行为已构成转移夫妻共同财产，侵害了薛某对该 26.4 万元所享有的平等支配权，考虑到双方目前处于分居状态，故对薛某要求分割 71 万元拆迁补偿款的诉讼请求，本院予以支持。因 71 万元拆迁补偿款中的 44.6 万元暂存在本院账户，薛某在本案判决后能够实现其对该 71 万元享有的权利，加之陈某目前健康状况不佳，本院认为对该 71 万元处理应以均分为宜。

综上，依照《最高人民法院关于适用〈中华人民共和国婚姻法〉若干问题的解释（三）》第四条第（一）项之规定，判决：薛某、陈某共同共有 71 万元拆迁补偿款，其中35.5万元归薛某个人所有，35.5万元归陈某个人所有。

宣判后，双方均未上诉，一审判决发生法律效力。

【评析】

值得注意的是，《最高人民法院关于适用〈中华人民共和国婚姻法〉若干问题的解释（三）》第四条为封闭条款，也就是说除了该条规定的两种情形，对于其他情形，如夫妻分居，不得援引《物权法》第九十九条的规定进行类推适用或扩大解释。第四条亦表明，在夫妻关系存续期间，不允许分割夫妻共同财产是原则，允许分割是例外，以避免夫妻一方在婚姻关系存续期间随意主张分割夫妻共同财产，危及家庭和谐稳定。本案之所以支持原告在婚姻关系存续期内分割夫妻共同财产的请求，基于以下考虑：

第一，陈某的行为已构成转移夫妻共同财产，符合《最高人民法院关于适用〈中华人民共和国婚姻法〉若干问题的解释（三）》规定的重大理由。薛某、陈某就71万元拆迁补偿款的保管问题始终无法达成一致，双方均主张该款应由自己保管、支配，导致法院冻结的44.6万元因无法确定返还主体而暂存法院账户。对于陈某保管的26.4万元，陈某称其一次性取出该款后短时间内全部用完，因该款数额巨大，陈某对该款去向多次陈述不一，又未提供证据证明该款的合理用途，故对陈某的辩称法院不予采信。陈某的行为已构成转移夫妻共同财产，侵害了薛某对该26.4万元所享有的平等支配权，严重损害了薛某的利益。

第二，本案中允许在婚姻关系存续期内分割71万元拆迁补偿款有利于实现该款的最大效用。原、被告双方婚后未育子女，双方父母均已过世，前婚所育子女均已成年，71万元夫妻共同财产不再担负赡养父母、抚养子女的家庭职能。陈某的月退休金不足以支付其在颐养苑的开销，可见原、被告双方均需要该71万元养老。法院处理本案的第一要旨是如何让71万元物尽其用，成为两位高龄老人晚年生活的物质保障。原、被告双方已于2009年9月起分居，经法院多次调解，薛某均拒绝与陈某共同生活。原、被告双方分居后，共同生活的基础丧失，无法对71万元实行共同保管。如果不支持原告分割夫妻共同财产的诉讼请求，在原、被告双方无法协商一致的情形下，44.6万元将继续暂存法院账户，势必影响两位高龄老人的晚年生活质量。

本案虽认定陈某的行为构成转移夫妻共同财产，但考虑到其健康状况不佳且每月入不敷出，加上71万元拆迁补偿款中的44.6万元暂存在法院账户，薛某在本案判决后能够实现其对该71万元享有的权利，因此最终判决原、被告双方均分71万元拆迁补偿款。

第二节 父母子女关系和其他近亲属关系

第一千零六十七条

父母不履行抚养义务的，未成年子女或者不能独立生活的成年子女，有要求父母给付抚养费的权利。

成年子女不履行赡养义务的，缺乏劳动能力或者生活困难的父母，有要求成年子女给付赡养费的权利。

本条主旨

本条是关于父母与子女之间的抚养和赡养权利义务的规定。

相关条文

本条是在《婚姻法》第二十一条的基础上修改而成，该条规定为："父母对子女有抚养教育的义务；子女对父母有赡养扶助的义务。父母不履行抚养义务时，未成年的或不能独立生活的子女，有要求父母付给抚养费的权利。子女不履行赡养义务时，无劳动能力的或生活困难的父母，有要求子女付给赡养费的权利。禁止溺婴、弃婴和其他残害婴儿的行为。"本条的主要修改在于：第一，删除"父母对子女有抚养教育的义务；子女对父母有赡养扶助的义务"，直接规定父母不履行抚养义务和成年子女不履行赡养义务的后果。第二，将履行赡养义务的主体由"子女"修改为"成年子女"，明确赡养的义务主体是成年子女，未成年子女不是父母的赡养义务人。第三，删除"禁止溺婴、弃婴和其他残害婴儿的行为"。

理解与适用

本条规定，直接体现了《民法典》婚姻家庭编中贯穿的人权平等、人性友善等核心法理思想的要求①。

① 龙翼飞．编纂民法典婚姻家庭编的法理思考与立法建议．法制与社会发展，2020（2）.

一、历史沿革

新中国成立后，1950年《婚姻法》提出废除漠视子女利益的封建主义婚姻家庭制度，实行保护子女合法利益的新民主主义婚姻家庭制度，专门设一章规定父母子女关系。1950年《婚姻法》第十三条规定："父母对于子女有抚养教育的义务；子女对于父母有赡养扶助的义务；双方均不得虐待或遗弃。养父母与养子女相互间的关系，适用前项规定。溺婴或其他类似的犯罪行为，严加禁止。"1950年《婚姻法》还设专章规定离婚后子女的抚养和教育。其中第二十条规定："父母与子女间的血亲关系，不因父母离婚而消灭。离婚后，子女无论由父方或母方抚养，仍是父母双方的子女。离婚后父母对于所生的子女，仍有抚养和教育的责任。离婚后，哺乳期内的子女，以随哺乳的母亲为原则。哺乳期后的子女，如双方均愿抚养发生争执不能达成协议时，由人民法院根据子女的利益判决。"第二十一条规定："离婚后，女方抚养的子女，男方应负担必需的生活费和教育费全部或一部，负担费用的多寡及期限的长短，由双方协议；协议不成时，由人民法院判决。费用支付的办法，为付现金或实物或代小孩耕种分得的田地等。离婚时，关于子女生活费和教育费的协议或判决，不妨碍子女向父母任何一方提出超过协议或判决原定数额的请求。"第二十二条规定："女方再行结婚后，新夫如愿负担女方原生子女的生活费和教育费全部或一部，则子女的生父的负担可酌情减少或免除。"

1980年《婚姻法》细化了父母子女之间的抚养和赡养义务，第十五条规定："父母对子女有抚养教育的义务；子女对父母有赡养扶助的义务。父母不履行抚养义务时，未成年的或不能独立生活的子女，有要求父母付给抚养费的权利。子女不履行赡养义务时，无劳动能力的或生活困难的父母，有要求子女付给赡养费的权利。禁止溺婴和其他残害婴儿的行为。"2001年修订的《婚姻法》沿用了1980年《婚姻法》关于父母子女之间的抚养和赡养义务的规定。

《民法典》婚姻家庭编在2001年修订的《婚姻法》第二十一条规定的基础上做出如下修改：第一，删除"父母对子女有抚养教育的义务；子女对父母有赡养扶助的义务"，直接规定父母不履行抚养义务和成年子女不履行赡养义务的后果。第二，将履行赡养义务的主体由"子女"修改为"成年子女"，明确赡养的义务主体是成年子女，未成年子女不是父母的赡养义务人。第三，删除"禁止溺婴、弃婴和其他残害婴儿的行为"。

二、父母对子女的抚养

抚养，指父母从物质上供养子女和日常生活中照料子女，保障子女的生活，使子女得以健康成长。根据《最高人民法院关于适用〈中华人民共和国婚姻法〉若干问题的解释（一）》的规定，抚养费包括子女的生活费、教育费、医疗费等费用。抚养义务是父母对未成年子女所负的最主要的义务，目的是保障未成年子女的生存①。《宪法》第四十九条规定，父母有抚养教育未成年子女的义务。《未成年人保护法》第十条规定，父母应当创造良好、和睦的家庭环境，依法履行对未成年人的监护职责和抚养义务。由此可见，抚养未成年子女是父母的法定义务。

根据《民法典》婚姻家庭编第一千零六十七条的规定，父母不履行抚养义务的，未成年子女有要求父母给付抚养费的权利。由此可知，父母对未成年子女的抚养是无条件的②，除法律另有规定外，任何情况下父母都必须履行抚养义务，父母的抚养义务直至子女成年为止。因此，父母对成年子女的抚养是有条件的，父母仅对不能独立生活的成年子女，根据需要和负担能力承担必要的抚养义务。根据《最高人民法院关于适用〈中华人民共和国婚姻法〉若干问题的解释（一）》的规定，不能独立生活的子女，是指尚在校接受高中及其以下学历教育，或者丧失或未完全丧失劳动能力等非因主观原因而无法维持正常生活的成年子女。值得注意的是，父母对子女的抚养义务，是父母双方的共同义务和共同责任，而非一方的单方义务和责任。根据《最高人民法院关于适用〈中华人民共和国婚姻法〉若干问题的解释（三）》的规定，婚姻关系存续期间，父母双方或者一方拒不履行抚养子女义务，未成年子女或者不能独立生活的成年子女请求支付抚养费的，人民法院应予支持。父母即使已经离婚，对未成年子女也应依法履行抚养义务，这也是男女平等原则的体现。

三、成年子女对父母的赡养

赡养，是指子女对父母的供养，在物质上和经济上为父母提供必要的生活条件。《老年人权益保障法》第十四条明确规定，赡养人是指老年人的子女以及其他依法负有赡养义务的人。根据《宪法》第四十九条第三款的规定，成年子女有赡养扶助父母的义务。上述规定表明赡养的义务主体是成年子女，未成年子女不

---

① 巫昌祯，夏吟兰．婚姻家庭法学．2版．北京：中国政法大学出版社，2016：143.

② 巫昌祯，夏吟兰．婚姻家庭法学．2版．北京：中国政法大学出版社，2016：143.

是父母的赡养义务人。《民法典》婚姻家庭编第一千零六十七条第二款规定："成年子女不履行赡养义务的，缺乏劳动能力或者生活困难的父母，有要求成年子女给付赡养费的权利。"由此可知，赡养的具体内容是成年子女对缺乏劳动能力或者生活困难的父母提供必要的生活保障。依据《老年人权益保障法》的规定，（1）赡养人应当履行对老年人经济上供养、生活上照料和精神上慰藉的义务，照顾老年人的特殊需要。（2）赡养人应当使患病的老年人及时得到治疗和护理；对经济困难的老年人，应当提供医疗费用。对生活不能自理的老年人，应当承担照料责任；不能亲自照料的，可以按照老年人的意愿委托他人或者养老机构等照料。（3）赡养人应当妥善安排老年人的住房，不得强迫老年人居住或者迁居条件低劣的房屋。老年人自有的或者承租的住房，子女或者其他亲属不得侵占，不得擅自改变产权关系或者租赁关系。老年人自有的住房，赡养人有维修的义务。（4）赡养人有义务耕种或者委托他人耕种老年人承包的田地，照管或者委托他人照管老年人的林木和牲畜等，收益归老年人所有。

成年子女对父母的赡养是法定的义务，不得附加任何条件①。赡养人不得以放弃继承权或者其他理由拒绝履行赡养义务。无论成年子女是否与父母居住在一起，都应根据父母的实际需要履行赡养义务。赡养的方式既可以是与父母共同居住直接履行赡养义务，也可以采用提供生活费用的方式承担经济责任。如有多个子女，则每个子女应当根据各自的经济状况，共同承担对父母的经济责任。赡养费的数额，既要根据赡养人的经济负担能力，也要满足父母的实际生活需要，一般不得低于当地的平均生活水平。

典型案例

年老的父母丧失劳动能力，子女应尽赡养义务——陈某真诉陈某领、陈某霞赡养纠纷案②

【基本案情】

2015年5月14日，原告陈某真将儿子陈某领、女儿陈某霞告上法庭，诉称女儿陈某霞对其尽了赡养义务，但儿子陈某领不但不尽赡养义务，而且还将其拆迁补偿款和2.9亩承包地据为己有，更经常无故殴打原告。为此，原告陈某真将

---

① 杨大文，龙翼飞．婚姻家庭法．7版．北京：中国人民大学出版社，2018：177.

② 家庭婚姻纠纷典型案例（河南）．（2015-11-20）［2020-03-05］. http://www.court.gov.cn/zixun-xiangqing-16037.html.

儿子陈某领、女儿陈某霞诉至法院，请求判令被告陈某领每月支付赡养费1 000元，并归还原告的2.9亩承包地和1.8万元现金。

【裁判结果】

商丘市睢阳区人民法院认为，被告作为原告儿子，对原告有法定的赡养义务，对该纠纷的产生应负全部责任。原告要求被告返还其房屋的拆迁补偿款1.8万元和要求被告陈某领给付赡养费的诉讼请求应予以部分支持；综合考虑被告陈某真家庭生活状况和2015年河南省城镇居民人均消费支出标准，被告陈某领给付原告赡养费每月360元为宜。因原告已丧失劳动能力，原告名下的2.9亩承包地，被告陈某领有义务耕种，但收益应有原告的份额。因原告现在女儿陈某霞处居住，被告陈某霞已尽赡养义务，且原告已明确表示对女儿陈某霞撤回起诉。据此，依据《中华人民共和国老年人权益保障法》第十三条、第十四条、第十五条、第十七条、第十八条、第二十二条第一款，《中华人民共和国婚姻法》第二十一条第三款，《中华人民共和国民事诉讼法》第六十四条的规定，判决被告陈某领于判决生效后十日内支付原告陈某真自2015年5月份（含5月份）开始的每月的赡养费360元，该款于每月的1日支付；被告陈某领于判决生效后十日内返还原告陈某真的房屋拆迁补偿款1.8万元。该案经在陈某领所在村巡回审判，陈某领当庭向父亲陈某真忏悔道歉，并跪求父亲原谅。该判决现已生效履行。

【典型意义】

乌鸦有反哺之义，羊羔有跪乳之恩。百善孝为先，子女赡养父母是中华民族的传统美德，也是法律的明确规定。家庭是社会的细胞，家庭不和谐，社会和谐便成了无本之木。本案被告陈某领不但不赡养年迈的父亲，而且还抢钱霸地，施以暴力，其不孝行为与中华民族良好的道德传统背道而驰、格格不入。

第一千零六十八条

父母有教育、保护未成年子女的权利和义务。未成年子女造成他人损害的，父母应当依法承担民事责任。

本条主旨

本条是关于父母教育、保护未成年子女的权利、义务和责任之规定。

相关条文

本条是在《婚姻法》第二十三条的基础上修改而成，该条规定为：“父母有保护和教育未成年子女的权利和义务。在未成年子女对国家、集体或他人造成损害时，父母有承担民事责任的义务。”本条的主要修改之处在于将未成年子女“对国家、集体或他人造成损害”改为“造成他人损害”。目的在于保证《民法典》婚姻家庭编与《民法典》其他各编之间在规范层面的高度衔接与有机协同，确保《民法典》编纂的体系化、科学化、统一化与严谨化①，比如《民法典》总则编第六十二条关于法定代表人因执行职务“造成他人损害的”规定以及《民法典》侵权责任编中多条涉及的“造成他人损害的”规定。

理解与适用

本条规定，直接体现了《民法典》婚姻家庭编中贯穿的人权平等、人性友善、人亲和谐、人本秩序等核心法理思想的要求②。

一、父母对未成年子女有教育和保护的权利和义务

父母对未成年子女的教育和保护，既是权利也是义务。根据《民法典》婚姻家庭编第一千零五十八条的规定，对未成年子女的教育和保护的权利义务由夫妻双方行使，这也是男女平等和夫妻在婚姻家庭中地位平等的体现。1980 年《婚姻法》明确规定了父母都有管教和保护其未成年子女的权利和义务。1992 年《妇女权益保障法》也明确规定了父母双方对未成年子女享有平等的监护权。2001 年修订的《婚姻法》延续了上述规定。《民法典》婚姻家庭编在保护和教育的基础上，增加了抚养，兼有亲权和监护的含义。因此，依照《民法典》婚姻家庭编，不仅丈夫有教育和保护未成年子女的权利和义务，妻子也同样有教育和保护未成年子女的权利和义务。

二、未成年子女造成他人损害的，父母承担民事责任

未成年子女造成他人损害的，父母应当依法承担民事责任。《民法通则》第一百三十三条第一款规定：“无民事行为能力人、限制民事行为能力人造成他人损害的，由监护人承担民事责任。监护人尽了监护责任的，可以适当减轻他的民事责任。”该条规定置于《民法通则》“民事责任”一章中。《民法典》侵权责任编将该条规定置于“责任主体的特殊规定”一章中，第一千一百八十八条规定：“无民事行为能力人、限制民事行为能力人造成他人损害的，由监护人承担侵权

① 王歌雅.《民法典·婚姻家庭编》的编纂策略与制度走向.法律科学，2019（6）.
② 龙翼飞.编纂民法典婚姻家庭编的法理思考与立法建议.法制与社会发展，2020（2）.

责任。监护人尽到监护职责的，可以减轻其侵权责任。有财产的无民事行为能力人、限制民事行为能力人造成他人损害的，从本人财产中支付赔偿费用；不足部分，由监护人赔偿。”这属于特殊侵权责任，意味着未成年子女造成他人损害的，由父母承担民事责任。未成年子女自己有财产的，应当从本人财产中支付赔偿费用，不足部分，由父母赔偿。父母尽到监护责任的，可以适当减轻其民事责任。如果父母离婚，首先由与该子女共同生活的一方承担民事责任；如果该方独立承担民事责任确有困难，未与该子女共同生活的一方共同承担民事责任。

我国 1980 年《婚姻法》第十七条首次规定，在未成年子女对国家、集体或他人造成损害时，父母有赔偿经济损失的义务。由此可知，父母只承担经济赔偿的责任。2001 年修订《婚姻法》时，立法机关考虑到经济赔偿责任过窄，便将之修改为“父母有承担民事责任的义务”。如此修改，不仅能充分保护受害一方的合法权益，而且可以增强父母对未成年子女教育、保护的责任感①。关于父母承担民事责任的条件、方式，应当适用《民法典》侵权责任编等有关规定，父母尽到监护职责的，可以减轻其侵权责任。父母应当承担民事责任的主要方式是赔偿损失，除此之外，根据《民法典》第一百七十九条的规定，还有以下几种承担民事责任的方式：（1）责令未成年子女停止侵害；（2）排除妨碍；（3）消除危险；（4）返还财产；（5）恢复原状；（6）修理、重作、更换；（7）继续履行；（8）支付违约金；（9）消除影响、恢复名誉；（10）赔礼道歉；等等。以上承担民事责任的方式，可以单独适用，也可以合并适用。

第一千零六十九条

子女应当尊重父母的婚姻权利，不得干涉父母离婚、再婚以及婚后的生活。子女对父母的赡养义务，不因父母的婚姻关系变化而终止。

本条主旨

本条是关于子女不得干涉父母离婚和再婚权利实现的规定。

相关条文

本条是在《婚姻法》第三十条的基础上修改而成，该条规定为：“子女应当尊重父母的婚姻权利，不得干涉父母再婚以及婚后的生活。子女对父母的赡养义

① 吴高盛.《中华人民共和国婚姻法》释义及实用指南.北京：中国民主法制出版社，2014：119.

务，不因父母的婚姻关系变化而终止。”本条的修改在于，在“不得干涉父母再婚以及婚后的生活”的基础上增加不得干涉父母离婚的内容，即“不得干涉父母离婚、再婚以及婚后的生活”。

理解与适用

本条规定，直接体现了《民法典》婚姻家庭编中贯穿的人权平等、人身自由、人伦正义、人性友善等核心法理思想的要求[①]。

一、子女应当尊重父母的婚姻权利

本条是关于子女不得干涉父母离婚和再婚权利实现的规定，其立法意图在于强调子女应当尊重父母的婚姻自主权，促进为法律保障的离婚自由和再婚自由的实现[②]。1950年《婚姻法》和1980年《婚姻法》均未规定保障老年人的婚姻自主权，1996年《老年人权益保障法》第十八条的规定[③]：“老年人的婚姻自由受法律保护。子女或者其他亲属不得干涉老年人离婚、再婚及婚后的生活。赡养人的赡养义务不因老年人的婚姻关系变化而消除。”此项规定是对婚姻法的重要补充，子女等赡养义务人负有尊重和维护老年人婚姻自主权的法定义务。2001年修订的《婚姻法》再次强调保障老年人的婚姻自主权。随着平均预期寿命的延长、物质和文化生活水平的提高、人们婚姻观念的改变，老年人在丧偶、离婚后再婚的现象越来越多[④]。2001年修订的《婚姻法》对此予以强调。立法机关在修正案草案说明中指出：“我国老龄问题越来越成为一个重要的社会问题。老年人得不到较好的赡养，甚至受虐待、遗弃，以及干涉老年人婚姻的现象，在一些地方时有发生，对此必须引起高度重视。”[⑤]《民法典》婚姻家庭编第一千零六十九条的规定在“不得干涉父母再婚以及婚后的生活”的基础上增加不得干涉父母离婚的内容，即“不得干涉父母离婚、再婚以及婚后的生活”，与《老年人权益保障法》关于老年人婚姻自主权的规定保持一致。父母应当尊重子女的婚姻权利，子女也应当尊重父母的婚姻权利，不得干涉父母的离婚、再婚自由，这是对《宪法》第四十九条规定的“禁止破坏婚姻自由”原则和《民法典》婚姻家庭编婚姻自由原则的贯彻，也是对我国当今社会现实呼声的回应。

---

① 龙翼飞．编纂民法典婚姻家庭编的法理思考与立法建议．法制与社会发展，2020（2）．

② 薛宁兰．中华人民共和国婚姻法评注·家庭关系．厦门：厦门大学出版社，2017：207．

③ 现为2018年修正的《老年人权益保障法》第二十一条的规定。

④ 杨大文，龙翼飞．婚姻家庭法．7版．北京：中国人民大学出版社，2018：178．

⑤ 王胜明，孙礼海．《中华人民共和国婚姻法》修改立法资料选．北京：法律出版社，2001：9．

二、子女应当继续履行赡养义务

2001年修订的《婚姻法》将婚姻自由原则与保护老年人合法权益原则有机结合在一起，把握子女赡养是影响父母再婚意思表示的关键点，在规定子女尊重父母婚姻权利之后，又把子女赡养义务进行明确强调，使整个法条对于保障父母婚姻自主权起到了“双保险”的作用，具有时代的必要性①。子女不得干涉父母离婚、再婚以及婚后的生活，但现实生活中子女干涉父母婚姻时有发生，其手段有的是不尽赡养义务，即在经济上、精神上，甚至在人身上，对父母或者与其父母结婚的继父母采取作为或者不作为的干涉行为②。基于此，2001年修订的《婚姻法》和《民法典》婚姻家庭编均强调了子女对父母的赡养义务不因父母的婚姻关系的改变而终止。子女对离婚或者再婚父母继续履行赡养义务，也是对父母与子女之间的抚养和赡养的权利义务的一般性规定的强调。

赡养，是指子女对父母的供养，在物质上和经济上为父母提供必要的生活条件。《老年人权益保障法》第十四条明确规定，赡养人是指老年人的子女以及其他依法负有赡养义务的人。根据《宪法》第四十九条第三款的规定，成年子女有赡养扶助父母的义务。上述规定表明赡养的义务主体是成年子女，未成年子女不是父母的赡养义务人。《民法典》婚姻家庭编第一千零六十七条第二款规定：“成年子女不履行赡养义务的，缺乏劳动能力或者生活困难的父母，有要求成年子女给付赡养费的权利。”由此可知，赡养的具体内容是成年子女对缺乏劳动能力或者生活困难的父母提供必要的生活保障。依据《老年人权益保障法》的规定，(1) 赡养人应当履行对老年人经济上供养、生活上照料和精神上慰藉的义务，照顾老年人的特殊需要。(2) 赡养人应当使患病的老年人及时得到治疗和护理；对经济困难的老年人，应当提供医疗费用。对生活不能自理的老年人，应当承担照料责任；不能亲自照料的，可以按照老年人的意愿委托他人或者养老机构等照料。(3) 赡养人应当妥善安排老年人的住房，不得强迫老年人居住或者迁居条件低劣的房屋。老年人自有的或者承租的住房，子女或者其他亲属不得侵占，不得擅自改变产权关系或者租赁关系。老年人自有的住房，赡养人有维修的义务。(4) 赡养人有义务耕种或者委托他人耕种老年人承包的田地，照管或者委托他人照管老年人的林木和牲畜等，收益归老年人所有。

---

① 薛宁兰．中华人民共和国婚姻法评注·家庭关系．厦门：厦门大学出版社，2017：210.

② 薛宁兰．中华人民共和国婚姻法评注·家庭关系．厦门：厦门大学出版社，2017：212.

成年子女对父母的赡养是法定的义务，不得附加任何条件[①]。赡养人不得以放弃继承权或者其他理由拒绝履行赡养义务。无论成年子女是否与父母居住在一起，都应根据父母的实际需要履行赡养义务。赡养的方式既可以是与父母共同居住直接履行赡养义务，也可以采用提供生活费用的方式承担经济责任。如有多个子女，则每个子女应当根据各自的经济状况，共同承担对父母的经济责任。赡养费的数额，既要根据赡养人的经济负担能力，也要满足父母的实际生活需要，一般不得低于当地的平均生活水平。

典型案例

成年子女对再婚父母的赡养——上诉人胡某与被上诉人胡某兴赡养费纠纷案[②]

【案情】

一审法院审理查明，原告胡某与前妻容某先后生育女孩胡某某、男孩胡某兴（即本案被告），“文革”期间胡某与容某因受原告父母的株连等原因而于1968年在道县清塘人民公社办理离婚登记，双方协议男孩胡某兴、女孩胡某某分别由容某、原告胡某直接抚养。之后，被告胡某兴随其外祖母共同生活直至1982年（14岁）才随原告胡某生活，其间，原告胡某较少探望，而容某另行结婚。其女孩胡某某于1969年因病死亡。1979年12月24日，原告胡某与陈某在道县清塘人民公社办理结婚登记，先后生育男孩胡军某、长女胡水某、次女胡秋某，三子女现均已成年且能独立生活。原告胡某自1999年因患喉癌先后在中南大学湘雅医院、中国人民解放军第一八一医院等医院住院治疗，已实际支付医疗费27 587.64元，至起诉时尚未痊愈，且无经济来源，难以维持当地基本生活水平。被告胡某兴已先后两次支付医疗费共计3 000元，而对其他赡养费用推诿未付。原告胡某遂诉至法院。另查明，被告胡某兴已结婚，现生育一子三女，目前身体健康，现有神龙富康牌轿车一辆（于2008年购买）、位于道县道江镇某街某号的砖混五层楼房一座（现门面年租金2 000元）。

二审法院在二审中查明的事实与一审查明的一致，对原判认定的事实予以确认。

【争议焦点】

本案的争议焦点是：一审法院只对起诉后的赡养费进行了判决是否公平，判决

---

① 杨大文，龙翼飞．婚姻家庭法．7版．北京：中国人民大学出版社，2018：177.

② 一审法院为湖南省道县人民法院，案号：（2011）道民初字第449号；二审法院为湖南省永州市中级人民法院，案号：（2011）永中法民二终字第218号。

被上诉人胡某兴给付上诉人胡某1999年至2010年期间的医疗费1 000元是否公平。

【裁判】

一审法院认为，子女对父母有赡养扶助的法定义务，且不因父母的婚姻关系变化而终止。子女不履行赡养义务时，无劳动能力或生活困难的父母，有要求子女付给赡养费的权利。本案原告胡某自1999年因患喉癌而多次治疗尚未痊愈，已付巨额医疗费用，现年事已高，且无经济来源，确属生活困难，而被告胡某兴作为原告之子，目前具备一定赡养能力和赡养条件，依法应当履行赡养义务，即经济上供养、生活上照料和精神上慰藉的义务。原告胡某诉请由被告支付赡养费、医疗费，证据确实、充分，于法有据，法院依法支持，其金额结合原告实际需要、被告现有赡养能力、当地基本生活水平以及历史特殊原因等因素酌定。被告胡某兴辩称“原告胡某未尽抚养教育义务”与事实相符，法院依法酌情考虑。原告委托代理人提出“被告应履行赡养义务”的代理意见，事实成立，理由充足，法院依法采纳。据此，依照《中华人民共和国婚姻法》第二十一条第一款、第三款，第三十条的规定，判决如下：(1) 由被告胡某兴付给原告胡某赡养费每年2 400元（自2011年起至原告胡某死亡时止），此款限于每年12月31日以前一次性付清；(2) 由被告胡某兴付给原告胡某1999年至2010年期间的医疗费4 000元（含已付的医疗费3 000元），此款限于本判决生效之日起30日内一次性付清；并自2011年起原告胡某的实际自负医疗费中的四分之一部分，由被告胡某兴负担。本案受理费200元，由被告胡某兴负担。

宣判后，胡某不服一审判决提起上诉。请求撤销一审判决，予以改判。其主要上诉理由为：(1) 一审法院只对今后的赡养费进行了判决，没有判决以前未付的赡养费和医药费，不合情理。(2) 原判只判决了被上诉人胡某兴给付上诉人胡某1999年至2010年期间的医疗费1 000元不公平。

被上诉人胡某兴答辩认为一审认定事实清楚，适用法律正确，应予维持。

上诉人与被上诉人在二审中皆未提出新的证据。

二审法院认为，上诉人胡某作为被上诉人胡某兴的父亲，本应尽到其作为父亲的抚养责任，但其在自身并非完全无负担能力的情况下，基于自身原因，对未成年时的胡某兴未尽到抚养义务且较少探望。由于赡养义务是法定义务，不能据此免除胡某兴的赡养责任，但胡某兴的赡养责任的份额或金额相对胡某尽了抚养义务的子女可以有所减少，原审法院已根据本案实际情况予以判决，并无不当。本案中，胡某兴因胡某未尽抚养责任等家庭原因，受教育程度低，经济条件现状并不富裕，且胡某除其未尽抚养义务的胡某兴一子外，尚有尽了抚养义务且均已成年的其他三子女，据此原审法院酌情判决由胡某兴付给胡某赡养费每年2 400元并支付以前住院期间的医疗费 1 000 元（除去已付部分）符合情理，应予维持。由于胡某有其他三子女赡养，且没有充分的证据证实胡某兴在以前的 12 年未承担赡养责任，上诉人胡某上诉要求胡某兴给付以前 12 年的赡养费不应予以支持。

综上，原判认定事实基本清楚，适用法律正确，处理恰当，应予维持。湖南省永州市中级人民法院根据《中华人民共和国民事诉讼法》第一百五十三条第一款第（一）项之规定，判决如下：

驳回上诉，维持原判。

二审案件受理费 200 元，由胡某负担。

本判决为终审判决。

【评析】

本案涉及成年子女对再婚父母的赡养问题。子女不得干涉父母再婚以及婚后的生活。凡是子女因反对父母再婚而在经济上、精神上，甚至在人身上对父母或者对准备与父母结婚的人采取的一切作为或不作为的行为，均属于对父母婚姻权利的干涉。子女因父母再婚，拒绝对无劳动能力或生活困难的父母履行赡养义务的，父母可要求子女给付赡养费。

本案中，被上诉人作为上诉人的成年子女，对上诉人具有法定的赡养义务，不因上诉人再婚而免除其赡养义务。考虑到本案的实际情况，上诉人在被上诉人未成年时并未尽到应尽的抚养义务，被上诉人承担的赡养义务应当比上诉人的其他赡养义务人的赡养义务更轻一些。因此，一审法院判决被上诉人承担 4 000 元的医疗费是合理的。一审判决没有支持上诉人对于以前赡养费的主张，值得商榷。除非被上诉人以时效经过为由予以抗辩，否则被上诉人应当向上诉人支付起诉以前的赡养费。二审判决以“没有充分的证据证实胡某兴在以前的 12 年未承担赡养责任”为由维持了一审法院对于该部分的判决，理由比较牵强。实际上，应当由被上诉人举证证明其在以前的 12 年承担了赡养责任更为合理。

第一千零七十条

父母和子女有相互继承遗产的权利。

本条主旨

本条是关于父母与子女相互享有继承权的规定。

相关条文

本条是在《婚姻法》第二十四条第二款的基础上修改而成，该条款规定为：

“父母和子女有相互继承遗产的权利。”相较于2001年修订的《婚姻法》的规定，本条未做修改。

理解与适用

本条规定，直接体现了《民法典》婚姻家庭编中贯穿的人财共济、人伦正义、人本秩序、人亲和谐等核心法理思想的要求①。

一、历史沿革

1950年《婚姻法》专章规定了父母子女间的关系，其中，第十四条规定了“父母子女有互相继承遗产的权利”。这表明，父母有权继承子女的遗产，子女也有权继承父母的遗产。该条规定成为当时处理亲子之间继承问题的法律依据。1951年4月《中央人民政府法制委员会办公厅关于女子继承权问题的函复》指出，已嫁女子对于父母遗产的继承，不论父母死亡是在1950年《婚姻法》公布之前或之后，均享有继承权。1979年2月最高人民法院发布《关于贯彻执行民事政策法律的意见》，其中规定：“被继承人的遗产，首先应由其配偶、子女和父母继承。”1985年《继承法》明确了父母和子女之间的继承关系，规定父母、子女在法定继承中属于第一顺位的继承人。1980年《婚姻法》第十八条②、2001年修订的《婚姻法》第二十四条③和《民法典》婚姻家庭编第一千零七十条均保留了父母和子女有相互继承遗产的权利的规定。由此可见，自新中国成立以来，关于父母与子女相互享有平等的财产继承权的规定是一以贯之的④。

二、父母对子女遗产的继承权

根据《民法典》婚姻家庭编第一千零七十条的规定，父母对子女的遗产有继承权。根据《民法典》继承编第一千一百二十七条的规定，父母包括生父母、养父母和有扶养关系的继父母。因此，享有继承权的父母包括生父母、养父母和有扶养关系的继父母。

（一）生父母的继承权

生父母与子女之间的关系是自然血亲关系，系基于子女出生的事实而发生的关系，其中包括生父母与婚生子女的关系、生父母与非婚生子女的关系。父母婚

---

① 龙翼飞．编纂民法典婚姻家庭编的法理思考与立法建议．法制与社会发展，2020（2）.

② 1980年《婚姻法》第十八条第二款规定：“父母和子女有相互继承遗产的权利。”

③ 2001年《婚姻法》第二十四条第二款规定：“父母和子女有相互继承遗产的权利。”

④ 薛宁兰．中华人民共和国婚姻法评注·家庭关系．厦门：厦门大学出版社，2017：113.

姻关系的变化，不影响生父母与子女之间的关系。父母即使离婚，也可以继承其亲生子女的财产。基于权利义务相一致原则的要求①，如果生父母有抚养能力和抚养条件，但未尽到抚养子女的义务，在分配子女的遗产时，应当不分或者少分。

（二）养父母的继承权

养父母，是指收养他人子女为自己子女的人。养父母与养子女之间的关系，是由法律认可而人为设定的，是基于收养关系的确立养父母对养子女尽了抚养义务而形成的拟制血亲关系。养父母和养子女之间负有法定的抚养和赡养义务。值得注意的是，收养关系合法成立并有效，是养父母享有对养子女遗产继承权的关键。基于此，只要养父母与养子女之间的收养关系没有解除，相互之间的继承权就依然存在。

（三）继父母的继承权

子女对母亲或者父亲再婚的配偶，称为继父或继母。继父母和继子女的关系是在生父母一方死亡，或者父母离婚后，另一方带子女再婚形成的。继父母与继子女之间只有形成了实际的抚养关系，即继父母对继子女尽了抚养义务，才能在继承继子女遗产时与亲生父母处于相同的法律地位。继父与生母离婚，继子女随生母生活，继父不再履行抚养继子女义务的，继父不享有对继子女遗产的继承权。同理，继母与生父离婚，继子女随生父生活，继母不再履行抚养继子女义务的，继母不再享有对继子女遗产的继承权。

三、子女对父母遗产的继承权

根据《民法典》婚姻家庭编第一千零七十条的规定，子女对父母的遗产有继承权。根据《民法典》继承编第一千一百二十七条的规定，子女包括婚生子女、非婚生子女、养子女和有扶养关系的继子女。因此，享有继承权的子女包括婚生子女、非婚生子女、养子女和有扶养关系的继子女。

（一）婚生子女的继承权

婚生子女，是指具有合法婚姻关系的父母所生的子女。婚生子女须具备以下几个条件：(1) 父母有合法的婚姻关系；(2) 子女由生父之妻分娩；(3) 子女在父母婚姻关系存续期间受胎；(4) 子女与生母之夫有血缘关系。婚生子女享有对父母遗产的继承权。

---

① 薛宁兰．中华人民共和国婚姻法评注·家庭关系．厦门：厦门大学出版社，2017：114.

（二）非婚生子女的继承权

非婚生子女，指没有合法婚姻关系的男女所生的子女。《民法典》婚姻家庭编第一千零七十一条规定，非婚生子女享有与婚生子女同等的权利，其中包括非婚生子女与婚生子女在继承父母遗产时享有相同的权利和义务。这就使非婚生子女不会因为其出生问题而受到不公平的待遇，在继承生父母遗产时出现不分或者少分的情况。同样，在非婚生子女的父母继承非婚生子女的遗产时，他们之间的权利和义务也完全等同于婚生子女的父母与子女之间的权利和义务。

（三）养子女的继承权

养子女，指被收养的子女。收养关系一经确立，养子女取得与亲生子女同等的法律地位，同时养子女与生父母之间的权利义务关系消除。养子女可以继承养父母的遗产，但不能继承其生父母的遗产。根据《最高人民法院关于贯彻执行〈中华人民共和国继承法〉若干问题的意见》的规定，被收养人对养父母尽了赡养义务，同时又对生父母扶养较多的，除可继承养父母的遗产外，还可分得生父母的适当的遗产。

（四）有抚养关系的继子女的继承权

继子女，通常指夫或妻一方与前配偶所生的子女。继父母与继子女形成了抚养和赡养关系，继子女对继父母的遗产有继承权。由于亲生父母子女之间的自然血亲关系不因离婚而消灭，形成抚养关系的继子女在继承继父母遗产的同时，仍然有权继承生父母的遗产。但是，有赡养能力和赡养条件的子女对其生父母未尽到赡养义务的，分配遗产时，可以少分或者不分。继父与生母或继母与生父离婚，继父或继母不再抚养继子女，继子女也不再赡养继父母的，继子女不再享有对继父母遗产的继承权。

典型案例

夫妻关系存续期间，双方一致同意利用他人的精子进行人工授精并使女方怀孕，分割遗产时应为胎儿保留继承份额——李某、郭某阳诉郭某和、童某某继承纠纷案①

【裁判要点】

（1）夫妻关系存续期间，双方一致同意利用他人的精子进行人工授精并使女

① 李某、郭某阳诉郭某和、童某某继承纠纷案（最高人民法院审判委员会讨论通过 2015 年 4 月 15 日发布）.（2015-04-23）［2020-03-06］. https://www.chinacourt.org/article/detail/2015/04/id/1602392.shtml.

方受孕后，男方反悔，而女方坚持生出该子女的，不论该子女是否在夫妻关系存续期间出生，都应视为夫妻双方的婚生子女。

(2) 如果夫妻一方所订立的遗嘱中没有为胎儿保留遗产份额，因违反《中华人民共和国继承法》第十九条的规定，该部分遗嘱内容无效。分割遗产时，应当依照《中华人民共和国继承法》第二十八条的规定，为胎儿保留继承份额。

【基本案情】

原告李某诉称：位于江苏省南京市某住宅小区的306室房屋，是其与被继承人郭某顺的夫妻共同财产。郭某顺因病死亡后，其儿子郭某阳出生。郭某顺的遗产，应当由妻子李某、儿子郭某阳与郭某顺的父母即被告郭某和、童某某等法定继承人共同继承。请求法院在析产继承时，考虑郭某和、童某某有自己的房产和退休金，而李某无固定收入还要抚养幼子的情况，对李某和郭某阳给予照顾。

被告郭某和、童某某辩称：儿子郭某顺生前留下遗嘱，明确将306室赠与二被告，故对该房产不适用法定继承。李某所生的孩子与郭某顺不存在血缘关系，郭某顺在遗嘱中声明他不要这个人工授精生下的孩子，他在得知自己患癌症后，已向李某表示过不要这个孩子，是李某自己坚持要生下孩子。因此，应该由李某对孩子负责，不能将孩子列为郭某顺的继承人。

法院经审理查明：1998年3月3日，原告李某与郭某顺登记结婚。2002年，郭某顺以自己的名义购买了涉案建筑面积为45.08平方米的306室房屋，并办理了房屋产权登记。2004年1月30日，李某和郭某顺共同与南京军区南京总医院生殖遗传中心签订了人工授精协议书，对李某实施了人工授精，后李某怀孕。2004年4月，郭某顺因病住院，其在得知自己患了癌症后，向李某表示不要这个孩子，但李某不同意人工流产，坚持要生下孩子。5月20日，郭某顺在医院立下自书遗嘱，在遗嘱中声明他不要这个人工授精生下的孩子，并将306室房屋赠与其父母郭某和、童某某。郭某顺于5月23日病故。李某于当年10月22日产下一子，取名郭某阳。原告李某无业，每月领取最低生活保障金，另有不固定的打工收入，并持有夫妻关系存续期间的共同存款18 705.4元。被告郭某和、童某某系郭某顺的父母，均有退休金。2001年3月，郭某顺为开店，曾向童某某借款8 500元。

南京大陆房地产估价师事务所有限责任公司受法院委托，于2006年3月对涉案306室房屋进行了评估，经评估房产价值为19.3万元。

【裁判结果】

江苏省南京市秦淮区人民法院于2006年4月20日作出一审判决：涉案的306室房屋归原告李某所有；李某于本判决生效之日起30日内，给付原告郭某阳 33 442.4 元，该款由郭某阳的法定代理人李某保管；李某于本判决生效之日起 30 日内，给付被告郭某和 33 442.4 元，给付被告童某某 41 942.4 元。一审宣判后，双方当事人均未提出上诉，判决已发生法律效力。

【裁判理由】

法院生效裁判认为，本案争议焦点主要有两个：一是郭某阳是否为郭某顺和李某的婚生子女；二是在郭某顺留有遗嘱的情况下，对 306 室房屋应如何析产继承。

关于争议焦点一。《最高人民法院关于夫妻离婚后人工授精所生子女的法律地位如何确定的复函》中指出："在夫妻关系存续期间，双方一致同意进行人工授精，所生子女应视为夫妻双方的婚生子女，父母子女之间权利义务关系适用《婚姻法》的有关规定。"郭某顺因无生育能力，签字同意医院为其妻子即原告李某施行人工授精手术，该行为表明郭某顺具有通过人工授精方法获得其与李某共同子女的意思表示。只要在夫妻关系存续期间，夫妻双方同意通过人工授精生育子女，所生子女均应视为夫妻双方的婚生子女。《中华人民共和国民法通则》第五十七条规定："民事法律行为从成立时起具有法律约束力。行为人非依法律规定或者取得对方同意，不得擅自变更或者解除。"因此，郭某顺在遗嘱中否认其与李某所怀胎儿的亲子关系，是无效民事行为，应当认定郭某阳是郭某顺和李某的婚生子女。

关于争议焦点二。《中华人民共和国继承法》第五条规定："继承开始后，按照法定继承办理；有遗嘱的，按照遗嘱继承或者遗赠办理；有遗赠扶养协议的，按照协议办理。"被继承人郭某顺死亡后，继承开始。鉴于郭某顺留有遗嘱，本案应当按照遗嘱继承办理。《中华人民共和国继承法》第二十六条第一款规定："夫妻在婚姻关系存续期间所得的共同所有的财产，除有约定的以外，如果分割遗产，应当先将共同所有的财产的一半分出为配偶所有，其余的为被继承人的遗产。"《最高人民法院关于贯彻执行〈中华人民共和国继承法〉若干问题的意见》第 38 条规定："遗嘱人以遗嘱处分了属于国家、集体或他人所有的财产，遗嘱的这部分，应认定无效。"登记在被继承人郭某顺名下的 306 室房屋，已查明是郭某顺与原告李某夫妻关系存续期间取得的夫妻共同财产。郭某顺死亡后，该房屋的一半应归李某所有，另一半才能作为郭某顺的遗产。郭某顺在遗嘱中，将 306 室全部房产处分归其父母，侵害了李某的房产权，遗嘱的这部分应属无效。此外，《中华人民共和国继承法》第十九条规定："遗嘱应当对缺乏劳动能力又没有生活来源的继承人保留必要的遗产份额。"郭某顺在立遗嘱时，明知其妻子腹中的胎儿而没有在遗嘱中为胎儿保留必要的遗产份额，该部分遗嘱内容无效。《中华人民共和国继承法》第二十八条规定："遗产分割时，应当保留胎儿的继承份额。"因此，在分割遗产时，应当为该胎儿保留继承份额。综上，在扣除应当归李某所有的财产和应当为胎儿保留的继承份额之后，郭某顺遗产的剩余部分才可以按遗嘱确定的分配原则处理。

第一千零七十一条

非婚生子女享有与婚生子女同等的权利，任何组织或者个人不得加以危害和歧视。

不直接抚养非婚生子女的生父或者生母，应当负担未成年子女或者不能独立生活的成年子女的抚养费。

本条主旨

本条是关于非婚生子女和父母之间的权利和义务的规定。

相关条文

本条是在《婚姻法》第二十五条的基础上修改而成，该条规定为："非婚生子女享有与婚生子女同等的权利，任何人不得加以危害和歧视。不直接抚养非婚生子女的生父或生母，应当负担子女的生活费和教育费，直至子女能独立生活为止。"本条的主要修改在于：第一，明确规定"任何组织或者个人"不得对非婚生子女加以危害和歧视。从法律上消除对非婚生子女的歧视，宣示其具有与婚生子女平等的地位。第二，将不直接抚养非婚生子女的生父母给付生活费和教育费，扩大为"抚养费"。此处的抚养费不局限于生活费、教育费，还包括了医疗费等费用。

理解与适用

本条规定，直接体现了《民法典》婚姻家庭编中贯穿的人权平等、人格尊严、人伦正义和人本秩序等核心法理思想的要求①。

非婚生子女是与婚生子女相对应的概念，指没有婚姻关系的男女所生的子女。非婚生子女主要包括以下几种情况：男女未婚同居期间所生的子女、已婚男女与第三人发生婚外性行为所生的子女以及妇女被强奸后所生的子女等。对于无

---

① 龙翼飞．编纂民法典婚姻家庭编的法理思考与立法建议．法制与社会发展，2020（2）.

效婚姻或者可撤销婚姻的当事人所生的子女，大多数国家认定其为婚生子女①。

一、历史沿革

1950年《婚姻法》是废除漠视子女利益的封建主义婚姻制度、建立保护子女合法利益的新民主主义婚姻家庭制度的基本法②。1950年《婚姻法》继承中国共产党领导下的革命根据地时期的婚姻立法传统，对非婚生子女地位做了专条规定。1950年《婚姻法》第十五条第一款规定："非婚生子女享受与婚生子女同等的权利，任何人不得加以危害或歧视。"在用语和文字表达上，不再使用"私生子"，改用"非婚生子女"这一较为中性的词语。对非婚生子女法律地位的表述也较为概括，用"危害或歧视"囊括了各种侵害非婚生子女合法权益的行为。1950年《婚姻法》第十五条第二款明确了非婚生子女的生父的抚养义务，规定："非婚生子女经生母或其他人证物证证明其生父者，其生父应负担子女必需的生活费和教育费全部或一部；直至子女十八岁为止。如经生母同意，生父可将子女领回抚养。"该条款将生父的身份确认和生母同意作为生父对非婚生子女行使抚养权的前提条件。尽管该条不足以构成完整的非婚生子女认领制度，却点明了该项制度的主要内容，可以认为是我国非婚生子女认领制度的雏形③。

1980年《婚姻法》继承了1950年《婚姻法》的立法精神与主要内容，在非婚生子女法律地位和权利保护方面，相较于1950年《婚姻法》，1980年《婚姻法》第十九条第二款明确了生父对非婚生子女抚养和教育的义务："非婚生子女的生父，应负担子女必要的生活费和教育费的一部或全部，直至子女能独立生活为止。"然而，在该条款的表述中，已找不到关于子女认领制度的内容。2001年修订的《婚姻法》第二十五条第二款进一步明确了不直接抚养非婚生子女的生父或生母对非婚生子女都有抚养教育的义务，从而确立了生父母共同承担对非婚生子女的抚养、教育义务。相较于2001年修订的《婚姻法》，《民法典》婚姻家庭编第一千零七十一条第二款的规定，将不直接抚养非婚生子女的生父母给付生活费和教育费，扩大为"抚养费"。此处的抚养费不局限于生活费、教育费，还包括了医疗费等费用。

---

① 徐国栋．无效与可撤销婚姻中诚信当事人的保护．中国法学，2013（5）；薛宁兰．婚姻无效制度论：从英美法到中国法．环球法律评论，2001（2）；王洪．婚姻家庭法．北京：法律出版社，2003：232.

② 巫昌祯．我与婚姻法．北京：法律出版社，2001：7.

③ 薛宁兰．我国亲子关系立法的体例与构造．法学杂志，2014（11）.

二、非婚生子女享有与婚生子女同等的权利

本章第二节规定了父母子女之间的权利、义务体现在抚养、教育、保护、赡养、继承等方面的内容。本条第一款规定的非婚生子女享有与婚生子女同等的权利，突出强调非婚生子女与婚生子女具有同等的法律地位，表明不论生父母是否有合法的婚姻关系，非婚生子女与婚生子女一律平等享有父母子女之间的权利。由于权利和义务的一致性，非婚生子女也依法承担对父母的义务，不能只享有权利而不承担相应义务。非婚生子女作为公民，与婚生子女一样，其人格尊严、人身权利及财产权利均受宪法保护。非婚生子女与生父母的权利和义务，应适用《民法典》婚姻家庭编关于父母子女关系的规定。有学者提出，本条规定应做如下修改："亲生子女均视为婚生子女，享有同等的权利，任何组织、个人不得加以危害和歧视。亲生子女包括婚生子女、非婚生子女。夫妻双方同意采用人工辅助生殖技术生育的子女，是婚生子女。"此项立法建议的直接根据是《未成年人保护法》的相关规定和《民法典》第一百二十八条的规定①。

三、对非婚生子女不得歧视和危害

本条所称的歧视，是指没有给予非婚生子女与婚生子女平等对待。本条所称的危害，是指对于非婚生子女的人身或财产加以侵害的行为，如伤害、虐待等作为的侵害行为，以及负有法定抚养、监护、看护责任的父母、其他监护人等，不履行抚养教育等作为义务的遗弃行为②。对于非婚生子女的歧视和危害主要有两方面：一方面是来自家庭内部的歧视和危害。当非婚生子女的生母或生父与第三方结婚，非婚生子女一般也会随生母或生父来到新的家庭。由于非婚生子女的加入涉及家庭财产的分割等若干利益冲突，非婚生子女往往受到新家庭成员的歧视和虐待。另一方面是来自社会各方面的歧视和危害。虽然近些年来人们对非婚生子女的认识有了很大的改变，但仍然有一些人将对非婚生子女生父母行为的异议和鄙视，转移到非婚生子女身上，致使一些非婚生子女的身心受到了极大的伤害。对于非婚生子女而言，其所在的幼儿园、学校、工作单位及住所地对其成长都会产生很大的影响，各方面不仅不得对非婚生子女加以歧视和危害，还应当认识到非婚生子女是无辜的，他们的身份不是自己所选择的，社会各界应当对于当事人的隐私给予应有的尊重和保护，给非婚生子女更多的关爱，以弥补他们在家

① 龙翼飞．编纂民法典婚姻家庭编的法理思考与立法建议．法制与社会发展，2020（2）．

② 薛宁兰．中华人民共和国婚姻法评注·家庭关系．厦门：厦门大学出版社，2017：140．

庭生活中的缺憾。总之，给非婚生子女一个健康的生存环境，应当成为当代中国显示社会文明程度的明显标志。

四、不直接抚养非婚生子女的生父或者生母负担子女的抚养费

近些年来，由于出现了一些非婚生子女随生父生活的情况，客观上要求《民法典》婚姻家庭编对此做出相应规定，明确其生母应当承担相应的责任。否则，会造成非婚生子女父母双方履行抚养义务的不公平，也无法充分保障非婚生子女的健康成长。因此，未与非婚生子女共同生活且不直接抚养非婚生子女的父母一方，不论是生父还是生母，都应当负担非婚生子女的抚养费。根据《最高人民法院关于适用〈中华人民共和国婚姻法〉若干问题的解释（一）》的规定，抚养费包括子女生活费、教育费、医疗费等费用。相较于 2001 年修订的《婚姻法》，《民法典》婚姻家庭编将不直接抚养非婚生子女的生父母给付生活费和教育费，扩大为“抚养费”，其内容不局限于生活费、教育费，还包括医疗费等费用。根据《最高人民法院关于适用〈中华人民共和国婚姻法〉若干问题的解释（一）》的规定，“不能独立生活的子女”，是指尚在校接受高中及其以下学历教育，或者丧失或未完全丧失劳动能力等非因主观原因而无法维持正常生活的成年子女。不直接抚养非婚生子女的生父或者生母，除了应当负担未成年子女的抚养费，还应当负担不能独立生活的成年子女的抚养费。根据《民法典》婚姻家庭编第一千零六十七条的规定，父母不履行抚养义务的，未成年子女或者不能独立生活的成年子女，有要求父母给付抚养费的权利。

典型案例

非婚生子女的亲生父母不适宜共同抚养子女的，可支付抚养费——弟媳向“大伯父”索要儿子抚养费纠纷案①

【基本案情】

曾某系刘某弟媳，双方所居住的房屋因政府征收需搬迁，曾某急需另租房居住，便托刘某帮忙找房。2012 年 4 月，刘某谎称找到房子，曾某便随其看房，刘某将曾某带到其正帮人装修的房屋内，双方发生了性关系。一个月后，曾某发现自己怀孕后告知刘某，刘某让曾某将孩子生下来。2013 年 2 月曾某生下一健康

① “用公开促公正 建设核心价值”主题教育活动婚姻家庭纠纷典型案例 .（2015 - 12 - 04）［2020 - 03 - 16］. http：//www. court. gov. cn/zixun-xiangqing-16211. html.

男婴，曾某借款缴纳了社会抚养费（该男婴系超生二胎生育）。当曾某要求刘某支付生育孩子期间的医疗费、孩子的社会抚养费等相关费用时，刘某拒绝支付，并拒绝承认该孩子系其亲生。曾某无奈自行带刘某的头发到鉴定中心鉴定，确认孩子系刘某亲生，曾某的丈夫刘某某不是孩子的生物学父亲。但刘某仍拒绝支付相关费用，曾某诉至法院，要求刘某支付医疗费、社会抚养费、生活费等相关费用。

四川省自贡市沿滩区人民法院受理后为查明事实，经刘某申请，委托了相关鉴定机构，对曾某所生之子是否系刘某亲生进行了鉴定，经鉴定该孩子确为刘某与曾某的生物学之子。

【裁判结果】

承办人查明此事实后，向双方当事人宣传了法律，使双方认识到自身的责任和义务。双方自愿达成协议，孩子随曾某共同生活，刘某自 2014 年 8 月起每月支付孩子生活费 650 元至孩子独立生活时止，孩子的教育费、医疗费由双方各承担 50%，刘某支付曾某垫付的医疗费、社会抚养费等各项费用 34 000 元。“大伯子亲儿子”风波就此平息。

【典型意义】

从生物学上讲刘某系孩子的父亲，按照《婚姻法》的规定，亲生父亲有抚养教育子女的义务。鉴于双方都有各自的家庭，共同抚养孩子是双方家庭的不稳定因素，以支付抚养费的方式为宜。

第一千零七十二条

继父母与继子女间，不得虐待或者歧视。

继父或者继母和受其抚养教育的继子女间的权利义务关系，适用本法关于父母子女关系的规定。

本条主旨

本条是关于继父母与继子女之间权利义务的规定。

相关条文

本条是在《婚姻法》第二十七条的基础上修改而成，该条规定为：“继父母与继子女间，不得虐待或歧视。继父或继母和受其抚养教育的继子女间的权利和义务，适用本法对父母子女关系的有关规定。”相较于 2001 年修订的《婚姻法》，本条未做实质修改。

理解与适用

本条规定，直接体现了《民法典》婚姻家庭编中贯穿的人权平等、人格尊严、人伦正义、人亲和谐和人本秩序等核心法理思想的要求①。

一、历史沿革

一直以来，我国法律对继子女权利给予足够的重视。1950 年《婚姻法》第十六条规定："夫对于其妻所抚养与前夫所生的子女或妻对于其夫所抚养与前妻所生的子女，不得虐待或歧视。"该条规定在《婚姻法》中第一次确定了继子女的法律地位。自 1980 年《婚姻法》开始，明确规定了继父母与继子女之间的权利义务，1980 年《婚姻法》第二十一条规定："继父母与继子女间，不得虐待或歧视。继父或继母和受其抚养教育的继子女间的权利和义务，适用本法对父母子女关系的有关规定。"相较于 1980 年《婚姻法》，2001 年修订的《婚姻法》和《民法典》婚姻家庭编对继父母与继子女之间的权利义务的内容未做修改。

二、继父母、继子女的含义

继子女，通常指夫或妻一方与前配偶所生的子女。继父母是指子女的母亲或者父亲再婚时的配偶。继父母和继子女的关系是在生父母一方死亡，或者父母离婚后，另一方带子女再婚形成的。在通常情况下，继父母与继子女之间的关系属于姻亲，如果继父母与继子女形成抚养关系，或者继父母将继子女收养为养子女，他们才形成法律拟制的直系血亲关系。

三、继父母子女关系的类型

在现实生活中，继父母与继子女的关系主要有以下三种类型：

第一种是名分型，即双方纯粹为直系姻亲关系，指生父或生母与继母或继父再婚时，继子女已成年并独立生活，或者继子女虽未成年但是由其生父母抚养，继父母没有尽抚养的义务，继子女也没有对继父母尽赡养的义务。

第二种是收养型，即双方已形成收养关系，指继母或继父经继子女的生父或生母同意，正式办理了收养手续，将继子女收养为养子女。随着收养关系的确立，该子女与其共同生活的生父或生母之间的关系仍为直系血亲，而与不在一起共同生活的生父或生母一方的父母子女关系随之消灭。有的专家提出，只有继父

---

① 龙翼飞．编纂民法典婚姻家庭编的法理思考与立法建议．法制与社会发展，2020 (2).

母将继子女收为养子女，建立正式的收养关系，消除与亲生父母之间的权利和义务，继父母才能按照婚生子女对待继子女①。此种做法使之前的亲子关系单一化，有助于家庭关系的稳定。

根据《民法典》婚姻家庭编第一千一百零三条的规定，继父或者继母经继子女的生父母同意，可以收养继子女，并可以不受《民法典》婚姻家庭编第一千零九十三条第三项、第一千零九十四条第三项、第一千零九十八条和第一千一百条第一款规定的限制：(1) 即使继子女的生父母无特殊困难、有抚养能力，继父母也可以收养继子女。(2) 继父母可以不满三十周岁。(3) 继父母可以有子女。(4) 继父母患有医学上认为不应当收养子女的疾病，不影响其收养继子女②。(5) 继父母可以收养两个以上的继子女。

第三种是共同生活型，即双方形成双重的父母子女间的权利和义务关系，是指生父与继母或生母与继父再婚时，继子女尚未成年，他们随生父母一方与继父或者继母共同生活时，继父或继母对其承担了部分或者全部抚养义务；或者成年继子女事实上对继父母长期承担了赡养义务，形成了赡养关系。这些继子女和继父母实际上形成了收养和继养双重的权利和义务关系。

四、继父母和继子女之间不得虐待或者歧视

由于继父母和继子女都是家庭的组成部分，从维护家庭关系的角度出发，需要规定继父母和继子女之间的平等关系③。因此，继父母与继子女之间不能虐待或者歧视。

五、继父母和受其抚养教育的继子女之间的权利和义务

继父母和受其抚养教育的继子女之间的权利和义务，主要包括以下几个方面：

第一，继父母对继子女有抚养和教育的义务。继父母不仅要保证继子女的生活所需，而且要保证继子女能接受正常的教育。对于不履行抚养义务的继父母，未成年的继子女或不能独立生活的成年继子女，有要求给付抚养费的权利。

第二，继子女对继父母有赡养和扶助的义务。通常情况下，受继父母抚养成年并独立生活的继子女，应当承担赡养继父母的义务。继子女不履行赡养义务

① 胡康生．中华人民共和国婚姻法释义．北京：法律出版社，2001：115.

② 国务院法制办公室．中华人民共和国婚姻法（含最新司法解释）注解与配套．4版．北京：中国法制出版社，2017：54.

③ 吴高盛．《中华人民共和国婚姻法》释义及实用指南．北京：中国民主法制出版社，2014：145.

时，缺乏劳动能力或生活困难的继父母，有要求继子女给付赡养费的权利。

第三，继父母有教育保护未成年继子女的权利和义务。在未成年继子女造成他人损害时，继父母应当承担相应的民事责任。

第四，继父母和继子女之间有相互继承遗产的权利。《民法典》婚姻家庭编和继承编中所指的父母和子女，是包括有扶养关系的继父母和继子女的。继父母与继子女之间存在相互继承遗产的关系的前提，是彼此形成了扶养关系。根据《最高人民法院关于贯彻执行〈中华人民共和国继承法〉若干问题的意见》第 21 条的规定，“继子女继承了继父母遗产的，不影响其继承生父母的遗产”。同时，《最高人民法院关于贯彻执行〈中华人民共和国继承法〉若干问题的意见》第 26 条在对代位继承人的解释中明示了“被继承人的养子女、已形成扶养关系的继子女的生子女可代位继承；被继承人亲生子女的养子女可代位继承；被继承人养子女的养子女可代位继承；与被继承人已形成扶养关系的继子女的养子女也可以代位继承”。但是，在继父与生母或继母与生父离婚后，继父母与继子女之间的关系与亲生父母子女之间的关系就有所不同了。根据《民法典》婚姻家庭编第一千零八十四条的规定，“父母与子女间的关系，不因父母离婚而消除。离婚后，子女无论由父或者母直接抚养，仍是父母双方的子女”。原因在于，父母与子女之间的关系，是基于子女出生的事实而发生的自然血亲关系，这种关系不因父母的离婚而解除。然而，继父母与继子女之间，则是一种在继父与生母或继母与生父婚姻关系存续期间形成的继父母与继子女关系。如果继父与生母或继母与生父离婚时解除了继父母子女之间的扶养关系，这种拟制血亲的合法基础不复存在，继承关系亦不复存在。

第五，继子女可以选择随继父姓或继母姓。

六、已形成扶养关系的继父母与继子女关系的解除

（1）对于父母一方死亡，另一方再婚而产生的继父母子女关系，在生父与继母或生母与继父婚姻关系存续期间，如果继子女尚未成年，为了未成年子女利益，已形成抚养、教育关系的继父母与继子女关系一般不予解除。

（2）在生父与继母或生母与继父婚姻关系存续期间，受继父母抚养、教育的继子女已经成年，应当尽赡养继父或继母的义务，原则上不能解除。但继父母子女关系恶化，再继续维持可能危及生父与继母或生母与继父的婚姻关系，继父母要求解除与继子女的关系的，为保障老年人的合法权益，可以解除继父母子女关系。

（3）由继父母抚养、教育成人并能独立生活的继子女，即使解除其与继父母

之间的关系，仍应承担缺乏劳动能力或者生活困难的继父母的生活费用。

典型案例

继父与生母离婚后能否解除约定抚养义务——杨燕诉杨某抚养纠纷案①

【裁判要旨】

对未成年继子女来说，继父母与生父母既可约定继父母承担抚养义务，也可约定继父母解除抚养义务。但不能约定免除生父母的法定抚养义务。

【基本案情】

原告：杨燕（化名）。

法定代理人：蒲某（原告杨燕之母）。

被告：杨某。

原告诉称，原告生母与被告于2001年11月26日结婚，后因性格不合于2010年7月7日协议离婚。离婚协议书明确约定，原告由被告抚养，原告生母不负担抚养费。但离婚后不久，被告将原告赶出家门，不再支付抚养费，原告一直与生母生活至今。现原告请求判令被告自2010年12月25日起每月支付原告抚养费800元。

被告辩称，原告系蒲某与其前夫所生之女，且被告现已与原告生母离婚，被告与原告之间的继父女关系也已结束，故被告对原告不具有抚养义务。再者，被告与原告生母的离婚约定违反了法律强制性规定，应为无效，且已经法院判决变更，被告现经济困难，故不同意原告的诉讼请求。

【审判要览】

经审理查明：原告系蒲某与前夫所生女儿。2001年11月26日，原告生母与被告结婚，原告与被告形成继父女抚养关系。2010年7月7日，原告生母与被告离婚，离婚协议约定：原告由被告抚养，蒲某不负担抚养费等。2010年12月25日，原告离开被告随生母共同生活，此后被告亦未负担原告日常生活费等费用。2011年3月1日，原告生母以被告将原告赶出家门等为由将被告诉至法院，要求变更抚养关系，经被告同意，法院遂于同年4月26日调解变更原告由其生母抚养。

重庆市沙坪坝区人民法院经审理认为，继母与生父或继父与生母离婚时，对曾受其抚养教育的继子女，继父或继母不同意继续抚养的，仍应由生父母抚养。

① 审理法院为重庆市沙坪坝区人民法院，案号：（2011）沙法少民初字第86号。

继父母的这种抚养以其自愿为基础，继父母可以继续抚养，也可以解除此抚养关系。本案被告虽然在离婚协议中表示愿意继续抚养曾受其抚养教育的继女原告，但被告现在明确表示不同意继续抚养。因此，原告要求被告给付抚养费的诉讼请求，不予支持。据此，依照《婚姻法》第二十七条、《最高人民法院关于人民法院审理离婚案件处理子女抚养问题的若干具体意见》第13条之规定，判决：驳回原告的诉讼请求。

宣判后，双方当事人均未提起上诉，一审判决已发生法律效力。

【裁判理由】

《最高人民法院关于人民法院审理离婚案件处理子女抚养问题的若干具体意见》第13条规定："生父与继母或生母与继父离婚时，对曾受其抚养教育的继子女，继父或继母不同意继续抚养的，仍应由生父母抚养。"从以上规定可以看出，继父母的这种抚养以其自愿为基础，继父母可以继续抚养，也可以解除此抚养关系。本案中，杨某系杨燕的继父，杨某与杨燕的母亲已经离婚，并明确表示不同意继续抚养杨燕，故杨燕与杨某之间的抚养关系可以解除，杨燕无权要求杨某给付抚养费。

【评析】

继父与生母或继母与生父离婚后，能否解除基于离婚协议产生的约定抚养义务必须从以下几个方面考虑：

（一）继父母对继子女不承担法定抚养义务

继父母子女关系是因生父或生母的再婚而形成，其体现为姻亲关系。抚养权的产生一般基于两种原因：一是双方存在法定的身份关系，如亲生父母子女之间，亲生父母应承担对子女的抚养义务；二是因事实上形成了抚养关系，双方已经产生抚养义务。继父母子女关系仅因生父母的再婚产生，实际上为姻亲关系，继父母不存在抚养继子女的法定抚养义务。实践中，在婚姻关系存续期间，继父母可能基于对继子女生父母的感情，自愿承担对继子女的抚养教育义务。所以，继父母对继子女的抚养义务只能以继父母的自愿为基础，不宜让继父母直接承担法定抚养义务。

另外，从相关法律规定来看，对继父母抚养义务的确认都是以已经形成事实抚养关系为前提，继父母并非因婚姻关系而直接承担抚养义务，如《婚姻法》第二十七条、《收养法》第十四条的规定。

从婚姻法来看，确认继父母子女形成事实抚养关系可从以下几方面考察：(1) 继子女属未成年人；(2) 继父母负担了继子女的全部或部分抚养费用，或与继子女共同生活，对继子女给予生活上的照料、教育和保护；(3) 继父母对继子女的抚养达到一定的期限；(4) 继父母有抚养继子女的意思表示；(5) 继子女有愿意受抚养的意思表示。就本案而言，被告虽然不负有对原告的法定抚养义务，但被告与原告生母婚姻关系存续长达9年时间，在原告6岁到15岁期间存在被告对原告的抚养事实，故在原告生母与被告婚姻关系存续期间，原告与被告之间形成了具有事实抚养关系的继父母子女关系。

(二) 继父母可解除已形成的事实抚养关系或解除已约定的抚养义务

如继父母已抚养继子女成年，双方的抚养关系已经形成，此时确认继父母与继子女之间存在抚养关系是对继父母已履行义务的确认，目的在于使继子女承担对继父母相应的赡养义务，重点在于考虑对继父母合法利益的保护。对于已形成抚养关系的继子女而言，不能由其自由解除抚养关系，否则会侵害已履行抚养义务的继父母的合法权益。同时，已形成的抚养关系也不会因为继父与生母或继母与生父离婚而当然解除，继子女应当承担对继父母的赡养义务。但就已形成抚养关系的继父母而言，其在继子女成年后解除抚养关系并不存在侵害继子女合法权益的问题。《最高人民法院关于人民法院审理离婚案件处理子女抚养问题的若干具体意见》第13条规定："生父与继母或生母与继父离婚时，对曾受其抚养教育的继子女，继父或继母不同意继续抚养的，仍应由生父母抚养。"由此可见，继父与生母或继母与生父离婚时，继父母明确表示愿意继续抚养继子女，且继子女本人也同意的，继父母子女关系仍然存续。继父母不同意继续抚养的，继父母子女关系自然解除。

在实际生活中，继父母可能基于对继子女的感情等因素，在继父与生母或继母与生父离婚后，仍自愿承担对继子女的抚养义务。当然这种自愿也可以通过合同约定的方式表现，如离婚协议约定，进而形成事实上的抚养关系。

但成立抚养权应以父母子女之间的身份关系为基础，若不具有血亲关系，如继父母，又不愿意负担抚养义务，此时强制要求其承担已不合理。同时，从抚养权性质来看，因为其既含有权利内容又含有义务内容，义务方面主要体现为父母为子女付出抚养教育费用、对子女给予照料和保护等内容，而权利则体现为父母有代理子女对外进行相关法律行为的权利，所以即使生父母与继父母约定继父母有对继子女的抚养权，如对该约定不加限制，也可能存在侵害未成年子女合法利益的情况。同时，抚养义务体现为父母为子女利益的单方付出。如继父与生母或继母与生父已经离婚，仍因约定而强制要求继父母一方承担抚养义务，有违常理。并且，抚养法律关系往往基于身份关系而产生，并非受一般的合同法规定调整，简单地以调整财产关系的合同法律来考虑，强制接受约定义务方履行义务，不符合身份关系案件的特点。即使从合同法角度考虑，继父母一方单方承担抚养义务，类似于无偿的赠与合同，如不认可其享有单方解除的权利，也不公平。所以，《最高人民法院关于人民法院审理离婚案件处理子女抚养问题的若干具体意见》第13条规定也考虑到基于离婚协议产生的约定抚养义务是当事人自愿的行为，是一种实践性的民事法律行为，并非法定义务。

此外，就解除约定抚养关系的方式而言，有观点认为必须通过诉讼程序才能解除，以确保未成年子女抚养状态的稳定。实际上，单方解除并非一定要通过诉讼程序进行，就继父母子女的关系而言，本身是一种拟制血亲关系，继父母既然可以通过与继子女生父母之间的约定负担抚养义务，也可以通过协议方式或告知的方式解除抚养义务。当然，从对未成年子女监管责任的角度看，尤其是未成年继子女跟随继父母生活的，继父母单方解除约定应当明示，即向负有法定抚养义务的人表示，否则可能产生继父母随意将未成年继子女赶出家门的情况。同时，明示方式并不限于诉讼，因为在同意抚养未经诉讼的情况下，可能增加当事人诉累，造成不必要的司法资源浪费。明示应包括书面文件、诉讼、庭审表态等能够予以证明的方式。

（三）不能以约定方式免除生父母的法定抚养义务

本案中，原告的生母与继父约定双方离婚后，由继父负抚养义务，而生母不负担抚养费。该约定没有法律依据。基于生父母与子女间的亲子血缘关系，生父母对未成年子女的法定抚养义务不能转移。因为继父母与继子女之间仅为姻亲关系，生父母才具有对子女的当然抚养义务。协议约定继父母抚养继子女，仅属于继父母与生父母之间的履行承担协议，约定承担抚养义务的继父母处于类似于履行辅助人的地位，一旦履行辅助人不履行合同义务，后果只能由当然的义务主体，即生父母来承担，这也有利于对未成年子女合法权益的保护。

第一千零七十三条

对亲子关系有异议且有正当理由的，父或者母可以向人民法院提起诉讼，请求确认或者否认亲子关系。

对亲子关系有异议且有正当理由的，成年子女可以向人民法院提起诉讼，请求确认亲子关系。

本条主旨

本条是关于亲子关系确认或者否认的规定。

相关条文

本条为《民法典》婚姻家庭编的新增条文。

理解与适用

本条规定，直接体现了《民法典》婚姻家庭编中贯穿的人伦正义、人亲和谐与人本秩序等核心法理思想的要求①。

一、历史沿革

确认亲子关系这项重要的身份制度在我国制定法上长期缺位，司法运作诉诸《最高人民法院关于适用〈中华人民共和国婚姻法〉若干问题的解释（三）》第二条的规定，即当事人拒绝亲子鉴定时的推定规则。该解释第二条规定："夫妻一方向人民法院起诉请求确认亲子关系不存在，并已提供必要证据予以证明，另一方没有相反证据又拒绝做亲子鉴定的，人民法院可以推定请求确认亲子关系不存在一方的主张成立。当事人一方起诉请求确认亲子关系，并提供必要证据予以证明，另一方没有相反证据又拒绝做亲子鉴定的，人民法院可以推定请求确认亲子关系一方的主张成立。"在中国人大网公布的《关于〈民法典各分编（草案）〉的说明》中提出，基于《民法典》各分编的总体考虑，为进一步完善增进家庭和睦的婚姻家庭和继承制度，《民法典》婚姻家庭编增加了亲子关系确认、否认制度，填补其在制定法上的缺位。

二、亲子关系的确认

亲子关系，即父母子女关系。自然血亲的亲子关系是基于子女出生的法律事实而对亲子关系所做的一种分类，包括父母与婚生子女的关系、生父母与非婚生子女的关系。亲子关系确认制度的称谓，有不同的选择。有称"亲子关系推定与否认制度和子女认领制度"② 的，也有称"亲子身份关系确定制度"③ 的，更有学者在民法典草案立法建议稿中称"亲子关系的推定、否认与认领制度"④。还

---

① 龙翼飞．编纂民法典婚姻家庭编的法理思考与立法建议．法制与社会发展，2020（2）．

② 陈苇，靳玉馨．建立我国亲子关系推定与否认制度研究//梁慧星．民商法论丛：第27卷．香港：金桥文化出版（香港）有限公司，2003：245－279．

③ 孟令志．论亲子关系的确定//夏吟兰，等．婚姻家庭法前沿：聚焦司法解释．北京：社会科学文献出版社，2010：220－228．

④ 梁慧星．中国民法典草案建议稿．北京：法律出版社，2003：347．

有两个版本的民法典学者建议稿将子女做婚生子女与非婚生子女的区分，并设婚生子女推定与否认制度、非婚生子女认领与准正制度①。有学者倾向于采用“亲子关系确认制度”这一称谓，其主要理由在于：第一，婚生推定、非婚生认领与准正，均是法律推定人们之间具有亲子关系的制度设计。传统法之所以有如此烦琐的名称安排与制度设计，除去法律制度本身所具有的逻辑构造外，还是其时代局限性的体现。它是父权制下由男性自身所生的、确凿无疑的子女，主要是儿子继承父亲身份和财产的需要。第二，婚生推定、非婚生认领与准正制度都是关于自然血亲的亲子关系确立的制度，其区别主要是适用对象不同。然而，婚生否认制度是法律为保障婚生推定的客观真实性、实现亲子之间利益平衡所做的制度安排，它本质上还是婚生推定的组成部分②。

亲子关系确认制度的价值取向是尊重婚姻，维护婚姻家庭关系，保护未成年子女的合法权益；维系血缘纽带，维护家庭稳定，保护子女与生父母双方的最大利益。

三、亲子关系的否认

（一）亲子关系否认的含义

亲子关系的否认是指否认权人依法对已存在有效推定的父母子女关系提出否认，从而否定相应的权利义务。这意味着，婚生子女的父亲的身份只是一种法律上的推定，有可能被相反的事实所推翻③。在现代社会的婚姻关系中，由于婚外性行为不可能因法律或道德的否定而完全杜绝，婚生子女的推定有可能不是合法婚姻关系下的丈夫一方的子女。妻子在丈夫不知情的情况下，使丈夫误将与自己没有血缘关系的子女当作自己的亲生子女，并付出时间、金钱进行抚养、教育，是对丈夫生育权的一种侵害。为了维护婚生父母子女关系的血缘真实性，使法律推定与事实尽可能相一致，以保护当事人的权益，不致让应尽义务的真正生父逃避法律责任，实现法律的公正，允许提出对婚生子女的否认。

（二）亲子关系否认之诉的性质

关于亲子关系否认之诉的性质，有学者认为其是确认之诉，有学者认为是形

① 徐国栋．绿色民法典草案．北京：社会科学文献出版社，2004：205－208；王利明．中国民法典草案建议稿及说明．北京：中国法制出版社，2004：67．

② 薛宁兰．我国亲子关系立法的体例与构造．法学杂志，2014（11）．

③ 王洪．婚姻家庭法．北京：法律出版社，2003：229．

成权[①]，也有学者认为其兼有确认之诉和形成权两种性质[②]。首先，从诉的分类来看，亲子关系否认之诉既非给付之诉，也非变更之诉，而是请求法院确认其主张的亲子关系不存在的确认之诉，并且是消极的确认之诉。其次，从民事权利的分类来看，亲子关系否认权是依照法律的规定，当事人得以单方意思为之的形成权。值得注意的是，亲子关系否认权必须通过司法途径方能行使，否认也只有在判决具有既判力后才能发生效力。因此，亲子关系否认之诉既是确认之诉，也具有形成权的性质。

（三）否认权人的范围

确定否认权人的范围，事关当事人的权益、亲子关系和家庭的稳定，因此，有的立法例以法律上的亲子关系应尽量符合自然血缘的真实性为主要目的，对否认权人及其行使权限没有限制。但是，大多数立法例确认，法律上的亲子关系原则上应以真实的血缘关系为基础，同时应兼顾身份关系的安定性。如果当事人之间已发生亲子般的亲情，仍毫无限制地允许第三人否认这一亲子关系，一概认定原来血缘真实的亲子关系，恐怕既伤害当事人之间的感情，也无益于婚姻家庭和社会秩序的稳定，更重要的是不利于未成年子女的健康成长。因此，国家立法应当在追求亲子关系的真实性与安定性之间予以平衡，《民法典》婚姻家庭编规定对亲子关系有异议且有正当理由的，父或者母可以向人民法院提起诉讼，请求否认亲子关系。《民法典》继承编第一千一百二十七条规定，“本编所称父母，包括生父母、养父母和有扶养关系的继父母”。由此可知，在婚姻关系存续期间的丈夫和妻子享有否认权；在婚姻关系终止后，受推定的父亲、母亲、真正的生父和生母可以提起否认之诉。与此同时，对否认权人的范围加以必要的限制：对亲子关系有异议且有正当理由的，成年子女可以向人民法院提起诉讼，请求确认亲子关系，但不可以请求否认亲子关系。原因在于，如果允许成年子女提起亲子关系否认之诉，可能成为某些逃避赡养义务的借口，加以区别限制是有必要的。

（四）正当理由的界定

对于“正当理由”的标准，需要根据家庭伦理、常情常理、社会价值取向等进一步予以明确。

（五）除斥期间规则的适用

虽然《民法典》婚姻家庭编缺乏确定亲子关系的基本规则，但现代法律关于亲子关系的理念是未成年子女利益优先、有利于未成年子女健康成长。有学者建

① 江平．民法学．北京：中国政法大学出版社，2011：717.

② 杨立新．论婚生子女否认和非婚生子女认领及法律疏漏之补充．人民司法（应用），2009（17）.

议，应当对本条规定做如下修改："父、母或者成年子女对亲子关系的确认和否认提出请求的，可以向人民法院依法提起诉讼。对亲子关系有异议的，父、母或者成年子女可以自亲子关系发生之日起二十年内向人民法院提起诉讼。"此项立法建议关于二十年除斥期间的规定与《民法典》总则编第一百八十八条的规定相符①。

第一千零七十四条

有负担能力的祖父母、外祖父母，对于父母已经死亡或者父母无力抚养的未成年孙子女、外孙子女，有抚养的义务。

有负担能力的孙子女、外孙子女，对于子女已经死亡或者子女无力赡养的祖父母、外祖父母，有赡养的义务。

本条主旨

本条是关于祖孙之间权利和义务的规定。

相关条文

本条是在《婚姻法》第二十八条的基础上修改而成，该条规定为："有负担能力的祖父母、外祖父母，对于父母已经死亡或父母无力抚养的未成年的孙子女、外孙子女，有抚养的义务。有负担能力的孙子女、外孙子女，对于子女已经死亡或子女无力赡养的祖父母、外祖父母，有赡养的义务。"相较于 2001 年修订的《婚姻法》，本条规定未做修改。

理解与适用

本条规定，直接体现了《民法典》婚姻家庭编中贯穿的人亲和谐、人性友善、人伦正义和人本秩序等核心法理思想的要求②。

一、历史沿革

我国 1950 年《婚姻法》未对祖父母、外祖父母与孙子女、外孙子女间的扶养关系做出规定。原因在于，受传统观念的影响，扶养属于家庭内部事务，应当

---

① 龙翼飞．编纂民法典婚姻家庭编的法理思考与立法建议．法制与社会发展，2020（2）.

② 龙翼飞．编纂民法典婚姻家庭编的法理思考与立法建议．法制与社会发展，2020（2）.

由道德规范约束。1950 年《婚姻法》只对夫妻之间和父母子女之间的扶养关系做出规定，并未涉及祖孙之间和兄弟姐妹之间的扶养问题。

1980 年《婚姻法》扩大了亲属扶养的范围，除夫妻之间、父母子女之间的扶养外，还增加了祖父母、外祖父母与孙子女、外孙子女之间以及兄弟姐妹之间的扶养的权利义务规定。1980 年《婚姻法》第二十二条规定："有负担能力的祖父母、外祖父母，对于父母已经死亡的未成年的孙子女、外孙子女，有抚养的义务。有负担能力的孙子女、外孙子女，对于子女已经死亡的祖父母、外祖父母，有赡养的义务。"由此可见，1980 年《婚姻法》对于祖孙之间的扶养，仅限于父母或子女已经死亡的情形。1984 年《最高人民法院关于贯彻执行民事政策法律若干问题的意见》做出补充规定。第 24 条规定："……有负担能力的祖父母、外祖父母，对于父母一方死亡、另一方确无能力抚养或父母均丧失抚养能力的未成年的孙子女、外孙子女有抚养的义务。"第 25 条规定："有负担能力的孙子女、外孙子女，对子女已经死亡或子女确无力赡养的祖父母、外祖父母，有赡养的义务。"

2001 年修订的《婚姻法》对祖父母、外祖父母与孙子女、外孙子女之间的扶养条件、内容做出进一步的完善。与 1980 年《婚姻法》相比，2001 年修订的《婚姻法》将 1984 年《最高人民法院关于贯彻执行民事政策法律若干问题的意见》中的"父母一方死亡、另一方确无能力抚养或父母均丧失抚养能力"修改为"父母已经死亡或父母无力抚养"，表述更为简洁、准确。相较于 2001 年修订的《婚姻法》，《民法典》婚姻家庭编对该条规定未做修改。

二、祖孙之间抚养和赡养关系的意义

祖父母、外祖父母与孙子女、外孙子女是隔代的直系血亲关系，他们之间在具备法律条件的情况下，可以形成抚养和赡养关系。就我国目前情况来看，虽然三代同居家庭的数量在逐步减少，但由于我国人口基数较大，三代同居的家庭仍占着不小的比例。随着经济的不断发展，人的寿命在普遍延长，人口的老龄化已成为一个不容忽视的社会性问题。尽管我国的社会保障体系不断完善，但是，社会的力量还远远不能承担对所有老年人的赡养。同样，对于父母已经死亡或者父母无力抚养的未成年的孙子女、外孙子女，社会福利院等机构也没有能力完全承担起抚养的义务。因此，隔代扶养可以说是我国在相当长的时间内面临的一个问题，养老育幼不仅是我们中华民族需要发扬光大的优良传统，而且也需要法律对此问题做出明确规定。

三、祖孙之间抚养和赡养关系的形成应当具备的条件

根据本条的规定，祖孙之间抚养和赡养关系的形成应当具备以下条件：

（一）被抚养或赡养人的父母或子女死亡或者无抚养或赡养能力

主要包括两种情况：第一，子女在未成年时父母双亡，或者父母丧失抚养能力。第二，子女在成年后死亡或者丧失赡养能力，无法赡养其父母。在第一种情况下，需要被抚养人的祖父母和外祖父母来承担抚养的义务，第二种情况则需要孙子女和外孙子女来承担赡养的义务。1980 年《婚姻法》第二十二条的规定仅限于“父母已经死亡”或者“子女已经死亡”的情况，2001 年修订的《婚姻法》对此问题进行了调整，增加了“父母无力抚养”和“子女无力赡养”的规定，进而更加全面地涵盖和规范了现实中存在的隔代抚养和赡养的情况。

（二）被抚养或赡养人确实有困难需要被抚养或赡养

祖孙之间扶养关系的形成必须建立在一方确实有生活困难的基础上，如果被扶养人有一定的经济收入或经济来源且完全能负担自身的生活所需，则不能要求祖父母、外祖父母或者孙子女、外孙子女来承担抚养或赡养义务。我国是有着尊老爱幼优良传统的国家，如果祖孙之间完全基于亲情，在对方没有生活困难的情况下仍愿承担一定的抚养或赡养义务，这是值得发扬和提倡的美德。

（三）承担抚养或赡养义务的人有一定的抚养或者赡养能力

如果具有法律意义上的抚养或赡养义务的人没有一定的抚养或赡养能力，那么就不能再要求其承担相应的法律责任。此外，如果抚养人或赡养人有多个人时，如赡养人既有孙子又有外孙女，需要当事人协商决定其应当承担的义务。同样，如果抚养或赡养权利人有多个人时，在抚养或赡养义务人的经济能力不足以承担全部抚养或赡养义务时，经济状况和身体状况最差者应当优先被抚养或赡养。

关于抚养或赡养的方式，《民法典》婚姻家庭编对此没有做出专门规定，只规定对不履行抚养或赡养义务的人，权利人可以要求其履行义务。实践中抚养或赡养的方式主要有以下两种，当事人可以根据自身的情况来选择：一是共同生活方式的抚养或赡养，即被抚养或赡养人与抚养或赡养义务人共同居住，进行直接的抚养或赡养；二是通过给付抚养或赡养费、探视、扶助等方式履行抚养或赡养义务。

抚养或赡养义务人在履行抚养或赡养义务时，往往需要和被抚养或赡养人就抚养或赡养义务的程序、抚养或赡养的具体方式等内容进行协商，达成对当事人均具有约束力的抚养或赡养协议。如果当事人之间达不成协议，可以请求人民法院通过判决来确定权利和义务。

抚养或赡养协议达成后或者人民法院的判决生效后，当事人的经济和生活状

况往往会出现一些新的变化。变化发生后，如果仍然要求当事人按照原有的抚养或赡养协议或者判决来执行，可能会使一方当事人利益受到损害。因此，当事人需要通过一定的途径来变更抚养或赡养权。变更抚养或赡养权，是指抚养或赡养义务人、抚养或赡养权利人以及抚养或赡养程序和方法的变更。在抚养或赡养当事人一方或双方的经济和生活状况发生变化时，抚养或赡养权利人和抚养或赡养义务人都有权要求变更原抚养或赡养协议或者有关抚养或赡养的判决。当事人可以在自愿、平等的基础上进行协商；协商不成时，可以向人民法院起诉，来重新确定双方的权利和义务。

典型案例

上诉人张某、刘某琴、刘某欣、刘某超、刘某香与被上诉人位某及原审第三人姬某清、原审第三人姬某红、原审第三人姬某平、原审被告刘某坡赡养纠纷案①

【案情】

一审法院经审理查明，原告位某共生育三个子女，有一子幼年夭折，其余两女为长女被告张某、次女张某某（已故）。原告之夫于1978年去世，原告次女张某某于2006年去世。被告刘某琴、刘某欣、刘某超、刘某香、刘某坡系被告张某子女，第三人姬某清、姬某红、姬某平系张某某子女。2006年以前，原告身体状况尚可，生活基本上能自理，原告在此期间一直与次女张某某一家共同生活。2006年以后，原告身体状况每况愈下，生活不能自理，又因次女张某某于2006年5月份去世，原告的生活基本上由次女婿姬某负责照料，被告也曾接原告到自己家中居住几月。2010年10月，第三人姬某清将原告从被告家中接走后，原告至今一直在次女婿姬某家中或第三人姬某清家中由姬某或姬某清照顾。2011年初，原告要求去被告张某家，但被告张某因年纪已高，腿部有恙需去洛阳医治，遂没有答应原告的要求，因此原、被告之间产生矛盾，原告遂诉至本院。另查明，因原告一子幼年夭折，应原告要求，依照农村风俗，第三人姬某清到原告在赵庄街村的家中“顶门”，第三人姬某清幼年随其母亲张某某一直在赵庄街村生活。现原告老宅由第三人姬某清重新翻盖后居住。被告刘某坡从小患小儿麻痹症，生活不能自理。

① 一审法院为河南省偃师市人民法院，案号：（2011）偃镇民初字第424号；二审法院为河南省洛阳市中级人民法院，案号：（2012）洛民终字第2011号。

二审法院经审理查明的事实与原审法院查明的事实相同。

【争议焦点】

本案的争议焦点为，一审法院判决四被告与三名第三人承担同等的赡养义务是否适当。

【裁判】

一审法院认为，尊老爱幼是中华民族的优良传统，赡养老人是子女应尽的义务。现原告年老体弱，已丧失劳动能力，要求赡养义务人尽赡养义务于法有据，应予支持。原告共生育三个子女，一子幼年夭折，次女张某某于2006年去世，现仅有长女张某在世。被告张某已经70多岁，且身患疾病，生活尚需其子女进行照顾，没有能力再对原告尽赡养义务。被告刘某琴、刘某欣、刘某超、刘某香作为被告张某的子女，在其母亲丧失劳动能力的情况下，对原告负有赡养的义务。被告刘某坡因从小患有小儿麻痹症，自身没有负担能力，不应承担赡养原告的义务。第三人姬某清、姬某红、姬某平作为张某某的子女，在其母亲去世的情况下，对原告也负有赡养的义务。被告刘某琴、刘某欣、刘某超、刘某香与第三人姬某清、姬某红、姬某平应负有同等赡养义务。被告刘某琴、刘某欣、刘某超、刘某香称原告对第三人付出较多，且老宅也留给第三人姬某清所有，故赡养义务应分主次，被告与第三人承担同等赡养义务不符合法律有关规定。对其答辩理由本院不予采信。原告要求被告将其接走赡养，但考虑到原告今年已93岁高龄，如往返于被告、第三人各家，其身体势必不能适应，且根据本地农村风俗习惯，原告在自己住处由各赡养义务人尽赡养义务较为合适。姬某清现在的住处是在原告的老宅基础上重新建造的，其应安排一间房屋供原告居住以及各赡养义务人尽赡养义务。在被告与第三人赡养期间，原告由谁赡养谁应负责原告的衣食住行；如原告生病住院，医疗费由被告刘某琴、刘某欣、刘某超、刘某香与第三人姬某清、姬某红、姬某平凭票均摊，护理由其轮流负责。

综上，河南省偃师市人民法院依据《中华人民共和国婚姻法》第二十八条，《中华人民共和国老年人权益保障法》第十一条、第十五条第一款，《中华人民共和国民事诉讼法》第一百三十条之规定，判决如下：(1) 第三人姬某清在居住地安排一间房屋供原告位某居住，在其余赡养义务人赡养原告期间，应提供相应便利条件。(2) 第三人姬某清、姬某红、姬某平于每年的1月1日至6月30日负责原告位某的衣食住行。(3) 被告刘某琴、刘某欣、刘某超、刘某香于每年的7月1日至12月31日负责原告位某的衣食住行。(4) 如原告位某生病住院，由被告刘某琴、刘某欣、刘某超、刘某香与第三人姬某清、姬某红、姬某平轮流护理，医疗费凭票分摊。(5) 驳回原告位某的其他诉讼请求。本案受理费200元，由被告刘某琴、刘某欣、刘某超、刘某香承担100元，第三人姬某清、姬某红、姬某平承担100元。

上诉人张某、刘某琴、刘某欣、刘某超、刘某香不服原审判决，向法院提起上诉称：(1) 原审法院偏袒第三人，有失公平。1) 赡养老人是子女应尽的义务，我们一直对外祖母履行赡养义务。我们始终坚守"百善孝为先"祖训。多年来，母亲及我们兄妹除了经常到外祖母家探望外，还时常接外祖母到我家居住赡养，而且在物质上、资金上也给予了他们一定的帮助（至今姨夫还欠我家7 000元未还）。外祖母每次生病住院，母亲和我们都是积极、主动，跑前忙后，直至康复出院。我母亲已78岁高龄，身体多病，除了腰、腿疼痛，行动不便外，还有严重的心脏病。2011年4月以来，母亲的身体每况愈下，需到洛阳住院治疗一段时间。这个情况事先也给外祖母讲过，并承诺到下半年接外祖母到我家居住，而且也得到了外祖母的应许。时隔一月，我们便接到了法院的传票，究其原因，就是第三人姬某清挑拨、唆使造成的，并非外祖母本意，我们除了吃惊便是愤怒。我们认为：法律也是建立在情理之上的，具有双重性，也很人性化，赡养纠纷属于民事案件，判决并非目的，解决矛盾才是根本。在构建和谐社会的今天，我们呼吁：适用法律要充分尊重情理、公理、农村的风俗习惯及案件的事实特征，要遵循"权利和义务对等"的原则，使其公平公正，不能简单地一概而论。外祖母位某共养育三个子女，其子幼年夭折，我母亲张某是长女，16岁结婚，净身出户，姨张某某为次女。为了使得张家后继有人，外祖父、外祖母商定：次女张某某结婚时招姬某为上门女婿，而后又确立了第三人姬某清为张家传人，并承担养老送终之重任。姨夫姬某、姨张某某退休前均为国家工作人员，在家时间有限，他家主要由外祖母操持，外祖母还养育了姨夫的三个子女（第三人），而且第三人姬某清的两个子女也是由外祖母抚养长大。外祖母勤劳能干，且有诸多手艺（如接生、看病、看宅基等），为他家呕心沥血，付出多多，直到80多岁为第三人操持家务时腿部摔伤。就是这样的一位老人却不能在自己的家里安享晚年，常年居住在姨夫姬某的房子里。时至今日，属于外祖父、外祖母的宅基地及房产由第三人姬某清占据着。外祖父、外祖母的家产由第三人姬某清享用着，外祖母的"三金"（双女户补贴金、养老保险金、低保金）一直由第三人姬某清领取着。外祖父病故时，后事主要由我母亲操办，而我们却没有得到属于外祖父的丝毫遗产。我们认为：我母亲同样尽到了赡养外祖父、外祖母的义务，却被剥夺了应该得到的权利。如果让我们和第三人均等赡养外祖母，有失公平，我们心理上也难以平衡。另外，刘某琴今年62岁，常年有病，不具备赡养外祖母的能力；刘某坡患有小儿麻痹症，生活不能自理，尚需我们照顾；母亲张某年事已高，身体多病，生活起居也要我们照料。综上所述，我们仍然主张第三人姬某清应尽赡养义务。2）属于外祖母的“三金”（双女户补贴金、养老保险金、低保金）一直均由第三人姬某清领取，但原审判决却没有提交。我们认为：谁赡养谁领取。3）外祖母的责任田一直由第三人姬某清耕种，种粮补贴也由第三人姬某清领取，因此，在我们赡养外祖母期间，第三人姬某清提供外祖母的口粮。4）原审判决第四条为：“如原告位某生病住院，由被告刘某琴、刘某欣、刘某超、刘某香与第三人姬某清、姬某红、姬某平轮流护理，医疗费凭票分摊。”我们认为：外祖母生病住院新产生的医疗费，应先用外祖母的积蓄，包括以前第三人姬某清领取的外祖母的“三金”结余支付，剩下部分新农合报销后两家再分摊。(2）原审判决前后矛盾。原审判决第一条讲，第三人姬某清在居住地安排一间房屋供原告位某居住，但第三条又判决我们负责原告位某的衣食住行。另外，我们赡养期间，第三人姬某清提供住房一间，我们认为，一间房内既要外祖母居住也要赡养人居住，又要做饭生活，显然不够。在我们赡养外祖母期间，第三人姬某清应提供房屋两间，并提供水电、灶具等相应的生活必需品。综上，请求二审撤销（2011）偃镇民初字第424号民事判决，依法予以发回重审或改判。庭审中，上诉人明确上诉请求为：(1）要求第三人的父亲姬某返还我7 000元；(2）要求姬某返还我人力三轮车一辆；(3）姬某清应该承担主要的赡养义务。

位某辩称，一审判决事实清楚，证据充分，请求驳回上诉，维持原判。

二审法院认为，老人的合法权益受法律保护。赡养老人是中华民族的传统美德，也是每个赡养义务人的法定义务。现位某年老体弱，已丧失劳动能力，其要求赡养义务人尽赡养义务于法有据，应予支持。从上诉人的上诉内容及庭审中的陈述来看，上诉人均表示愿意赡养老人，只是上诉人与第三人的父亲之间存在一些纠纷，使上诉人感到不满，但此属另一法律关系，可另行解决。原审根据本案的实际情况，对老人赡养问题所做出的处理妥当，应予维持。依照《中华人民共和国民事诉讼法》第一百五十三条第一款第（一）项之规定，判决如下：

驳回上诉，维持原判。

二审受理费200元，由张某、刘某琴、刘某欣、刘某超、刘某香承担。

本判决为终审判决。

【评析】

本案涉及祖父母、外祖父母与孙子女、外孙子女之间的权利义务问题。祖父母、外祖父母与孙子女、外孙子女是隔代的直系血亲关系。隔代直系血亲之间只有在满足法定条件的情况下，才具有抚养或赡养的义务。根据《婚姻法》第二十八条的规定，有负担能力的祖父母、外祖父母，对于父母已经死亡或父母无力抚养的未成年的孙子女、外孙子女，有抚养的义务。有负担能力的孙子女、外孙子女，对于子女已经死亡或子女无力赡养的祖父母、外祖父母，有赡养的义务。

本案中，四名上诉人与三名第三人都是被上诉人的外孙子女，他们处于同等的法律地位。原告已经年逾九旬，确需赡养。而上诉人与第三人的母亲，或者因年老而丧失劳动能力，或者业已死亡，对于原告均无法履行赡养义务。四名上诉人与三名第三人均具有负担能力，判决他们对原告平等地承担赡养义务是合理的。

第一千零七十五条

有负担能力的兄、姐，对于父母已经死亡或者父母无力抚养的未成年弟、妹，有扶养的义务。

由兄、姐扶养长大的有负担能力的弟、妹，对于缺乏劳动能力又缺乏生活来源的兄、姐，有扶养的义务。

本条主旨

本条是关于兄、姐与弟、妹之间的扶养义务的规定。

相关条文

本条是在《婚姻法》第二十九条的基础上修改而成，该条规定为："有负担能力的兄、姐，对于父母已经死亡或父母无力抚养的未成年的弟、妹，有扶养的义务。由兄、姐扶养长大的有负担能力的弟、妹，对于缺乏劳动能力又缺乏生活来源的兄、姐，有扶养的义务。"相较于 2001 年修订的《婚姻法》，本条规定未做修改。

理解与适用

本条规定，直接体现了《民法典》婚姻家庭编中贯穿的人亲和谐、人性友善、人本秩序等核心法理思想的要求①。

一、历史沿革

狭义的扶养，指平辈亲属之间依法发生的经济供养和生活扶助权利义务关系，主要体现为夫妻之间和兄弟姐妹之间的扶养关系。提供扶养的一方为义务人

① 龙翼飞．编纂民法典婚姻家庭编的法理思考与立法建议．法制与社会发展，2020 (2).

（扶养人），接受扶养的一方为权利人（受扶养人）。

我国1950年《婚姻法》没有对兄弟姐妹间的扶养关系做出规定。原因在于，在一般情况下，兄弟姐妹应由他们的父母抚养，因而他们相互之间不发生扶养与被扶养的权利义务关系。然而，在实际生活中，兄、姐扶养、教育弟、妹确是常见的现象。考虑到我国家庭成员间的关系较为密切的实际情况，1980年《婚姻法》扩大了亲属扶养的范围，除夫妻之间的扶养、父母子女之间的抚养和赡养外，增加规定祖父母、外祖父母与孙子女、外孙子女之间，以及兄弟姐妹之间的扶养的权利义务。1980年《婚姻法》第二十三条规定："有负担能力的兄、姊，对于父母已经死亡或父母无力抚养的未成年的弟、妹，有抚养的义务。"故而，有负担能力的兄、姐，对于父母已经死亡或父母无力抚养的未成年的弟、妹的扶养成为一项法定义务。此后，1984年《最高人民法院关于贯彻执行民事政策法律若干问题的意见》第26条对此做出解释："由兄、姐扶养长大的有负担能力的弟、妹，对丧失劳动能力、孤独无依的兄、姐，有扶养的义务。"根据该司法解释的规定，由兄、姐扶养长大的有负担能力的弟、妹，与丧失劳动能力、孤独无依的兄、姐间也产生了有条件的扶养义务。

2001年修订的《婚姻法》将弟、妹在特定条件和特定情况下负有扶养兄、姐的义务上升为法律内容，已取得了各方面广泛的共识。有全国人大常委会委员在《婚姻法》审议中提出，在现实生活中，许多兄、姐在扶养弟、妹时，节衣缩食、倾囊而助、全力以赴，有的甚至牺牲个人婚姻。而不少弟、妹长大后对其兄、姐却没有回报的意识。按照权利义务对等原则，弟、妹理应回报尽了扶养义务的兄、姐。扶养不仅是物质方面的，也包括精神上的安慰和生活上的照顾。不要形成"兄姐照管弟妹小，弟妹不管兄姐老"的后果。因此，2001年修订的《婚姻法》补充规定："由兄、姐扶养长大的有负担能力的弟、妹，对于缺乏劳动能力又缺乏生活来源的兄、姐，有扶养的义务。"这一规定肯定了尊老爱幼的社会主义家庭关系，符合我国历来近亲属关系密切、相互扶助的传统道德，体现了权利义务相一致的法律精神，使得未成年人能够健康成长，老年人生活有所保障。相较于2001年修订的《婚姻法》，《民法典》婚姻家庭编对该条规定未做修改。

二、形成兄弟姐妹间扶养义务的条件

（一）负有扶养义务的兄弟姐妹的范围

兄弟姐妹包括同胞兄弟姐妹、同父异母或同母异父兄弟姐妹、养兄弟姐妹和继兄弟姐妹。在一般情况下，兄弟姐妹应由他们的父母抚养，因而他们之间不发生扶养与被扶养的权利义务关系。但是在特定条件和特定情况下，兄、姐与弟、妹之间会产生有条件的扶养义务。当然，法律对兄弟姐妹间扶养义务的规定，主要针对的是同胞兄弟姐妹之间的关系，因为他们是血缘关系最密切的同辈旁系血亲。半血缘的同父异母或者同母异父兄弟姐妹，以及没有血缘关系的养兄弟姐妹和继兄弟姐妹之间，如果符合法律规定的条件和情形，也将产生扶养与被扶养的权利义务关系。

（二）兄弟姐妹形成扶养义务的条件

兄、姐扶养弟、妹或弟、妹扶养兄、姐不是必然发生的法定义务，而是有条件的。简而言之，就是应尽抚养或赡养义务的父母、子女或者配偶不能尽其抚养或赡养义务时，由有能力的兄弟姐妹来承担扶养义务。兄弟姐妹间的扶养义务是第二顺序的，具有递补性质。但兄弟姐妹间一旦形成扶养义务，则该义务又是不可推卸的法定义务，义务人应当自觉履行。

1. 兄、姐扶养弟、妹需具备的条件

产生兄、姐对弟、妹的扶养义务，应当具备以下三个条件：

第一，弟、妹须为未成年人，即不满 18 周岁。如果弟、妹已经成年，虽无独立生活能力，兄、姐亦无法定扶养义务。

第二，父母已经死亡或者父母无力抚养。这里包含了两种情况：一是父母均已经死亡，没有了父母这一第一顺序的抚养义务人。如果父母一方尚在且有抚养能力，仍应由尚在的父或母承担抚养义务。二是父母均尚在或一方尚在但没有抚养能力，比如父母在意外事故中致残没有了劳动能力和生活来源，便产生了由有负担能力的兄、姐扶养弟、妹的义务。

第三，兄、姐有负担能力。在前述两项条件具备时，兄、姐对弟、妹的扶养义务并不必然发生，只有这项条件也具备时，即兄、姐有负担能力时，才产生扶养弟、妹的义务。

2. 弟、妹扶养兄、姐需具备的条件

产生弟、妹对兄、姐的扶养义务，应当具备以下三个条件：

第一，兄、姐缺乏劳动能力又缺乏生活来源。如果兄、姐虽缺乏劳动能力但并不缺少经济来源，比如受到他人经济上的捐助或自己有可供生活的积蓄的，则不产生弟、妹的扶养义务。同时，如果兄、姐虽缺少生活来源，但有劳动能力，兄、姐可通过自己的劳动换取生活来源，在此情况下，弟、妹亦无扶养兄、姐的义务。需要说明的是，《民法典》婚姻家庭编规定的“缺乏劳动能力又缺乏生活来源”与 1984 年《最高人民法院关于贯彻执行民事政策法律若干问题的意见》第 26 条确定的条件有所不同，该司法解释规定的是兄、姐“丧失劳动能力、孤独无依”。首先，“缺乏劳动能力”比“丧失劳动能力”的范围要宽，这使兄、姐更容易获得被扶养的机会。其次，“缺乏生活来源”比“孤独无依”涵盖面更大。比如兄、姐的配偶尚在，很难说是“孤独无依”，而“缺乏生活来源”使得兄、姐在配偶尚在但缺少生活来源时，也能得到弟、妹的扶养。

第二，兄、姐没有第一顺序的扶养义务人，或第一顺序的扶养义务人没有扶养能力。比如兄、姐没有配偶、子女，或者兄、姐的配偶、子女已经死亡或配偶、子女没有扶养能力。如果兄、姐的配偶尚在或有子女且有扶养能力，应由这些第一顺序的扶养义务人承担扶养义务。

第三，弟、妹由兄、姐扶养长大且有负担能力。主要包含以下两方面的因素：一是弟、妹是由兄、姐扶养长大的。这表明在弟、妹未成年时，父母已经死亡或父母无抚养能力，兄、姐对弟、妹尽了扶养义务。按照权利义务对等原则，弟、妹应承担对兄、姐的扶养责任。二是弟、妹有负担能力。其若无负担能力，则不负扶养义务。

离　婚

离婚，又称离异，是夫妻一方或双方依照法律规定解除婚姻关系的法律行为。离婚不但导致婚姻关系的解除和终止，引起夫妻人身关系的消灭，还将由此产生夫妻共同财产的分割、婚姻期间所负债务的清偿、家务劳动补偿、经济帮助、离婚损害赔偿以及未成年子女的抚养、探望等一系列的法律后果。

本章根据《婚姻法》第四章、第五章的相关条文修改而成，围绕离婚法律关系的主要内容，规定了离婚的程序、复婚、离婚后的父母子女关系处理、离婚时夫妻共同财产及共同债务处理、离婚补偿、无过错方离婚时请求损害赔偿、离婚时隐匿变卖财产的处理。本章主要修改了以下内容：第一，调整了协议离婚的法定程序，增加了离婚冷静期制度。第二，增加了一种法定准予离婚的理由。第三，明确规定完成离婚登记，或者离婚判决书、调解书生效，即解除婚姻关系。第四，离婚共同财产分割时，新增了照顾无过错方的裁判原则。第五，将家务劳动补偿的适用范围扩大至任意夫妻财产制。第六，可请求离婚损害赔偿的情形增加“有其他重大过错”一项。

第一千零七十六条

夫妻双方自愿离婚的，应当签订书面离婚协议，并亲自到婚姻登记机关申请离婚登记。

离婚协议应当载明双方自愿离婚的意思表示和对子女抚养、财产以及债务处理等事项协商一致的意见。

本条主旨

本条是关于协议离婚的规定。

相关条文

本条是在《婚姻法》第三十一条，《婚姻登记条例》第十二条、第十三条的基础上修改、补充而成。本条的修改主要体现在：将“男女”改为“夫妻”，以符合整编的语言体系；在双方自愿离婚的法定程序中，明确将签订书面离婚协议作为协议离婚的形式要件，并规定了离婚协议应载明的主要内容；明确要求双方应亲自到婚姻登记机关申请离婚登记。

理解与适用

本条规定体现了《民法典》婚姻家庭编中贯穿的人身自由、人本秩序和人文关怀等核心法理思想以及行为公示、契约维护等具体法理精神①。

一、我国协议离婚制度的发展

协议离婚亦称自愿离婚、登记离婚，指婚姻关系当事人达成离婚合意并通过婚姻登记程序解除婚姻关系的法律制度。协议离婚在实践中因充分尊重当事人的意愿且申请程序简便，已成为我国主要的离婚方式。据统计，2018 年全国依法办理离婚手续的当事人共有 446.1 万对，其中通过民政部门办理登记离婚的有 381.2 万对②。

1950 年《婚姻法》首次确立了我国的协议离婚制度。1955 年颁行的《婚姻登记办法》通过明确离婚登记的具体程序，使该制度更加完善。1950 年《婚姻法》规定协议离婚的条件为：（1）男女双方自愿离婚；（2）向区人民政府登记，领取离婚证。1955 年《婚姻登记办法》规定办理离婚登记的机关，在城市为市辖区人民委员会和不设区的市人民委员会，在农村为区公所，没有区公所的是县人民委员会，并要求登记机关查明申请离婚的男女双方确系自愿并对于子女和财产问题确有适当处理时，就应当准予离婚，并发给离婚证。1950 年《婚姻法》与 1955 年《婚姻登记办法》对协议离婚的规定，是新中国协议离婚制度的雏形，也是我国协议离婚制度发展的基石。

---

① 龙翼飞．编纂民法典婚姻家庭编的法理思考与立法建议．法制与社会发展，2020（2）.

② 数据来自《2018 年民政事业发展统计公报》。

1980年《婚姻法》对于协议离婚的规定，吸收了1955年《婚姻登记办法》中规定的登记机关查明义务的内容，要求“婚姻登记机关查明双方确实是自愿并对子女和财产问题已有适当处理时，应即发给离婚证”。1986年《婚姻登记办法》和1994年《婚姻登记管理条例》对婚姻登记相关内容的规定做出了进一步细化和明确。1986年《婚姻登记办法》要求办理离婚登记的当事人，对子女抚养和财产处理达成协议，对子女抚养和财产处理未达成协议的，婚姻登记机关不予受理。1994年《婚姻登记管理条例》加强了登记机关的管理职权，申请协议离婚需要提供介绍信，要求登记机关对离婚申请进行实质审查，审查期为一个月。

2001年《婚姻法》修正案，基本沿用了1980年《婚姻法》的立法体例。2003年《婚姻登记条例》较1994年《婚姻登记管理条例》简化了婚姻登记程序，削弱了登记机关的管理职权，取消了登记机关一个月的审查期，对协议离婚当事人的主体资格、离婚的合意、离婚协议仅做形式审查。

2016年《婚姻登记工作规范》通过对婚姻登记机关工作细则提出要求，进一步对协议离婚程序进行了完善。该规范将登记程序分为初审、受理、审查、登记（发证）四个阶段：(1) 初审，夫妻双方自愿向登记机关提出离婚申请，登记机关对符合形式要件的申请进行受理。(2) 受理，分开询问当事人的离婚意愿以及对离婚协议内容的意愿，记录并签字。(3) 审查，登记机关对当事人提交的证件及材料进行审查。(4) 登记（发证），双方当事人均在场时，发给离婚证。

1950年《婚姻法》确定的我国的协议离婚制度，经历了半个多世纪的实践，在保障离婚自由和防止轻率离婚的指导原则下不断发展，积累了丰富的经验，其制度建设也日臻完善，成为我国离婚制度的重要组成部分。

二、协议离婚制度的含义与意义

从当事人的角度说，协议离婚是指夫妻双方在生存期间自愿解除婚姻关系；从法律的角度说，协议离婚是指法律承认并赋予这种离婚合意合法的效力。二者的结合构成了协议离婚制度①。协议离婚制度的主要特征：第一是当事人双方在离婚以及子女和财产、债务问题上意愿一致，达成协议。第二是按照婚姻登记程序办理离婚登记，取得离婚证，即解除婚姻关系②。

确立协议离婚制度有以下重要意义：

---

① 杨大文．亲属法与继承法．北京：法律出版社，2013：143.

② 胡康生．中华人民共和国婚姻法释义．北京：法律出版社，2001：125.

第一，确立协议离婚制度是婚姻自由原则的重要体现。婚姻自由不仅包括结婚的自由，亦包括离婚的自由。离婚不自由，必然引发更多、更持久的婚姻家庭纠纷乃至家庭暴力和争斗，甚至出现更多的婚内出轨、婚姻关系名存实亡的现象，这无疑会给社会秩序的稳定带来隐患。基于此，自然人是否享有婚姻自由权，不仅关系到婚姻关系是否稳定，而且关系到社会秩序是否稳定①。法律赋予当事人独立自主地决定是否离婚的权利，并通过协议离婚制度为当事人自由解除婚姻关系提供了程序性的制度保障。

第二，协议离婚有利于婚姻当事人友好地分手，避免了法庭上相互指责造成更深的敌对情绪，从而使当事人能够在没有外来压力的情况下平心静气地达成合乎双方意愿的协议②。因此，这种离婚方式也被称为“文明的离婚”③。

第三，协议离婚的程序简化并具有非公开性，且为无因离婚，无须陈述离婚的具体原因，有利于保护婚姻当事人的个人隐私，减轻当事人的心理负担，有利于当事人尽快从离婚挫折中走出，开始新的生活。

第四，协议离婚不仅要求双方当事人对解除婚姻关系达成合意，亦要求双方对子女抚养、财产分割以及债务清偿的安排达成协议，兼顾了个人自由与社会责任。

三、协议离婚的条件

为贯彻保障离婚自由、防止轻率离婚的基本原则要求，维护协议离婚的严肃性，《民法典》婚姻家庭编对双方自愿离婚的条件提出了较为严格的要求。其基本内容包括以下五个方面：

（一）协议离婚的当事人双方必须具有合法的配偶身份

解除婚姻关系的前提，是当事人之间存在合法有效的婚姻关系。因此，本条所称“夫妻双方”仅指其婚姻具有法律效力的夫妻双方，不包括非婚同居的男女。婚姻登记机关在办理离婚时，首先要审查双方的夫妻身份，凡是没有确定夫妻身份的有效证明的，婚姻登记机关不予受理④。

（二）协议离婚的当事人双方必须具有完全的民事行为能力

一方或者双方当事人“属于无民事行为能力人或者限制民事行为能力人的”，

---

① 龙翼飞．编纂民法典婚姻家庭编的法理思考与立法建议．法制与社会发展，2020（2）．

② 杨大文，龙翼飞．婚姻家庭法．7版．北京：中国人民大学出版社，2018：138．

③ 王洪．婚姻家庭法．北京：法律出版社，2003：159．

④ 《婚姻登记条例》第十一条第一款规定：“办理离婚登记的内地居民应当出具下列证件和证明材料：（一）本人的户口簿、身份证；（二）本人的结婚证；（三）双方当事人共同签署的离婚协议书。”

不得通过行政登记程序协议离婚①。夫妻一方为无民事行为能力人或限制民事行为能力人的离婚，只能通过诉讼程序，由其法定代理人代理诉讼。这一规定不仅是协议离婚本身的必然要求，也是保护无民事行为能力、限制民事行为能力当事人的人身权利和财产权利的需要。

（三）协议离婚的当事人双方必须具有离婚的合意

本条规定的“夫妻双方自愿”，应包含两种合意的意思表示：一种是夫妻双方就解除婚姻关系达成的合意，另一种是就婚姻关系存续期间的财产分割及子女的抚养问题达成的合意②。同时，当事人双方各自的离婚意思表示必须是真实的而非虚假的，在解除身份关系的问题上必须是单一性的而不能是附条件的（如不得附加限制再婚的条件），其离婚决定是自主做出的而不能是受他方或第三者欺诈、胁迫或因重大误解而形成的③。

（四）协议离婚的当事人双方应亲自到婚姻登记机关申请离婚登记

离婚行为具有强烈的人身性，只能由具有夫妻身份的当事人本人提出，任何第三人都不得代替一方或双方去登记离婚④。本条规定协议离婚的双方当事人应亲自到婚姻登记机关申请离婚登记，其目的在于保证协议离婚确属当事人双方的真实意思表示，从程序角度防止轻率离婚，并要求婚姻登记机关尽到审查义务，规范协议离婚行为的法定程序。

（五）协议离婚的当事人双方应签订书面离婚协议

本条将“签订书面离婚协议”作为协议离婚的法定条件之一。2001 年修订的《婚姻法》第三十一条未明确要求双方“签订书面离婚协议”，仅规定“婚姻登记机关查明双方确实是自愿并对子女和财产问题已有适当处理”。对离婚协议的相关规定出现在 2003 年的《婚姻登记条例》中。该条例第十一条规定，办理离婚登记时，应提交双方当事人共同签署的离婚协议书。本条吸收了《婚姻登记条例》将离婚协议书作为离婚登记法定要件的规定。本条规定当事人自愿离婚时“应当签订书面离婚协议”，其目的在于切实要求协议离婚当事人将自愿离婚的意思表示与对子女抚养、财产分割以及债务处理等事项协商一致的意见落实于书面。这条规定不仅有利于双方对于离婚更加谨慎，将防止轻率离婚的原则要求落

① 《婚姻登记条例》第十二条规定：“办理离婚登记的当事人有下列情形之一的，婚姻登记机关不予受理：（一）未达成离婚协议的；（二）属于无民事行为能力人或者限制民事行为能力人的；（三）其结婚登记不是在中国内地办理的。”

② 史尚宽．亲属法论．北京：中国政法大学出版社，2000：364.

③ 杨大文．亲属法与继承法．北京：法律出版社，2013：147.

④ 杨大文，龙翼飞．婚姻家庭法．7 版．北京：中国人民大学出版社，2018：139.

于实处，同时也便于婚姻登记机关审查当事人双方离婚的自愿性以及协议内容的合理性与完整性。

典型案例

离婚协议的效力——莫某诉李某离婚纠纷案①

【案情】

广东省怀集县人民法院一审查明，原告莫某与被告李某于 2002 年上半年经人介绍相识，2003 年 3 月双方登记结婚，同年 10 月 21 日生育一子李某序。婚后，原、被告的夫妻感情较好。2007 年暑假，李某阻止莫某外出做家教，双方发生言语争执。之后，夫妻关系时好时坏。2010 年 5 月，莫某草拟离婚协议一份交给李某。李某答应如果儿子由其抚养和夫妻关系存续期间购买的宅基地（使用权登记为原告，价值 20 万元）归其所有，愿意去办离婚手续。同年 7 月，原、被告双方到土地管理部门将原登记在莫某名下的（2006）第 0036 号土地使用证范围内的土地使用权全部变更在李某名下。但是，李某反悔，不同意离婚。同年 8 月初，莫某搬离家中在外租屋居住，并向法院提起诉讼，请求判决准许离婚，并分割共同财产。

【争议焦点】

本案一审的争议焦点是：原告莫某与被告李某草拟的离婚协议是否生效，变更后的财产是否仍是夫妻共同财产。

【裁判】

广东省怀集县人民法院一审认为，原告莫某与被告李某经人介绍相识并恋爱，双方经一段时间相互了解自愿登记结婚，双方具有较好的感情基础。婚后，原、被告在生活和工作上能相互扶持，双方建立了一定的夫妻感情；原、被告生育的儿子尚年幼，从双方诉讼中反映的情况看，现儿子非常需要父母的爱护，双方离婚，对儿子会造成伤害，因此，莫某主张离婚的诉讼请求，不予支持。

对于双方当事人是否达成离婚协议的问题。离婚协议是解除夫妻双方人身关系的协议，该协议是一种要式协议，必须经双方当事人签名确认才能生效，即双方在协议上签名是其成立的前提条件。否则，即使有证人在场见证，证明双方达成离婚合意，但由于一方没有在离婚协议上签名确认，在法律上该离婚协议也是没有成立的。原告莫某于 2010 年 5 月草拟离婚协议一份交给被告李某，虽然李

① 最高人民法院办公厅．中华人民共和国最高人民法院公报：2011 年卷．北京：人民法院出版社，2012：532－533.

某口头答应离婚，且双方履行了共同财产分割的部分，可以认定双方对离婚达成了合意，但是李某并没有在协议上签名，导致离婚协议欠缺合法成立的要件，且事后李某反悔不愿离婚，因此不能根据仅有一方签名的离婚协议判决双方离婚。

对于双方当事人在离婚前做出的财产处理的问题。本案离婚协议属于婚内离婚协议，所谓婚内离婚协议，是指夫妻双方在婚姻关系存续期间，以解除婚姻关系为基本目的，并就财产分割及子女抚养问题达成的协议。婚内离婚协议是以双方协议离婚为前提，一方或者双方为了达到离婚的目的，可能在子女抚养、财产分割等方面做出有条件的让步。在双方未能在婚姻登记机关登记离婚的情况下，该协议没有生效，对双方当事人均不产生法律约束力，其中关于子女抚养、财产分割的约定，不能当然作为人民法院处理离婚案件的直接依据。原告莫某与被告李某在协议离婚过程中经双方协商对财产分割进行处理，是双方真实意思表示，并且已经进行了变更登记，但由于李某并未在离婚协议上签名，未满足离婚协议的成立要件，因此，该婚内离婚协议无效，即按该协议所进行的履行行为也可视为无效。虽然（2006）第 0036 号土地使用证范围内的土地使用权变更在李某名下，但该土地使用权还是莫某和李某婚姻关系存续期间的共同财产，与原来登记在莫某名下的性质是一样的。

综上，只要双方珍惜已建立的夫妻感情，慎重对待婚姻家庭问题，做到互相尊重、互相关心，夫妻是有和好可能的。据此，广东省怀集县人民法院依照《中华人民共和国民事诉讼法》第一百二十八条、《中华人民共和国婚姻法》第三十二条第二款的规定，于 2010 年 12 月 2 日判决：驳回原告莫某的离婚诉讼请求。案件受理费人民币 150 元，由原告莫某负担。一审判决后，原告莫某与被告李某均没有提起上诉，判决已经生效。

【典型意义】

离婚协议是双方当事人自愿离婚的意思表示以及对子女抚养、财产及债务处理等事项协商一致而达成的协议或者意见。离婚协议中有关财产处理的约定，是必须以当事人双方合意离婚为要式行为的协议，须经当事人双方在离婚协议上签字并正式办理离婚才能生效。因此，即便当事人双方基于离婚协议约定房产归当事人一方所有，且办理了产权变更登记，但如果双方最终没有离婚，财产协议不发生效力，已变更登记的房产仍然属于当事人双方的共同财产。

第一千零七十七条

自婚姻登记机关收到离婚登记申请之日起三十日内，任何一方不愿意离婚

的，可以向婚姻登记机关撤回离婚登记申请。

前款规定期限届满后三十日内，双方应当亲自到婚姻登记机关申请发给离婚证；未申请的，视为撤回离婚登记申请。

本条主旨

本条是关于自愿离婚冷静期的规定。

相关条文

本条是对《婚姻法》第三十一条的补充，在自愿离婚的法定程序中增加了离婚冷静期的规定，明确自婚姻登记机关收到离婚登记申请之日起三十日内，任何一方不愿意离婚的，可以向婚姻登记机关撤回离婚登记申请。

理解与适用

本条规定体现了《民法典》婚姻家庭编中贯穿的人身自由、人本秩序和人文关怀的核心法理思想以及禁止权利滥用的具体法理精神①。

离婚冷静期制度的规定作为《民法典》婚姻家庭编的立法亮点，得到了社会各界的广泛关注。近年来，我国离婚率不断攀升，由此引发了一系列社会问题。民政部统计数据显示，从2003年起，我国离婚率已连续15年上涨。2019年前三季度全国登记离婚达310.4万对，比上一年同期多出20.5万对②。为减少轻率离婚、冲动离婚的现象，维护婚姻家庭稳定，《民法典》婚姻家庭编设置了离婚冷静期制度，明确自婚姻登记机关收到离婚登记申请之日起三十日内，任何一方不愿意离婚的，可以向婚姻登记机关撤回离婚登记申请。冷静期限届满后，双方应当亲自到婚姻登记机关申请发给离婚证，未申请的，视为撤回离婚登记申请。

《民法典》婚姻家庭编第一千零七十七条所确立的离婚冷静期制度，是指在坚持离婚自由原则的前提下，婚姻双方当事人申请自愿离婚时，在向婚姻登记机关提出离婚登记申请后的一定期限内，任何一方均可撤回离婚申请，期限届满后方可由双方亲自到婚姻登记机关申请发给离婚证。在理解离婚冷静期制度时应明确以下几点：

第一，设置离婚冷静期制度的前提是遵守婚姻自由原则。作为婚姻自由原则应有之义的离婚自由不是绝对自由，而是相对自由，是法定范围内的自由。婚姻

---

① 龙翼飞．编纂民法典婚姻家庭编的法理思考与立法建议．法制与社会发展，2020（2）．

② 王晓琳．婚姻家庭编草案：构建和谐稳定的婚姻家庭制度．中国人大，2020（3）．

关系与一般的社会关系不同，一方面，它是一种相当重要的身份关系，其深度与广度是其他社会关系无法比拟的，它的建立和解除对个人、家庭和社会都会产生很大的影响①。另一方面，婚姻关系也是人伦关系，该关系以维护家庭成员内部的生活秩序、保持家庭关系的和谐稳定为首要目标。人伦正义是民法的人文精神和公平正义的体现，是社会主义核心价值观的重要内容②。《婚姻法》规定的协议离婚手续过于简单，易造成轻率任意的离婚。事实上，有许多婚姻，客观上未完全破裂，只因当事人的意气用事，即行离异③。法律保障离婚自由，但同时防止轻率离婚，《民法典》婚姻家庭编规定的离婚冷静期，不是限制婚姻当事人的离婚自由，而是充分尊重当事人的意思，在离婚两愿的前提下，给出适当的时间让其冷静思考，避免当事人因一时冲动而草率离婚④。在自愿离婚的前提下，离婚冷静期制度有利于减少冲动离婚与草率离婚的情形，该制度并未对协议离婚的实质要件增设限制，最终离婚与否的选择权依旧在婚姻当事人的手中，因此该制度并非干涉或限制当事人的离婚自由。

第二，离婚冷静期不是离婚审查期。我国 1994 年颁布的《婚姻登记管理条例》规定了离婚审查期⑤。离婚审查期与离婚冷静期不同：（1）审查形式不同。离婚审查期是婚姻登记机关对当事人的离婚申请进行实质审查的期限，而离婚冷静期制度中婚姻登记机关对离婚申请依法实施形式审查。（2）期间性质不同。离婚审查期是婚姻登记机关审查工作的期间限制，“自受理申请之日起一个月内”是一个最长时限，而离婚冷静期的三十日是一个不变期间。（3）立法目的不同。规定于行政规章中的离婚审查期制度，其目的主要是规范作为行政机关的婚姻登记机关实施具体行政行为的效率，通过规定审查的法定时限，避免行政机关审查拖沓。离婚冷静期制度作为协议离婚制度的重要组成部分，其设立目的就是让婚姻当事人双方冷静思考，妥善抉择。

第三，离婚冷静期制度仅适用于通过行政登记办理的协议离婚，不适用于诉讼离婚。离婚冷静期制度的目的在于给双方当事人一个“情绪冷却期”，减少因一时冲动而草率离婚的情形，可尝试挽救婚姻基础关系先天不足的“闪婚”。现

---

① 夏吟兰．对中国登记离婚制度的评价与反思．法学杂志，2008（2）．

② 龙翼飞．编纂民法典婚姻家庭编的法理思考与立法建议．法制与社会发展，2020（2）．

③ 余延满．亲属法原论．北京：法律出版社，2007：313．

④ 杨立新，蒋晓华．对民法典婚姻家庭编草案规定离婚冷静期的立法评估．河南社会科学，2019（6）．

⑤ 1994 年《婚姻登记管理条例》第十六条规定：“婚姻登记管理机关对当事人的离婚申请进行审查，自受理申请之日起一个月内，对符合离婚条件的，应当予以登记，发给离婚证，注销结婚证。当事人从取得离婚证起，解除夫妻关系。”

实中的冲动离婚不乏缘于男女双方因冲动结婚而欠缺相互理解与包容[①]。然而，当双方就是否离婚或者离婚后的子女抚养和财产分配以及债务清偿等问题无法达成合意时，离婚须通过诉讼的方式解决。

第四，离婚冷静期制度关注离婚时弱势群体的利益保护。草率离婚不仅意味着轻率做出解除婚姻关系的决定，也包括对子女抚养和财产分配以及债务清偿等问题的草率处理。在草率离婚的情形中，离婚弱势一方以及子女的利益无法被充分考虑，离婚妇女及其抚养的子女生活贫困化是一个具有世界意义的普遍问题[②]，离异家庭子女的心理问题也越来越得到社会各界的关注。在家庭面临破裂危机时，给予婚姻双方当事人一个"情绪缓冲期"，将个人情绪的宣泄淡化并转移到对子女抚养及弱势一方未来生活安排的关切中，是具有重大社会意义的。

第五，离婚冷静期制度确立家庭价值崇高性[③]。离婚冷静期制度作为婚姻解除前的最后一道防线，是宪法保护婚姻、家庭的民法表达。家庭是社会的细胞，是以孝求忠的德治主义思想的现实框架，是家国同构的家国关系原始前提。因此，在婚姻家庭法律制度领域，过分强调个人的自由散漫与随心所欲，是个人利益对于家庭利益的价值冲击，是与传统文化不相符合的。《民法典》婚姻家庭编对 2001 年修订的《婚姻法》和《婚姻登记条例》制定的协议离婚制度进行全面升级，通过新增协议离婚冷静期制度，确立了家庭价值的崇高性。

离婚冷静期制度的设立，并非我国独有，许多国家的相关立法已有长期的立法经验。《法国民法典》中规定：双方坚持离婚意愿时，应在 3 个月的考虑期限之后重新提出离婚申请，考虑期限届满后 6 个月内未提出离婚申请，原申请无效[④]。《俄罗斯联邦家庭法典》中要求：婚姻当事人从提交离婚申请之日起满 1 个月，户籍登记机关办理离婚并发给离婚证明[⑤]。《韩国民法典》也规定了协议离婚期间的"熟虑期"制度：有子女的夫妻离婚，熟虑时间为 3 个月；无子女则

---

① 张力．对离婚冷静期的冷思考．检察日报，2020-01-22（7）．

② 夏吟兰．对离婚率上升的社会成本分析．甘肃社会科学，2008（1）．

③ 姚邢．离婚冷静期制度确立家庭价值崇高性．光明日报，2020-06-03（2）．

④ 《法国民法典》第六编第 231 条规定："法官应先分别与夫妻各方，然后再与夫妻双方一起，对离婚申请进行审查，此后，再传唤当事人的律师或各自的律师。如夫妻双方坚持离婚意愿，法官应当指出，他们应在 3 个月的考虑期限之后重新提出离婚申请。如在考虑期限届满后 6 个月内未重新提出离婚申请，原来的共同离婚申请即失去效力。"

⑤ 《俄罗斯联邦家庭法典》第 19 条规定："1. 没有共同的未成年子女的夫妻协议离婚时，在户籍登记机关办理离婚。……3. 从提交离婚申请之日起满一个月，户籍登记机关办理离婚并发给离婚证明。……"（中国法学会婚姻法学研究会．外国婚姻家庭法汇编．北京：群众出版社，2000：470．）

为 1 个月①。《英国家庭法》规定了反省与考虑期的配套措施②：做出婚姻关系破裂的声明后，当事人双方必须通过 9 个月的反省与考虑期来挽救婚姻或考虑对未来的安排③。

第一千零七十八条

婚姻登记机关查明双方确实是自愿离婚，并已经对子女抚养、财产以及债务处理等事项协商一致的，予以登记，发给离婚证。

本条主旨

本条是关于协议离婚法定程序的规定。

相关条文

本条是在《婚姻法》第三十一条的基础上修改而成，该条规定："……婚姻登记机关查明双方确实是自愿并对子女和财产问题已有适当处理时，发给离婚证。"本条的修改主要体现在：将审查机关需要查明的事项从简单的自愿性、子女和财产问题，拓展为主体的自愿性、子女抚养、财产及债务处理等事项，使之与第一千零七十六条规定的离婚协议应载明的内容相对应。本条内容的修改顺应法典内的逻辑统一性，从当事人角度，使协议离婚的程序更为明确，从审查机关角度，使审查程序更具可操作性。

理解与适用

本条规定体现了《民法典》婚姻家庭编中贯穿的人权平等、人身自由、人本秩序、人文关怀等核心法理思想和权利法定、行为公示、契约维护等具体法理精神④。本条在《婚姻法》第三十一条的基础上，对协议离婚的程序进行补充，明确婚姻登记机关应查明义务的内容，即应查明离婚双方自愿离婚且对子女抚养、财产、债务等事项已协商一致。婚姻登记机关对于符合法定条件的离婚申请予以

① 韩国提倡"离婚熟虑制". 决策与信息，2013（3）；陶建国. 韩国法院离婚案件处理机制中子女利益的保护及其启示. 中国青年政治学院学报. 2014（4）.

② 杨立新，蒋晓华. 对民法典婚姻家庭编草案规定离婚冷静期的立法评估. 河南社会科学，2019（6）.

③ 参见 1996 年《英国家庭法》第 7 条"反省与考虑期"。（英国婚姻家庭制定法选集. 蒋月，等译. 北京：法律出版社，2008：233.）

④ 龙翼飞. 编纂民法典婚姻家庭编的法理思考与立法建议. 法制与社会发展，2020（2）.

登记，为当事人发放离婚证。

一、协议离婚的登记机关

2003年《婚姻登记条例》第二条规定：内地居民办理婚姻登记的机关是县级人民政府民政部门或者乡（镇）人民政府，省、自治区、直辖市人民政府可以按照便民原则确定农村居民办理婚姻登记的具体机关。中国公民同外国人，内地居民同香港特别行政区居民、澳门特别行政区居民、台湾地区居民、华侨办理婚姻登记的机关是省、自治区、直辖市人民政府民政部门或者省、自治区、直辖市人民政府民政部门确定的机关。离婚登记按地域进行管辖。当事人协议离婚的，须到一方户口所在地的婚姻登记机关申请离婚登记。婚姻登记机关的婚姻登记员应当接受婚姻登记业务培训，经考核合格，方可从事婚姻登记工作。婚姻登记机关办理婚姻登记，除按收费标准向当事人收取工本费外，不得收取其他费用或者附加其他义务。

二、协议离婚的具体程序

本编第一千零七十六条、第一千零七十七条以及第一千零七十八条的规定，构成协议离婚的完整程序。

(一) 申请受理

根据第一千零七十六条的规定，当事人双方必须亲自到婚姻登记机关申请离婚登记。离婚是重大的身份行为，不得委托他人代理。《婚姻登记条例》进一步细化了申请程序：申请时，婚姻当事人双方应持本人的户口簿、身份证，本人的结婚证和离婚协议书。离婚协议书须由双方当事人签字或盖章，应当写明双方当事人自愿离婚的意思表示和对子女抚养、财产及债务处理等协商一致的意见①。当事人未持有离婚协议的、一方或双方明显不具备完全民事行为能力的以及其结婚登记不是在中国内地办理的，婚姻登记机关对其离婚登记申请不予受理。

(二) 离婚冷静期

婚姻登记机关收到当事人的离婚登记申请后，并不当场审查和发证，而是进

---

① 《婚姻登记条例》第十一条规定："办理离婚登记的内地居民应当出具下列证件和证明材料：(一）本人的户口簿、身份证；（二）本人的结婚证；（三）双方当事人共同签署的离婚协议书。办理离婚登记的香港居民、澳门居民、台湾居民、华侨、外国人除应当出具前款第（二）项、第（三）项规定的证件、证明材料外，香港居民、澳门居民、台湾居民还应当出具本人的有效通行证、身份证，华侨、外国人还应当出具本人的有效护照或者其他有效国际旅行证件。离婚协议书应当载明双方当事人自愿离婚的意思表示以及对子女抚养、财产及债务处理等事项协商一致的意见。"

入第一千零七十七条规定的离婚冷静期程序。自婚姻登记机关收到离婚登记申请之日起三十日内，任何一方不愿意离婚的，可以向婚姻登记机关撤回离婚登记申请。离婚冷静期不是离婚审查期，其间婚姻登记机关不对当事人的申请做任何实质或形式的审查，婚姻登记机关需要做的只是记录申请离婚登记的时间，确认冷静期的时长。同时，在冷静期内若任何一方当事人来撤回离婚登记申请，婚姻登记机关应办理申请撤回手续。

（三）审查登记

在法定的冷静期届满后三十日内，若双方仍坚持解除婚姻关系的合意，应亲自到婚姻登记机关申请发给离婚证，根据本条的规定，协议离婚进入婚姻登记机关的审查程序。婚姻登记机关应对双方当事人的离婚登记申请依法进行审查，审查内容包括当事人身份与证件的真实性，离婚是否自愿，离婚协议是否对子女抚养、财产以及债务处理等事项做出协商一致的安排。《婚姻登记工作规范》还要求婚姻登记员分开询问当事人的离婚意愿以及对离婚协议内容的意愿①。婚姻登记机关查明双方确实是自愿离婚，并已对子女抚养、财产及债务处理等事项协商一致的，予以登记，发给离婚证。

此后，如离婚证遗失或者损毁，当事人可以持户口簿、身份证向原办理婚姻登记的机关或者一方当事人常住户口所在地的婚姻登记机关申请补领。婚姻登记机关对当事人的婚姻登记档案进行查证，确认属实的，应当为当事人补发离婚证。

三、协议离婚后的相关问题处理

（一）一方对解除婚姻关系反悔

夫妻双方自愿离婚，经合法程序在婚姻登记机关办理了离婚登记并领取了离

---

① 《婚姻登记工作规范》第五十六条规定："婚姻登记员受理离婚登记申请，应当按照下列程序进行：（一）分开询问当事人的离婚意愿，以及对离婚协议内容的意愿，并进行笔录，笔录当事人阅后签名。（二）查验本规范第五十五条规定的证件和材料。申请办理离婚登记的当事人有一本结婚证丢失的，当事人应当书面声明遗失，婚姻登记机关可以根据另一本结婚证办理离婚登记；申请办理离婚登记的当事人两本结婚证都丢失的，当事人应当书面声明结婚证遗失并提供加盖查档专用章的结婚登记档案复印件，婚姻登记机关可根据当事人提供的上述材料办理离婚登记。（三）双方自愿离婚且对子女抚养、财产及债务处理等事项协商一致的，双方填写《申请离婚登记声明书》；《申请离婚登记声明书》中'声明人'一栏的签名必须由声明人在监督人面前完成并按指纹；婚姻登记员作监督人并在监督人一栏签名。（四）夫妻双方应当在离婚协议上现场签名；婚姻登记员可以在离婚协议书上加盖'此件与存档件一致，涂改无效。××××婚姻登记处××年××月××日'的长方形印章。协议书夫妻双方各一份，婚姻登记处存档一份。当事人因离婚协议书遗失等原因，要求婚姻登记机关复印其离婚协议书的，按照《婚姻登记档案管理办法》的规定查阅婚姻登记档案。离婚登记完成后，当事人要求更换离婚协议书或变更离婚协议内容的，婚姻登记机关不予受理。"

婚证的，其婚姻关系正式解除。离婚后，一方对解除婚姻关系反悔，在原婚姻登记机关未撤销离婚登记的情况下，向人民法院提起诉讼的，人民法院不应受理。因婚姻登记机关和人民法院既无隶属关系，性质和职责范围又不同，人民法院对于婚姻登记机关做出的发生法律效力的离婚登记应当予以尊重①。

（二）不履行离婚协议的情形

离婚协议在登记离婚生效后即发生法律效力，当事人一方不按照离婚协议履行应尽义务的，另一方可以就离婚协议中财产分割的条款，向人民法院提起诉讼。《最高人民法院关于适用〈中华人民共和国婚姻法〉若干问题的解释（二）》第八条规定：“离婚协议中关于财产分割的条款或者当事人因离婚就财产分割达成的协议，对男女双方具有法律约束力。当事人因履行上述财产分割协议发生纠纷提起诉讼的，人民法院应当受理。”

（三）对子女抚养、财产或债务的安排反悔

双方经婚姻登记机关办理协议离婚后，对子女抚养、财产或者债务问题反悔而发生纠纷，应在有效期限内提请人民法院处理。《最高人民法院关于适用〈中华人民共和国婚姻法〉若干问题的解释（二）》第九条规定：“男女双方协议离婚后一年内就财产分割问题反悔，请求变更或者撤销财产分割协议的，人民法院应当受理。人民法院审理后，未发现订立财产分割协议时存在欺诈、胁迫等情形的，应当依法驳回当事人的诉讼请求。”

典型案例

离婚协议的效力——张某诉南京市玄武区民政局离婚登记案②

【案情】

被告南京市玄武区民政局于2003年12月9日，以离婚登记申请人封某、张某提交的证件齐全为由，同意为其办理了离婚登记，发出苏宁玄字第865号离婚证，并在封某、张某的结婚证上加盖了“双方已离婚，证件已作废”的印章。

原告张某诉称：2005年5月8日，原告与封某的离婚诉讼一案在玄武区人民法院开庭，在庭审中原告得知，封某在原告未到场且不知情的情况下，私自到玄武区民政局办理了离婚手续，并领取了离婚证，离婚证号为苏宁玄字第865号，时间为2003年12月9日。而原告当时在国外未曾回国，故请求撤销苏宁玄字第

① 杨大文，龙翼飞．婚姻家庭法．7版．北京：中国人民大学出版社，2018：141.

② 审理法院为江苏省南京市玄武区人民法院，案号：（2005）玄行初字第32号。

865号离婚证。

被告辩称：原告张某与封某于1997年7月登记结婚。2003年12月9日双方持结婚证、身份证及户口簿等证件的原件，按照《婚姻登记条例》的有关规定，向登记机关申请离婚。登记机关在审查了张某、封某的申请离婚登记申明书、离婚协议书和有关证件的真实性后，依法批准了当事人的离婚申请，并于当日向他们发放了离婚证。现张某以离婚时的“女方”不是自己为由，向法院起诉登记机关，要求撤销离婚登记。由于没有其他证据予以佐证，现在不能确认申请离婚时的当事女方不是张某本人这一事实。如果登记有误，相关的法律责任完全应当由婚姻当事人自己承担。

第三人封某述称：2003年12月9日张某在国外没有回来，我到民政局办理了离婚手续，当时张某没有到场，民政局也批下来了，现认为离婚登记应当予以撤销。

【争议焦点】

办理离婚登记时，在一方未到场的情况下另一方持伪造的离婚协议申请离婚登记，民政局做出批准离婚申请发给离婚证的决定，未到场的一方以此申请确认离婚登记无效的，人民法院是否应支持?

【裁判】

南京市玄武区人民法院根据上述事实和证据认为：根据《中华人民共和国婚姻法》第三十一条的规定，男女双方自愿离婚的，准予离婚。双方必须到婚姻登记机关申请离婚。婚姻登记机关查明双方确实是自愿并对子女和财产问题已有适当处理时，发给离婚证。被告区民政局为辖区内的婚姻登记机关，原告与第三人为离婚登记的男女两方当事人。《婚姻登记条例》第十二条规定，办理离婚登记的当事人有下列情形之一的，婚姻登记机关不予受理，其中第（一）项规定：未达成离婚协议的。

根据庭审查明的事实，法院确认被告区民政局存档的“离婚协议书”上女方签名不是原告张某本人所签，因此，该“离婚协议书”不能作为确认原告与第三人达成离婚协议的证据。另依据司法鉴定得出的结论和原告、第三人的陈述，可以认定，2003年12月9日原告张某未能与第三人封某共同到被告区民政局申请办理离婚登记。在此情况下，被告予以受理，并办理了原告张某与第三人封某的离婚登记，发出离婚证，不符合《中华人民共和国婚姻法》第三十一条的规定，也不符合《婚姻登记条例》第十二条第（一）项、第十三条的规定。被告办理的离婚登记和发出的苏宁玄字第865号离婚证无效。

南京市玄武区人民法院依据《最高人民法院关于执行〈中华人民共和国行政

诉讼法〉若干问题的解释》第五十七条第二款第（三）项的规定，判决如下：确认被告南京市玄武区民政局于2003年12月9日办理的离婚登记和发出的苏宁玄字第865号离婚证无效。本案案件受理费100元，鉴定费用1 100元，合计1 200元，由被告负担100元，第三人负担1 100元。

【典型意义】

夫妻双方自愿离婚并已对子女抚养和财产、债务问题达成协议的，双方必须到婚姻登记机关申请离婚登记。婚姻登记机关查明上述事实后，准予离婚并发给离婚证。《婚姻登记条例》第十二条规定，办理离婚登记的当事人未达成离婚协议的，婚姻登记机关不予受理。因此，当事人在申请离婚登记时，应符合两个条件：第一，当事人双方均应到场。第二，双方当事人对子女抚养和财产、债务问题已达成一致协议。在此条件下婚姻登记机关应准予离婚。如果一方未到场，另一方持伪造的离婚协议申请离婚的，婚姻登记机关不应做出离婚登记；违法登记的，未到场的当事人有权申请确认离婚登记行为无效，人民法院应当支持其诉讼请求。

第一千零七十九条

夫妻一方要求离婚的，可以由有关组织进行调解或者直接向人民法院提起离婚诉讼。

人民法院审理离婚案件，应当进行调解；如果感情确已破裂，调解无效的，应当准予离婚。

有下列情形之一，调解无效的，应当准予离婚：

（一）重婚或者与他人同居；

（二）实施家庭暴力或者虐待、遗弃家庭成员；

（三）有赌博、吸毒等恶习屡教不改；

（四）因感情不和分居满二年；

（五）其他导致夫妻感情破裂的情形。

一方被宣告失踪，另一方提起离婚诉讼的，应当准予离婚。

经人民法院判决不准离婚后，双方又分居满一年，一方再次提起离婚诉讼的，应当准予离婚。

本条主旨

本条是关于离婚的诉讼外调解和诉讼离婚的规定。

相关条文

本条整合了《婚姻法》第三十二条，《最高人民法院关于适用〈中华人民共和国婚姻法〉若干问题的解释（一）》第一条、第二条、第九条、第二十二条，《最高人民法院关于人民法院审理离婚案件如何认定夫妻感情确已破裂的若干具体意见》，《最高人民法院关于一般公民夫妇间一方没有音讯另一方申请离婚的处理问题的批复》，《最高人民法院关于人民群众夫妇间因一方下落不明，另一方坚持要求离婚问题的批复》的相关内容。本条的修改主要体现在：将“男女”改为“夫妻”，以符合整编的语言体系；将诉讼前调解的主体由“有关部门”改为“有关组织”；吸收了《最高人民法院关于人民法院审理离婚案件如何认定夫妻感情确已破裂的若干具体意见》第7条的规定，将“经人民法院判决不准离婚后，双方又分居满一年，一方再次提起离婚诉讼的”列为准予离婚的法定情形。

理解与适用

本条规定体现了《民法典》婚姻家庭编中贯穿的人权平等、人身自由、人格尊严、人本秩序、人文关怀等核心法理思想，以及权利法定、契约维护、行为公示、禁止权利滥用和公序良俗等具体法理精神①。

一、诉讼离婚的本质与特征

诉讼离婚是指夫妻不能就离婚问题达成合意，或虽就离婚问题达成合意但对子女抚养、财产分割及债务处理等法定必要事项不能达成合意时，夫或妻基于一定原因向法院请求离婚，而法院通过诉讼程序，调解离婚，或认为有理由时以判决解除其婚姻关系②。各国因立法传统、婚姻观念、社会背景的不同，在诉讼离婚制度的设立方面多有差别。在管辖方面，有的由普通法院管辖，有的由民事法院管辖，有的则由专门的家庭法院管辖。从适用的范围看，在实行单一诉讼离婚制度的国家，不论是合意的还是片意的离婚一律要经过裁判程序，而在兼采协议离婚制度的国家，诉讼离婚只适用于当事人双方有争议的离婚纠纷。从法院裁判离婚的法律原则看，则有过错原则、破裂原则、目的原则等③。

诉讼离婚制度具有以下特征：

---

① 龙翼飞．编纂民法典婚姻家庭编的法理思考与立法建议．法制与社会发展，2020（2）．

② 余延满．亲属法原论．北京：法律出版社，2007：326．

③ 杨大文．亲属法与继承法．北京：法律出版社，2013：149．

第一，诉讼离婚是夫妻双方对解除婚姻关系有争议的离婚。对于没有争议的两愿离婚可以通过协议离婚的方式完成，有争议时才需要求助诉讼程序解决。双方的争议既包括对是否解除婚姻关系的争议，亦包括对子女抚养、财产分割或债务清偿安排的协商无法达成一致。

第二，诉讼离婚中，人民法院对争议处理起主导作用。当事人诉请离婚的，人民法院须进行能动的查证与裁决，而不是被动的认可和批准，人民法院应当对当事人提出的离婚请求和理由进行审查，是否准予离婚取决于人民法院的依法裁量。人民法院既可以判决准予离婚，也可以依法驳回当事人的请求。人民法院依法做出的调解和判决，在发生法律效力后，即具有强制执行力。如果一方当事人不履行调解书和判决书中所确定的义务，人民法院可依另一方当事人的申请予以强制执行①。

第三，诉讼离婚应遵循法定的裁判原则。人民法院裁判时必须严格执行法律规定的离婚条件。人民法院审理诉讼离婚案件时，必须按照法律要求查明当事人诉请离婚的理由、双方的感情现状、是否有和好的可能，并且对离婚的后果，如子女抚养、财产分割、债务清偿等问题做出全面的审查、必要的诉讼调解与最终的裁判。

二、诉讼离婚的程序

《民法典》婚姻家庭编第一千零七十九条第一款和第二款规定："夫妻一方要求离婚的，可以由有关组织进行调解或者直接向人民法院提起离婚诉讼。人民法院审理离婚案件，应当进行调解；如果感情确已破裂，调解无效的，应当准予离婚。"依照上述规定，一方要求离婚的程序分为两部分：第一，诉讼外调解程序；第二，诉讼离婚的具体程序。

（一）关于诉讼外调解

本条规定的诉讼外调解，是诉讼外的民间调解，指夫妻一方要求离婚的，可以先经过有关组织进行调解的程序。关于"有关组织进行调解"，应当明确以下三点：

第一，本条所规定的调解是诉讼外的民间调解。"有关组织"在实践中通常指当事人所在单位、群众团体、居民委员会或村民委员会、基层调解组织、法律服务机构等。由这些组织主持的调解，有别于司法调解。诉讼外调解不属于诉讼离婚程序，为了法条表述的逻辑性以及简洁性，在此处一并加以说明。

① 胡康生．中华人民共和国婚姻法释义．北京：法律出版社，2001：131.

第二，对离婚纠纷进行诉讼外调解，比较符合我国民间关于家事纠纷通过调停解决的优良传统习惯。以这种方式介入婚姻纠纷，可以使当事人少伤和气，符合当事人的心理，易为当事人所接受①。相关组织对各类家事纠纷的处理往往有较丰富的经验，容易抓住矛盾重点进行说服教育和疏导工作，从而更易于化解纠纷，防止矛盾激化，在良好的气氛中有效、妥善、及时地解决家事争端，增强团结，减少涉讼离婚案件。

第三，我国法律规定的离婚诉讼外调解，并不是法定的离婚诉讼前置性调解程序。有关组织应当坚持自愿、合法的原则，不得强制或变相强制当事人达成某项协议，也不得阻止或妨碍当事人就离婚问题向人民法院提起诉讼。我国法律规定的离婚诉讼外调解，无论在实体法上还是在程序法上都是任意性规范，不是离婚的必经法定程序。当事人可以寻求和接受这种调解，也可以直接向人民法院起诉；当事人即使接受了调解仍有权随时要求终止。该种调解的结果并无行政法上的或民事法律上的约束力，任何人或组织均不得强制执行。

（二）诉讼离婚的具体程序

1. 管辖

根据我国《民事诉讼法》和《最高人民法院关于适用〈中华人民共和国民事诉讼法〉若干问题的意见》的规定，离婚诉讼原则上应由被告住所地人民法院管辖；被告离开住所地超过一年的，由原告住所地人民法院管辖；双方离开住所地超过一年的，由被告经常居住地人民法院管辖，没有经常居住地的，由原告起诉时居住地的人民法院管辖；被告不在中华人民共和国领域内居住、下落不明或者宣告失踪、被监禁的，由原告住所地或者经常居住地人民法院管辖；非军人对非文职军人提起离婚诉讼的，由原告住所地人民法院管辖；双方当事人都是军人的，由被告住所地或者被告所在的团级以上单位驻地的人民法院管辖；中国公民双方在国外但未定居，一方向人民法院起诉离婚的，由原告或者被告原住所地的人民法院管辖②。

2. 调解

本条第二款前段规定："人民法院审理离婚案件，应当进行调解"。这表明调解活动是人民法院审理离婚案件的必经程序。但人民法院进行调解应当以当事人可以调解为前提，当事人确因特殊情况无法出庭参加调解的，除本人不能表达意

① 王洪．婚姻家庭法．北京：法律出版社，2003：176.

② 参见《中华人民共和国民事诉讼法》第十七条、第十八条、第十九条、第二十条，《最高人民法院关于适用〈中华人民共和国民事诉讼法〉若干问题的意见》第 11 条、第 12 条、第 13 条、第 14 条、第 15 条、第 16 条。

志的以外，应当出具书面意见。

人民法院对离婚案件进行调解时，应贯彻自愿原则与合法原则。首先，对于离婚案件的调解，虽然人民法院起主导作用，且是在审判人员的主持下进行，但应坚持自愿原则。当事人是否可以达成离婚或者不离婚的协议以及当事人达成协议的具体内容，都应是建立在双方平等自愿协商的基础之上，人民法院应充分尊重当事人双方的自愿性与平等性，不能强迫当事人达成协议或者久调不决影响诉讼程序。其次，调解应坚持合法原则。人民法院必须严格遵守法定程序要求，接受审限的约束。对当事人经过调解所达成的离婚协议，只有在符合法律规定的情况下，人民法院才能认可与批准。

将调解作为人民法院审理离婚纠纷案件的必经程序，是基于离婚纠纷案件所具有的身份关系诉讼的特点。通过调解结案，有利于妥善解决当事人双方的矛盾，减轻与弥合精神创伤，妥善、合理地处理各种纷争。人民法院在诉讼内的调解，可能会出现三种结果：第一是双方和好。在这种情况下，人民法院应将和好协议的内容记入笔录，按撤诉处理。第二是双方达成全面的离婚协议。在这种情况下，人民法院应当制作调解书。离婚调解书经双方当事人签收后即具有法律效力。无民事行为能力人的法定代理人与对方达成协议并要求发给判决书的，人民法院可根据协议内容制作判决书。第三是调解无效。在既不能达成和好的协议，又不能达成离婚的协议时，离婚诉讼继续进行。

3. 审理与判决

对于调解无效的离婚案件，人民法院应遵照以事实为根据、以法律为准绳的审判工作原则，依法作出判决。依照民事诉讼法的规定，人民法院在审理离婚案件时，当事人申请不公开审理的，可以不公开审理，但应当一律公开宣告判决。人民法院可以依法判决离婚，也可以依法判决不准离婚。一审判决离婚的，人民法院在宣告判决时必须告知当事人在判决发生法律效力前不得另行结婚。当事人不服一审判决的，有权依法提起上诉。第二审人民法院审理上诉案件可以进行调解。经调解双方达成协议的，自调解书送达时起原审判决即视为撤销；第二审人民法院作出的判决是终审判决。凡判决不准离婚和调解和好的离婚案件，没有新情况、新理由，原告在6个月内又起诉的，人民法院不予受理。

三、诉讼离婚的条件

诉讼离婚的条件，也称法院判决离婚的原因，是当事人提请诉讼解除婚姻关系的依据和理由，也是法院判决是否准予离婚的标准和依据。

（一）历史发展

诉讼离婚的条件，是当事人是否可以通过诉讼程序解除婚姻关系的关键。这个条件的界限，关乎无数家庭的维系与破裂，是一个复杂又重大的问题。自新中国成立以来，人民法院在司法实践中一直对诉讼离婚的条件进行研究和总结，积累了许多宝贵的经验，为立法所确定的破裂主义原则打下了理论与实践的基础。

1950年6月《中央人民政府法制委员会有关婚姻法施行的若干问题与解答》中提出“有正当原因不能继续夫妻关系的，应作准予离婚的判决；否则也可作不准予离婚的判决”。显然，此时的立法解释是以“有正当原因不能继续夫妻关系的”作为人民法院判决准予离婚的法定条件。

1953年3月《中央人民政府法制委员会有关婚姻问题的解答》强调：“经调解无效而又确实不能继续维持夫妻关系的，应准予离婚。如经调解虽然无效，但事实证明他们双方并非到确实不能继续同居的程度，也可以不批准离婚。”此时的立法解释取消了“有正当原因”的规定，但仍以“不能继续维持夫妻关系的”或“确实不能继续同居的”作为判决准予当事人离婚的法定条件。

1979年2月2日《最高人民法院关于贯彻执行民事政策法律的意见》在重申原有的立法解释之后，又提出“如果经过一定时期的工作，事实证明夫妻关系确已破裂，不能恢复和好的，法院应做好坚持不离一方和有关方面的工作，调解或者判决准予离婚。如果一方由于受虐待等重要原因，坚决要求离婚，夫妻关系确已破裂，无法恢复和好的，亦应调解或判决准予离婚”。最高人民法院在这一司法解释中，特别强调“夫妻关系确已破裂，无法恢复和好的”，应调解或判决准予离婚。

1980年《婚姻法》将“感情确已破裂”作为诉讼离婚的唯一实质性要件，实行单一的破裂主义原则，但并没有就具体的离婚理由做出规定。这种立法规定的内容非常概括，在司法实践中存在着弹性过大、难于操作的问题。为了统一司法尺度，给各级人民法院提供必要的依据，1989年《最高人民法院关于人民法院审理离婚案件如何认定夫妻感情确已破裂的若干具体意见》列举了可以视为感情破裂的13种情形，这虽然在一定程度上弥补了法条的不足，有利于避免法官任意，但是也存在明显的缺陷：第一，司法解释毕竟不是正式法律，只适用于审判活动，缺乏国家法律所应具有的权威性。第二，它在理论上存在若干漏洞，所列举的13种情形并非都能归于“感情确已破裂”的范畴，如“一方有生理缺陷，或其他原因不能发生性行为，且难以治愈的”，以及“一方在夫妻共同生活期间患精神病，久治不愈的”等等，应属影响婚姻目的实现的客观事由，而“一方患有法定禁止结婚疾病的”和“一方欺骗对方，或者在结婚登记时弄虚作假，骗取

《结婚证》的”，则属于婚姻无效或者可撤销的原因。同时，有学者在进行了充分的比较分析后指出，单一破裂主义的立法原则并不完全符合我国国情和法律传统①。因此，经过2001年《婚姻法》的修正，诉讼离婚的实质性条件较之前的单一性标准，有了大幅度的修改和补充，其特点是在坚持实行破裂主义离婚原则的同时，增加了一方有法定过错的离婚理由，同时也有了目的主义的条款。因此，可以认为，我国现行法律关于判决准予离婚的条件，已经不再采用抽象的破裂主义，而是在一定程度上实行混合主义立法。这样的立法规定是符合客观规律和司法实践需要的，并为因一方过错导致离婚时的精神损害赔偿提供了法律上的根据②。

（二）现行法律规定

《民法典》婚姻家庭编第一千零七十九条对诉讼离婚条件的规定，既有概括性的条款，又有列举性的条款。

1. 概括性条款

本条规定的概括性条款是：如果感情确已破裂，调解无效的，应当准予离婚。

（1）感情确已破裂和调解无效的关系。

关于夫妻感情确已破裂和调解无效的关系，有学者认为，感情破裂是内在的原因，而调解无效是外在的表现，既然互为表里，就不存在孰轻孰重的问题。这种认识是不够准确的。实际上，这一法律条文是将实质要件和程序要件置于一条之中处理的，在规范的性质上存在着明显的区别。其中，“调解无效”只是程序上的要求，而“感情确已破裂”才是实质性条件。所谓“调解无效”，广义上应该包括调解和好无效和调解离婚无效两种可能。在许多情况下，调解无效并不意味着感情确已破裂，不一定表明婚姻关系无法继续维持，有可能为了未成年子女的利益双方愿意和好；而感情确已破裂也只能是调解和好无效，并不表现为调解离婚无效。可见，调解无效与夫妻感情确已破裂的含意并不相同，调解无效并不等于夫妻感情确已破裂，所以不应把调解无效作为夫妻感情确已破裂的依据或标志。

（2）如何判断夫妻感情是否确已破裂。

判断夫妻感情是否确已破裂，在处理离婚纠纷案件中是一个既非常关键又相当复杂的问题。早在1963年，《最高人民法院关于贯彻执行民事政策几个问题的

① 陶毅，明欣．离婚：单一破裂主义或混合主义．法学研究，1999（6）．

② 杨大文．亲属法与继承法．北京：法律出版社，2013：156．

意见》中就指出："在处理离婚案件中，最主要最难掌握的问题是如何划清离与不离的基本原则界限问题。在这个问题上，我们认为，首先是从他们的婚姻基础（指自由结合还是包办）、婚后感情和离婚的原因，来查清夫妻关系是否还可以维持；其次要充分考虑子女的利益和社会的影响。"1979年《最高人民法院关于贯彻执行民事政策法律的意见》中又指出："夫妻关系是否确已破裂和能否恢复和好，要看他们的婚姻基础、婚后感情、发生纠纷的原因和责任，以及夫妻关系的现状……审理具体案件，还要考虑子女的利益和社会影响。"1989年《最高人民法院关于人民法院审理离婚案件如何认定夫妻感情确已破裂的若干具体意见》中归纳指出："判断夫妻感情是否确已破裂，应当从婚姻基础、婚后感情、离婚原因、夫妻关系的现状和有无和好的可能等方面综合分析。"

2. 列举性条款

本条规定了可以认定夫妻感情确已破裂的七种情形：

第一，重婚或与他人同居。重婚或与他人同居，违背了夫妻应当互相忠实的法律要求，严重破坏了正常的夫妻关系。如果夫妻一方有这两种行为之一，他方要求解除婚姻关系，经调解无效的，应准予离婚。

第二，实施家庭暴力或者虐待、遗弃家庭成员。家庭暴力、虐待和遗弃行为是我国法律所严格禁止的，构成犯罪的应当依法追究刑事责任。一方以他方有上述行为提出离婚调解无效的，人民法院应准予离婚。此处应注意，一方面要把握该类行为的程度，仅是偶尔实施且性质不严重，也未造成严重后果的，应当在批评教育加害人的同时，做好调解和好的工作。另一方面，《民法典》婚姻家庭编的此条规定并没有将家庭暴力、虐待和遗弃行为的受害人限定于配偶一方，应将其扩大解释为对任何家庭成员实施上述行为均可以作为判决准予离婚的理由。

第三，有赌博、吸毒等恶习屡教不改。赌博、吸毒既为法律严格禁止，又会导致严重危害婚姻家庭关系的后果。夫妻一方以他方有这些恶习且屡教不改为理由诉请离婚的，如调解无效，亦应予以支持。适用这条规定时也应注意两方面的问题：一方面，作为判决离婚的理由，一方有赌博、吸毒等行为应当已经形成"恶习"，即表现为是长期的、严重的，且属于"屡教不改"的。如果仅是偶尔的赌博、吸毒行为，或者经教育已经改正的，不能成为判决准予离婚的理由。另一方面，本项规定是一种例示性的规定。婚姻当事人有赌博、吸毒之外的其他屡教不改的恶习，致使夫妻感情确已破裂，调解无效的，也应判决准予离婚。

《最高人民法院关于适用〈中华人民共和国婚姻法〉若干问题的解释（一）》曾特别指出，人民法院审理离婚案件，符合上述"应当准予离婚"情形的，不应当因当事人有过错而判决不准离婚。

第四，因感情不和分居满二年。许多大陆法系国家的法律，如法国民法、德国民法等均将夫妻分居达一定期间作为判断婚姻关系破裂的主要理由。我国《民法典》婚姻家庭编的本条规定确定了因感情不和分居满二年的，调解无效，应准予离婚。在适用本条法律规定时，应特别注意以下两点：一是双方当事人分居的原因只能是“感情不和”，而不包括出于其他原因，例如因生病住院或者长期派驻外地出差的分居。二是当事人分居的时间已满二年，即必须是二年以上连续不间断地分居。分居期间不得累加。夫妻因感情不和多次分居，但因暂时和好而恢复共同生活的，不能将前后几次的分居期间相加，而应从起诉离婚前的最后一次分居之日起连续不间断地满二年①。符合上述条件，调解无效的，自可认为当事人的夫妻感情确已破裂，应准予离婚。

第五，有其他导致夫妻感情破裂的情形，且调解无效的，人民法院也可判决离婚。这是一条补充性的、富有弹性的兜底规定，除上述四种情况外，其他原因导致夫妻感情破裂的均可适用本规定。如一方患有严重的精神病，久治不愈的；一方被判处长期徒刑，或其违法犯罪行为严重伤害夫妻感情的；夫妻双方性格不合，难以共同生活的；双方性生活不协调的；等等。做出这样的规定，既有利于从实际出发，正确处理离婚案件，又给了法官一定的自由裁量权，使法官可以根据具体情况做出独立的判断。法官做出的判断极大地影响着当事人的权益和幸福，行使这种自由裁量权时应当慎之又慎。

第六，一方被宣告失踪。本条第四款规定：“一方被宣告失踪，另一方提起离婚诉讼的，应当准予离婚。”宣告死亡原则上能在私法领域产生与自然死亡同样的法律效力，即宣告死亡的法律效力之一就是导致当事人婚姻关系的终止；而宣告失踪的法律效力只是为被宣告者设置财产的代管人，当事人之间的婚姻关系并不因此而终止。但是，一方被宣告失踪的法定条件之一是下落不明二年以上，婚姻生活中止如此之长的时间，夫妻关系已经名存实亡，另一方提出离婚请求的，理应准许。

第七，经人民法院判决不准离婚后，双方又分居满一年。本条第五款的规定是《民法典》婚姻家庭编新增的条款，是法定判决离婚理由的新情形。在人民法院判决不准离婚后，双方又分居满一年，一方再次提起离婚诉讼时，应当准予离婚。对于本款应注意以下几点理解：第一，该情形的适用前提是法院已经有一次不准离婚的判决，这意味着双方当事人就离婚曾向法院提起诉讼，并经历了诉讼前调解、诉讼审理以及判决的过程；第二，原审理过程中当事人双方的相关情况

① 王洪．婚姻家庭法．北京：法律出版社，2003：179.

使得法院认为双方感情没有完全破裂，并期待双方重归于好；第三，前述不准离婚的判决并没有使双方重归于好，双方又分居满一年，一方再次提起离婚诉讼。在此种情形下，双方对于继续婚姻生活已无期待，属于感情确已破裂的情形，因此应当准予离婚。

典型案例

因吸毒恶习调解无效的离婚——马某与张某离婚纠纷上诉案①

【案情】

原审判决认定：张某（被上诉人）与马某（上诉人）于2005年5月10日在庆阳市西峰区民政局登记结婚。2005年9月9日生一女孩，取名马某甲，现就读于庆阳市西峰区某小学。2007年9月15日生一男孩，取名马乙。在婚后共同生活中，双方常因家庭琐事发生纠纷，且马某吸食毒品。张某于2013年10月8日提起离婚诉讼后，于2013年11月25日申请撤回起诉。马某因非法持有毒品罪羁押于庆阳市西峰区看守所，张某于2014年6月17日又以夫妻感情彻底破裂为由，提起离婚诉讼。

原审法院审理认为：张某、马某在婚后共同生活中，常因家庭琐事发生纠纷，且马某吸食毒品，更因犯非法持有毒品罪被判有期徒刑致使夫妻感情彻底破裂，故对张某提出的离婚诉讼请求，应予准许。女儿马某甲、儿子马乙年龄均未满18周岁，对于子女的抚养，应从有利于其身心健康、保障其合法权益出发，结合父母双方抚养能力和抚养条件等具体情况进行处理。因马某在看守所服刑，不便抚养照顾子女，为了孩子的健康成长，故婚生女马某甲、婚生子马乙由张某抚养较为适宜，抚养费由张某负担。遂依据《中华人民共和国婚姻法》第三十二条之规定，判决：(1) 准予张某与马某离婚。(2) 婚生女马某甲、婚生子马乙由张某抚养，抚养费由张某负担。案件受理费300元，由张某、马某各负担150元。

上诉人马某不服上述民事判决，上诉称：(1) 一审法院对于二人是否符合离婚条件的问题认定事实不清，适用法律错误，作出准予上诉人与被上诉人离婚的判决不当。首先，一审法院认定上诉人与被上诉人夫妻感情确已破裂无相关证据证实。其次，被上诉人起诉离婚之时，上诉人尚在看守所服刑，开庭时尚有五十天刑满释放，一审法院没有给上诉人一个充分表达自己心愿和和好态度的机会，

① 一审法院为甘肃省庆阳市西峰区人民法院，案号：(2014) 庆西民初字第1485号；二审法院为甘肃省庆阳市中级人民法院，案号：(2014) 庆中民终字第640号。

贸然作出准予离婚的判决错误。依据法律规定，离婚案件应当进行调解，在调解不能的情况下才能作出准予离婚的判决。被上诉人在无正当理由及证据证明的情况下，没有出庭参加诉讼，这对于案件事实的查明存在一定影响。法庭在看守所开庭审理过程中，也并未充分考虑上诉人意见，给予其充分的发言和答辩机会，程序上存在瑕疵。最后，上诉人曾经吸食毒品，后来涉及毒品犯罪，主要是因为交友不慎，误入歧途，才给被上诉人及家庭带来了莫大的伤害。经过十个月的服刑改造之后，上诉人已经深刻认识到了自己行为的过错，并深感愧疚。出狱后，上诉人决心洗心革面，重新把自己融入家庭和社会的角色之中，用实际行动来弥补自己对妻子、孩子、家人带来的伤害。(2) 一审法院对孩子抚养权归属问题判决错误。被上诉人现在没有固定职业，经济收入不稳定，难以给孩子提供一定的物质生活保障。被上诉人还患有胆结石，难以全面尽到抚养、教育孩子的义务。而上诉人虽刚刑满释放，但是上诉人家中征地补偿获得了一大笔补偿款，经济能力较好，能够在经济上为抚养孩子提供有利条件。被上诉人从 2013 年 4 月左右开始参与“传销”活动，变卖家庭财产，对家庭经济、上诉人及孩子的生活造成了严重的负面影响。上诉人现决心悔过，决定重归家庭，扮演好一名父亲的角色。一审法院将两个孩子的抚养权全部判归女方，除对上诉人造成伤害之外，还严重伤害了上诉人父母及其他近亲属的心。综合考虑上诉人与被上诉人的各方面情况，上诉人抚养孩子对于孩子成长更为有利，抚养费用按规定由被上诉人与上诉人均担。(3) 2008 年，上诉人与被上诉人夫妻二人以价款 104 000 元在西峰区董志镇冯堡村购买院落一处，现价值约 200 000 元，请二审法院依据相关法律规定予以处理。上诉请求：(1) 请求二审法院依法改判不准予上诉人与被上诉人离婚；(2) 若被上诉人执意离婚，上诉人同意离婚并要求依法改判两个孩子由上诉人抚养，并要求被上诉人一次性支付抚养费人民币 89 769.5 元。(3) 分割夫妻共同财产——西峰区董志镇冯堡村院落一处。

【裁判】

二审法院认为：关于上诉人马某请求改判不准予上诉人与被上诉人离婚的问题。人民法院审理离婚案件，应当进行调解；如感情确已破裂，调解无效，应准予离婚。《中华人民共和国婚姻法》第三十二条第三款规定：“有下列情形之一，调解无效的，应准予离婚：……(三) 有赌博、吸毒等恶习屡教不改的；……”《最高人民法院关于人民法院审理离婚案件如何认定夫妻感情确已破裂的若干具体意见》规定：凡属下列情形之一的，视为夫妻感情确已破裂。一方坚决要求离婚，经调解无效，可依法判决准予离婚。其中第 11 项规定：“一方被依法判处长期徒刑，或其违法、犯罪行为严重伤害夫妻感情的。”上诉人马某吸毒且因非法持有毒品罪被判处刑罚，一审法院依据以上在案事实，认定上诉人马某与被上诉人张某感情确已破裂正确，且上诉人在一审庭审中明确表示不同意调解，故原审法院未经调解径行判决准予双方解除婚姻关系并无不妥。关于上诉人马某诉称一审时“被上诉人在无正当理由及证据证明的情况下，没有出庭参加诉讼，这对于案件事实的查明存在一定影响”的问题。一审时张某虽未出庭，但其委托代理人出庭参加诉讼，且向法庭提交了兰州大学第二医院疾病诊断证明书，证明其因病不能到庭参加诉讼。根据《中华人民共和国民事诉讼法》第六十二条“离婚案件有诉讼代理人的，本人除不能表达意思的以外，仍应出庭；确因特殊情况无法出庭的，必须向人民法院提交书面意见”之规定，一审法院审判程序合法，上诉人马某诉称一审程序存在瑕疵的理由于法无据。关于子女抚养及探视权问题。《中华人民共和国婚姻法》及《最高人民法院关于人民法院审理离婚案件处理子女抚养问题的若干具体意见》等均规定，子女抚养应从有利于子女身心健康、保障子女的合法权益出发，结合父母双方的抚养能力和抚养条件等具体情况妥善解决。上诉人马某因吸毒患有海洛因依赖症，有陕西省利民戒毒脱瘾治疗中心的出院证在卷为证，该出院证载明姓名“马某”、入院时主要诊断“海洛因依赖”、住院天数“4天”（2012年8月4日至2012年8月8日）、治疗效果“好转”。上诉人马某在二审时辩称并非其本人入院治疗，而是陪朋友韩某入院治疗，但未提供证据予以证实，且根据卫生部、公安部、司法部联合印发的《戒毒医疗服务管理暂行办法》第二十九条第二款“开展戒毒医疗服务的医疗机构应当要求戒毒人员提供真实信息”之规定，应认定该出院证上载明的住院人系马某本人。后上诉人马某于2013年11月11日因非法持有毒品被公安机关抓获，并于2014年3月4日以非法持有毒品罪被判处有期徒刑十个月，距戒毒出院约一年三个月，其仍未戒除毒瘾。此次刑满释放距本次上诉仅三个月有余，其是否彻底戒除毒瘾、海洛因依赖症是否痊愈尚无定论。上诉人马某称被上诉人张某涉嫌非法传销，不适宜抚养子女，但未提供证据证实。上诉人马某与被上诉人张某的婚生女马某甲、婚生子马乙均未成年，从有利于子女身心健康、保障子女的合法权益出发，马某甲、马乙均由被上诉人张某抚养更为适宜，一审法院对子女抚养判处适当。关于上诉人马某二审庭审时主张的原审法院遗漏子女探视权问题。《中华人民共和国婚姻法》第三十八条第一款明确规定：“离婚后，不直接抚养子女的父或母，有探望子女的权利，另一方有协助的义务。”探视子女的权利属于法律明确规定的权利，不抚养子女的一方依法行使即可，原审法院未明示亦并无不妥。关于上诉人马某上诉请求增加分割夫妻共同财产——西峰区董志镇冯堡村院落一处的问题。上诉人马某一审庭审接受法庭询问时明确回答“没有什么夫妻共同财产”，即使的确存在夫妻共同财产，根据《中华人民共和国民事诉讼法》第十三条“民事诉讼应当遵循诚实信用原则”之规定，上诉人马某违反诚信原则，不如实回答法庭询问造成的不利后果应由其本人承担。二审期间，上诉人马某亦未能提供新证据证明原审就已查明的事实存在遗漏夫妻共同财产的于法不符之处，原审在已查明事实基础之上，所作的判处未涉及财产分割符合法律规定，与法不悖。同时本院综观全案，一审中当事人均未提及该财产的分割，故上诉人马某二审期间提出分割该财产属于新的诉请，根据《最高人民法院关于适用〈中华人民共和国民事诉讼法〉若干问题的意见》第184条的规定，“在第二审程序中，原审原告增加独立的诉讼请求或原审被告提出反诉的，第二审人民法院可以根据当事人自愿的原则就新增加的诉讼请求或反诉进行调解，调解不成的，告知当事人另行起诉”。现因被上诉人张某经合法传唤未到庭，调解工作无法进行，由此本院认为可在其证据完备后另行诉讼主张，以保护双方的诉讼权利。综上所述，原审认定事实清楚，审判程序合法，判处并无不当。故依照《中华人民共和国民事诉讼法》第一百七十条第一款第（一）项、第一百七十五条之规定，判决如下：驳回上诉，维持原判。二审案件受理费300元，由上诉人马某负担。本判决为终审判决。

【典型意义】

在离婚纠纷中，并非一方有吸毒行为，另一方起诉就一定能离婚。吸毒一方屡教不改，一贯不履行家庭义务，因吸毒给家庭造成重大负面影响，另一方对其改过自新已丧失信心，夫妻难以共同生活，确无和好可能的，对方坚持起诉离婚，人民法院经调解无效，应准予离婚。

第一千零八十条

完成离婚登记，或者离婚判决书、调解书生效，即解除婚姻关系。

本条主旨

本条是关于解除婚姻关系的形式要件的规定。

相关条文

本条是《民法典》婚姻家庭编的新增条文，《婚姻法》未对解除婚姻关系的形式要件做统一规定。本条对协议离婚与诉讼离婚两种情形下解除婚姻关系的形式要件做了总结性规定：完成离婚登记，或者离婚判决书、调解书生效，即解除婚姻关系。

理解与适用

本条规定体现了《民法典》婚姻家庭编中贯穿的人本秩序的核心法理思想和行为公示的具体法理精神①。

离婚是夫妻双方在生存期间依法解除婚姻关系的法律行为，离婚后，夫妻之间的身份关系与财产关系均归于消灭。例如，离婚后双方各自获得再婚的自由，夫妻间共同财产关系终止，夫妻间相互扶养的义务消灭。《民法典》婚姻家庭编第一千零七十六条、第一千零七十七条、第一千零七十八条规定了协议离婚的法定条件与程序，第一千零七十九条规定了诉讼离婚的法定条件与程序，较为全面地体现了我国离婚制度的法定条件与程序，第一千零八十条作为总结性条文，明确完成离婚登记，或者离婚判决书、调解书生效，即解除婚姻关系，具有体现制度完整性的实质意义与形式意义。

第一千零八十一条

现役军人的配偶要求离婚，应当征得军人同意，但是军人一方有重大过错的除外。

本条主旨

本条是关于现役军人离婚的特别规定。

相关条文

本条是在《婚姻法》第三十三条的基础上修改而成，该条规定："现役军人的配偶要求离婚，须得军人同意，但军人一方有重大过错的除外。"本条将"须得"改为"应当征得"，有法典用语统一的形式意义。

理解与适用

本条规定体现了《民法典》婚姻家庭编中贯穿的人权平等、人本秩序、人伦正义等核心法理思想和禁止权利滥用等具体法理精神②。

---

① 龙翼飞．编纂民法典婚姻家庭编的法理思考与立法建议．法制与社会发展，2020（2）.
② 龙翼飞．编纂民法典婚姻家庭编的法理思考与立法建议．法制与社会发展，2020（2）.

一、历史发展

对现役军人的婚姻予以特殊保护，是我国婚姻立法的传统。对军婚实行特殊保护的制度，起源于土地革命战争时期的红色革命根据地。当时由于婚姻自由理念的兴起，整个社会的婚姻制度、婚姻观念都受到了极大的冲击。为了不分散战斗中革命军人的军心，维护红军队伍的稳定和战斗力，中国共产党领导下的红色政权先后制定了一系列关于婚姻家庭的法律、条例、草案，均对军婚实行特殊保护。例如，1931 年 11 月公布的《中国工农红军优待条例》第十八条规定："凡红军在服务期间，其妻离婚，必先得本人同意，如未得同意，政府得禁止之。"1934 年 4 月 8 日中华苏维埃共和国中央执行委员会颁布的《中华苏维埃共和国婚姻法》也明确保护红军战士的婚姻，规定红军战士之妻要求离婚须得其夫同意。全面抗日战争时期，在《晋察冀边区婚姻条例草案》《陕甘宁边区抗属离婚处理办法》等法律中都有类似规定。

（一）1950 年《婚姻法》的规定

1950 年《婚姻法》结合革命根据地的经验与新中国成立后的实际情况，对革命军人家属的离婚问题做了特别规定。该法第十九条规定："现役革命军人与家庭有通讯关系的，其配偶提出离婚，须得革命军人的同意。自本法公布之日起，如革命军人与家庭两年无通讯关系，其配偶要求离婚，得准予离婚。在本法公布前，如革命军人与家庭已有两年以上无通讯关系，而在本法公布后，又与家庭有一年无通讯关系，其配偶要求离婚，也得准予离婚。"

1950 年 4 月，中央人民政府法制委员会负责人在关于《婚姻法》的起草报告中对这条规定做了如下说明：这是为了使现役革命军人在前方安心杀敌的规定。……过去各解放区实行的婚姻条例中关于这类的规定，都收到了安定前方军心，保证后方动员，以争取解放战争胜利的重大成果。同时也表现了革命军人的配偶，正如现役军人一样，能够牺牲个人的暂时的利益去服从民族、社会和国家的公共的永久的利益。……《中华人民共和国婚姻法》做这种规定，更会得到一切革命军人的配偶和整个社会的同情的。

（二）1980 年《婚姻法》的规定

1980 年《婚姻法》第二十六条规定："现役军人的配偶要求离婚，须得军人同意。"由于和平环境下通信条件便利，该条没有再规定多年不通信的离婚问题。关于现役军人提出离婚，按照 1980 年 12 月 29 日发布的《中国人民解放军总政治部关于军人贯彻执行〈中华人民共和国婚姻法〉的暂行规定》，现役军人提出离婚，应持严肃慎重的态度，要不违反法令，不败坏道德。申请离婚者须经所在单位团以上政治机关同意，并出具证明，方可到地方婚姻登记机关登记离婚，或向人民法院提出离婚诉讼。

（三）2001年《婚姻法》修正案的规定

2001年修订的《婚姻法》第三十三条规定："现役军人的配偶要求离婚，须得军人同意，但军人一方有重大过错的除外。"该条中的但书，即"但军人一方有重大过错的除外"是2001年修订的《婚姻法》新增加的规定。法律在保护现役军人的婚姻权利的同时，也注意对非军人一方的婚姻权利的保护，这体现了权利义务的一致性。当现役军人有重大过错且导致夫妻感情破裂时，其配偶要求离婚，可以不必征得军人的同意。所谓"重大过错"，应包括：（1）现役军人重婚或与他人同居的；（2）现役军人实施家庭暴力或虐待、遗弃家庭成员的；（3）现役军人有赌博、吸毒等恶习屡教不改的。

二、现行规定

本条规定："现役军人的配偶要求离婚，应当征得军人同意，但是军人一方有重大过错的除外。"本条的立法主旨与2001年修改的《婚姻法》第三十三条一致。对于本条的理解与适用，应明确以下几点：

第一，本条规定的现役军人，指正在中国人民解放军和中国人民武装警察部队服役、具有军籍的人员，不包括退役军人、复员军人、转业军人和军事单位中不具有军籍的职工。在地方担任某种军事职务的人员，如不属于军队编制的在武装部工作的干部、编入民兵组织或者经过登记的预备役士兵也不属于本条规定的现役军人范畴。

第二，本条规定的现役军人的配偶，指现役军人的非军人配偶；双方都是现役军人的不适用这一规定。

第三，本条规定只是限制现役军人配偶提起离婚的请求权，现役军人本人提出离婚的不在此限。

第四，本条规定只适用于一方要求离婚，不适用于双方自愿的离婚。双方自愿离婚时，按协议离婚的规定，经由婚姻登记机关办理，对现役军人的身份没有限制性规定。

第五，依《最高人民法院关于在离婚诉讼进行中一方参军应如何处理问题的意见》，一方在他方参军前虽已提出离婚诉讼，但如果未经一审法院判决，仍应按婚姻法对军婚的特殊保护规定办理；已经法院判决离婚，未在上诉期限内提起上诉而参军者，不得再适用婚姻法的有关规定而改变一方参军前已经作出的判决；已经一审法院判决离婚，一方不服提起上诉，在二审期间参军的，二审法院就有必要面对这一新的事实，适用婚姻法对军婚特殊保护的规定。

第六，“军人一方有重大过错的除外”。所谓“重大过错”，应当包括：(1) 现役军人重婚或与他人同居的；(2) 现役军人实施家庭暴力或虐待、遗弃家庭成员的；(3) 现役军人有赌博、吸毒等恶习屡教不改的。该但书的规定，有利于分清是非，明确导致当事人离婚的责任，更好地贯彻公平原则，保护非军人一方的合法权益。

典型案例

曾某与章某甲离婚纠纷案①

【案情】

原告曾某与被告章某甲于2010年10月相识，后登记结婚，生育一女章某乙。婚后原告曾某在武汉生活，被告在部队服役。由于双方长期分居，缺少交流，且学识、生活环境、生活习惯不同，被告家庭重男轻女思想严重，婚后不到两年，因实在无法沟通，难以共同生活，被告于2014年11月11日提起离婚诉讼。法院判决不准予离婚，此后双方一直分居至今。结婚几年来，原告独自承受生活中的苦难，没有体会到夫妻间的关爱与家庭的温暖，女儿至今不认识被告。原告无奈于2015年11月30日提起离婚诉讼。因被告的军人身份法院判决不准予离婚。2016年8月31日晚，被告带着几名社会人员到家里闹事，随后报警处理。原告为了自保将被告打伤，此后，被告以此要挟原告签订不平等的离婚协议，要求原告赔偿50 000元医疗、营养费用进行和解。综上，原告认为原、被告夫妻感情完全破裂，毫无和好可能，理当结束婚姻；女儿章某乙一直随原告共同生活，应维持现状，由原告抚养；婚后夫妻共同财产由法院依法判决分割。

被告章某甲辩称：(1) 原告诉请离婚，答辩人不同意。原告所诉离婚理由均不是事实。2016年8月31日晚答辩人受伤及协商事件的真实情况有武汉市青山区公安机关的案卷、录音录像等材料为证。(2) 如果法院判决离婚，原告所诉女儿抚养权问题由法院依法判决。答辩人认为原告诉请的抚养费标准没有依据。(3) 原告诉请分割夫妻共同财产却没有提到有哪些共同财产。

【裁判】

法院经审理认定事实如下：原告曾某与被告章某甲2010年10月通过网络相识恋爱，恋爱期间感情较好。后原、被告办理结婚登记，双方生育一女章某乙，

① 审理法院为湖北省广水市人民法院，案号：(2016) 鄂1381民初2533号。

随原告生活，由原告父母帮助照顾。因原告曾某在武汉生活，被告章某甲在部队服役，双方婚后聚少离多。原告认为被告对其和孩子及岳父母都不关心，同时认为被告父母对其和孩子亦缺少关爱，双方逐渐产生矛盾。2014 年 11 月 11 日，被告章某甲提起离婚诉讼，人民法院判决不准予双方离婚。2015 年 11 月 30 日，原告曾某向本院提起离婚诉讼，本院判决不准予双方离婚。2016 年 8 月 31 日晚 7 时许，原、被告因家庭矛盾发生冲突，被告章某甲被打伤，经鉴定其损伤程度为轻伤一级。2016 年 9 月 26 日，原、被告在青山公安分局八大家派出所先后签订了离婚协议书和治安调解协议书。后原告曾某以离婚协议书有失公平而反悔。

法院认为：《中华人民共和国婚姻法》第三十三条规定："现役军人的配偶要求离婚，须得军人同意，但军人一方有重大过错的除外。"被告章某甲系现役军人，其不同意离婚，亦无重大过错，原告曾某诉请离婚，本院不予支持。据此，依照《中华人民共和国婚姻法》第三十三条、《中华人民共和国民事诉讼法》第一百四十二条之规定，判决如下：不准予曾某、章某甲离婚。案件受理费 300 元，由原告曾某负担。

【典型意义】

本案的争议焦点在于：现役军人的配偶要求离婚，现役军人无重大过错，但夫妻感情确已破裂，调解也无效时，若现役军人一方坚持不同意离婚，人民法院是否应判决离婚。通说认为，夫妻感情确已破裂作为法定离婚理由属于普通条款的范畴，这一原则广泛适用于一般的离婚案件，人民法院应准确地区分和认定夫妻感情是否确已破裂，从而在调解无效的情况下，通过判决的形式决定是否准予离婚。而法律规定的只适用于"现役军人的配偶要求离婚"案件的特别条款，是从维护军队稳定的大局出发，做出的对军人婚姻的特殊保护的规定，依据"特别法优于普通法"的原则，在处理非军人要求与军人离婚的诉讼案件中，应首先适用该规定。

第一千零八十二条

女方在怀孕期间、分娩后一年内或者终止妊娠后六个月内，男方不得提出离婚；但是，女方提出离婚或者人民法院认为确有必要受理男方离婚请求的除外。

本条主旨

本条是关于男方行使离婚请求权的限制性规定。

相关条文

本条是在《婚姻法》第三十四条、《妇女权益保障法》第四十五条的基础上修改而成，本条将“中止妊娠”改为“终止妊娠”，符合医学用词规范，并将部分连接词的表达做了改动，具有法典规范化的形式意义。

理解与适用

本条规定体现了《民法典》婚姻家庭编中贯穿的人权平等、人伦正义、人本秩序、人文关怀的核心法理思想和权利法定、禁止权利滥用等具体法理精神①。

一、历史发展

依照保护妇女合法权益的原则，为了使孕妇产妇避免因男方提出离婚而受到生理和心理上的过重刺激，对男方提出离婚的时间进行必要的限制，是我国婚姻家庭立法的传统。从革命根据地时期起，我国孕期妇女在离婚方面就得到了特殊的法律保护。经历 1950 年《婚姻法》、1980 年《婚姻法》、1992 年《妇女权益保障法》、2001 年《婚姻法》修正案的不断立法探索，此项制度逐渐得以完善。

（一）1950 年《婚姻法》关于孕妇产妇离婚的规定

1950 年《婚姻法》吸取了革命根据地的立法经验，该法第十八条规定：“女方怀孕期间，男方不得提出离婚；男方要求离婚，须于女方分娩一年后，始得提出。但女方提出离婚的，不在此限。”这一规定有利于保护孕妇产妇的身心健康，并有利于胎儿和婴儿的发育成长。但女方认为离婚对其本人及胎儿或婴儿更为有益时，作为原告诉请离婚，不受此规定的限制。

（二）1980 年《婚姻法》关于孕妇产妇离婚的规定

1980 年《婚姻法》第二十七条规定：“女方在怀孕期间和分娩后一年内，男方不得提出离婚。女方提出离婚的，或人民法院认为确有必要受理男方离婚请求的，不在此限。”该条规定的后段，明确人民法院拥有对女方诉请离婚或男方诉请离婚可以例外受理的决定权。所谓“确有必要”，是指因特殊事由，例如一方对另一方有危及人身安全的可能时，可以受理男方的离婚请求，以保护当事人本人的合法权益。

1992 年 4 月 3 日通过的《中华人民共和国妇女权益保障法》第四十二条规定：“女方按照计划生育的要求中止妊娠的，在手术后六个月内，男方不得提出离婚；女方提出离婚，或者人民法院认为确有必要受理男方离婚请求的，不在此限。”这是对 1980 年《婚姻法》的重要补充，有利于终止妊娠术后妇女的身心健康，对当年推行计划生育工作也有积极意义。

---

① 龙翼飞．编纂民法典婚姻家庭编的法理思考与立法建议．法制与社会发展，2020（2）．

（三）2001年《婚姻法》修正案的补充规定

2001年修订的《婚姻法》第三十四条的规定在保留原第二十七条内容的基础上，又补充一项新规定："或中止妊娠后六个月内"，男方不得提出离婚。该新增内容是吸收了1992年《妇女权益保障法》第四十二条的有效规定，将其正式纳入2001年《婚姻法》修正案的规范之中。

二、现行法律规定

《民法典》婚姻家庭编第一千零八十二条规定："女方在怀孕期间、分娩后一年内或者终止妊娠后六个月内，男方不得提出离婚；但是，女方提出离婚或者人民法院认为确有必要受理男方离婚请求的除外。"这一规定的立法宗旨在于保护妇女和胎儿、婴儿的合法权益，因为女方在怀孕期间、分娩后一年内或终止妊娠后六个月内，身体、精神等方面需要特别照顾；胎儿、婴儿正在发育、成长，需要父母双方悉心照料①。如果男方在这个时期提出离婚，会给女方在身体上、精神上增加过重的负担，会对女方本人以及正在孕育的胎儿或者出生后的婴儿造成严重的影响。所以，在这个时期禁止男方提出离婚请求是完全必要的②。

本次立法将"中止妊娠"改为"终止妊娠"，因"中止妊娠"一词的使用不符合医学惯例。"终止妊娠"是准确的医学用语，指母体承受胎儿在其体内发育成长的过程的终止，一般是由于意外怀孕，胎儿有严重生理缺陷，孕妇患有妊娠期疾病如妊娠期高血压等，或因各种原因引起的胎儿发育异常如羊水量异常等而采取的医学方法。2018年修订的《妇女权益保障法》第四十五条已将"中止妊娠"改为"终止妊娠"③。

在理解与适用本条时应注意以下几点：

第一，这一规定只是在一定时期剥夺男方离婚请求权，即仅在女方怀孕期间、分娩后一年内或终止妊娠后六个月内。期间届满后，男方仍可依法行使离婚请求权。

第二，本条规定的期间属于法定期间，该期间分为三种：第一种是女方怀孕期间。如果起诉时并没有发现女方怀孕，而是在审理中或者审理结束时发现女方怀孕，也适用本条规定，驳回原告的诉讼请求，即使在一审判决作出后，在二审

---

① 余延满．亲属法原论．北京：法律出版社，2007：329.

② 杨立新．家事法．北京：法律出版社，2013：138.

③ 《中华人民共和国妇女权益保障法》第四十五条规定："女方在怀孕期间、分娩后一年内或者终止妊娠后六个月内，男方不得提出离婚。女方提出离婚的，或者人民法院认为确有必要受理男方离婚请求的，不在此限。"

期间发现女方怀孕的，也应当撤销原判，驳回原告的诉讼请求。第二种是女方在分娩后一年内。无论女方分娩后胎儿是活着出生还是死胎，均受该期间的限制。第三种是女方终止妊娠后六个月内。无论女方出于何种原因终止妊娠，在此期间，都不准男方提出离婚诉讼。上述期间是不变期间，不适用关于诉讼时效中止、中断和延长的规定①。

第三，本条规定仅在离婚诉讼中由男方提出离婚时发挥作用，至于夫妻双方自愿离婚、女方提出离婚，则不受这一规定的限制。一般女方在此期间提出离婚，多出于某些特别紧迫的原因，如果法院不及时受理女方的离婚请求，更不利于妇女、胎儿及婴儿的身心健康。将孕期离婚的“主动权”交至女性手中，体现了民法保护妇女权益、向弱势群体倾斜的基本原则。

第四，在“确有必要”时，人民法院有权决定受理男方的离婚请求。本条规定的“确有必要”主要有以下两种情况：一是在此期间双方确实存在不能继续共同生活的重大而紧迫的理由，如一方对他方有危及生命、人身安全的可能；二是女方怀孕是与他人通奸所致，女方也不否认或者证据确凿②。但即使如此，法院在处理案件时，也应注意保护妇女、胎儿、婴儿的身心健康③。

典型案例

应某在女方分娩后一年以内以结婚时女方不达法定婚龄为理由诉刘某解除无效婚姻案④

【案情】

原、被告双方于2000年2月相识并同居。同年4月21日，因刘某未到法定结婚年龄，应某为刘某制作虚假的身份证明后，双方办理了结婚登记，领取了结婚证。此后，双方即以夫妻名义共同生活。同年11月13日，刘某生育一子。2001年5月29日，原告应某以被告不达法定婚龄与其结婚，双方相识时间短、缺乏深入了解，性格、志趣等各方面存在很大差异，无法继续生活下去为理由，起诉至武汉市江汉区人民法院，请求依法解除无效婚姻关系。被告刘某答辩称：原告应某另有新欢，自己尚在哺乳期内，请求法院驳回原告应某的起诉。

---

① 杨立新．家事法．北京：法律出版社，2013：138.

② 1955年最高人民法院《关于女方因通奸怀孕男方能否提出离婚问题的批复》中认为：“在这种情况下，男方提出离婚时，如婚后通奸怀孕的事实为女方所不争执或经查明属实，则法院应该受理”。

③ 夏吟兰．婚姻家庭继承法．北京：中国政法大学出版社，2012：124.

④ 本案例来自北大法宝经典案例，法宝引证码 CLI. C. 23521。

【裁判】

武汉市江汉区人民法院经审理确认上述事实。认为：原、被告双方以虚假的身份证明隐瞒被告的真实年龄登记结婚，且登记结婚时被告未到法定结婚年龄，这种行为是违法的，婚姻应属无效婚姻，但被告于 2000 年 11 月 13 日分娩生育一子，至原告起诉时仅有七个月。《婚姻法》第三十四条规定："女方在怀孕期间、分娩后一年内或中止妊娠后六个月内，男方不得提出离婚。"鉴于本案被告现正处于上述特定期间内，应予特殊保护。为维护妇女儿童的合法权益，对原告在被告分娩不到一年内起诉，要求解除双方的无效婚姻关系的诉讼请求，不予支持。

依照《中华人民共和国婚姻法》第三十四条、《中华人民共和国妇女权益保障法》第二条第二款、《最高人民法院关于适用〈中华人民共和国民事诉讼法〉若干问题的意见》第 139 条的规定，该院于 2001 年 8 月 30 日裁定如下：驳回原告应某要求解除与被告刘某无效婚姻关系的起诉。裁定书送达后，双方当事人未提起上诉。

【典型意义】

对男方行使离婚请求权的限制性规定，其根本立法目的是保护妇女在孕期、分娩后以及妊娠终止后的一定期限内的身体健康、心理健康和胎儿、婴儿的正常发育，维护妇女和胎儿、婴儿的基本权益。因此，在这些特殊期间，无论是当事人的离婚请求抑或婚姻无效、撤销的请求，都应当向妇女和胎儿、婴儿的基本健康权让步。

第一千零八十三条

离婚后，男女双方自愿恢复婚姻关系的，应当到婚姻登记机关重新进行结婚登记。

本条主旨

本条是关于复婚的规定。

相关条文

本条是在《婚姻法》第三十五条的基础上修改而成，该条规定："离婚后，男女双方自愿恢复夫妻关系的，必须到婚姻登记机关进行复婚登记。"本条将"进行复婚登记"改为"重新进行结婚登记"。

理解与适用

本条规定体现了《民法典》婚姻家庭编中贯穿的人权平等、人身自由、人际诚信、人本秩序等核心法理思想和行为公示、公序良俗、权利法定等具体法理精神①。

复婚，是指男女双方在离婚后，自愿恢复婚姻关系并到婚姻登记机关重新进行结婚登记的行为。当事人无论由于何种原因离婚，均不可自行恢复婚姻关系。如不到婚姻登记机关进行登记，法律上并不认可其恢复婚姻关系的效力。重新进行结婚登记，意为取消复婚登记的行为。在实践中，复婚登记在登记机关和登记程序上与结婚登记原则上相同。在法典化的过程中，将近似的概念进行统一规定，有利于法典表述的清晰统一。

第一千零八十四条

父母与子女间的关系，不因父母离婚而消除。离婚后，子女无论由父或者母直接抚养，仍是父母双方的子女。

离婚后，父母对于子女仍有抚养、教育、保护的权利和义务。

离婚后，不满两周岁的子女，以由母亲直接抚养为原则。已满两周岁的子女，父母双方对抚养问题协议不成的，由人民法院根据双方的具体情况，按照最有利于未成年子女的原则判决。子女已满八周岁的，应当尊重其真实意愿。

本条主旨

本条是关于离婚对父母子女关系的影响及离婚后子女抚养的规定。

相关条文

本条是在《婚姻法》第三十六条的基础上修改而成。本条规定的创新之处是：第一，增加了离婚后父母对子女“保护”的权利和义务的规定，与本法第一编第二十六条父母对未成年子女所负义务内容的规定相一致，使离婚后父母子女关系的权利义务内容更为全面与合理，也使得《民法典》的内容更为充分与和谐。第二，将子女“以由母亲直接抚养为原则”的法定条件由子女在“哺乳期内”改为子女“不满两周岁”。哺乳期是医学用语，因各人哺乳情况不同，哺乳

---

① 龙翼飞．编纂民法典婚姻家庭编的法理思考与立法建议．法制与社会发展，2020（2）．

期长短不同，依《最高人民法院关于人民法院审理离婚案件处理子女抚养问题的若干具体意见》等的规定，两周岁以下的子女，一般随母亲生活。据此，可以理解为哺乳期为两年。哺乳期内的子女，以由母亲直接抚养为原则，这是完全符合子女利益的。审判实践中常用“两周岁”为判断依据，此处修改既是对审判实践经验的归纳吸收，也是法典用语统一化的体现。第三，在发生抚养问题纠纷时，明确规定“按照最有利于未成年子女的原则判决”，这是对国务院颁布的《中国儿童发展纲要（2011—2020年）》提出的保护儿童的五项基本原则①的立法回应，也是与联合国《儿童权利公约》倡导的子女最佳利益原则的正式接轨。第四，在直接抚养人的确定问题上，明确应当尊重已满八周岁子女的真实意愿。

理解与适用

本条规定体现了《民法典》婚姻家庭编中贯穿的人权平等、人格尊严、人伦正义、人性友善、人本秩序、人文关怀等核心法理思想和权利法定、公序良俗、禁止权利滥用等具体法理精神②。

一、离婚后的父母子女关系

父母子女关系的发生与夫妻关系的存在有密切的联系，但是父母子女关系与夫妻关系是两种不同性质的关系。夫妻关系基于结婚这一法律行为而成立，因离婚解除。而父母子女关系基于出生这一法律事实发生，不随着夫妻离婚而解除③。在父母离婚以后，子女无论随父或母生活，仍是父母双方的子女，与父母之间的权利义务关系不发生变化，仍适用民法的婚姻家庭法律制度关于父母子女间权利义务的规定。

在适用上述法律规定时，如下两种情况值得特别注意：

（一）养父母离婚后的父母子女关系

养父母离婚，只发生解除养父母间婚姻关系的效力，并不产生终止养父母与养子女之间收养关系的效力。养父母离婚后，养子女仍是双方的养子女。如果养父母离婚时与养子女的生父母协商，并经已满十周岁的养子女同意，也可依法解除收养关系。但这属于收养解除问题，而不是因离婚而改变养父母子女关系④。

---

① 《中国儿童发展纲要（2011—2020年）》提出的保护儿童的五项基本原则是：依法保护原则、儿童优先原则、儿童最大利益原则、儿童平等发展原则、儿童参与原则。

② 龙翼飞．编纂民法典婚姻家庭编的法理思考与立法建议．法制与社会发展，2020（2）.

③ 夏吟兰．婚姻家庭继承法．北京：中国政法大学出版社，2012：135.

④ 余延满．亲属法原论．北京：法律出版社，2007：370.

《最高人民法院关于人民法院审理离婚案件处理子女抚养问题的若干具体意见》第 14 条规定，《中华人民共和国收养法》施行前，夫或妻一方收养的子女，对方未表示反对，并与该子女形成事实收养关系的，离婚后，应由双方负担子女的抚养费；夫或妻一方收养的子女，对方始终反对的，离婚后，应由收养方抚养子女。

（二）继父与生母或继母与生父离婚后的父母子女关系

继父与生母或继母与生父离婚时，依《最高人民法院关于人民法院审理离婚案件处理子女抚养问题的若干具体意见》第 13 条的规定，对曾受继父母抚养教育的继子女，继父或继母不同意继续抚养的，应由生父母抚养，即继父母与继子女间已经形成的权利义务关系因此消除；继父与生母或继母与生父离婚时，继父或继母同意继续抚养继子女，并取得生父母同意的，则继父母与继子女间已形成的权利义务关系不变。对于受继父母长期抚养教育而成年的继子女，其与继父或继母由于已经形成了法律拟制的直系血亲关系，因此，其父母子女关系不能因继父与生母或继母与生父的离婚而自然解除。在继父或继母与继子女一方或双方提出解除父母子女关系的情况下，虽然依法可以解除其人身关系，但抚养继子女成年的继父母在失去劳动能力、生活困难时，继子女仍应该继续承担继父母的晚年生活费用。

二、离婚后的子女抚养问题

夫妻离婚不能消除父母子女间的关系，但会使抚养子女的方式发生变化，即由共同直接抚养转化为由一方单独直接抚养。由于离婚后未成年子女由谁直接抚养的问题，不仅关系到离婚当事人的利益，而且更为重要的是直接涉及子女的切身利益，因此在处理此类问题时必须从有利于子女身心健康、保障子女的合法权益出发，结合父母双方的抚养能力和抚养条件等具体情况妥善解决。

（一）对两周岁以下子女的抚养

依《最高人民法院关于人民法院审理离婚案件处理子女抚养问题的若干具体意见》等的规定，两周岁以下的子女，一般随母亲生活。据此，可以理解为哺乳期为两年。哺乳期内的子女，以由母亲直接抚养为原则，这是完全符合子女利益的。审判实践中常用“两周岁”为判断依据，本条此处修改既是对审判实践经验的归纳吸收，也是法典用语统一化的体现。如无特殊原因，母亲不得推卸应当承担的抚养责任，父亲也不得无故争夺直接抚养权。但有下列情形之一的，子女也可由父亲直接抚养：（1）哺乳的母亲患有久治不愈的传染性疾病或其他严重疾病，子女不宜与其共同生活的。（2）母亲有抚养条件不尽抚养义务，而父亲要求子女随其生活的；如果父亲没有要求，就应当由母亲抚养。(3) 因其他原因，子女确实无法随母亲生活的，例如母亲因职业的原因不能哺乳，母亲出走或因其他原因不能哺乳婴儿，必须由父亲抚养的①。(4) 双方协商由父亲直接抚养，并对子女健康成长无不利影响的②。

(二) 对两周岁以上未成年子女的抚养

对于两周岁以上的未成年子女由谁直接抚养的问题，首先应由父母双方协商，在双方自愿的基础上达成协议。子女既可以随父生活，也可以随母生活，在有利于保护子女利益的前提下，还可以由父母双方轮流抚养子女。协议不成时，可由人民法院以判决的方式，在“最有利于未成年子女的原则”指导下，确定未成年子女由谁直接抚养。一方有下列情形之一的，可予优先考虑：(1) 已做绝育手术或因其他原因丧失生育能力的；(2) 子女随其生活时间较长，改变生活环境对子女健康成长明显不利的；(3) 无其他子女，而另一方有其他子女的；(4) 子女随其生活，对子女成长有利，而另一方患有久治不愈的传染性疾病或其他严重疾病，或者有其他不利于子女身心健康的情形，不宜与子女共同生活的。此外，如果父亲与母亲直接抚养子女的条件基本相同，双方均要求子女与其共同生活，但子女单独随祖父母或外祖父母共同生活多年，且祖父母或外祖父母要求并且有能力帮助子女照顾孙子女或外孙子女的，可作为子女随父或随母生活的优先条件予以考虑。不论是协议还是判决，都应当考虑父母双方的思想品质、抚养能力、生活环境、与子女的感情联系等多方面的因素③。

(三) 对八周岁以上未成年子女的抚养

根据本法第一编的规定，八周岁以上的未成年人是限制民事行为能力人，对事物有一定的识别能力，可以进行与其年龄、智力相适应的民事活动。因此，对八周岁以上的未成年子女随父或随母生活的问题，应尊重其真实意愿。对由谁直接抚养自己更为有利，八周岁以上的未成年子女已能做出一定判断，尊重他们的意愿，由其自己做出选择，往往更利于其健康成长。但是，由于八周岁以上的未成年子女的识别能力毕竟有限，对他们的意见应当是尊重，而不是绝对采纳。法官应当在原则上尊重未成年子女的选择，如果未成年子女的选择对他们的成长不利，也可以作出另外的判决④。

---

① 王战平．中国婚姻法教程．北京：人民法院出版社，1992：213.

② 余延满．亲属法原论．北京：法律出版社，2007：371.

③ 杨大文．亲属法与继承法．北京：法律出版社，2013：168.

④ 杨立新．家事法．北京：法律出版社，2013：152.

三、最有利于未成年子女原则

(一) 最有利于未成年子女原则的立法理由

最有利于未成年子女原则，也称子女最佳利益原则，是现代亲子法的一项重要原则。该原则要求国家通过立法及司法手段介入家庭关系，以维护子女的合法权益。最有利于未成年子女原则强调以未成年子女的利益保护为核心要素，并应贯穿于整个婚姻家庭领域的立法和司法活动中。

父母离婚对子女的身心健康会发生重要影响，因此，不应将离婚看成只是父母之间的事情。在婚姻家庭立法时，应充分考虑未成年子女的利益，国家应当为他们制定一些切实可行的保护措施。尽管各国立法在是否需要考虑离婚对子女的影响这一问题上目前仍存在争议，但在离婚后确定子女的法定监护人及其抚养费用时最大限度地保障子女的利益，已经成为世界大多数国家的共识，并已成为各国处理离婚后子女抚养问题的最高指导准则。需要特别指出的是，儿童最佳利益原则是联合国《儿童权利公约》规定的基本原则之一①，《儿童权利公约》第 18 条第 1 款规定："缔约国应尽其最大努力，确保父母双方对儿童的养育和发展负有共同责任的原则得到确认。父母或视具体情况而定的法定监护人对儿童的养育和发展负有首要责任。儿童的最大利益将是他们主要关心的事。"中国作为《儿童权利公约》的缔约国，有义务在制定和实施相关法律时高度重视对未成年子女利益的保护。

(二) 最有利于未成年子女原则的域外立法

英国《儿童法》将子女利益最大化作为处理监护权的核心考量要素并规定了以下内容：(1) 根据子女的认知能力和年龄，充分尊重子女的意见，并推知其真实意思表示；(2) 充分考虑子女将来的身心健康和学习需求；(3) 充分考虑现状的改变，将会给子女带来的影响；(4) 充分尊重法官的自由裁量权，除考虑子女的年龄、性别等外，法官认为有关联的因素都可以考虑进去；(5) 充分考虑子女监护权变化给其现在以及将来可能造成的伤害；(6) 把父母作为监护人的监护能力予以充分考虑；(7) 保障法官的自由裁量权，让其在保障子女最佳利益的过程

---

① 《儿童权利公约》对儿童保护共提出了四个原则：(1) 不歧视，不因任何父母、国籍等情况歧视儿童，让儿童得到平等待遇；(2) 最大化地保障儿童利益，儿童利益的保护，以最大化为宗旨；(3) 确保儿童生存权、发展权，保障儿童健康成长；(4) 儿童的意愿应得到尊重，儿童作为有生命的个体，其真实想法理应得到尊重，其权利应该予以保护。

中发挥更大作用①。

澳大利亚的《家庭法改革法》将子女最佳利益作为立法宗旨。其主要内容为：一是明确了子女最大利益原则，子女利益永远是父母离婚时和法院判决时首要考虑的因素，这是法院发放子女养育令的前提；二是确立了专门的律师为子女发表独立观点的制度，保护子女权利，子女可以根据自己的情况向律师表达其意愿，由律师代为转达，该权利独立于父母，而且律师可以直接接受未成年人的委托。

《德国民法典》在处理子女监护权时也将子女最佳利益原则作为首要考虑因素，在保障子女最佳利益的原则下，给予法官充分的自由裁量权。法官可以不同意父母双方的建议，自己根据其判断标准作出裁判。在司法程序方面，不仅有家事法庭作为司法保障，还有青少年福利局作为协助机构。

（三）最有利于未成年子女原则的应用与实践

根据《民法典》婚姻家庭编第一千零八十四条的规定，在父母离婚涉及未成年子女抚养问题协议不成时，应当将“最有利于未成年子女”作为人民法院的审判原则，体现了追求以人为本、弘扬人文关怀的精神。

该原则的贯彻实施，不仅体现了国家对未成年人保护的力度日益增强，而且也表明了我国已在这一领域将未成年人保护原则与国际社会相关法律规则高度融合。

典型案例

不满两周岁子女的抚养权纠纷——王某与党某离婚纠纷上诉案②

【案情】

原告党某和被告王某于2011年2月28日在庆阳市西峰区民政局婚姻登记中心自愿登记结婚。婚后夫妻感情一般。生一男孩取名王某甲，由党某抚养。在婚后生活中，双方常因家庭经济问题发生矛盾，王某不能理性处理，为此多次殴打党某。2011年5月16日，王某殴打党某后，经亲友说和，王某向党某写书面保证书一份，承诺不再殴打党某。2013年12月27日，双方因琐事发生纠纷后，王某再次打伤党某。为此，党某回娘家居住，与王某分居，并向法院起诉离婚。

① 冉启玉．英美法“儿童最大利益原则”及其启示：以离婚后子女监护为视角．河北法学，2009(9).

② 二审法院为甘肃省庆阳市中级人民法院，案号：(2014)庆中民终字第255号。

原审法院审理认为，党某和王某系自主婚姻，但在婚后共同生活中，双方不能正确处理家庭矛盾，常因家庭经济问题发生纠纷，在纠纷中王某不能冷静、理智进行处理，多次动手殴打党某，致使夫妻感情发生隔阂，夫妻关系疏远。尤其在 2011 年 5 月 16 日，王某殴打党某后，经亲友劝说调解，王某书面保证不再殴打党某，但在 2013 年 12 月 27 日再次打伤党某。王某的行为严重挫伤了其夫妻感情，属于有过错方。审理中，经法院调解，双方已无和好可能，其夫妻感情已经破裂，应准予离婚。关于孩子抚养问题，现孩子不满两周岁，双方分居后，孩子一直随党某生活，故孩子应由党某抚养，王某应负担孩子抚养费。抚养费应按照本地上一年度农村居民人均年生活消费性支出标准确定。

王某不服上述判决，提起上诉，认为双方还有和好的可能，希望二审可以主持调解和好，如果不能和好，要求将孩子判归其抚养。党某答辩称：王某在婚姻关系存续期间经常对其实施家庭暴力，其与王某夫妻感情已经破裂。孩子王某甲出生后一直是其一人抚养，王某没有尽到抚养义务，其坚决要求抚养孩子。一审认定事实清楚，判处正确，应当予以维持。

【争议焦点】

孩子由谁抚养更为合适。

【裁判】

关于孩子王某甲应当由谁抚养更为适宜的问题。根据《中华人民共和国婚姻法》第三十六条第三款“离婚后，哺乳期内的子女，以随哺乳的母亲抚养为原则”，以及《最高人民法院关于人民法院审理离婚案件处理子女抚养问题的若干具体意见》第 1 条“2 周岁以下的子女，一般随母方生活。母方有下列情形之一的，可随父方生活：（1）患有久治不愈的传染性疾病或其他严重疾病，子女不宜与其共同生活的；（2）有抚养条件不尽抚养义务，而父方要求子女随其生活的；（3）因其他原因，子女确无法随母方生活的”规定，离婚后，两周岁以下的子女，一般随母亲生活，除非其母亲有不适宜抚养孩子的情形。本案中，孩子王某甲不满两周岁，也没有证据证实其母亲党某有不适宜抚养孩子的情形。故一审判处孩子王某甲由党某抚养并无不当。当然，根据《中华人民共和国婚姻法》第三十八条“离婚后，不直接抚养子女的父或母，有探望子女的权利，另一方有协助的义务”的规定，王某对其孩子王某甲有进行探望的权利，党某有协助其探望的义务，行使探望权利的方式、时间由当事人协议，但探望必须以正当的、有利于子女身心健康的方式进行。

【典型意义】

在父母离婚以后，子女随父方还是母方生活，直接关系到子女的利益，最容易引发当事人双方的争执。在处理子女的抚养问题上，应该从子女最大利益原则出发，找到最有利于未成年子女的解决方法。在离婚案件中，如果父母双方就子女抚养问题达成协议，一般应当尊重当事人的意思表示，按其协议处理；如双方无法达成协议，则应当严格按照法律规定裁判，切实保护未成年子女的成长利益。

第一千零八十五条

离婚后，子女由一方直接抚养的，另一方应当负担部分或者全部抚养费。负担费用的多少和期限的长短，由双方协议；协议不成的，由人民法院判决。

前款规定的协议或者判决，不妨碍子女在必要时向父母任何一方提出超过协议或者判决原定数额的合理要求。

本条主旨

本条是关于离婚后子女抚养费负担的规定。

相关条文

本条是在《婚姻法》第三十七条的基础上修改而成。该条规定："离婚后，一方抚养的子女，另一方应负担必要的生活费和教育费的一部或全部，负担费用的多少和期限的长短，由双方协议；协议不成时，由人民法院判决。关于子女生活费和教育费的协议或判决，不妨碍子女在必要时向父母任何一方提出超过协议或判决原定数额的合理要求。"本条将原条文中的"生活费和教育费"改为"抚养费"，此处修改有以下意义：第一，结合第一千零八十四条规定的离婚后父母对子女有"抚养、教育、保护"的权利和义务判断，父母对子女应承担的费用范围大于"生活费和教育费"，使用"抚养费"更准确并具有法典内逻辑统一和谐的意义。第二，使用涵盖面更广泛的"抚养费"一词，在审判实务中便于法官从保护子女利益角度出发，为子女争取更多合理的权利保护，使"最有利于未成年子女"原则落实于司法实践。

理解与适用

本条规定体现了《民法典》婚姻家庭编中贯穿的人亲和谐、人伦正义、人本秩序、人文关怀等核心法理思想和权利法定、人身利益优先等具体法理精神①。

① 龙翼飞．编纂民法典婚姻家庭编的法理思考与立法建议．法制与社会发展，2020（2）.

一、子女抚养费的负担

本条规定，离婚后，子女由一方直接抚养的，另一方应当负担部分或者全部抚养费。负担费用的多少和期限的长短，由双方协议；协议不成的，由人民法院判决。子女抚养费关乎离婚后子女的日常生活的保障和基本教育开支的负担，关乎未成年人的健康成长。因此，对父母离婚后子女抚养费的规定应当明确、细化，将未成年人的利益保护放在立法和司法的首位。

(一) 子女抚养费确定的方法

首先，子女抚养费的承担，包括父母双方负担费用的多少、期限、支付方式、出现纠纷的处理方法等，可由父母双方通过平等协商达成明确、具体的协议，只要不损害子女的合法权益，就应当予以准许。如果一方抚养能力不足，为了争得子女的直接抚养权而承诺承担大部分甚至全部抚养费，必然损害子女的合法权益，不利于子女的健康成长，不应准许[①]。其次，双方协议不成，或者其协议不予准许时，应由人民法院从保护子女合法权益、有利于未成年子女健康成长出发，根据未成年子女的实际需要、父母双方的负担能力和当地的实际生活水平依法做出判决。

(二) 子女抚养费的数额

关于子女抚养费的数额，应当根据子女的实际需要、父母双方的负担能力和当地的实际生活水平来确定。必要的抚养费是子女生存、接受必要教育的基本物质保障，子女抚养费的多少及各方承担的份额，直接关系到子女的切身利益。根据《最高人民法院关于人民法院审理离婚案件处理子女抚养问题的若干具体意见》，子女抚养费的数额，可根据子女的实际需要、父母双方的负担能力和当地的实际生活水平确定。具体而言：(1) 父母双方有固定收入的，抚养费一般可按其月总收入的 20%～30%的比例给付。负担两个以上子女抚养费的，比例可适当提高，但最高一般不得超过月总收入的 50%。所谓月总收入，是指其一个月所获得的固定报酬的总数，如基础工资、级别工资、职务工资、工龄工资、津贴、奖金、生活补贴及其他收入的总和。(2) 父母双方无固定收入的，抚养费的数额可依据其当年总收入或同行业的平均收入，参照上述比例确定。对于农民，可以按年收入的比例确定，每年支付一次；对于个体工商业者、摊贩等，既可按年收入确定，也可以按同行业平均收入，按比例计算确定月给付数额[②]。(3) 父母双方或一方有特殊情况的，可适当提高或降低上述比例。例如，双方收入悬

---

① 余延满．亲属法原论．北京：法律出版社，2007：377.

② 杨立新．家事法．北京：法律出版社，2013：154.

殊，一方负担较重或生活难以维持，另一方就应适当提高比例，收入少的一方则可降低比例。

(三) 子女抚养费的给付期限

根据《最高人民法院关于人民法院审理离婚案件处理子女抚养问题的若干具体意见》的规定，抚养费的给付期限，一般至子女十八周岁止。十八周岁以上的自然人，属于完全民事行为能力人，父母对其一般不再负有抚养义务；十六周岁以上不满十八周岁的，以其劳动收入为主要生活来源，并能维持当地一般生活水平的，视为完全民事行为能力人，父母也可停止给付抚养费。对于不能独立生活的成年子女，父母又有给付能力的，仍应负担必要的抚养费。

依据《最高人民法院关于适用〈中华人民共和国婚姻法〉若干问题的解释(一)》第二十条的规定，所谓“不能独立生活的子女”，是指尚在校接受高中及其以下学历教育，或者丧失或未完全丧失劳动能力等非因主观原因而无法维持正常生活的成年子女。按照我国目前的教育体制，已满十八周岁的子女，一般在高中三年级或大学一年级以上就读。有的学生在大学就读期间，尽管可以打工赚取部分生活费，但不能维持其全部生活，父母也应当继续提供费用，期限至其毕业能够参加工作时止。同样，对非因主观原因不能独立生活的成年子女，父母在有给付能力的情况下，仍应负担必要的抚养费。

(四) 子女抚养费的给付方式

子女抚养费的给付方式应视给付者的具体情况而定。实践中具体有以下三种方式：

(1) 定期给付和一次性给付。凡有固定工资收入的，应按月或定期给付。在农村地区，无固定收入的可按收益季度或年度给付，有条件的，也可一次性给付。一次性给付，是指将按月或年应当支付的子女抚养费数额，乘以抚养子女到法定年龄的期限，计算出总数，一次性给付完毕。这种方式，虽然有利于减少因为父母经济收入的变化可能带来的无法支付的风险，但需支付方具有相当的经济实力，而且如果没有严格的监管，直接抚养方可能将抚养费挪作他用，甚至挥霍、浪费，因而对国内公民离婚时采用这种给付方式应当慎重。

(2) 以物折抵。以财物折抵子女抚养费，适用于没有经济收入的一方和下落不明的一方。在这种情况下，按照确定子女抚养费所要给付的数额，用归属无经济收入一方或下落不明一方的财物，以相当的数额，折抵抚养费，交付抚养子女的一方。

(3) 协议免除。父母双方可以协议免除不抚养子女一方的抚养费给付义务。协议的内容应当包括子女随一方生活和抚养方自行负担子女全部抚养费两项内容。协议的这两项内容完备，且出于双方的真实意思表示，一般应承认其效力。从有利于保障子女权益的角度出发，如果抚养方的抚养能力明显不能保障子女所需费用，影响子女健康成长的，则不予准许①。

（五）继子女、养子女的抚养费

（1）关于继子女的抚养费。根据《最高人民法院关于人民法院审理离婚案件处理子女抚养问题的若干具体意见》的规定，生父与继母或生母与继父离婚，对于已经形成抚养关系的继子女，继父或继母既可以给付抚养费，也可以不给付抚养费，原则上由继父或继母自愿选择。离婚后，继父或继母不愿意再继续保持继父母子女关系，不同意继续给付继子女抚养费的，应予准许。在这种情况下，该子女的抚养费应由其生父母负担。

（2）关于养子女的抚养费。养父母与养子女的关系为拟制血亲关系，收养关系一经成立，非经合法解除，不能消灭其父母子女的权利义务关系。对于合法成立的收养关系，养父母离婚后，无论养子女由谁抚养，不抚养养子女的一方必须承担给付抚养费的义务②。

二、子女抚养费的变更

离婚协议或离婚判决中载明的抚养费数额，是根据离婚当时子女的实际需要和父母双方的经济状况确定的，如果后期情况发生重大变化，是允许合理变更的。抚养费的变更表现为抚养费的增加、抚养费的减少和抚养费的免除。

（一）抚养费的增加

《民法典》婚姻家庭编第一千零八十五条第二款规定：“前款规定的协议或者判决，不妨碍子女在必要时向父母任何一方提出超过协议或者判决原定数额的合理要求。”即如果子女的实际需要有所增加，父母又有相应的能力，子女可以向父母任何一方提出要求，适当增加抚养费用。该条规定是符合实际的，因为离婚时，对子女抚养费的确定，是以离婚当时子女实际需要、父母双方的负担能力以及当地的实际生活水平为标准的。随着时间推移和社会生活的发展，确定子女抚养费的前提条件可能发生很大变化，如物价上涨，生活、学习费用提高，子女患病或

---

① 杨立新．家事法．北京：法律出版社，2013：154.

② 根据《最高人民法院关于人民法院审理离婚案件处理子女抚养问题的若干具体意见》的规定，对于单方收养的子女，不能适用上述原则。“《中华人民共和国收养法》施行前，夫或妻一方收养的子女，对方未表示反对，并与该子女形成事实收养关系的，离婚后，应由双方负担子女的抚育费；夫或妻一方收养的子女，对方始终反对的，离婚后，应由收养方抚养该子女。”但因《收养法》于 1992 年施行，司法实践中此类情况已不存在。

者遭受意外伤害，以及父母经济能力改变，收入大大增加，可能导致子女所需实际费用增加。因此，子女在必要时要求父母增加抚养费是其一项重要权利。

关于增加抚养费的具体数量，应由当事人协议；协议不成时由人民法院依法判决。按照最高人民法院有关司法解释的规定，子女要求增加抚养费有下列情形之一，父或母有给付能力的，应予支持：原定抚养费数额不足以维持当地实际生活水平的；因子女患病、上学，实际需要已超过原定数额的；有其他正当理由应当增加的。

（二）抚养费的减免

在具体司法实践中，有以下情形通常会被认定为可以减少或免除抚养费：（1）给付方由于长期患病或丧失劳动能力，又无经济来源，确实无力按原协议或判决确定的数额给付，而直接抚养子女的一方又能够负担，有抚养能力的。（2）给付方因违法犯罪被收监改造，失去了经济能力，无力给付的。但恢复人身自由后，有了经济来源，则应按原协议或判决给付。（3）直接抚养子女方再婚，继父或继母愿意承担子女抚养费的一部或全部。在这种情况下，负有给付义务的一方所承担的抚养费数额可以相应减少。但继父或继母不愿抚养的，生父或生母的给付数额不能减少。

抚养费的减少或免除直接关系到子女的权益，在决定时必须慎重考虑，从严掌握。前述情形只是在一定条件下减少或免除了给付义务，并没有终止父母对子女给付抚养费的义务。因此，在减免抚养费的事实根据消失时，应当恢复给付，以保护子女的合法权益。

典型案例

抚养费范围之争——原告李某、李某乙诉被告李某甲抚养费纠纷案①

【案情】

原告李某系被告李某甲之子，被告李某甲与原告的母亲李某乙于 2008 年 9 月协议离婚并到民政部门办理了离婚手续。离婚协议书约定："原告李某由男方抚养，女方暂代养孩子四年，男方不支付抚养费。孩子上大学、结婚费用全部由男方承担。"当时原告李某刚满 14 岁，此后原告李某一直由其母亲李某乙抚养。自 2012 年 9 月份，原告李某进入武汉科技大学学习，除每年需要交纳学费、校

① 本案例为最高人民法院公布四十九起婚姻家庭纠纷典型案例之三十四，来自北大法宝典型案例，法宝引证码 CLI. C. 8076518。

内住宿费、职业培训费等，还需要一大笔生活费，原告李某因此多次向被告要钱支付上述费用，但被告一直拒不支付。原告李某、李某乙诉至法院，请求法院依法判令被告支付学费 27 840 元、生活费用 60 000 元、培训费 4 770 元、购买电脑费用 6 600 元、购买羽绒服费用 859 元，共计 100 069 元。

【裁判】

山东省临沭县人民法院一审认为，本案系基于原告李某乙与被告李某甲离婚时所达成的离婚协议中关于子女抚养和教育费用约定的履行问题而产生的纠纷，因此，首先应当就原告李某乙与被告李某甲关于“原告李某由男方抚养，女方暂代养孩子四年，男方不支付抚养费，孩子上大学、结婚费用全部由男方承担”这一约定的合法性进行审查。《中华人民共和国婚姻法》第三十七条规定，离婚后，一方抚养的子女，另一方应负担必要的生活费和教育费的一部或全部，负担费用的多少和期限的长短，由双方协议；协议不成时，由人民法院判决。依照该规定，子女的生活费及教育费由一方承担部分或全部承担均可。本案原告李某乙与被告李某甲就原告李某的抚养及抚养费的承担方式、承担时间的约定不违反该条法律规定，且该约定系原告李某乙与被告李某甲的真实意思表示，内容并不违反其他法律的禁止性规定。被告李某甲应当按照约定承担向原告李某支付大学期间必要的生活费及教育费的民事责任。《中华人民共和国婚姻法》第二十一条第一、二款规定：“父母对子女有抚养教育的义务；子女对父母有赡养扶助的义务。父母不履行抚养义务时，未成年的或不能独立生活的子女，有要求父母付给抚养费的权利。”该条法律所规定的是家庭关系中父母与子女之间的法定权利与法定义务，而《最高人民法院关于适用〈中华人民共和国婚姻法〉若干问题的解释(一)》第二十条关于“婚姻法第二十一条规定的‘不能独立生活的子女’，是指尚在校接受高中及其以下学历教育，或者丧失或未完全丧失劳动能力等非因主观原因而无法维持正常生活的成年子女”的规定，是对“不能独立生活的子女”范围的界定。上述法律及司法解释是就父母对“不能独立生活的子女”承担抚养义务属法定义务做出的规定，并不禁止父母对“不能独立生活的子女”之外的子女自愿或通过约定的方式承担抚养义务。因此，被告李某甲不能依据上述法律及司法解释拒绝履行离婚时与原告李某乙所约定的对原告李某的抚养义务。原告李某现为在校就读的大学生，被告李某甲无证据证明原告李某有可维持自己在校生活、学习的收入来源，即应当按照离婚时与原告李某乙的约定承担原告李某在上大学期间的生活、学习所必需的费用。原告李某上大学期间的学费可根据其就读学校出具的收款收据予以确定，对于原告李某的生活费，法院综合考虑原告李某就读学校所在地的消费水平以及被告李某甲的收入等情况，酌情确定原告李某上大学期间，被告每年给付生活费6 000元。原告李某未提供证据证明购买电脑和参加校外培训属于上大学期间的必要开支，被告可以不承担这部分费用。原告李某购买衣服的花费应从生活费中列支，对其要求被告承担该费用的诉讼请求法院不予支持。原告李某乙虽系与被告李某甲达成离婚协议的一方当事人，但就子女抚养费的约定而言，权利主体应为原告李某，而原告李某已成年且具有完全的民事行为能力，应由原告李某依法独立行使抚养费的请求权。原告李某乙并不享有所约定的原告李某抚养费的请求权，不是涉案抚养费的权利主体，其原告主体不适格。依照《中华人民共和国民法通则》第四条、《中华人民共和国婚姻法》第三十七条的规定，依法作出如下判决：(1) 被告李某甲给付原告李某上大学期间的学费27 840元；(2) 被告李某甲给付原告李某上大学期间的生活费24 000元；(3) 上述两项于本判决生效后十日内付清；(4) 驳回原告李某的其他诉讼请求；(5) 驳回原告李某乙的诉讼请求。

【典型意义】

随着我国高等教育的逐渐普及，上大学（含各类职业技术学校）越来越成为适龄青少年的普遍选择。就我国的传统习惯和绝大多数家庭的选择而言，没有经济能力的子女就读大学（含各类职业技术学校）的费用，由有经济能力的父母支付已然成为一种惯例。本案中，原告李某乙与被告李某甲的离婚协议是双方真实意思表示，双方对于孩子上大学学费、生活费和结婚费用的约定，是其离婚协议的一部分，是双方在离婚时就子女读书、婚嫁事宜做出的合理安排，且原告李某乙为达成离婚协议而自愿承担原告李某成年之前的抚养义务，并免除了被告李某甲支付抚养费的法定义务，这也可视为原告李某乙为争取到孩子的大学学费和婚嫁费用而在其他方面做出的让步。这种约定不违反法律的禁止性规定，合法有效，应当得到法律的支持和认可。如果认定离婚协议的该条款无效，则不但违背了民法的基本原则，对原告李某乙的权益也是一种损害。故本案一审法院本着尊重当事人意思自治的原则，依法支持了原告李某的合法诉求，为同类案件的审理提供了可资借鉴的依据。

第一千零八十六条

离婚后，不直接抚养子女的父或者母，有探望子女的权利，另一方有协助的义务。

行使探望权利的方式、时间由当事人协议；协议不成的，由人民法院判决。

父或者母探望子女，不利于子女身心健康的，由人民法院依法中止探望；中

止的事由消失后，应当恢复探望。

本条主旨

本条是关于离婚后父母探望权的规定。

相关条文

本条是在《婚姻法》第三十八条的基础上修改而成，该条规定："离婚后，不直接抚养子女的父或母，有探望子女的权利，另一方有协助的义务。行使探望权利的方式、时间由当事人协议；协议不成时，由人民法院判决。父或母探望子女，不利于子女身心健康的，由人民法院依法中止探望的权利；中止的事由消失后，应当恢复探望的权利。"本条将"中止探望的权利"改为"中止探望"，原因在于法律规定的仅是因某种原因暂时停止行使探望权利，而不是对当事人探望权的剥夺，为避免歧义以及为了法典的逻辑性做此修改。同理，条文后半部分也因此改为"应当恢复探望"。

理解与适用

本条规定体现了《民法典》婚姻家庭编中贯穿的人权平等、人格尊严、人亲和谐、人伦正义、人本秩序、人文关怀的核心法理思想和权利法定、公序良俗、禁止权利滥用等具体法理精神①。

一、历史发展

我国 1950 年《婚姻法》、1980 年《婚姻法》都没有规定探望权制度。1988 年 4 月 2 日公布实施的《最高人民法院关于贯彻执行〈中华人民共和国民法通则〉若干问题的意见（试行）》初步确立了我国的探望权制度②，但此时还未明确使用"探望权"一词，规定也较为笼统，不便操作。2001 年修订的《婚姻法》增加了父母离婚后对子女的探望权③。2001 年 12 月 27 日起实施的《最高人民法院关于适用〈中华人民共和国婚姻法〉若干问题的解释（一）》第二十六条明确

---

① 龙翼飞．编纂民法典婚姻家庭编的法理思考与立法建议．法制与社会发展，2020（2）.

② 《最高人民法院关于贯彻执行〈中华人民共和国民法通则〉若干问题的意见（试行）》第 21 条规定："夫妻离婚后，与子女共同生活的一方无权取消对方对该子女的监护权；但是，未与该子女共同生活的一方，对该子女有犯罪行为、虐待行为或者对该子女明显不利的，人民法院认为可以取消的除外。"

③ 2001 年《婚姻法》第三十八条规定：离婚后，不直接抚养子女的父或母，有探望子女的权利，另一方有协助的义务。父或母探望子女，不利于子女身心健康的，由人民法院依法中止探望的权利。

了有权请求探望权中止的主体，第二十五条规定了探望权的恢复，第二十四条为离婚判决未涉及探望权的情形提供了法律救济途径，第三十二条确定了对探望权的强制执行。至此，我国探望权制度得以全面建立。

二、探望权的性质

探望权，是指父母离婚后，不直接抚养子女的一方依法享有的与未共同生活的子女通信联系、见面交流的权利。探望权在不同的国家或地区其称谓不一。如在日本，称之为见面交流权；在美国，称之为探视权；在我国台湾地区，称之为见面交往权①。我国对探望权的规定，一方面，可以满足父母双方对子女关心、爱护的情感需要，并使其及时、充分了解子女的学习、生活情况，更好地对子女进行抚养、教育；另一方面，可以增加子女与非直接抚养方的沟通与交流，减轻子女的家庭破碎感，有利于子女的健康成长。

关于探望权的性质，理论上认识不一。否定说认为，非监护方在离婚后继续和子女交流，与之保持心灵上的联系，只不过是广义上的对子女的监护——教养的一部分而已，不应该把它视为由于离婚而突然产生的新权利，离婚后的探望权只是父母双方继续齐心协力抚养子女的一种共同监护的形式。即使探望权是一种权利，它也受到“为了孩子”和与监护方的“亲权的调和”的双重限制，说它“不具有权利的性质”并非不合理。肯定说认为，探望权是一种从亲子关系中当然派生出来的自然权利，应该包括在广义的基本人权之中。折中说认为，见面交流虽然说是权利，但实际上只是一种微弱的权利，仅仅出于“在新的家庭中子女能够幸福成长”这一理由，就可以限制它的行使；见面的请求依然是由法院来确认其正当与否，看不到其作为宪法权利本应具有的与国家的对抗性②。

三、探望权的主体

依照本条规定，享有和行使探望权的主体是离婚后不直接抚养子女的父或者母。但也有学者认为，虽然我国《民法典》婚姻家庭编只规定了父或母的探望权，但不等于说其他近亲属就没有探望权。在身份法中，法律没有规定的权利，只要符合民法的基本原则和民事习惯，都应当是公民的权利，可以寻求法律的保护。因为法律没有明确规定祖父母对孙子女有探望权，就认为祖父母对孙子女没

---

① 王丽萍．中日探望权制度研究．山东大学学报（哲学社会科学版），2004（6）．

② 王丽萍．婚姻家庭法律制度研究．济南：山东人民出版社，2004：153－154．

有探望权，是违背民事习惯的，也是不符合人性和情理的①。关于隔代探望权一直争论不休，反对者认为若赋予祖父母、外祖父母探望权，会给直接抚养方和未成年子女带来诸多不便，甚至引发家庭纠纷。而支持者则认为，当前我国正处于社会转型期，隔代探望权是适应现实生活需求之所在。

也有学者提出，关于离婚后的探望权不应仅做单向的规定，而应扩展为双向的规定，不直接抚养子女的父或母有权探望子女，子女也有权探望未对其直接抚养的父或母。子女并非仅为探望的对象，也是探望权的主体（建议规定，以八周岁以上已有部分行为能力的未成年子女为限）。根据探望权的立法旨意，探望子女是基于亲子关系所衍生的法定权利，不仅是父母的权利，更是未成年子女的权利，探望权的行使应出自有利于子女身心健康发展的考虑，而不是以父母的利益为出发点。虽然法条无明确规定，但就法理解释而言，基于未成年子女身心健康发展的考虑，未成年子女也可以向法院请求与父母会面②。

四、行使探望权的方式

对子女来说，父母离婚后，他们只能随父或母一方（称为直接抚养方）生活，原本受父母双方共同爱护的他们只能得到父方或母方的单方爱护，这不利于他们的成长。现实生活中，有些当事人出于发泄私愤等原因，不准间接抚养方探望孩子，出现了争夺、转移、隐匿子女的情况，则更是加剧了子女的精神痛苦。这种无视子女感情需要的做法，不仅剥夺了另一方对子女的亲权，而且也给子女造成了严重的伤害。

本条第二款规定："行使探望权利的方式、时间由当事人协议；协议不成的，由人民法院判决。"人民法院作出的生效的离婚判决中没有涉及探望权的，当事人可以就探望权问题单独起诉，人民法院应当受理③。同时，探望权的行使应遵循协作原则，当一方行使探望权时，另一方负有协助的义务。这种协助体现了人性友善的婚姻家庭法理思想，人性友善是指人与人在交往中彼此采取的认同身份、互相理解、尊重忍让、友好合作、理性处事的行为模式，是社会主义核心价值观的重要内容，是人与人之间社会交往活动的内在需要。应当把人性友善培养为自然人的个体自律意识和社会道德意识，使自然人在婚姻家庭关系中，充分感受到互相爱护的温暖④。

---

① 杨立新．2002年热点民事案件：回顾与点评．检察日报，2003-01-06.

② 杨立新．家事法．北京：法律出版社，2013：159.

③ 刘大庆．完善我国探视权制度的法律思考．辽宁教育学院学报，2003（3）.

④ 龙翼飞．编纂民法典婚姻家庭编的法理思考与立法建议．法制与社会发展，2020（2）.

同时，有学者认为，在我国，许多夫妻离异后，孩子由祖父母或外祖父母代为直接抚养。在这种情况下，如果不要求代为直接抚养的祖父母、外祖父母有协助探望的义务，将会给探望权的实现带来困难。同样，如果子女是委托其他亲属或其他人抚养，被委托的其他亲属或其他抚养人也应当是协助行使探望权的义务人。此外，也不应当忽视未成年子女配合父亲或母亲探望的要求①。

具体而言，探望权的行使方式一般有两种：（1）看望性探望，即不与子女共同生活的一方到对方家中或者指定的地点进行探望。这种方式时间短、方法灵活且没有脱离直接抚养一方的监护范围。（2）逗留性探望，即一种较长时间的探望，探望权人可以在约定或法院判定的探望时间内，领走并送回未成年子女。其他形式也包括：与子女联系、交往的权利，如可以通过电话、书信等形式与子女保持联络；与子女短期共同生活的权利，如可以在节假日将子女接至自己的家中共同生活、联络感情、教育子女。

五、探望的中止与恢复

探望权的行使以有利于子女的最佳利益为原则，因此，如果探望权的行使与子女的最佳利益相悖，则应中止探望或限制探望权的行使。换言之，探望权制度设置主要是为了保护未成年子女的身心健康，因此，如果探望权的行使不利于子女的身心健康，甚至严重损害子女利益时，就应对此探望权的行使依法给予必要的限制。对于当事人的行为是否构成威胁子女的身心健康，应由法院裁量决定。未经法院判决，一方不得阻止他方行使探望权。威胁子女身心健康的行为经法院认定并作出裁定后，探望即被中止。

一般而言，不直接抚养子女的一方出现下列情况之一的，应视为已危及子女身心健康，应当中止其探望：探望者有精神病，丧失行为能力的；探望者有传染性疾病，影响子女身体健康的；探望者有酗酒、吸毒等恶习的；探望者拒付抚养费的；探望者对子女实施暴力行为的；探望者有骚扰子女的行为的；探望者教唆、引诱子女实施不良行为的；探望者被监禁的；等等。

依照《民法典》第一千零八十六条第三款的规定，中止探望的事由消失后，应当恢复探望。

---

① 王乔，顾承红．我国探望权制度中存在的若干问题及其完善．社会科学辑刊，2005（2）．

典型案例

探望权执行中可对被执行人处以迟延履行金——徐某与胡某探望权纠纷执行案[①]

【案情】

申请复议人徐某与申请执行人胡某原系夫妻，后离婚，双方婚生女儿胡某甲随母亲徐某生活，胡某每月支付抚育费 1 200 元。后双方因女儿的探望权产生纠纷，上海市浦东新区人民法院经审理，于 2013 年 9 月 16 日判决胡某每月第二周、第四周周六上午 9 时至下午 4 时对女儿胡某甲行使探望权，由胡某自行至徐某居住处接送胡某甲，徐某应对胡某行使探望权予以协助。徐某不服该判决，向上海市第一中级人民法院提出上诉。上海市第一中级人民法院于 2013 年 11 月 20 日判决驳回徐某上诉，维持原判。判决生效后，徐某拒不履行协助义务，阻挠胡某探望胡某甲，胡某遂向浦东新区人民法院申请执行。执行中，虽然执行法官以及徐某住所地村委会数十次协调，但徐某均以孩子被胡某接走探视不利于孩子身心健康为由拒绝。后村委会提出由其安排两名工作人员陪同探望，仍被徐某拒绝。

2014 年 5 月 16 日，依据胡某的申请，浦东新区人民法院作出裁定，被执行人徐某应支付申请执行人胡某自 2014 年 1 月 1 日起至实际履行日止的迟延履行金，支付标准按每迟延履行一次支付 300 元。徐某不服该裁定，向浦东新区人民法院提出执行异议。

【审判】

浦东新区人民法院认为，被执行人未按生效法律文书指定的期间履行给付金钱义务以外的其他义务的，应当支付迟延履行金。本案中，因徐某拒绝履行其义务，损害了胡某探望女儿的权利，浦东新区人民法院作出前述裁定并无不当。2014 年 10 月 13 日，浦东新区人民法院依照《民事诉讼法》第二百二十五条、第二百五十三条的规定，作出（2014）浦执异字第 61 号执行裁定书，驳回徐某的异议。

徐某不服该裁定，向上海市第一中级人民法院提出复议，认为浦东新区人民法院要求其向胡某支付相当于抚育费 50%的迟延履行金不当，要求上海市第一中级人民法院撤销相关裁定。

---

① 执行异议受理法院为上海市浦东新区人民法院，案号：（2014）浦执异字第 61 号；执行复议受理法院为上海市第一中级人民法院，案号：（2014）沪一中执复议字第 43 号。

上海市第一中级人民法院经审查认为，依据《婚姻法》第三十八条的规定，离婚后，不直接抚养子女的父或母，有探望子女的权利，另一方有协助的义务。探望子女，不仅是父母的权利，更是为保护未成年子女利益而设置的一项权利。载明探望权的生效民事判决，当事人应当履行。一方行使探望权，另一方有协助的义务，不得设置障碍。被执行人拒不履行生效法律文书确定的行为的，人民法院可以强制其履行。对于不可替代的须由被执行人完成的行为，经教育，被执行人仍拒不履行的，人民法院应当按照妨害执行行为的有关规定处理。根据本案的事实、性质、情节等具体情况，依照相关规定，徐某应当支付迟延履行金，浦东新区人民法院的相关裁定并无不当，故徐某的申请复议理由依法不能成立。2014年12月26日，上海市第一中级人民法院依照《民事诉讼法》第二百二十五条的规定，作出（2014）沪一中执复议字第43号执行裁定书，驳回徐某的复议申请，维持原裁定。

【典型意义】

探望权执行不到位的后果难以补救。因探望权的行使是一个随时间不断重复的过程，而权利人只能在特定的时间进行探望。如果在该特定时间内，权利人因他人的阻挠未能探望，客观上就难以对已经失去的探望机会进行补救。对被执行人处以迟延履行金可以与保障未成年人的权益兼顾。迟延履行金是对被执行人拒不履行相关义务的一种惩罚，如果因之损及未成年人的合法权益，则超出了合理的边界，需加以调整。实践中，执行机构及执行人员也会根据实际的情况，通过自由裁量，对被执行人施以适当的迟延履行金，一般情况下不会损及未成年人的合法权益。此外，被执行人还有相应的异议、复议等救济手段，由不同的裁判主体来权衡判断是否损及未成年人利益，因此，无须过虑迟延履行金会对未成年人的合法权益造成不当损害。

第一千零八十七条

离婚时，夫妻的共同财产由双方协议处理；协议不成的，由人民法院根据财产的具体情况，按照照顾子女、女方和无过错方权益的原则判决。

对夫或者妻在家庭土地承包经营中享有的权益等，应当依法予以保护。

本条主旨

本条是有关离婚后夫妻共同财产分割的规定。

相关条文

本条主要内容主旨与《婚姻法》第三十九条基本一致，增加了照顾无过错方权益的原则，以及对部分连接词做了改动。

理解与适用

本条规定体现了《民法典》婚姻家庭编中贯穿的人财共济、人伦正义、人本秩序、人文关怀的核心法理思想和权利法定、禁止权利滥用、公序良俗等具体法理精神①。

离婚时的夫妻共同财产分割是与夫妻身份关系的解除相伴产生的。离婚解除了夫妻间的人身关系，夫妻的共同财产也必然解体，即终止了夫妻之间原来的财产共有关系。

一、分割的对象

夫妻双方在适用婚后所得共同制时，对于婚后所得财产，根据本条规定，由双方协议处理；协议不成时，由人民法院根据财产的具体情况，按照照顾子女、女方和无过错方权益的原则判决。哪些婚后所得属于夫妻共同所有财产，应当严格按照《民法典》婚姻家庭编对夫妻共同财产的规定；人民法院审理离婚案件涉及财产分割的，还应以有关的司法解释为具体依据。双方约定实行一般共同制的，分割的是双方婚前财产和婚后所得财产，但约定为个人所有的财产除外。双方约定实行分别财产制的，分割的是没有明确约定为个人所有的财产或约定无效的财产。双方约定实行混合财产制的，分割的是约定为共同共有的部分财产。属于个人所有还是属于双方共有财产无法查清的，视为夫妻共同财产加以分割。

二、分割的原则

离婚时，夫妻的共同财产由双方协议处理。协议应当完全自愿，并采用书面形式。对完全出于双方自愿的财产分割协议，法律予以承认并加以保护②。如果

---

① 龙翼飞．编纂民法典婚姻家庭编的法理思考与立法建议．法制与社会发展，2020（2）．

② 《最高人民法院关于适用〈中华人民共和国婚姻法〉若干问题的解释（二）》第八条规定：“离婚协议中关于财产分割的条款或者当事人因离婚就财产分割达成的协议，对男女双方具有法律约束力。当事人因履行上述财产分割协议发生纠纷提起诉讼的，人民法院应当受理。”第九条规定：“男女双方协议离婚后一年内就财产分割问题反悔，请求变更或者撤销财产分割协议的，人民法院应当受理。人民法院审理后，未发现订立财产分割协议时存在欺诈、胁迫等情形的，应当依法驳回当事人的诉讼请求。”

夫妻就共有财产的分割协议不成，由人民法院判决。判决应当坚持的原则是：（1）男女平等。基于所应分割的财产是夫妻共同共有财产，在婚姻关系存续期间双方有平等的处理权，在离婚分割时双方也处于平等地位。（2）照顾子女、女方和无过错方权益。这一原则意味着，一方面，分割夫妻共同财产不得侵害女方和子女以及无过错方的合法权益；另一方面，应视女方的经济状况及子女的实际需要给予必需的照顾。（3）尊重当事人意愿。在分割共同财产时尊重当事人意愿，是尊重公民财产权利的一种表现。自愿放弃全部或部分权利时，自不应加以禁止。（4）有利生产，方便生活。自经济体制改革以来，夫妻共同财产的内容有了新的变化。一方面，对夫妻共同财产中的生产资料，分割时不应损害其效用和价值，以保证生产活动和财产流通的正常进行；对夫妻共同经营的当年无收益的养殖、种植业等，离婚时应从有利发展生产、有利于经营管理考虑，予以合理分割或折价处理。另一方面，对于夫妻共同财产中的生活资料，分割时也应视各自的实际需要，从而做到方便生活、物尽其用。由于在农村，公民一般在实际居住地取得土地承包经营权，一旦双方离异，女方往往返回自己的娘家，有可能导致其承包土地利益的丧失。因此，保护的对象主要是女方和成为女方家庭成员的男方依法享有的权益。因此本条也规定了“对夫或者妻在家庭土地承包经营中享有的权益等，应当依法予以保护”。

三、分割的具体规则

依据《最高人民法院关于适用〈中华人民共和国婚姻法〉若干问题的解释（二）》《最高人民法院关于人民法院审理离婚案件处理财产分割问题的若干具体意见》等的规定，分割夫妻共同财产应遵循以下具体规则：

（1）夫妻共同财产，一般应均等分割。但根据前述原则和财产的来源等情况，具体处理时也可以有所差别。

（2）夫妻分居两地分别管理、使用的共同财产，分割时各归管理、使用方所有；双方所分财产相差悬殊的，差额部分，由多得财产的一方以与差额相当的财产抵偿另一方。

（3）已登记结婚，尚未共同生活，一方或双方受赠的礼金、礼物，应考虑财产来源、数量等情况合理分割。

（4）夫妻一方原来是军人的，分割发放到军人名下的复员费、自主择业费等一次性费用的，以夫妻婚姻关系存续年限乘以年平均值，所得数额为夫妻共同财产。所谓“年平均值”，是指将发放到军人名下的上述费用总额按具体年限均分得出的数额。其具体年限为人均寿命 70 岁与军人入伍时实际年龄的差额①。

（5）夫妻双方分割共同财产中的股票、债券、投资基金份额等有价证券以及未上市股份有限公司股份时，协商不成或者按市价分配有困难的，人民法院可以根据数量按比例分配②。

（6）涉及分割夫妻共同财产中以一方名义在有限责任公司的出资额，另一方不是该公司股东的，按以下情形分别处理：夫妻双方协商一致将出资额部分或者全部转让给该股东的配偶，过半数股东同意、其他股东明确表示放弃优先购买权的，该股东的配偶可以成为该公司股东；夫妻双方就出资额转让份额和转让价格等事项协商一致后，过半数股东不同意转让，但愿意以同等价格购买该出资额的，人民法院可以对转让出资所得财产进行分割；过半数股东不同意转让，也不愿意以同等价格购买该出资额的，视为其同意转让，该股东的配偶可以成为该公司股东。用于证明过半数股东同意的证据，可以是股东会决议，也可以是当事人通过其他合法途径取得的股东的书面声明材料③。

（7）涉及分割夫妻共同财产中以一方名义在合伙企业中的出资，另一方不是该企业合伙人的，当夫妻双方协商一致，将其合伙企业中的财产份额全部或者部分转让给对方时，按以下情形分别处理：其他合伙人一致同意的，该配偶依法取得合伙人地位；其他合伙人不同意转让，在同等条件下行使优先受让权的，可以对转让所得的财产进行分割；其他合伙人不同意转让，也不行使优先受让权，但同意该合伙人退伙或者退还部分财产份额的，可以对退还的财产进行分割；其他合伙人既不同意转让，也不行使优先受让权，又不同意该合伙人退伙或者退还部分财产份额的，视为全体合伙人同意转让，该配偶依法取得合伙人地位④。

（8）夫妻以一方名义投资设立独资企业的，人民法院分割夫妻在该独资企业中的共同财产时，应当按照以下情形分别处理：一方主张经营该企业的，对企业资产进行评估后，由取得企业一方给予另一方相应的补偿；双方均主张经营该企业的，在双方竞价基础上，由取得企业的一方给予另一方相应的补偿；双方均不愿意经营该企业的，按照《中华人民共和国个人独资企业法》等有关规定办理⑤。

（9）双方对夫妻共同财产中的房屋价值及归属无法达成协议时，人民法院按

① 《最高人民法院关于适用〈中华人民共和国婚姻法〉若干问题的解释（二）》第十四条。
② 《最高人民法院关于适用〈中华人民共和国婚姻法〉若干问题的解释（二）》第十五条。
③ 《最高人民法院关于适用〈中华人民共和国婚姻法〉若干问题的解释（二）》第十六条。
④ 《最高人民法院关于适用〈中华人民共和国婚姻法〉若干问题的解释（二）》第十七条。
⑤ 《最高人民法院关于适用〈中华人民共和国婚姻法〉若干问题的解释（二）》第十八条。

以下情形分别处理：双方均主张房屋所有权并且同意竞价取得的，应当准许；一方主张房屋所有权的，由评估机构按市场价格对房屋作出评估，取得房屋所有权的一方应当给予另一方相应的补偿；双方均不主张房屋所有权的，根据当事人的申请拍卖房屋，就所得价款进行分割[①]。

（10）离婚时双方对尚未取得所有权或者尚未取得完全所有权的房屋有争议且协商不成的，人民法院不宜判决房屋所有权的归属，应当根据实际情况判决由当事人使用。当事人就上述房屋取得所有权以后，有争议的，可以另行向人民法院起诉[②]。当然，如果夫妻对购买商品房、经济适用房已支付了全部房价款，或者根据福利政策购买的公有房屋已按市场价、成本价支付了全部房价款，根据法律规定可以办理房屋所有权权属移转登记手续，而只是在离婚时没有办理的，人民法院可以根据实际情况对该类房屋的所有权归属和分割、补偿问题予以处理。

（11）婚后双方对婚前一方所有的房屋进行修缮、装修、原拆原建，离婚时未变更产权的，房屋仍归产权人所有，增值部分中属于另一方应得的份额，由房屋所有权人折价补偿另一方；进行过扩建的，扩建部分的房屋应按夫妻共同财产处理。对不宜分割使用的夫妻共有的房屋，应根据双方住房情况和照顾直接抚养子女方或无过错方等原则分给一方所有；分得房屋的一方对另一方应给予相当于该房屋一半价值的补偿，在双方条件等同的情况下，应照顾女方。婚姻关系存续期间居住的房屋属于一方所有，另一方以离婚后无房居住为由，要求暂住的，经查实可据情况予以支持，但一般不超过两年。无房一方租房居住经济上确有困难的，享有房屋产权的一方可给予一次性经济帮助。

典型案例

离婚后夫或者妻在居委会享有的权益纠纷——陈某等诉烟台经济技术开发区岗崙居委会不给予与本居委会居民同等待遇纠纷案[③]

【案情】

原告陈某称：本人于1999年10月与烟台经济技术开发区岗崙居委会居民左某结婚（系再婚，带子王某）。由于感情破裂，2003年9月经烟台经济技术开发区人民法院调解双方离婚。离婚后，被告不给予我及子王某与本居委会居

① 《最高人民法院关于适用〈中华人民共和国婚姻法〉若干问题的解释（二）》第二十条。

② 《最高人民法院关于适用〈中华人民共和国婚姻法〉若干问题的解释（二）》第二十一条。

③ 审理法院为山东省烟台经济技术开发区人民法院，案号：（2004）开行初字第2号。

民同等的待遇，在向本居委会居民发放粮油时也将我们母子排除在外。要求判决被告给予二原告自2003年10月起与本居委会居民同等的待遇，案件受理费由被告负担。

【裁判】

法院认为，原告陈某虽与烟台经济技术开发区岗嵛居委会居民左某离婚，但其与子王某的户口仍在岗嵛居委会，被告分给二原告的口粮地也仍由二原告耕种，二原告与岗嵛居委会居民应享有同等的权利并承担同等的义务，其与岗嵛居委会的居民应当享受同等待遇。庭审中，二原告也认为其与岗嵛居委会居民在享有同等权利的同时，应承担同等的义务。被告在法定提交证据的期限内未向本院提供证据，应承担不能举证的法律责任，由此产生的对其不利的法律后果应由其自负；其不给予二原告本居委会居民同等待遇的行政行为违反了有关法律、法规的规定。依照《中华人民共和国行政诉讼法》第四十八条、第五十四条第一款第（三）项及《中华人民共和国婚姻法》第三十九条第二款和其他相关规定，判决如下：被告烟台经济技术开发区岗嵛居委会给予原告陈某、王某自2003年10月起与本居委会居民同等的待遇。案件受理费100.00元由被告负担。如不服本判决，可于判决书送达之日起十五日内，向本院递交上诉状，并按对方当事人的人数提出副本，上诉于山东省烟台市中级人民法院。

【典型意义】

夫妻共同财产的形式非常多样，虽然法条只强调“对夫或者妻在家庭土地承包经营中享有的权益”进行保护，但在司法实践中不乏如同本案中的“居委会中享有的权益”同样需要保护。因此在离婚时对夫妻共同财产的处理，应持较为开放的态度，在财产形式方面做扩大解释，积极保护夫妻双方的财产权利。

第一千零八十八条

夫妻一方因抚育子女、照料老年人、协助另一方工作等负担较多义务的，离婚时有权向另一方请求补偿，另一方应当给予补偿。具体办法由双方协议；协议不成的，由人民法院判决。

本条主旨

本条是对承担较多家务劳动的夫妻一方在离婚时享有经济补偿请求权的规定。

相关条文

本条是在《婚姻法》第四十条的基础上修改而成，该条规定："夫妻书面约定婚姻关系存续期间所得的财产归各自所有，一方因抚育子女、照料老人、协助另一方工作等付出较多义务的，离婚时有权向另一方请求补偿，另一方应当予以补偿。"该条将承担较多劳务一方的补偿请求范围限定于分别财产制下，亦即该条只适用于双方实行分别财产制时，一方如承担较多家务劳动，在离婚时可向另一方要求经济补偿。本条将分别财产制的前提删去，规定"夫妻一方因抚育子女、照料老年人、协助另一方工作等负担较多义务的，离婚时有权向另一方请求补偿，另一方应当给予补偿"。同时对该补偿权的行使与救济提供了具体可行的方案，即"具体办法由双方协议；协议不成的，由人民法院判决"。本条修改体现了《民法典》对家务劳动的积极重视，是《民法典》人文关怀的法理表达，是实现法律公平正义的重要保障。

理解与适用

本条规定体现了《民法典》婚姻家庭编中贯穿的人亲和谐、人财共济、人伦正义、人本秩序、人文关怀等核心法理思想和权利法定、公序良俗等具体法理精神①。

一、家务劳动补偿的含义

本条规定也称家务劳动补偿、经济补偿，指夫妻一方因抚育子女、照料老年人、协助另一方工作等负担较多家务劳动的，离婚时有权向另一方请求经济补偿的权利。家务劳动补偿请求权是法律赋予离婚主体的一项权利，是维护离婚自由、实现法律公平正义的重要保障。这一规定在主体上没有性别的限制，任何一方，无论男女，只要符合法定要件，均可享有离婚家务劳动补偿请求权，它是法律对家务劳动价值的一种肯定。

在理解家务劳动补偿时应注意以下几点：

第一，家务劳动补偿的发生不以特定夫妻财产制形式为限，无论双方约定分别财产制还是法定婚后所得共同制，劳务付出较多的一方均可在离婚时提起补偿请求。《婚姻法》的规定将家务劳动补偿制度限定在分别财产制的前提之下，造成了共同财产制排斥离婚经济补偿的事实情况，使得离婚经济补偿制度在实践中

---

① 龙翼飞．编纂民法典婚姻家庭编的法理思考与立法建议．法制与社会发展，2020（2）．

处于搁置的状态，救济制度未能得到很好发挥，没有达到预期的立法效果①。此次修改，扩大了家务劳动补偿请求权的适用范围，有利于发挥家务劳动补偿的离婚救济效用。

第二，经济补偿是一种劳务补偿，它的产生是因为夫妻共同生活中劳务付出的差异，与因一方有法定过错而发生的损害赔偿具有完全不同的性质。一般说来，无家务拖累而在事业上功成名就者的收入和未来挣钱的能力，要远远高于从事家务劳动较多的一方，长期或者过多从事家务劳动的一方，必然丧失了社会经验，工作经验老化，专业素质下降，重新工作获取收入面临困难或者只能获得较低收入②。而且事业成功者的财产里，有着从事家务劳动一方的辛勤劳动。在这种情况下，离婚时从事家务劳动多的一方不能分到对方的财产，双方实际财产会相差很多，家务劳动的价值也被忽视了，这不符合法律的公平原则和权利义务一致原则。因此，家务劳动补偿体现的是法律对家务劳动的价值肯定，以及对其离婚救济理念的重申。

第三，夫妻关系和其他家庭成员关系具有很强的伦理性，夫妻为婚姻家庭生活的操劳，并非以获取相应报酬为目的的单纯的财产法上的行为。夫妻关系是一种特殊的身份关系，在婚姻关系存续期间，它所引起的许多义务都是应当自觉履行且不可能做到完全平等分担的，夫妻共同生活中的人身及财产行为往往蕴含着亲属伦理因素，并非以收取相应报酬为目的的单纯财产法上的行为，也很难用具体的财产价值来衡量。人伦正义是民法的人文精神和公平正义的体现，是社会主义核心价值观的重要内容。而婚姻家庭法较之普通民法的特别之处在于，其是典型的身份法，调整的主要是亲属身份关系，即使有部分财产关系，也是基于身份关系而产生、服务于身份关系的财产关系③。因此，离婚时的经济补偿，既不同于财产法上的合同关系，也不是劳务付出或感情付出的代价，而仅仅是一种弥补对方损失的辅助性财产手段④。

二、家务劳动补偿的条件

根据本条规定，夫妻一方要求另一方给予家务劳动补偿的一般条件是，其在婚姻关系存续期间付出了较多的劳务，承担了较多家庭义务。具体而言包括三个方面：

---

① 夏吟兰．民法分则婚姻家庭编立法研究．中国法学，2017（3）.

② 夏吟兰．婚姻家庭继承法．北京：中国政法大学出版社，2012：142.

③ 龙翼飞．编纂民法典婚姻家庭编的法理思考与立法建议．法制与社会发展，2020（2）.

④ 杨大文．亲属法．4 版．北京：法律出版社，2004：196.

第一是抚育子女。这本属夫妻双方共同的义务，理应分担。离婚时承担抚育义务较少的一方应给予承担义务较多的一方适当的经济补偿。

第二是照料老年人。这种照料势必付出相当的时间和精力，使得当事人一方将大量精力放置于家庭，丧失了社会经验以及获得职业训练的可能性，从而在离婚后面临就业困难以及低收入风险。离婚时，承担照料老年人义务较少的一方自应给予承担义务较多的一方适当的经济补偿。

第三是协助另一方工作。在婚姻关系存续中，这种协助可能是有偿的，也可能是无偿的。如果是无偿的，离婚时协助的一方有权要求被协助的一方，即受益一方给予一定的补偿，以弥补因劳务付出所造成的损失。有学者认为，应允许在离婚时夫妻一方就其为对方接受教育或者取得某种资格或身份做出的贡献而请求经济补偿。因夫妻一方将自己的时间和精力投入于对对方接受所从事专门职业所必需的高等教育的支持，是对“人力资本”的投资，很可能产生有价值的回报。尽管在婚姻关系存续期间取得的专门的职业教育或营业执照不符合传统的财产概念，但是它代表着夫妻对人力资本的投资，代表着对方的收入能力。专门的职业教育或营业执照既然体现着另一方的投资，在离婚时获得高等教育或营业执照的一方就应该对对方加以补偿①。

三、家务劳动补偿的行使

家务劳动补偿请求，是离婚时由多付出义务的一方向另一方提出的经济补偿请求，因此该请求权的行使时间仅限于离婚之时。共同生活中付出较多义务的一方提出经济补偿要求时，补偿的数额应由双方协议确定。协议不成，由人民法院判决。人民法院判决时，应根据权利义务相一致的原则进行，同时需考虑请求权人在抚育子女、照料老年人、协助另一方工作等方面付出义务的多少、时间长短、请求权人因此受到损失的情况、另一方从中受益的情况和经济能力等因素。

典型案例

负担较多义务的认定——张某诉萧某离婚案②

【案情】

原告张某诉称：1990年9月，原、被告双方登记结婚，婚后育有一子。因

① 张学军．论离婚后的扶养立法．北京：法律出版社，2004：286－292，351－356．

② 审理法院为湖南省长沙市岳麓区人民法院，案号：(2006）岳民一初字第403号。

被告萧某对原告和孩子漠不关心，原告于1996年起诉离婚，法院判决不准离婚。后夫妻矛盾进一步激化。被告1998年后外出打工，长期不归，2003年后无音讯。原告独立抚养儿子萧某甲。2006年初原告因与原单位解除劳动合同关系，失业在家，经济上失去了继续抚养孩子的能力，要求与被告解除婚姻关系，判令被告抚养孩子萧某甲，判令被告一次性支付原告经济补偿金2万元，并承担本案全部的诉讼费用。

【裁判】

湖南省长沙市岳麓区人民法院审理后认为：原、被告虽系自由恋爱结婚，但双方性格差异较大，婚后没有建立起良好的夫妻感情，且从2003年至今分居已超过两年，可确认双方夫妻感情已彻底破裂，原、被告均同意离婚，本院予以准许。婚生小孩萧某甲一直随原告共同生活，且被告长期在外打工，故小孩由原告抚养为宜。因原告多年来独自抚养小孩，对家庭所尽义务较多，而被告不但未尽丈夫的责任，而且未尽父亲的责任。父母对子女的责任，不仅仅是金钱上的付出，更多的是时间、精力的付出，而时间、精力的付出不是金钱所能衡量的。被告对家庭，不但金钱上付出较少，而且时间、精力几乎没有付出，所以原告要求被告萧某补偿2万元的诉讼请求，应该予以支持。

【典型意义】

父母对子女的责任，不仅仅是金钱上的付出，更多的是时间、精力的付出，而时间、精力的付出不是金钱所能衡量的。赋予对家庭付出较多义务而在经济上处于劣势的一方独立的诉讼请求权，使其在婚姻关系终结时可要求对方给予经济上的补偿，这是符合现代法律公平原则的。

第一千零八十九条

离婚时，夫妻共同债务应当共同偿还。共同财产不足清偿或者财产归各自所有的，由双方协议清偿；协议不成的，由人民法院判决。

本条主旨

本条是有关离婚时夫妻债务清偿责任的规定。

相关条文

本条主旨与《婚姻法》第四十一条一致，本条仅做部分连接词的修改。

理解与适用

本条规定体现了《民法典》婚姻家庭编中贯穿的人财共济、人伦正义、人本秩序等核心法理思想和权利法定、公序良俗等具体法理精神①。

1950 年《婚姻法》第二十四条是关于离婚时偿还债务的规定。因当时女方经济地位较弱，该条规定："离婚时，原为夫妻共同生活所负担的债务，以共同生活时所得财产偿还；如无共同生活时所得财产或共同生活时所得财产不足清偿时，由男方清偿。男女一方单独所负的债务，由本人偿还。"

1980 年《婚姻法》第三十二条规定："离婚时，原为夫妻共同生活所负的债务，以共同财产偿还。如该项财产不足清偿时，由双方协议清偿；协议不成时，由人民法院判决。男女一方单独所负债务，由本人偿还。"该条将 1950 年《婚姻法》"由男方清偿"的规定改为"由双方协议清偿"。

2001 年修订的《婚姻法》增加了夫妻财产制的规定，规定夫妻双方可以将夫妻财产依法分为共同所有或各自所有。因此，关于离婚时夫妻债务清偿也相应改为："共同财产不足清偿的，或财产归各自所有的，由双方协议清偿"。其中"财产归各自所有的"，即为针对夫妻分别财产制而新增加的内容。同时，删去 1980 年《婚姻法》规定的"男女一方单独所负债务，由本人偿还"。

《民法典》婚姻家庭编第一千零八十九条沿用了 2001 年修订的《婚姻法》第四十一条的规定。本条规定："离婚时，夫妻共同债务应当共同偿还。共同财产不足清偿或者财产归各自所有的，由双方协议清偿；协议不成的，由人民法院判决。"这是关于离婚时夫妻共同债务清偿的一般性规定。除夫妻双方或一方对外所负债务的清偿责任外，《最高人民法院关于适用〈中华人民共和国婚姻法〉若干问题的解释（三）》中还就夫妻之间以共同财产为标的设定的借贷关系及其处理做了如下规定：夫妻之间订立借款协议，以夫妻共同财产出借给一方从事个人经营活动或用于其他个人事务的，应视为双方约定处分夫妻共同财产的行为，离婚时可按照借款协议的约定处理。

夫妻共同债务，在性质上属于连带债务，夫妻双方各自对同一债务负全部给付义务，即：应当共同偿还，共同财产不足清偿的，或财产归各自所有的，由双方协议清偿；协议不成时，由人民法院判决。具体而言：（1）离婚时双方具有共同财产且足够偿还共同债务的，对于已届清偿期的共同债务应先由共同财产偿还。共同财产清偿债务后剩下的部分，由双方分割。至此，夫妻共同债务因清偿

① 龙翼飞．编纂民法典婚姻家庭编的法理思考与立法建议．法制与社会发展，2020（2）.

而消灭。(2) 双方共同财产不足清偿，或者财产归各自所有的，或离婚时尚未到期的共同债务一方或双方不愿意提前清偿的，则由双方协议确定各自所应承担共同债务的份额。在此情形下，双方的债务清偿协议除非经债权人同意并免除其连带责任，仅具有对内的效力，不过是双方约定各自分担的债务份额，并不因此而产生对外的效力。离婚后，对债权人而言，该项债务仍为连带债务。(3) 双方协议不成时，由人民法院判决。法院根据双方的经济状况、经济能力及照顾女方和直接抚养子女一方的原则，判决双方按一定比例承担债务或者让具有较强经济能力的一方单独承担债务。在此情形下，法院判决确定的是双方各自分担的债务的份额，也仅具有对内效力，并不能因此而认为法院的判决具有将连带债务变更为按份债务的确定力。(4) 离婚后，一方因清偿超过自己分担部分的给付额，致另一方免除对债权人的清偿责任，有权向另一方请求偿还其应分担的部分。此即连带债务人间的求偿权。

典型案例

夫妻间的债务追偿——陈某与叶某离婚后财产纠纷上诉案[①]

【案情】

2007 年 9 月 4 日叶某甲（案外人）起诉叶某要求偿还 2006 年 12 月 30 日经双方结算的“接近开关”外壳货款 108 000 元，该案在审理时追加陈某为共同被告。2007 年 11 月 21 日一审法院作出（2007）洞民二初字第 81 号民事判决：(1) 叶某于判决生效之日起十日内支付叶某甲货款 108 000 元；(2) 陈某对上述款项的支付负连带责任。陈某不服提起上诉，温州中院作出（2008）温民二终字第 58 号判决：驳回上诉，维持原判。此后一审法院启动执行程序，陈某于 2008 年 4 月 30 日支付一半货款 54 000 元。

一审法院于 2007 年 5 月 24 日受理陈某与叶某离婚纠纷案，2007 年 12 月 20 日作出（2007）洞民一初字第 159 号民事判决，判决双方离婚并对财产和债务进行分割，但对上述债务未做处理，明确该债务承担以温州中院（2008）温民二终字第 58 号判决为准。

2008 年 5 月 6 日，陈某以“叶某甲诉叶某买卖合同是发生在夫妻双方分居之后，已生效的判决已认定双方分居之后叶某的外加工付款，陈某不应承担”为

① 一审法院为洞头县人民法院，案号：(2008) 洞民一初字第 142 号；二审法院为温州市中级人民法院，案号：(2008) 温民一终字第 175 号。

由，向洞头县人民法院提起诉讼，要求判令叶某偿还其代付的债务款54 000元。叶某辩称：陈某支付叶某甲一半货款54 000元，是依生效判决应当履行的还款义务，无权要求其返还。请求驳回陈某的诉讼请求。

【裁判】

洞头县人民法院（2007）洞民二初字第81号判决以及温州市中级人民法院（2008）温民二终字第58号判决，认定欠叶某甲的108 000元系夫妻共同债务，夫妻负连带清偿责任。该判决已生效，并有既判力。因此关于该债务对外是否为夫妻共同债务的问题，根据一事不再理的原则，当事人不得再行诉讼。如果当事人不服，可申诉处理。

（2007）洞民一初字第159号离婚判决，并未涉及108 000元债务的处理，即离婚案件未对该债务在夫妻之间内部关系上做出认定和处理。（2008）温民二终字第58号判决执行完毕后，夫妻之间的对外债务已消灭，但内部仍存在如何定性和分担的问题。因此，对该笔债务，夫妻离婚后仍可以提起诉讼。此诉与温州中院（2008）温民二终字第58号判决审理的诉讼标的不同，并非重复诉讼，也未违背一事不再理的原则。

夫妻离婚时，应对婚姻关系存续期间所形成的债务是夫妻共同债务还是一方的个人债务做出认定。本案债务系叶某在分居期间经营所欠的债务，其未举证证明夫妻有共同举债的合意，也未证明夫妻分享了该债务所带来的利益。因此，虽然对外为保护债权人利益、保护交易安全，认定该债务为夫妻共同债务，但在夫妻内部分担上，仍应认定为叶某个人的债务，由其自行承担。陈某已支付的54 000元，本质上是对叶某个人债务的对外代偿，依法可向叶某追偿。洞头县人民法院未理清该债务在对外与对内法律关系上的不同属性，属适用法律错误，应予以纠正。据此判决：（1）撤销洞头县人民法院（2008）洞民一初字第142号民事判决；（2）叶某于判决生效之日起十日内支付陈某54 000元。

【典型意义】

夫妻双方离婚时或离婚后对婚姻关系存续期间一方所负债务，对外应当依法共同承担连带清偿责任，对内则应依据一定的原则予以分担，两者属不同的法律关系和不同的诉讼标的，在司法实践中应明确内部分配和外部清偿的关系。

第一千零九十条

离婚时，如果一方生活困难，有负担能力的另一方应当给予适当帮助。具体办法由双方协议；协议不成的，由人民法院判决。

本条主旨

本条是有关夫妻离婚后一方对生活困难的另一方给予适当经济帮助的规定。

相关条文

本条是在《婚姻法》第四十二条的基础上修改而成，该条规定："离婚时，如一方生活困难，另一方应从其住房等个人财产中给予适当帮助。具体办法由双方协议；协议不成时，由人民法院判决。"本条做了以下修改：第一，明确规定帮助一方具备负担能力，使得条文逻辑与适用更加严谨；第二，删去"从其住房等个人财产中"的举例性规定，避免歧义，同时使经济帮助的解释范围扩大，有利于丰富对弱者经济帮助的内容与形式。

理解与适用

本条规定体现了《民法典》婚姻家庭编中贯穿的人财共济、人亲和谐、人伦正义、人本秩序、人文关怀的核心法理思想和权利法定、公序良俗等具体法理精神①。

一、经济帮助的含义

经济帮助是指夫妻离婚时，因一方生活确有困难，经双方协议或法院判决，由有条件的一方从其个人财产中给予另一方适当帮助的制度。经济帮助既不以一方付出较多的义务为先决条件，也不以一方是否有过错为必要，有过错的一方若存在生活困难的情形，也可要求无过错方给予适当经济帮助。经济帮助也不与夫妻间的扶养义务等同。夫妻间相互扶养的义务，以夫妻人身关系为前提，存在于婚姻关系存续期间，并且随着婚姻关系的终止而终止，而经济帮助则以夫妻解除婚姻关系为前提，以一方生活存在困难为条件。

根据本条规定，"离婚时，如果一方生活困难，有负担能力的另一方应当给予适当帮助。具体办法由双方协议；协议不成的，由人民法院判决"。此处使用了"帮助"一词，而非"扶养费"，是因为经济帮助不同于婚姻关系存续期间的扶养义务，不是这种法定扶养义务的延伸，而只是派生于原夫妻关系的一种责任，是离婚的一种善后措施，是基于道义对生活困难一方的救助。经济帮助可解决生活困难一方离婚后的实际需要，有助于消除其在离婚时的经济顾虑，保证其

---

① 龙翼飞．编纂民法典婚姻家庭编的法理思考与立法建议．法制与社会发展，2020（2）.

离婚自由的实行①。也有学者认为，我国的一方对他方的适当经济帮助义务，具有扶养金性质②，它与夫妻关系存续期间的扶养义务不同，只是派生于原存的夫妻关系的一种延伸责任。这种适当经济帮助义务应当是债的性质，是定期金之债③。

二、确定经济帮助的条件

根据本条规定，经济帮助应符合以下条件：

第一，要求帮助的一方生活确有困难。这里的生活困难，指的是依靠个人财产和离婚时分得的财产无法维持当地基本生活水平。

第二，生活困难在离婚时已经存在。要求帮助的一方必须是离婚时生活确有困难，而自己又无力解决。如果困难出现在离婚后，困难方不得要求经济帮助。同时，受助方如果再婚，不适用本条规定，应由其再婚配偶依法承担扶养义务，而非寻求经济帮助。

第三，提供帮助的一方须有经济负担能力。经济帮助存在的前提是，一方具有提供经济帮助的能力，且提供的帮助是在帮助方力所能及的范围内。因此种经济帮助并非过错赔偿，没有惩罚性质，如提供帮助的一方没有必要的经济能力，自己生活也存在困难，不应负担此种给予经济帮助的义务。

三、经济帮助的方式

对于离婚时的经济帮助，法院应从实际出发，着重做好双方的思想工作，力争调解达成一致协议，促使双方自愿给予和接受帮助。如双方协商不成，由法院根据当事人的实际情况予以判决。经济帮助的方式除了考虑帮助方的经济负担能力外，还要考虑受助方的具体情况和实际需要，具体有以下几种方式：

（一）短期或一次性帮助

离婚时有生活困难的一方，如果年轻且有劳动能力，应考虑其生活困难的暂时性，仅由帮助方提供短期或一次性的帮助。提供短期帮助的，当受助方的经济情况好转，困难情形消除时，应立即终止经济帮助，消除经济帮助义务。

---

① 夏吟兰．婚姻家庭继承法．北京：中国政法大学出版社，2012：143.

② 在各国亲属法中，一般都规定离婚后一方对另一方给付扶养金。这种扶养金，是夫妻离婚后，一方应当为生活确有困难或有特殊需要的另一方提供救助的责任。救助义务的履行采取扶养金的方式，如果扶养金债务人一方死亡，扶养金由其继承人负担，但扶养金债权人一方再婚或者公然与他人姘居时，扶养金停止给付。

③ 杨立新．家事法．北京：法律出版社，2013：148.

（二）长期性帮助

当生活困难方面临年老病残、失去劳动能力、无生活来源时，帮助方在有经济能力的情况下应提供居住、医疗等多方面的帮助，必要时提供长期的妥善安排。

本条所言帮助可以是金钱性的，也可以是财产性的。本条删去了一方以个人财产中的住房对生活困难方进行帮助的举例形式，并非法律对该做法持有否定态度，只是该举例缺乏严谨性，常引发是否能以“转移房屋所有权”进行经济帮助的讨论，并引起“生活困难”与“住房困难”的判断混乱。同时，本条将该举例删去，也使经济帮助的解释范围扩大，有利于丰富对弱者经济帮助的内容与形式。

典型案例

对适当经济帮助的认定——徐某诉端某扶养纠纷案①

【案情】

原告徐某与被告端某于2007年5月9日登记结婚，并于同年11月22日生育一子。徐某生育孩子后精神不稳定并多次离家出走，2010年徐某从娘家回来后，端某的母亲带徐某在南京市溧水区精神康复医院诊疗，病历记载：“患者能听到不存在声音在耳边讲话，有人想害她、杀她，讲她的坏话，脑子里也控制不住地乱想，紧张恐惧，夜不眠，卫生不料理，不正常饮食……”医生诊断为精神分裂症，并予以用药治疗。2012年7月13日徐某被确定为精神残疾人，残疾等级为2级。

2014年9月，端某向南京市溧水区人民法院提起离婚诉讼，因徐某下落不明，法院依法公告缺席审理，并于2015年4月10日作出了（2014）溧民初字第2578号民事判决书，判决解除端某与徐某之间的婚姻关系，双方婚生子归端某直接抚养。

2016年4月，徐某向南京市溧水区人民法院提起诉讼，认为在离婚诉讼中端某以欺骗的方式剥夺了其应诉权利，现徐某患有疾病，为维护其合法权益，要求端某自2010年起每年支付原告经济帮助款10 000元至原告死亡之日止。

端某辩称：履行夫妻义务的前提是双方系夫妻关系，2015年4月双方已经离婚，相互之间的扶养义务已经解除。根据法律规定，徐某主张经济帮助应在离婚时一并提出，现双方已经离婚一年多，故徐某无权再主张经济帮助。

【裁判】

南京市溧水区人民法院经审理认为，夫妻之间有相互扶养的义务，一方不履

① 本案例为江苏法院维护残疾人合法权益十大典型案例之七，来自北大法宝典型案例，法宝引证码CLI. C. 60775671。

行扶养义务时，需要扶养的一方有要求对方付给扶养费的权利。离婚时，如一方生活困难，另一方有给予适当帮助的义务，该义务实质上是夫妻之间扶养义务的延续。本案中，徐某、端某于2015年经法院公告判决离婚时，徐某未到庭，客观上无法向端某主张经济帮助，但并非意味着徐某该项权利的丧失。徐某在本次诉讼中，仍有资格行使要求端某予以经济帮助的权利。根据《中华人民共和国婚姻法》第四十二条“离婚时，如一方生活困难，另一方应从其住房等个人财产中给予适当帮助”的规定，主张经济帮助的要件之一是：离婚时一方陷入生活困难。因此，“离婚时”是对一方是否陷入生活困难进行判断在时间上的限定，而非对生活困难一方主张权利在时间上的限定。因此，对端某主张经济帮助应在离婚时一并提出的辩解意见不予采信。

关于徐某是否符合法律规定的离婚时生活困难的情形。根据《最高人民法院关于适用〈中华人民共和国婚姻法〉若干问题的解释（一）》第二十七条的规定，“一方生活困难”是指依靠个人财产和离婚时分得的财产无法维持当地基本生活水平。本案中，双方离婚时无共同财产的分割，徐某自2010年起即被诊断为精神分裂症，2012年又被确认为2级精神残疾，现仍未治愈，又无固定的收入来源，应属于生活困难的情形。故徐某要求端某支付经济帮助款符合法律规定，应予支持。考虑端某主要靠在外打工维持生活，尚有年幼的儿子需要抚养，经济能力较为有限；同时法律明确规定离婚后的帮助以“适当”为限，为此，法院酌情确定端某一次性支付徐某经济帮助款20 000元。综上，南京市溧水区人民法院于2016年7月18日作出（2016）苏0117民初2079号民事判决：（1）被告端某于本判决生效之日起十五日内一次性支付原告徐某经济帮助款20 000元；（2）驳回原告徐某的其他诉讼请求。

【典型意义】

司法实践中，对于法律规定的生活困难一方请求经济帮助的权利的性质和行使容易产生争议。本案中，被告就主张生活困难一方请求经济帮助权利的行使应当限定在离婚时。但离婚案件缺席审理的情况时有发生，尤其是类似本案中在身患残疾的弱势一方未到庭的情形下而判决离婚的，生活困难一方在离婚诉讼中客观上是无法主张经济帮助的。此时若将该权利的行使限定为“离婚时”，则意味着生活困难一方该项权利的丧失，客观上有失公允，不利于对生活困难一方的权利保护。在本案审理过程中，为依法保护残疾人的合法权益，法院从立法本意对《中华人民共和国婚姻法》第四十二条进行解释，认为“离婚时”是一方陷入生活困难的认定时间而非主张权利的时间，从而更好地保护了弱势一方的合法权益，做到了法、理、情的融合。

第一千零九十一条

有下列情形之一，导致离婚的，无过错方有权请求损害赔偿：

（一）重婚；

（二）与他人同居；

（三）实施家庭暴力；

（四）虐待、遗弃家庭成员；

（五）有其他重大过错。

本条主旨

本条是有关离婚时无过错方有权请求损害赔偿的规定。

相关条文

本条是在《婚姻法》第四十六条的基础上补充而成，该条规定：“有下列情形之一，导致离婚的，无过错方有权请求损害赔偿：（一）重婚的；（二）有配偶者与他人同居的；（三）实施家庭暴力的；（四）虐待、遗弃家庭成员的。”本条修改如下：第一，将“有配偶者与他人同居”改为“与他人同居”，使得法典用语前后一致，和谐统一；第二，增加兜底条款“有其他重大过错”，扩大对无过错方离婚赔偿请求权的请求条件范围，加大对人身遭受配偶严重侵害的无过错婚姻当事人合法权益的保护。

理解与适用

本条规定体现了《民法典》婚姻家庭编中贯穿的人权平等、人格尊严、人本秩序、人文关怀等核心法理思想和权利法定、公序良俗、禁止权利滥用等具体法理精神①。

一、历史发展

我国1950年《婚姻法》、1980年《婚姻法》均未规定离婚损害赔偿制度。2001年修正1980年《婚姻法》时新增了离婚损害赔偿制度，该法第四十六条规定：“有下列情形之一，导致离婚的，无过错方有权请求损害赔偿：（一）重婚

① 龙翼飞．编纂民法典婚姻家庭编的法理思考与立法建议．法制与社会发展，2020（2）.

的；（二）有配偶者与他人同居的；（三）实施家庭暴力的；（四）虐待、遗弃家庭成员的。”将离婚损害赔偿制度明确写入婚姻家庭法律制度中，既是对革命根据地婚姻法关于损害赔偿经验的总结，也是我国司法实践发展的结果①。

《民法典》婚姻家庭编第一千零九十一条在2001年修订的《婚姻法》第四十六条的基础上进一步做了修改：第一，将“有配偶者与他人同居”改为“与他人同居”，使得法典用语前后一致，和谐统一；第二，增加兜底条款“有其他重大过错”，扩大对无过错方离婚赔偿请求权的请求条件范围，加大对人身遭受配偶严重侵害的无过错婚姻当事人合法权益的保护。

二、离婚损害赔偿的含义

本条规定的离婚损害赔偿制度，是国家对婚姻当事人予以救济的重要组成部分，是当代民法特别是亲属法中的公平原则、保护弱者原则在离婚问题上的必然要求，体现了《民法典》婚姻家庭编对人格尊严的保护，具有填补损害、精神抚慰、制裁和预防违法行为的功能②。纵观各国立法例，许多国家和地区也规定有离婚损害赔偿制度，如《瑞士民法典》曾在第151条规定：“（1）因离婚，无过错的配偶一方在财产权或期待权方面遭受损害的，有过错的一方应支付合理的赔偿金。（2）因导致离婚的情势，配偶一方的人格遭受重大损害的，法官可判与一定金额的赔偿金作为慰抚。”《法国民法典》第266条规定：“在因一方配偶单方过错宣告离婚的情况下，该一方对另一方配偶因解除婚姻所受到的物质上与精神上的损失，得受判负损害赔偿责任。但另一方配偶仅在进行离婚诉讼之时，始得请求损害赔偿。”而且第267条还规定：“在因一方配偶单方过错宣告离婚的情况下，该方当然丧失另一方配偶在结婚时或其后原已同意的一切赠与及一切的财产利益。”《日本民法典》虽没有此类规定，但是其最高裁判所1962年3月15日的判决即已承认有责离婚者负侵权行为责任，且其最高裁判所早在1958年4月11日的判决中就承认内缘的不当抛弃者负侵权行为责任。

三、离婚损害赔偿的构成要件

（一）法定的违法行为

法定的违法行为是指本条具体规定的违法行为，即重婚，与他人同居，实施家庭暴力，虐待、遗弃家庭成员。仅有前述法定的违法行为的发生，而没有导致

① 张希坡．中国婚姻立法史．北京：人民出版社，2004：478.

② 夏吟兰．婚姻家庭继承法．北京：中国政法大学出版社，2012：144.

离婚的，也不发生离婚损害赔偿责任。违法行为导致离婚，强调的是违法行为导致了夫妻关系破裂，而且夫妻双方解除婚姻关系为双方所认可或者为法院判决所确认。按照《最高人民法院关于适用〈中华人民共和国婚姻法〉若干问题的解释（一）》第二十九条第二款的规定，“人民法院判决不准离婚的案件，对于当事人基于婚姻法第四十六条提出的损害赔偿请求，不予支持”。

（二）损害事实

无过错方因另一方的违法行为遭受损害，也是构成离婚损害赔偿责任的要件之一，根据相关司法解释的规定，损害赔偿包括物质损害赔偿和精神损害赔偿。涉及精神损害赔偿的，适用《最高人民法院关于确定民事侵权精神损害赔偿责任若干问题的解释》的有关规定。

（三）违法行为与损害事实之间有因果关系

实施重婚，与他人同居，家庭暴力，虐待、遗弃家庭成员等违法行为而导致离婚，是造成无过错方配偶遭受物质损害和精神损害的原因。如果加害人的行为与损害结果之间没有因果关系，则加害人对损害结果不承担民事责任。

（四）违法行为人有主观过错

过错是行为人的可归责的心理状态，包括故意和过失。一般认为，违法行为人实施前述违法行为应是故意的过错状态，因过失伤害家庭成员而导致离婚的，则不构成离婚损害赔偿责任。

四、离婚损害赔偿请求权的行使

在婚姻关系存续期间，当事人不起诉离婚而单独依据本条规定提起损害赔偿请求的，人民法院不予受理。人民法院受理离婚案件时，本条规定中当事人的有关权利义务，应当书面告知当事人。在适用本条时，应当区分以下不同情况：第一，符合本条规定的无过错方作为原告基于本条规定向人民法院提起损害赔偿请求的，必须在离婚诉讼的同时提出；第二，符合本条规定的无过错方作为被告的离婚诉讼案件，被告不同意离婚也不基于本条规定提起损害赔偿请求的，可以在离婚后一年内就此单独提起诉讼；第三，无过错方作为被告的离婚诉讼案件，一审时被告未基于本条规定提出损害赔偿请求，二审期间提出的，人民法院应当进行调解，调解不成的，告知当事人在离婚后一年内另行起诉；第四，当事人在协议离婚时已经明确表示放弃该项请求，或者在办理离婚登记手续一年后提出的，不予支持；第五，人民法院判决不准离婚的案件，对于当事人基于本条提出的损害赔偿请求，不予支持。

典型案例

互殴中施暴方的认定——段某洁诉尹某离婚纠纷案①

【案情】

原告段某洁诉称，其与被告尹某于2011年6月23日结婚，婚后感情一直不好。2013年1月18日原告生育男孩尹某甲，夫妻感情丝毫没有转变，被告动辄即对原告进行殴打。原告在怀孕期间，因一次上班忘记向婆婆辞行，被告不问青红皂白从五楼追到楼下，当众给原告两记耳光。原告生下小孩十多天，被告就多次提出离婚，并扬言“带刀子回家杀人”。2013年2月25日、4月28日、5月2日、5月31日，被告多次对原告施暴，造成原告多处受伤。为了躲避被告的殴打，原告有时只能在外住宿。因此原告诉请判决离婚并由被告支付原告人身损害赔偿及精神赔偿1万元。

被告辩称，原告产后情绪抑郁，加上被告母亲在今年年初查出乳腺癌晚期，导致家庭负担较重，引起原告及其父母不满，加重了双方家庭矛盾。半年来，被告一直想缓和矛盾，但因与原告父母生活方式及观念不同，每次沟通都得不到有效的解决。原告在父母的误导下，逐渐与被告形成对抗情绪，双方矛盾升级。2013年8月31日、2013年9月3日，在沟通过程中，被告受到原告及其父母的殴打，受伤住院。双方是互相殴打，并不是被告实施了所谓的家庭暴力。

【裁判】

从原、被告提供的伤情照片以及医院病历记载可知，原告段某洁受钝物重击伤，属攻击伤，而被告尹某是被抓伤、咬伤，符合抵抗伤特征，再对比双方的身体和力量，可以认定被告尹某对原告段某洁实施了暴力殴打行为，构成家庭暴力。根据《婚姻法》第四十六条的规定，实施家庭暴力导致离婚的，无过错方有权请求损害赔偿，原告段某洁请求被告尹某赔偿1万元，金额不高，理由充分，予以支持。

【典型意义】

在互殴型家庭纠纷中，法院通过攻击伤（如钝物重击伤等）和抵抗伤（如抓伤、咬伤等）的细致分析，确定施暴方。在日常生活里，单方面的接受暴力行为是比较少的，通常在争执中会有双方互相伤害的情形，此时不能根据双方都有伤情，而简单排除家庭暴力的可能性。细致分析双方的身体和力量，以及双方的伤势，有利于认定施暴方即过错方。

① 审理法院为广东省珠海市中级人民法院，案号：（2014）珠中法民一终字第187号。

第一千零九十二条

夫妻一方隐藏、转移、变卖、毁损、挥霍夫妻共同财产，或者伪造夫妻共同债务企图侵占另一方财产的，在离婚分割夫妻共同财产时，对该方可以少分或者不分。离婚后，另一方发现有上述行为的，可以向人民法院提起诉讼，请求再次分割夫妻共同财产。

本条主旨

本条是关于夫妻一方侵害他方财产权利在离婚分割夫妻共同财产时应承担法律责任的规定。

相关条文

本条是在《婚姻法》第四十七条的基础上修改、删减而成，该条规定："离婚时，一方隐藏、转移、变卖、毁损夫妻共同财产，或伪造债务企图侵占另一方财产的，分割夫妻共同财产时，对隐藏、转移、变卖、毁损夫妻共同财产或伪造债务的一方，可以少分或不分。离婚后，另一方发现有上述行为的，可以向人民法院提起诉讼，请求再次分割夫妻共同财产。人民法院对前款规定的妨害民事诉讼的行为，依照民事诉讼法的规定予以制裁。"本条除为法典统一进行部分连接词修改外，增加了"挥霍"行为，删去了第二款"人民法院对前款规定的妨害民事诉讼的行为，依照民事诉讼法的规定予以制裁"。

理解与适用

本条规定体现了《民法典》婚姻家庭编中贯穿的人权平等、人格尊严、人财共济、人本秩序的核心法理思想和权利法定、公序良俗、禁止权利滥用等具体法理精神①。

一、历史发展

关于离婚时妨碍财产分割的强制性规定，1950 年《婚姻法》与 1980 年《婚姻法》均未体现。2001 年修订的《婚姻法》第四十七条规定："离婚时，一方隐藏、转移、变卖、毁损夫妻共同财产，或伪造债务企图侵占另一方财产的，分割

① 龙翼飞．编纂民法典婚姻家庭编的法理思考与立法建议．法制与社会发展，2020（2）．

夫妻共同财产时，对隐藏、转移、变卖、毁损夫妻共同财产或伪造债务的一方，可以少分或不分。离婚后，另一方发现有上述行为的，可以向人民法院提起诉讼，请求再次分割夫妻共同财产。人民法院对前款规定的妨害民事诉讼的行为，依照民事诉讼法的规定予以制裁。”

《民法典》婚姻家庭编第一千零九十二条对2001年修订的《婚姻法》第四十七条做了进一步修改，增加了“挥霍”行为，删去了第二款“人民法院对前款规定的妨害民事诉讼的行为，依照民事诉讼法的规定予以制裁”。

二、立法目的与意义

夫妻一方故意隐藏、转移、变卖、毁损、挥霍夫妻共同财产本质上是侵害另一方对于夫妻共有财产权利的民事侵权行为，其违法性是显而易见的。行为人对自己的违法行为理应承担相应的法律责任，以维护无过错一方的合法财产权益。本条的立法目的即为防范和制止侵害配偶合法财产权益的行为，切实保障婚姻当事人对夫妻共同财产所享有的权利，增强民法中婚姻家庭法律制度的权威性和可操作性。

三、构成要件

满足本条规定的情形应符合以下构成要件：

第一，行为主体是夫妻一方。本条适用于夫妻一方侵害另一方婚姻财产权益的行为。如果是第三人对夫妻一方在婚姻关系中的共同财产权益的侵害，则应适用《民法典》总则编和侵权责任编有关一般侵权行为的构成要件、法律责任等的规定而非适用本条。

第二，行为客体是夫妻共同财产。本条所列各项内容均属针对夫妻共同财产所实施的行为。夫妻共同财产既包括实行法定财产制的夫妻在婚姻关系存续期间取得的依法属于双方共同所有的财产，也包括实行约定财产制的夫妻约定为双方共同所有的婚前财产或婚后所得财产。夫妻共同财产从性质上说属于共同共有。在夫妻婚姻关系存续期间，无论属于双方或一方的收入，无论各自收入的数量多少，也无论其中一方有无收入，夫妻作为共同生活的伴侣，对共同财产享有平等的所有权。对共同财产，夫妻双方均有依法占有、使用、收益和处分的权利。夫或妻处理共同财产，主要是非因日常生活需要对夫妻共同财产做重要处理决定时，夫妻双方应当平等协商，取得一致意见。任何一方不得违背他方意志擅自处理，否则就侵犯另一方对夫妻共同财产的权利，另一方有权依法主张保护自己的权利①。

第三，行为客观表现为隐藏、转移、变卖、毁损、挥霍夫妻共同财产，或伪造夫妻共同债务。隐藏是将财产藏匿起来，不让他人发现，使另一方无法获知财产的所在从而无法控制。除隐藏各种有形财产外，夫妻一方不告知对方登记在其个人名下，但属于夫妻双方共同所有的银行存款、股票基金债券等，也是近年来司法实践中较为突出的一种隐藏夫妻共同财产的行为。转移是指未经对方同意，私自将财产移往他处，或将资金移往其他账户，脱离另一方的掌握。如将财产私赠他人、虚假过户等。变卖是指将财产折价出售给他人。毁损是指采用打碎、拆卸、涂抹等破坏性手段使物品失去原貌，失去或者部分失去原来具有的使用价值和价值。挥霍是指任意浪费财产。伪造夫妻共同债务是指制造内容虚假的债务凭证，包括合同、欠条等，负担本不对债权人负担的共同债务或夸大对债权人所负担的共同债务金额，让配偶共同承担债务清偿责任，以达到侵占、多分夫妻共同财产的目的。

四、法律责任

在具备以上构成要件的情形下，对于故意隐藏、转移、变卖、毁损、挥霍夫妻共同财产或伪造夫妻共同债务的一方应按照本条之规定，在离婚分割夫妻共同财产时，可以少分或不分。夫妻一方故意侵害夫妻共同财产，目的是侵占另一方在夫妻共同财产中的份额，这一主观过错已使其丧失均等分割共同财产的基础前提，法律必然要对其做出否定性评价。因此，依据本条规定，在离婚分割夫妻共同财产时，对隐藏、转移、变卖、毁损、挥霍夫妻共同财产或伪造夫妻共同债务的一方，可以少分或不分。对少分的具体份额或比例以及在何种情况下可以不分，法律并没有明确规定，法院应当根据违法行为的情节和案件的具体情况做出处理。

典型案例

离婚时一方隐瞒夫妻共同财产的，可提起诉讼请求再次分割共同财产——李某诉孙某离婚后财产纠纷案②

① 李明舜，林建军．中华人民共和国婚姻法评注·救助措施与法律责任．厦门：厦门大学出版社，2016：138.

② 本案例为最高人民法院公布十起婚姻家庭纠纷典型案例（北京）之八，来自北大法宝典型案例，法宝引证码 CLI. C. 7997496。

【案情】

孙某和李某原为夫妻，两人于2004年因感情不和协议离婚。双方在协议中约定：婚生子孙小某离婚后由女方抚养，孙某定期给付李某抚养费和教育费；现住公房及房屋内所有物品归女方所有；现金、存款上双方不存在共同财产，离婚时互不干涉，不需要再分割；男方经营的公司、所有的汽车等财产，离婚后属男方。2014年，李某在作为孙小某的法定代理人依据离婚协议要求孙某付抚养费时，发现孙某现住房是在其与李某婚姻关系存续期间购买的，孙某在离婚时对该房屋进行了隐瞒。故李某以此为由起诉到法院要求判决涉案房屋全部归自己所有。

被告孙某辩称，李某的起诉期早已超过两年的诉讼时效，而且当时双方因为感情不和，从2001年便已经开始分居。涉案的房屋是其在分居期间完全用个人的财产购买的，应属于个人财产。同时，离婚协议中的公房在离婚时已经取得完全产权，与公房相比，现住房在离婚时价值较小，而且购买此房也告诉过李某，故对于该房屋完全没有隐藏的动机和必要。况且，双方在离婚协议中明确约定"所有的汽车等财产，离婚后属男方"，自己的现住房理应属于个人财产，因此不同意李某的诉讼请求。

【裁判】

北京市昌平区人民法院经过审理认为，涉案房屋系在双方婚姻关系存续期间购买，为夫妻共同财产，应当予以分割，判决房屋归孙某所有，孙某给付李某房屋折价款一百四十万元。判决后，孙某、李某均不服，向北京市第一中级人民法院提起上诉。

北京市第一中级人民法院经过审理认为，虽然双方在离婚协议中有"男方经营的公司、所有的汽车等财产，离婚后属男方"的约定，但在房产价值远大于汽车价值的常识背景下，以"等"字涵盖房屋，违背常理，故该房为双方婚姻关系存续期间购买，应属于双方共同财产。对于孙某所提的李某诉讼已过诉讼时效的上诉理由，因孙某未能提供证据证明李某在诉讼时效结束之前已经知道该套房屋的存在，故李某表示其作为孙小某的法定代理人在2014年起诉孙某给付抚养费的案件中才知道有该套房屋的解释较为合理。对于房屋的分割问题，原审法院参照李某提出的市场价格及周边地区房屋的市场价格酌情确定房屋的市场价格并无不妥，同时原审法院结合孙某隐匿财产存在过错、涉案房屋已登记在孙某名下等因素，判决房屋归孙某所有，孙某给付李某折价款一百四十万元，并无不当。综上，北京市第一中级人民法院最终驳回了两人的上诉，维持了原判。

【典型意义】

在案证据能够证明孙某的现住房是其在与李某婚姻关系存续期间用夫妻共同财产购买的，而且其主张购买该房屋已经告知李某缺乏证据支持，因此法院将涉案房屋认定为夫妻共同财产，并依法进行了分割。同时，对于隐瞒财产的分割比例问题，法院需要依据过错大小、具体案情等综合认定，故本案中李某以孙某隐瞒夫妻共同财产存在错误为由，要求涉案房屋全部归自己所有的诉讼请求亦未得到支持。

第五章

收　养

收养是在收养人与被收养人之间产生拟制父母子女关系的法律行为。收养制度是一项古老的社会制度，在原始社会，氏族就可以把战争的俘虏或者其他部落的成员收养入族，以繁荣本氏族。进入文明社会后，古巴比伦《汉穆拉比法典》中，有关于收养遗弃儿和手工业者收养子女的规定。罗马法中的收养有完全收养和不完全收养。日耳曼法也承认养子制度的存在。近代世界各国法律中，收养制度虽不时变迁，但已成为世界各国普遍实行的一项法律制度。收养制度的设立，最初是为了“族”的利益，以延续后代、继承宗祧为目的。而后演进到为了收养人的利益，使无子女者在晚年有所依靠，以免除精神上的孤独。现代的收养制度已经发展成为为了子女利益、以保护被收养的未成年人利益为核心的社会制度。

收养制度作为亲属制度的延伸以及生育制度的补充，在人类社会发展中发挥了重要作用。新中国成立以后，我国废除了以继承宗祧为目的的立嗣制度，1950年《婚姻法》第十三条第二款规定：“养父母与养子女相互间的关系，适用前项规定（即父母与子女间的权利义务关系。——引者）。”1980年《婚姻法》第二十条进一步规定：“国家保护合法的收养关系。养父母和养子女间的权利和义务，适用本法对父母子女关系的有关规定。养子女和生父母间的权利和义务，因收养关系的成立而消除。”1991年12月29日第七届全国人民代表大会常务委员会第二十三次会议通过了《中华人民共和国收养法》。《收养法》自1992年4月1日起正式施行，结合我国的司法实践及国外成功的立法经验，确立了有利于被收养的未成年人的抚养与成长原则、保护收养人与被收养人的合法权益原则、平等自愿原则以及不得违背法律、法规和社会公德原则，并对收养关系的成立、收养的效力、收养关系的解除及法律责任等问题做了全面系统的规定[①]。1999 年 5 月民政部颁布了《中国公民收养子女登记办法》(2019 年 3 月修正)和《外国人在中华人民共和国收养子女登记办法》,2003 年 12 月民政部、国家档案局联合发布了《收养登记档案管理暂行办法》,2005 年 4 月 27 日全国人大常委会批准了《跨国收养方面保护儿童及合作公约》,2014 年民政部颁布了《民政部关于规范生父母有特殊困难无力抚养的子女和社会散居孤儿收养工作的意见》,自此我国形成了较为全面的收养法律制度,积累了丰富的立法经验。在吸收前述法律、行政法规等优秀立法技术的基础上,《民法典》婚姻家庭编第五章规定的收养法律制度,通过对收养成立条件及程序、收养效力、收养解除条件和法律后果等有关内容的细化规定,为收养法律关系的当事人提供了更高水平的法律保障,充满法律温暖的人文关怀[②],为构建和谐家庭与社会提供了强大的法律支撑。

第一节 收养关系的成立

收养是重要的民事法律行为,也是民事法律行为的特定种类。收养成立的实质要件既要符合民法中有关民事法律行为的一般规定,又要符合收养法中有关收养行为的专门规定。因收养行为而形成的父母子女关系为收养关系,领养他人子女为自己子女的人为收养人,即养父与养母;被他人收养的人为被收养人,即养子或养女;将子女或非其子女的其他未成年人送给他人收养的个人或组织为送养人。收养关系的产生,决定亲属关系的变更,从而直接导致自然人人身和财产关系的变化。因此,收养关系的产生、消灭必须符合法定条件并履行相应的法律手续后才具有法律效力。本节第一千零九十三条至一千一百一十条从收养法律关系的主体、收养关系成立的实质要件、收养关系成立的形式要件等方面较为全面地提供了收养关系成立的具体法律规则。

第一千零九十三条

下列未成年人,可以被收养:

① 余延满.亲属法原论.北京:法律出版社,2007:416.

② 龙翼飞.编纂民法典婚姻家庭编的法理思考与立法建议.法制与社会发展,2020(2).

（一）丧失父母的孤儿；

（二）查找不到生父母的未成年人；

（三）生父母有特殊困难无力抚养的子女。

本条主旨

本条是关于被收养人条件的规定。

相关条文

本条是在《收养法》第四条的基础上修改而成，该条规定："下列不满十四周岁的未成年人可以被收养：（一）丧失父母的孤儿；（二）查找不到生父母的弃婴和儿童；（三）生父母有特殊困难无力抚养的子女。"本条修改内容如下：第一，将"不满十四周岁"的限定条件删去，即满足条件的未成年人均可被收养，本条提高了被收养人的年龄上限，增强了对被收养人的保护力度；第二，将"查找不到生父母的弃婴和儿童"改为"查找不到生父母的未成年人"，此处修改保证了法条逻辑的周延性，避免适用混乱，同时不使用歧视性词语以减少对相关弱势群体的不良影响，体现了收养制度对弱势群体的保护。

理解与适用

本条规定体现了贯穿《民法典》婚姻家庭编的人权平等、人格尊严、人性友善、人伦正义、人本秩序、人文关怀的核心法理思想以及权利法定、公序良俗、禁止权利滥用等具体法理精神①。

收养，是指自然人依法领养他人子女为自己子女的身份法律行为，使本无父母子女关系的人之间产生法律拟制的父母子女关系。收养行为的当事人是收养人、被收养人和送养人。收养人、被收养人以及送养人都具有严格的法定条件，只有满足法定条件的主体才能成为适格的收养关系当事人。

一、历史沿革

1991年颁布的《收养法》第四条规定："下列不满十四周岁的未成年人可以被收养：（一）丧失父母的孤儿；（二）查找不到生父母的弃婴和儿童；（三）生父母有特殊困难无力抚养的子女。"1998年修订的《收养法》对该条文未做修改。《民法典》婚姻家庭编第一千零九十三条将被收养人的年龄上限改为不满十

① 龙翼飞．编纂民法典婚姻家庭编的法理思考与立法建议．法制与社会发展，2020（2）．

八周岁，同时将“查找不到生父母的弃婴和儿童”改为“查找不到生父母的未成年人”。

二、适格被收养人的实质条件

本条从年龄和被收养人的被抚养条件两个方面，对被收养人的条件做了规定，这对于保护未成年人的合法权益，维护收养关系的稳定，维护收养关系各方主体家庭关系的稳定，均具有重要的意义。对于本条的理解与适用应把握以下几点：

（一）被收养人应当是未成年人

根据《民法典》总则编第十七条的规定，不满十八周岁的自然人为未成年人。《收养法》第四条规定被收养人的年龄上限为十四周岁，该种限制并不合适，因为从我国的现实情况来看，十四周岁以上的未成年人大多数仍需要家庭的经济供给，而且随着我国高等教育的普及，这一阶段的未成年人大多仍处于受教育阶段，将其排除在被收养人的范围之外是不妥当的[①]。《收养法》规定的年龄上限忽略了十四周岁到不满十八周岁的未成年人的被收养权[②]。本条将被收养人的年龄上限提高至不满十八周岁，是符合我国国情的。

（二）被收养人缺乏相应的被抚养条件

依据本条规定，除了年龄限制外，被收养人在经济与精神方面还缺乏相应的被抚养生活条件。具体包括以下三种情形：

第一，被收养人是丧失父母的孤儿。关于本条所规定的“丧失”应做如下理解：“丧失”是指被收养人的父母已经死亡或者被宣告死亡。在特定情况下，可以对此处的“丧失”做扩张解释，即被收养人无法找到其父母，例如，对被拐卖的儿童而言，其父母虽然可能并没有死亡或者被宣告死亡，但是该儿童无法找到其父母，也无法得到有效抚养，因此，从保护未成年人的角度出发，可以将此种情形也解释为“丧失”父母的情形。

此外，关于本条所规定“父母”的范围，其究竟仅限于生父母，还是应当包括养父母，以及继父母？从文义解释来看，本条并没有限定此处“父母”的范围，而且本条第三项使用了“生父母”的概念；从体系解释来看，本条第三项使用“生父母”的表述，而第一项使用了“父母”的表述，表明立法者对二者进行了一定的区分，即第一项中的“父母”并不限于“生父母”；从目的解释来看，

---

① 雷春红．欠缺法定要件收养关系的法律规制：以浙江省为样本．西部法学评论，2014（1）.

② 王歌雅．完善收养制度的立法思考．法律适用，1997（4）.

为更好地实现收养制度的目的，保护未成年人的健康成长，应当扩大本条所规定的“父母”的范围，促进收养关系的达成。因此，此处的“父母”既包括生父母，也应当包括养父母、继父母。

第二，被收养人是查找不到生父母的未成年人。本条所规定的“查找不到”，既包括相关国家机关，如民政部门无法找到未成年人的生父母，也包括个人通过各种方式无法找到未成年人的生父母。本条没有对查找的期间做出限定，从维护收养关系稳定的角度出发，应当为该查找行为设置一定的期间，即只有在一定合理期间经过后仍无法找到该未成年人的生父母的情况下，该未成年人才能成为被收养人。

《收养法》在此处用了“弃婴和儿童”，因为“弃婴”与“儿童”并非法律概念，在司法实践中会面临对弃婴和儿童的年龄再次定义的适用混乱，本条改用未成年人一词，在理解与适用时不易出现歧义；同时，“弃婴”一词进入法律，容易在广大群众意识中强化这一概念，从而使被父母遗弃的初生儿被贴上歧视性标签，不利于其以后的成长。因此本条将“弃婴和儿童”改为“未成年人”体现了法条逻辑的严谨性、司法实践的可行性以及保护未成年人的基本法律原则。

第三，被收养人是生父母有特殊困难无力抚养的子女。“生父母有特殊困难无力抚养”也是被收养人适格的条件之一。关于这一条件，在理解与适用中应把握以下几点：第一，原则上是“生父母”无力抚养。本条将被收养人欠缺抚养条件的情形限定为“生父母”无力抚养，但在特殊情况下，被收养人也可能因其养父母、继父母存在特殊困难而欠缺抚养条件，在此情形下，出于保护未成年人的考虑，也应当认定其符合被收养的条件。第二，生父母“有特殊困难无力抚养”子女。被收养人的生父母可能因多种原因而导致其丧失抚养被收养人的能力。本项是一个概括条款，因为实践中因“特殊困难无力抚养子女”的情形复杂多样，如未成年人的生父母因经济困难无力抚养，也可能是生父母因工作性质特殊，无法抚养子女。法律对于“有特殊困难无力抚养”的情形，无法逐一列举，相关部门在适用这一规则时，应当根据具体的情况，从未成年人利益最大化的角度出发，对未成年人的生父母是否因特殊困难无力抚养子女进行判断。

三、保护未成年人合法权益的原则

保护未成年人合法权益原则是贯穿收养法律制度的基本法律原则。收养制度以一种特殊标准衡量收养各方当事人的地位及分配利益。这种特殊标准源于被收养人处于相对弱势地位。以特殊身份来决定利益分配，使这种分配结果有利于保护被收养人即弱者的合法权益。在收养领域中，被收养人是未成年人，属于典型的弱势群体。保护未成年人合法权益的原则正是通过对失衡社会关系做出必要矫正，从而缓解现实生活中实质上的不平等。这是另一种意义上的法律平等，即“实质平等”①。

建立收养制度的主要目的之一就是有效贯彻与落实保护未成年人合法权益的民法原则，保护未成年人的健康成长。本条规定被收养人应当是未成年的孤儿、查找不到生父母的未成年人，以及生父母有特殊困难无力抚养的子女，这些规定均体现了优化未成年人被抚养环境、促进未成年人健康成长的精神，体现了民法对未成年人的人文关怀，对未成年人合法权益保护的法律原则，而这一原则正是我国收养制度的基础性原则。

四、外国立法

（一）法国法

《法国民法典》第一卷“人”的第八编“收养子女”对收养法律制度做了具体规定。法国收养法以养子女是否终止与生父母的权利义务关系为判断标准，将收养分为完全收养与单纯收养。完全收养是指被收养人在收养关系成立后，与养父母建立法律上的权利和义务关系，并终止与生父母的权利义务关系。单纯收养是指被收养人在收养关系成立后，除与养父母建立法律上的权利义务关系外，并不终止与生父母的权利义务关系。

在完全收养制度中，法律对被收养人的条件做出规定：首先，被收养人年龄应在 15 岁以下，如果儿童年龄已超过 15 岁，但在其 15 岁之前已由当时尚不具备法定收养条件的人接纳，或者在其年满 15 岁之前已为单纯收养，在各项条件均具备时该儿童整个未成年期间及其成年后 2 年内，均可请求完全收养②。其次，被收养人符合以下条件之一：（1）被收养人是父与母或亲属会议已有效赞同

---

① 雷明光．中华人民共和国收养法评注．厦门：厦门大学出版社，2016：7.

② 《法国民法典》第一卷第八编第 345 条规定：“仅有年龄在 15 岁以下，在收养人或者收养人家庭中接纳至少已有 6 个月的儿童，始允许收养之。但是，如儿童年龄已超过 15 岁，但在其未满 15 岁之前即已由当时尚不具备法定收养条件的人接纳，或者在其年满 15 岁之前已为单纯收养，在各项条件均具备时（1996 年 7 月 5 日第 96—604 号法律）该儿童整个未成年期间及其成年后 2 年内，均可请求完全收养。如被收养人年龄已过 13 岁（1976 年 12 月 22 日第 76—1179 号法律），完全收养应当征得本人的同意。”

由人收养的儿童；（2）由国家收容的弃儿；（3）经宣告属于在第350条①所指条件下被抛弃的儿童②。在单纯收养制度中，法律对被收养人的年龄没有限制性规定，即成年人也可以成为单纯收养制度中的被收养人③。

（二）瑞士法

《瑞士民法典》在第二编“亲属法”中规定了收养制度的相关内容，该法根据被收养人是否成年，将收养分为“收养未成年人”与“收养成年人”。在收养未成年人的规定中，要求被收养人是未成年人且至少小于养父母十六岁④。该法规定无直系血亲卑亲属的成年人可以被收养，并应满足以下要件之一：（1）因身体上或精神上的疾病而需要照顾，且收养人已抚养其至少五年；（2）在被收养人未成年期间，收养人已抚养和教育其至少五年；（3）有其他重大原因，且被收养人与收养人已共同生活至少五年⑤。

（三）其他国家立法

《德国民法典》在第四编“亲属法”部分对收养关系做了规定，该法区分了对未成年人的收养与对成年人的收养。两种模式的收养均应考虑是否有利于子女

---

① 《法国民法典》第一卷第八编第350条规定：“（1996年7月5日第96—604号法律）由个人、社会援助儿童机构或部门收容的儿童，在宣告其为弃儿的请求提出之前一年内，其父母显然已表明完全对该儿童漠不关心时，得由大审法院宣告该儿童为弃儿，但儿童的父母对此表现出极大的痛苦以及不妨碍的4款之规定的情况除外。有关宣告儿童为弃儿的请求，必须由上述个人、社会援助儿童机构或部门在儿童的父母一旦显然放弃照管该儿童之后一年期限内转交。（1976年12月22日第76—1179号法律）父母对儿童不维系感情所必要的关系，即视其显然对儿童漠不关心。仅仅是撤回对他人收养儿童表示的同意，仅仅是询问儿童的消息，或者仅仅表示某种愿望但无领回儿童之实际行动，并不表明儿童的父母对儿童已给予足够的关照，仍不足据此驳回宣告儿童为弃儿的请求。（1993年1月8日第93—22号法律）以上所指的各种做法并不中断第1款所规定的期限。如在本条第1款规定的期限内，家庭中有某一成员提出请求，保证负担抚养该儿童，并且经认定此种请求符合儿童的利益时，则不宣告儿童为弃儿。在法院宣告某一儿童为弃儿时，应以同一裁判决定，委托社会援助儿童机构、收容儿童或受委托照管儿童的机构或个人，对该儿童行使亲权。（1993年1月8日第93—22号法律）仅在对儿童的身份有欺诈、舞弊或发生错误的情况下，第三人提出异议始予受理。”

② 《法国民法典》第一卷第八编第347条规定：“下列儿童得予收养：1. 父与母或亲属会议已有效赞同由人收养的儿童；2. 由国家收容的弃儿；3. 经宣告属于在第350条所指条件下被抛弃的儿童。”

③ 《法国民法典》第一卷第八编第360条规定：“无论被收养人年龄如何，单纯收养均允许之。（1996年7月5日第96—604号法律）如经证明有重大理由，允许对已经完全收养的儿童进行单纯收养。如被收养人年龄已满13岁，（1993年1月8日第93—22号法律）收养应当征得其本人同意。”

④ 《瑞士民法典》第二编“亲属法”第265条第1款规定：“子女须至少小于养父母十六岁。”

⑤ 《瑞士民法典》第二编“亲属法”第266条规定：“无直系血亲卑亲属的成年人，属于下列情形之一者，得被收养：1. 因身体上或精神上的疾病而需要照顾，且收养人已抚养其至少五年者；2. 在被收养人未成年期间，收养人已抚养和教育其至少五年者；3. 有其他重大原因，且被收养人与收养人已共同生活至少五年者。已结婚者，非经其配偶同意，不得被收养。其他方面，准用关于收养未成年人的规定。”

的最佳利益[①]以及在伦理道德上是否具有正当性[②]，在收养未成年人时，还规定了未成年人应出生已满 8 周[③]。《日本民法典》在与亲生方的血亲终止亲属关系的收养关系中，对被收养人的年龄下限做出规定，即被收养人已满六岁[④]。《菲律宾共和国家庭法》规定，与菲律宾共和国没有外交关系的国家的公民不得被收养[⑤]。《越南婚姻家庭法》规定了被收养人应当在十五岁以下，如果被收养人是伤兵、残疾人或者孤寡老弱者可以不受年龄限制[⑥]。

典型案例

刘某诉谭某确认收养关系纠纷案[⑦]

【案情】

原告刘某与张某（已去世）系夫妻关系，并共同生育女儿张某甲、张某乙、张某丙、张某丁、张某戊，未生育儿子。张某与原告刘某基于农村“老有所依，养儿防老”的习俗，1998 年经人介绍认识被告谭某后收养被告谭某作为养子，双方未签订收养协议也未去民政部门办理收养登记等手续，自此张某、原告刘某与被告谭某开始共同生活。自张某于 2005 年 4 月去世后，原告刘某与被告谭某在共同生活中常因生活琐事发生争吵，被告谭某在原告刘某需要照顾的时候，亦

① 《德国民法典》第四编“亲属法”第 1741 条第 1 款规定：“收养有利于子女最佳利益，且可期待在收养人和子女之间形成父母子女关系的，收养是可准许的。以收养为目的，违反法律或违背善良风俗地参与子女的媒介或携带，或以此委托第三人，或为此而向第三人支付报酬的人，仅在收养对于子女最佳利益为必要时，子女始应被收养。”

② 《德国民法典》第四编“亲属法”第 1767 条规定：“（1）成年人可以被收养，但以该收养在道德上是正当的为限；在收养人和待收养人之间已形成父母子女关系的，尤须认为该收养在道德上是正当的。（2）以以下条款不另有规定为限，关于未成年人收养的规定准用于成年人的收养。被收养人已成立同性生活伴侣关系，且其出生姓氏已被确定为同性生活伴侣关系姓氏的，第 1757 条第 3 款必须予以准用。”

③ 《德国民法典》第四编“亲属法”第 1747 条第 2 款规定：“（父母对送养子女的允许）该项允许仅在子女出生后满 8 周才能给予。即使允许人不认识业已确定的收养人，该项允许也有效力。”

④ 《日本民法典》第 817 条之二规定：“家庭法院，在具备下条至第 817 条之七规定的要件时，根据将成为养父母的人的请求，可以准予成立旨在与亲生方的血亲终止亲属关系的收养关系（以下本分节称‘特别收养’）。”第 817 条之五规定：“依第 817 条之二规定提出请求时，未满六岁的人，不得成为养子女。但是，该人未满八岁，但在六岁之前一直受将成为养父母的人的监护时，不在此限。”

⑤ 《菲律宾共和国家庭法》第七编第 187 条规定：“下列人员不得被收养：一、达法定年龄的人。但此人是收养人或收养人的配偶的亲生子女，或者收养人在收养此人前自被收养人未成年时起一向被收养人视为自己子女的，不受此限。二、与菲律宾共和国没有外交关系的国家的公民；三、已经被收养的人，但收养被取消或撤销的，不在此限。”

⑥ 《越南婚姻家庭法》第六章第 35 条第 1 款规定：“被收养人应当在十五岁以下。若为伤兵、残疾人或者孤寡老弱者，则被收养人可以在十五岁以上。”

⑦ 审理法院为广西壮族自治区贵港市港南区人民法院，案号：（2017）桂 0803 民初 902 号。

不予关心和爱护，没有尽到作为养子基本的赡养义务。双方的收养关系虽已形成20多年，但该收养关系违法，且无继续存在的必要。为此，原告刘某诉至法院并提出确认原告刘某与被告谭某之间的收养关系无效的请求。

被告谭某辩称，原告刘某诉称其没有尽到养子的责任，有违事实。其被张某与原告刘某收养后就全力孝敬老人，操持一切家务，特别在张某去世后，其亦全力操办张某的后事并承担丧葬等费用，也对原告刘某履行赡养义务，双方共同生活逾23年，已形成事实上的收养关系。

【裁判】

法院认为，本案是当事人对收养关系是否有效成立存在不同观点而引发的纠纷，案由应为确认收养关系纠纷。合法的收养关系受法律保护，收养不得违反计划生育的法律、法规。张某、原告刘某与被告谭某的收养行为发生在1992年4月1日《中华人民共和国收养法》施行以后，因此，应适用《中华人民共和国收养法》的规定。张某与原告刘某收养被告谭某时已生育五个女儿，显然张某与原告刘某不符合收养人的条件；被告谭某在被收养时已年满22周岁，显然亦不符合被收养人的条件。同时，双方至今未向县级以上人民政府民政部门登记，即不符合收养的形式要件。综上所述，原告刘某与被告谭某的收养关系无效。被告谭某辩称双方已存在事实上的收养关系，于法无据，本院不予采纳。为此，依照《中华人民共和国收养法》第三条、第四条、第六条、第十五条、第二十五条的规定，判决如下：原告刘某与被告谭某的收养关系无效。案件受理费100元（原告刘某已预交），由被告谭某负担。

【典型意义】

本案的一个重要争议点在于，成年人是否可以作为被收养人。尽管法律明确规定被收养人应是未成年人，在司法实践中并没有混淆或者争议，但在学理讨论时不乏有人认为成年人也可以作为被收养人，认为对无子女的老人而言，收养成年人较之收养未成年人更具现实意义，因为成年人有经验、有能力为老年人提供良好的扶助与照料。如同本案中，张某与刘某就是本着“老有所依，养儿防老”的心态“收养”了被告谭某，可见此种情形在老龄化严重的社会中业已发生，值得进一步思考与探讨。

面临老龄化的社会可能带来种种社会问题，其核心就是“养老”这一基本问题如何解决。这里所指的“养”不仅仅是经济上的支持，更多的是对老年人生活上的照料和精神上的慰藉。在这方面，收养制度无疑存有一定优势。因为除对未成年人的收养外，不少国家允许收养成年人，在不违反社会风俗的情况下逐步放宽收养成年人的条件，能够在为老年人提供相应照顾的同时减轻社会经济负担。

这一“双赢”举措的普遍适用应该是未来收养制度的又一发展方向。“养老”功能在新的条件下的重新复苏是与未来社会的发展相符合的。即使经过一定时间的发展，人类社会走出了老龄化的阶段，收养制度的这一功能的发挥，对于解决老年人的赡养问题也不失为一条较好的途径①。

第一千零九十四条

下列个人、组织可以作送养人：

（一）孤儿的监护人；

（二）儿童福利机构；

（三）有特殊困难无力抚养子女的生父母。

本条主旨

本条是关于送养人条件的规定。

相关条文

本条是在《收养法》第五条的基础上修改而成，该条规定：“下列公民、组织可以作送养人：（一）孤儿的监护人；（二）社会福利机构；（三）有特殊困难无力抚养子女的生父母。”本条有以下修改：第一，因“公民”一词属于公法概念而非民法概念，本条将其改为“个人”，增强民事法律条文用词的准确性，使之更符合私法体系内的语言规范；第二，民政部已于 2018 年 10 月 30 日颁布《儿童福利机构管理办法》，该办法第二条第一款规定：“本办法所称儿童福利机构是指民政部门设立的，主要收留抚养由民政部门担任监护人的未满 18 周岁儿童的机构。”因此，为我国各法律、行政法规等之间法律概念的统一，本条将“社会福利机构”改为“儿童福利机构”更为准确，也提高了司法实践的可操作性。

理解与适用

本条规定体现了《民法典》婚姻家庭编中贯穿的人权平等、人格尊严、人性友善、人伦正义、人本秩序、人文关怀的核心法理思想以及权利法定、公序良俗等具体法理精神②。

---

① 陈苇．外国婚姻家庭法比较研究．北京：群众出版社，2006：334．

② 龙翼飞．编纂民法典婚姻家庭编的法理思考与立法建议．法制与社会发展，2020（2）．

本条对收养关系中送养人的条件做了细致规定，对于明确收养关系成立的条件、规范收养法律关系具有重要意义。从比较法上看，在收养关系中，关于送养人的范围，主要有两种立法模式①：一是分散型的立法模式，即不在法律中对送养人的条件或者范围进行集中规定，而是将相关规定分散在法律的各个部分。二是统一型的立法模式，即在法律中对送养人的条件和范围进行集中规定。《民法典》婚姻家庭编对送养人条件的立法模式采后者，即本条通过封闭式列举的立法技术，集中规定了适格送养人的法定条件。

一、历史沿革

1991 年颁布的《收养法》第五条规定："下列公民、组织可以作送养人：（一）孤儿的监护人；（二）社会福利机构；（三）有特殊困难无力抚养子女的生父母。"1998 年修订的《收养法》对该条未做修改。《民法典》婚姻家庭编第一千零九十四条对 1998 年修订的《收养法》第五条做以下修改：（1）将"公民"改为"个人"，以符合民事法律的语言体系；（2）将"社会福利机构"改为"儿童福利机构"，与具体行政法规概念一致，提高司法实践的可操作性。

二、立法目的

送养人适格是收养关系成立的实质要件之一。明确送养人适格的法定条件，具有如下目的及意义：

第一，明确送养人的条件是判断收养关系效力的前提。收养法律关系涉及收养人、送养人以及被收养人多方法律主体，法律主体的适格与否直接决定了法律关系是否能够成立，收养人、送养人以及被收养人的主体条件非常关键。同时，收养关系的成立将对各方当事人的利益产生影响，也关系到各方当事人家庭关系的稳定，因此，准确认定收养关系，对于维护收养法律关系的稳定具有重要的意义。本条对送养人的条件和范围做了规定，明确了送养人的条件，为准确判断收养关系的效力创造了条件。

第二，有利于有效规范收养法律关系。收养法律关系涉及多方当事人的利益，一旦对收养法律关系的认定不准确，便会对各方当事人的利益产生影响，甚至影响各方当事人家庭关系的稳定。本条采用统一型的立法模式，对送养人的条件和范围做了规定，只要送养人符合本条规定，在符合收养法律关系成立的其他条件的情形下，相关的收养关系即受到法律保护，因此，本条明确送养人的条件

① 于静．比较家庭法．北京：人民出版社，2006：264.

对于有效规范收养法律关系具有重要的意义。

第三，为规范收养法律关系的其他法律规则的创设提供了前提。收养法律关系包含多方当事人，法律关系较为复杂，即便仅就送养人的条件而言，相关主体作为送养人也可能涉及多种情形，需要法律做出系统的规定。例如，仅就生父母作为送养人的情形而言，在配偶一方死亡或者丧失行为能力，或者双方均丧失行为能力的情形下，如何确定相关的送养条件或者规则，也是收养法应当解决的问题。上述问题得以有效解决的前提是对送养人的范围进行详细的界定，明确送养人的范围。

三、送养人的法定条件

我国民法的立法模式已经采统一型的立法模式，本条正是对送养人条件的统一规定。根据本条规定，下列个人、组织可以作为送养人：

(一) 孤儿的监护人

孤儿已丧失父母，处于他人监护之下，以监护人为送养人是出于保护孤儿权益的需要。孤儿的监护人的选定，应适用《民法典》总则编第二十七条第二款的规定："未成年人的父母已经死亡或者没有监护能力的，由下列有监护能力的人按顺序担任监护人：（一）祖父母、外祖父母；（二）兄、姐；（三）其他愿意担任监护人的个人或者组织，但是须经未成年人住所地的居民委员会、村民委员会或者民政部门同意。"监护指民法上所规定的对于无民事行为能力人和限制民事行为能力人的人身、财产及其他合法权益进行监督、保护的一项制度。监护制度与收养制度共同为未成年人提供有效的权益保护。

由于孤儿的监护人不是未成年人的父母，为了防止孤儿的监护人通过送养损害孤儿的权利，本编一方面规定了孤儿的监护人可以作为送养人，另一方面又对孤儿的监护人实施送养行为加以限制。本编第一千零九十六条规定："监护人送养孤儿的，应当征得有抚养义务的人同意。有抚养义务的人不同意送养、监护人不愿意继续履行监护职责的，应当依照本法第一编的规定另行确定监护人。"由于孤儿的祖父母、外祖父母、兄、姐等近亲属是与孤儿有法定权利义务关系的人，因此，由孤儿的近亲属行使同意权，有利于未成年孤儿的健康成长。

(二) 儿童福利机构

本条将《收养法》规定的"社会福利机构"改为"儿童福利机构"使该项送养人主体指代更准确。根据中华人民共和国民政部颁布的《社会福利机构管理暂行办法》第二条的规定，"社会福利机构"是指"国家、社会组织和个人举办的，为老年人、残疾人、孤儿和弃婴提供养护、康复、托管等服务的机构"。根据该条的规定，“社会福利机构”的涵盖面较广，包括为老年人、残疾人、孤儿和弃婴提供养护、康复、托管等服务的机构，对于孤儿和弃婴的养护只是其中一部分机构承担的服务内容，而关于这部分内容的规定由民政部颁布的《儿童福利机构管理办法》加以具体细化。《儿童福利机构管理办法》第二条第一款规定：“本办法所称儿童福利机构是指民政部门设立的，主要收留抚养由民政部门担任监护人的未满 18 周岁儿童的机构。”可见，“社会福利机构”是“儿童福利机构”的上位概念，为了司法实践的可操作性以及法条行文的准确性，第一千零九十四条将“社会福利机构”改为“儿童福利机构”是妥当的。

（三）有特殊困难无力抚养子女的生父母

有特殊困难无力抚养子女的生父母可以作为送养人。依据这一规定，被收养人的生父母可以作为送养人，依据《民法典》总则编第二十六条的规定，抚养子女是生父母的法定义务，生父母原则上不得将其子女送养。但为保障未成年人有较好的被抚养环境，在其生父母有特殊困难无力抚养子女时，也应当允许其作为送养人。父母作为送养人应当符合以下条件：

第一，主体只能是生父母。从本条规定的文义来看，只有未成年人的生父母可以以有特殊困难无力抚养子女为由送养子女，未成年人的养父母、继父母等不在其列。

第二，生父母必须是有特殊困难无力抚养子女。本条并没有明确此处“特殊困难”的内涵与范围，但从督促父母履行其抚养义务的角度出发，应当严格认定本条所规定的“特殊困难”。一般认为，此处的特殊困难主要是指经济方面的困难，即生父母缺乏继续抚养子女的经济能力，但该特殊困难的范围又不限于此，在生父母因身体方面的原因无法继续抚养子女时，如患有重大疾病无法继续抚养子女，也应当属于本条所规定的“特殊困难”。

第三，关于特殊困难的证明。《中国公民收养子女登记办法》规定，有特殊困难无力抚养子女的，还应当提交其所在单位或者村民委员会、居民委员会出具的送养人有特殊困难的证明。因此，对特殊困难的判定标准应由送养人所在单位或者村民委员会、居民委员会进行初步判断。送养人的所在单位或者村民委员会、居民委员会，是与送养人关系密切的组织，能较好地了解送养人的收入和生活状况，由上述组织进行判断把握是妥当的。

四、外国立法

（一）法国法

与我国立法模式不同，《法国民法典》并未在专门条文里列举送养人的类型，而是通过多个条文分散地规定了不同情形下送养人的条件。根据该法典第348条、第348—1条至348—6条、第349条以及第350条的规定，以下个人或者机构可以成为适格送养人：

（1）父母。该法未要求父母在有困难无力抚养子女时才能送养子女。由父母送养子女，需要父母双方一致同意方可送养，除非一方已去世或者不能表示自己的意思时，可由一方单方送养①。

（2）亲属会议。《法国民法典》规定了亲属会议制度，亲属会议由四至六名成员组成，成员由法官根据实际情形在未成年人的父母的血亲或姻亲中选择指定②。当被收养人的父母均已死亡或者均已丧失亲权时，由亲属会议对该收养表示同意③。由国家收养的弃儿，在其父母并未表达送养意愿时，也由亲属会议作为送养人表示对该收养的同意④。

（3）法院。在父母放弃对儿童的照管，使该儿童面临伤害或者危险时，法院可以宣告对该儿童的收养，其间法院可以对父母拒绝送养的行为进行调查并依据未成年人利益最大化原则进行裁判；法院宣告收养也用于亲属会议滥行拒绝将儿童交予收养的情形⑤。

（二）德国法

《德国民法典》也采取了分散型的立法模式，将送养人的条件规定在多个条文中，根据该法典第1747条以及第1748条的规定，以下个人或者机构可以成为适格送养人：

---

① 《法国民法典》第一卷第八编第348条规定："在子女对父与母双方均已确立亲子（女）关系的情况下，由人收养该子女，应得到父母双方同意。如父母中一人已去世或者不能表示自己的意思，或者如其已丧失亲权，父母之另一方同意收养，即可。"

② 《法国民法典》第一卷第十编第407条第1款规定："亲属会议由4名至6名成员组成，其中包括监护监督人，但不包括监护人本人与监护法官。"第408条规定："监护法官在考虑各种情形的基础上，从未成年人的父母的血亲或姻亲中选择亲属会议的成员。所谓各种情形是指，亲属关系的远近，当事人的居住地点、年龄与能力。监护法官应当尽量避免出现两系中有一系无代表的情形，但是，法官首先应当考虑的是，未成年人的父母与血亲或姻亲之间平常的关系以及这些亲属或姻亲对未成年子女已经或将能给予的关注。"

③ 《法国民法典》第一卷第八编第348—2条规定："如儿童的父母均已死亡或者处于不能表示自己意思的状态，或者如父母双方均已丧失亲权，由亲属会议听取实际负担照管该儿童的人的意见后，对收养表示同意。在儿童未确立亲子（女）关系时，亦同。"

④ 《法国民法典》第一卷第八编第349条规定："由国家收养的弃儿，在其父母并未同意交由他人收养时，得由该弃儿家庭的亲属会议同意交他人收养。"

⑤ 《法国民法典》第一卷第八编第348—6条规定："在儿童的合法婚姻的生身父母或非婚的生身父母已完全放弃照管该子女，从而使儿童面临身体与精神伤害之危险的情况下，父母双方或者其中一方拒绝将该儿童交他人收养时，如法院认为这种拒绝行为完全是一种过分行为，得宣告对该儿童予以收养。亲属会议滥行拒绝将儿童交予收养时，亦同。"

（1）父母。该法规定了父母在任何情形下均可送养子女，但应有明确的送养意思表示，父母一方长期不能做出表示或者居所长期不明的，也可以单方表意送养①。

（2）家庭法院。当父母不履行对子女的抚养义务或者以行为表明对子女的漠不关心，影响子女的根本利益时，家庭法院可以根据子女的申请，代替父母做出送养子女的允许②。

（3）青少年福利局。青少年福利局依据《社会法典》有权对子女是否应被送养提供行政介入，该局在对父母进行劝告满一定期限后，可以实行送养的代为允许③。

（三）其他国家立法

《奥地利普通民法典》虽未明确规定除父母以外的适格送养人，但赋予了养子女所在养育院的负责人和青少年福利机构“询问权”④。《瑞士民法典》规定了子女的父母为合法送养人，但当父母为谁不可知、长期失踪、持续性无判断能力或者未认真照护子女时，可由儿童保护机构代为做出送养决定⑤。《菲律宾共和国家庭法》没有专门条文规定送养人的条件，但明确收养关系的有效成立，必须征得亲生父母、法定监护人或者正当的政府收养机构的同意⑥。

---

① 《德国民法典》第四编“亲属法”第 1747 条第 1 款规定：“父母的允许对于收养子女是必要的。只要无其他男子可依第 1592 条视为父，可信地释明自己具备第 1600d 条第 2 款第 1 句的要件的人即在第 1 句和第 1748 条第 4 款的意义上视为父。”第 1747 条第 4 款规定：“父母一方长期不能做出表示或其居所长期不明的，其允许是不必要的。”

② 《德国民法典》第四编“亲属法”第 1748 条第 1 款规定：“父母一方持续不断地严重违反其对子女的义务，或以其行为表明对子女漠不关心，且不收养会招致对子女的极大的不利益的，家庭法院必须根据子女的申请，代替父母该方给予允许。义务之违反虽不是持续不断的但特别严重，且可预见已不再能将子女长期托付父母该方照护的，该项允许也可以被代替。”

③ 《德国民法典》第四编“亲属法”第 1748 条第 2 款规定：“父母该方已被青少年福利局告知代为允许的可能性并已被依《社会法典》第 8 编第 51 条第 2 款给予劝告，且自告知时起至少已经过 3 个月的，该项允许不得因不同时是持续不断地严重违反义务的漠不关心而被代替；该期间必须在告知里加以提示。父母该方已变更其居留地而未留其新住址，且该居留地虽经适当查询仍未能由青少年福利局在 3 个月的时段里予以查明的，该项告知无须进行；在此情形下，期间自针对告知和劝告或针对居留地的查明的青少年福利局的最初行为被实施时起算。该期间最早在子女出生后 5 个月届满。”

④ 《奥地利普通民法典》第一编“人法”第 196 条第 1 款规定：“下列人有询问权：1. 年满五周岁的无行为能力的养子女，但其自年满五周岁时起已与收养人共同生活者，不在此限；2. 已成年的养子女的父母；3. 寄养父母或养子女所在养育院的负责人；4. 青少年福利机构。”

⑤ 《瑞士民法典》第二编“亲属法”第 265d 条规定：“子女被以嗣后收养之目的而受养育，而收养尚未取得其生父母同意时，子女住所地的儿童保护机构，得依收养居间机构或养父母的声请，做出是否须经其生父母同意的决定……。因生父母从未认真照护子女而无须取得其同意时，儿童保护机构应将其决定，书面通知该生父母。”

⑥ 《菲律宾共和国家庭法》第七编第 188 条规定：“收养必须征得下列人员的书面同意：一、年满十岁的被收养人；二、孩子的亲生父母、法定监护人或正当的政府收养机构；三、年满十岁的被收养人的养父母的婚生子女；四、与养父母及其配偶一起生活的、养父母的年满十岁的非婚生子女；五、收养人或被收养人的配偶。”

典型案例

杨某诉何贤医院返还孩子案①

【案情】

1992年8月26日，怀孕的原告杨某到被告番禺市何贤纪念医院（下称“何贤医院”）做了剖宫产手术，产下一女婴。杨某进何贤医院时自称姓名为“杨小芳”，籍贯为“贵阳、湖南”。1992年9月8日，杨某在未缴住院费、手术费、医药费等费用3 000多元的情况下，遗弃自己所生育的女婴（未婚所生），离开何贤医院。此后，何贤医院经多方寻找杨某未果，承担起喂养婴儿的责任。同年10月3日，婴儿的奶奶常某曾到何贤医院看望婴儿，并做出了“杨小芳的婴儿如在10月7日不来领取，则送别人领养，同意医院处理”的书面承诺。何贤医院在喂养女婴69日以后，因杨某及其家人既未补缴住院费、手术费、医药费等费用，亦未再来与何贤医院协商有关处理女婴的事宜，何贤医院在获得番禺市民政局关于“该女婴由医院自行处理”的口头授权后，将婴儿作为弃婴送给他人收养。

杨某从1994年开始，多次到何贤医院协商返还婴儿的事宜未果，于1999年向番禺市人民法院提起民事诉讼，要求医院在返还孩子的同时，赔偿因此产生的调查取证费、误工费、精神损失费共1万元，并承担案件的诉讼费。

被告何贤医院答辩称：“杨小芳”当时已遗弃自己的孩子，医院曾按其留下的地址多方寻找“杨小芳”未果，在婴儿的祖母书面承诺由医院处理婴儿的情况下，医院将符合送养条件的婴儿送给他人收养是合法的。由于杨某非“杨小芳”本人，且两者住所地和身份不同，因此医院认为杨某在本案中不是适格的原告，故要求法院驳回原告的诉讼请求。

【裁判】

番禺市人民法院审理认为：原告杨某于1992年8月26日在被告何贤医院处剖宫产产下女婴，住院时报假姓名、假籍贯，住院至同年9月8日，未缴住院费、手术费、医药费等费用就离院而去，遗弃婴儿，属违法行为。何贤医院在原告遗弃婴儿以后，喂养婴儿69日，经番禺市民政局口头授权“自行处理”后，才将婴儿作弃婴处理，送给他人收养，其送养行为有效。原告弃婴后反要求何贤医院返还婴儿并赔偿调查取证费、误工费、精神赔偿费及承担诉讼费，显属无理，法院不予支持。根据《中华人民共和国收养法》第四条第（二）项、第五条

① 本案例来自北大法宝经典案例，法宝引证码CLI. C. 21409。

的规定，该院于1999年12月判决如下：驳回原告杨某的诉讼请求。

【典型意义】

本案的主要争议点之一在于此处的何贤医院是否为合法的送养人以及该婴儿是否为合法的被收养人。根据《收养法》对于送养人的规定，只有孤儿的监护人、社会福利机构以及有特殊困难无力抚养子女的生父母有资格作为送养人，何贤医院作为送养人主体不适格。本案中，医院多方寻找后没有找到杨某，但是该婴儿的奶奶探望过孩子，并明确表示不愿意承担抚养义务，让医院"送别人领养"。婴儿奶奶与医院的接触与交流，是婴儿家人的重要线索，在实践中应启动监护制度，由人民法院另行确定监护人，再由监护人作为送养人完成送养程序。

本案中，虽然被告在原告遗弃婴儿以后喂养婴儿多日，而且送养前还得到番禺市民政局口头授权"自行处理"，但在现行法律规定下，此种授权并无法律效力，被告并不属于社会福利机构，无权将该婴儿送养。因此，在无法联系婴儿奶奶或婴儿母亲的情况下，正确做法应当是将该婴儿送交儿童福利机构抚养，然后由儿童福利机构将该婴儿送养。

第一千零九十五条

未成年人的父母均不具备完全民事行为能力且可能严重危害该未成年人的，该未成年人的监护人可以将其送养。

本条主旨

本条是关于未成年人的监护人送养子女的限制性特别规定。

相关条文

本条是在《收养法》第十二条的基础上修改而成，该条规定："未成年人的父母均不具备完全民事行为能力的，该未成年人的监护人不得将其送养，但父母对该未成年人有严重危害可能的除外。"本条规定与该条文含义、逻辑相同，但是调整了表达顺序，突出表达监护人在何种情形下可以送养有父母的未成年人，语义表达更加清楚明确。

理解与适用

本条规定体现了《民法典》婚姻家庭编中贯穿的人权平等、人格尊严、人性友善、人伦正义、人本秩序、人文关怀的核心法理思想以及权利法定、公序良俗、禁止权利滥用等具体法理精神①。

一、历史沿革

1991年颁布的《收养法》第十二条规定："未成年人的父母均不具备完全民事行为能力的，该未成年人的监护人不得将其送养，但父母对该未成年人有严重危害可能的除外。"1998年修订的《收养法》对该条未做修改。《民法典》婚姻家庭编第一千零九十五条与该条文主旨一致，仅调整了表达顺序。

二、立法目的

本条对监护人送养所做的限制，是在保护未成年人合法权益的同时兼顾保护父母权益的需要。在一般情形下，在父母丧失民事行为能力时变更亲子关系对父母是不利的，送养有生父母的未成年人可以直接导致该生父母的亲权消灭，因此法律在规定何种情形下监护人可以送养有生父母的未成年人时，较为谨慎，要求"未成年人的父母均不具备完全民事行为能力且可能严重危害该未成年人"。此种规定考虑了民事行为能力缺失的父母的亲权保护以及未成年人权益保护，体现了民法对弱势群体的人文关怀。

三、法条解读

根据本法第一千零九十四条的规定，监护人作送养人的情况仅发生在未成年人父母均死亡时，而本条是监护人送养未成年人的例外规定，即当未成年人的父母并未死亡，只是双方均不具备完全民事行为能力且可能严重危害该未成年人时，该未成年人的监护人可以将其送养。在适用与理解本条时应注意以下几点：

第一，未成年人的父母须均不具备完全民事行为能力。《民法典》总则编第二十一条第一款规定："不能辨认自己行为的成年人为无民事行为能力人，由其法定代理人代理实施民事法律行为。"据此，在判断本条有关未成年人父母的行为能力时应严格遵循《民法典》总则编对于无民事行为能力的规定。另外，如未成年人的父母双方中仅一方不具备完全民事行为能力，不可适用本条规定。

第二，未成年人的父母对未成年人可能有严重危害。剥夺亲权是非常重大的民事行为，对由监护人送养而直接导致生父母亲权消灭的制度设置，应格外谨

① 龙翼飞．编纂民法典婚姻家庭编的法理思考与立法建议．法制与社会发展，2020（2）．

慎。因此，在理解对未成年人可能具有的严重危害时，应注意“严重危害”的内涵及外延，不得对其做无限扩张解释。此处的“严重危害”应是直接的、即时的实质性伤害，而不包括因抚养质量问题而带来的间接的、长远的不良影响。例如，父母因严重的精神分裂症狂躁不安、打人毁物，对同居一室的未成年子女的生命健康直接造成损害可以认为是本条认定的严重危害；而对于因父母智力低下，常年靠捡拾废品为生，子女经常因父母收入不稳定而饿肚子的情形，就不能认为是“严重危害”，生活窘迫可能造成子女身体健康方面的不良影响，但此种危害并不是直接的、即时的伤害，如因父母对未成年子女的抚养质量不佳就直接剥夺其亲权，既不符合情理也不符合法理。

第三，父母双方的民事行为能力缺失与对未成年人可能有严重危害这两个条件缺一不可。法律要求仅在同时满足这两项条件时，可由监护人送养未成年人，在只满足其一要件时，可通过变更监护人或者社会救助措施，兼顾不具备完全民事行为能力的父母权益保护以及未成年人权益保护。此种规定体现了《民法典》婚姻家庭编追求以人为本、弘扬人文关怀的精神，强调以人为本与婚姻家庭法的身份法属性是完全契合的①。

四、外国立法

（一）日本法

《日本民法典》第四编“亲属”第三章第二节对收养做了规定，该法以是否与亲生方的血亲终止亲属关系为标准，将收养分为一般收养与特别收养。特别收养指根据将成为养父母的人的请求，经家庭法院批准成立的旨在与亲生方的血亲终止亲属关系的收养关系。在特别收养制度中，如生父母不能表示其意思或者父母虐待、恶意遗弃及其他有严重损害将成为养子女之人的利益的事由时，可以免除生父母的送养同意权②。

（二）德国法

《德国民法典》在规定生父母送养同意权免除时，列举了以下两种情形：（1）父母一方持续不断地严重违反其对子女的义务，或以其行为表明对子女漠不关心且不收养会招致对子女的极大的不利益；（2）父母一方因特别严重的心理疾患或特别严重的精神上或心灵上的残疾，致使长期无能力照料和教育子女，且子

① 龙翼飞．编纂民法典婚姻家庭编的法理思考与立法建议．法制与社会发展，2020（2）．

② 《日本民法典》第四编第817条之六规定：“特别养子女关系的成立，须得到将成为养子女父母的同意。但是，父母不能表示其意思或者父母虐待、恶意遗弃及其他有严重损害将成为养子女之人的利益的事由时，不在此限。”

女如不被收养就不能在家庭中成长，其发展会因此而受到严重危害①。

(三) 其他国家立法

《瑞士民法典》规定在生父母从未认真照护子女时，可以免除生父母的送养同意权，由儿童保护机构代为决定送养②。《俄罗斯联邦家庭法典》规定当父母无正当原因，六个月以上不与子女共同生活，逃避对子女的教育和培养时，可由法院认定对该儿童的送养而无须征得父母同意③。《法国民法典》将“完全放弃照管该子女，从而使儿童面临身体与精神伤害之危险”作为父母丧失送养同意权的判断标准④。

第一千零九十六条

监护人送养孤儿的，应当征得有抚养义务的人同意。有抚养义务的人不同意送养、监护人不愿意继续履行监护职责的，应当依照本法第一编的规定另行确定监护人。

本条主旨

本条是关于监护人送养孤儿的规定。

相关条文

本条是在《收养法》第十三条的基础上修改而成，该条规定：“监护人送养

① 《德国民法典》第四编“亲属法”第1748条规定：“(1) 父母一方持续不断地严重违反其对子女的义务，或以其行为表明对子女漠不关心，且不收养会招致对子女的极大的不利益的，家庭法院必须根据子女的申请，代替父母该方给予允许。义务之违反虽不是持续不断的但特别严重，且可预见已不再能将子女长期托付父母该方照护的，该项允许也可以被代替。…… (3) 另外，父母一方因特别严重的心理疾患或特别严重的精神上或心灵上的残疾，致使长期无能力照料和教育子女，且子女如不被收养就不能在家庭中成长，其发展会因此而受到严重危害的，父母一方的允许也可以被代替。……”

② 《瑞士民法典》第二编“亲属法”第265c条规定：“有下列情形之一者，无须取得生父母的同意：……2. 生父母从未认真照护其子女者。”

③ 《俄罗斯联邦家庭法典》第130条规定：“在下列情况下，对儿童的收养不要求其父母的同意，如果父母：无音讯或者被法院认定为失踪人；被法院认定为无行为能力人；被法院剥夺亲权（遵照本法典第71条第6款的要求）；由法院认定无正当原因，六个月以上不与子女共同生活，逃避对子女的教育和培养。”

④ 《法国民法典》第一卷第八编第348—6条第1款规定：“在儿童的合法婚姻的生身父母或非婚的生身父母已完全放弃照管该子女，从而使儿童面临身体与精神伤害之危险的情况下，父母双方或者其中一方拒绝将该儿童交他人收养时，如法院认为这种拒绝行为完全是一种过分行为，得宣告对该儿童予以收养。”

未成年孤儿的，须征得有抚养义务的人同意。有抚养义务的人不同意送养、监护人不愿意继续履行监护职责的，应当依照《中华人民共和国民法通则》的规定变更监护人。”本条将另行确定监护人的依据改为“本法第一编”，另行确定监护人的条件与程序应严格遵守本法第一编的规定。

理解与适用

本条规定体现了《民法典》婚姻家庭编中贯穿的人权平等、人性友善、人本秩序、人文关怀的核心法理思想以及权利法定、公序良俗等具体法理精神①。本法第一千零九十四条第一项规定孤儿的监护人可以作为送养人，但由于孤儿已丧失父母，缺乏必要的照管与保护，为了防止孤儿的监护人轻率送养或者滥用送养权甚至通过送养牟利损害孤儿的权益，本条对监护人送养孤儿进行限制，赋予抚养义务人对送养孤儿的同意权。

一、历史沿革

1991 年颁布的《收养法》第十三条规定：“监护人送养未成年孤儿的，须征得有抚养义务的人同意。有抚养义务的人不同意送养、监护人不愿意继续履行监护职责的，应当依照《中华人民共和国民法通则》的规定变更监护人。”1998 年修订的《收养法》对该条文未做修改。《民法典》婚姻家庭编第一千零九十六条将另行确定监护人的依据改为“本法第一编”，另行确定监护人的条件与程序应严格遵守本法第一编的规定。

二、立法目的

监护制度与收养制度在目的、效力以及保护的法益方面均不相同。监护制度是为了保护缺乏完全民事行为能力的人的合法民事权益，旨在通过监护人对被监护人的人身、财产及其他民事权利进行监督与保护，被监护人可以是成年人，监护关系的成立并不导致增添新的亲属关系如父母子女关系，监护人的选定及变更也较为灵活机动。我国收养制度只规定未成年人的收养，以未成年人权益保护为核心，收养关系的成立以产生新的父母子女关系且终止原父母子女关系为目标，一旦成立收养关系，应给予较为长久与稳定的抚养环境，当事人非因法定原因不得随意更改或解除收养关系。

本条的规定是在监护制度与收养制度的适用选择上做出法律判断。监护制度是

---

① 龙翼飞．编纂民法典婚姻家庭编的法理思考与立法建议．法制与社会发展，2020 (2).

未成年人丧失生父母、缺乏必要的照管与保护时拥有的第一道法律保护，当监护人要为被监护人创设新的亲子关系即进一步适用收养制度时，法律要求其更为谨慎，即要求抚养义务人履行同意权，若抚养义务人不同意送养该孤儿，则继续适用监护制度对该孤儿进行保护。换言之，抚养义务人对该送养行为享有反对权。

因此，当孤儿有抚养义务人时，送养孤儿是在有利于未成年人抚养成长的前提下，由监护人和负有抚养义务的人共同同意，通过建立新的父母子女关系并让孤儿全面融入新家庭，使其在新的生活条件下能够得到更好的生活、教育条件，以利于其身心的健康发展。

三、法条解读

本条规定："监护人送养孤儿的，应当征得有抚养义务的人同意。有抚养义务的人不同意送养、监护人不愿意继续履行监护职责的，应当依照本法第一编的规定另行确定监护人。"由此可以看出，监护人在送养未成年孤儿时，须征得有抚养义务的人同意并由其出具同意送养的书面意见，才能将未成年孤儿进行送养。否则，应当依照《民法典》总则编的规定另行确定监护人。具体而言，监护人送养应符合以下构成要件：

（一）应征得有抚养义务的人同意

"有抚养义务的人"是指孤儿的有监护能力的祖父母、外祖父母、兄、姐。如果他们不同意送养，而监护人又不愿意继续履行监护职责的，应当依照法定程序变更监护人。例如，父母双亡后，成年的兄、姐是未成年弟、妹的法定监护人，作为监护人的哥哥不能违背姐姐的意愿而将被监护的弟弟送养。再如，有负担能力的祖父母、外祖父母对父母均已死亡的未成年孙子女、外孙子女有抚养义务。当祖父母担任监护人时，其送养孙子女的行为须征得外祖父母的同意，外祖父母不同意送养而祖父母又不愿意继续履行监护职责的，应当变更监护人。

如果未成年人丧失了全部的近亲属，依照《民法典》总则编的规定，其他愿意担任监护人的个人或者组织经未成年人住所地的居民委员会、村民委员会或者民政部门同意可以担任监护人。上述有监护资格的人可能不止一个，因此，监护人送养该孤儿时，应当征得其他有抚养义务的人的同意。有抚养义务的人不同意送养、监护人不愿意继续履行监护职责的，应当另行确定监护人。

（二）抚养义务人不同意送养只能另行确定监护人

当抚养义务人不同意送养，监护人就不能继续送养该孤儿，而是回归监护制度的保护，由其继续履行监护职责，如该监护人不愿意继续履行监护职责，则应根据本法第一编的规定另行确定监护人。任何监护人不得在抚养义务人反对送养的情况下，送养其监护的孤儿。本法并未对抚养义务人的不同意做出更多限制或要求，抚养义务人无须提出不同意送养的具体理由，只要抚养义务人表达不同意的意思表示，该孤儿就不得被送养。抚养义务人的同意权，是父母送养子女的同意权的延伸，抚养义务人是该孤儿的近亲属，基于亲属关系，此种同意权具有父母权延伸的表现意义。

四、外国立法

（一）法国法

《法国民法典》确立的亲属会议制度与我国抚养义务人同意权有相似性。《法国民法典》规定亲属会议由四至六名成员组成，成员由法官根据实际情形在未成年人的父母的血亲或姻亲中选择指定①。当被收养人的父母均已死亡或者均已丧失亲权时，由亲属会议对未成年人的送养表示同意②。由国家收养的弃儿，在其父母并未表达送养意愿时，也由亲属会议表示同意③。我国抚养义务人的范围是法定的，无须通过司法程序指定，在适用方面更具可操作性。

（二）俄罗斯法

对无父母照管的未成年人的送养，《俄罗斯联邦家庭法典》赋予了监护人、教育机构、医疗机构、居民社会保障机构等同意权④。该法没有进一步规定前述个人与机构在送养未成年人时的其他限制，在该制度下，对无父母照管的未成年人的送养成立更为便捷，但也存在滥用送养权或者通过送养侵害被送养人权益的潜在风险。

（三）其他国家立法

《德国民法典》在规定监护人或保佐人的送养同意权时，要求其提出令人信

① 《法国民法典》第一卷第十编第 407 条第 1 款规定："亲属会议由 4 名至 6 名成员组成，其中包括监护监督人，但不包括监护人本人与监护法官。"第 408 条规定："监护法官在考虑各种情形的基础上，从未成年人的父母的血亲或姻亲中选择亲属会议的成员。所谓各种情形是指，亲属关系的远近，当事人的居住地点、年龄与能力。监护法官应当尽量避免出现两系中有一系无代表的情形，但是，法官首先应当考虑的是，未成年人的父母与血亲或姻亲之间平常的关系以及这些亲属或姻亲对未成年子女已经或将能给予的关注。"

② 《法国民法典》第一卷第八编第 348—2 条规定："如儿童的父母均已死亡或者处于不能表示自己意思的状态，或者如父母双方均已丧失亲权，由亲属会议听取实际负担照管该儿童的人的意见后，对收养表示同意。在儿童未确立亲子（女）关系时，亦同。"

③ 《法国民法典》第一卷第八编第 349 条规定："由国家收养的弃儿，在其父母并未同意交由他人收养时，得由该弃儿家庭的亲属会议同意交他人收养。"

④ 《俄罗斯联邦家庭法典》第 131 条规定："1. 收养受监护（保护）的孩子，必须征得孩子的监护人（保护人）的书面同意。……收养无父母照管的在教育机构、医疗机构、居民社会保障机构和其他类似机构的孩子，必须征得该机构的领导人的书面同意。……"

服的理由①。瑞典法律规定："每个有监护能力的社区成员，都对未成年人有监护的义务。由法院确认有资格的社区人员，可以成为无亲权监护之下的未成年人的法定监护人。"同时，瑞典对未成年人监护人的权利和义务在法律上专门做了相关的规定，以确保未成年人的合法权益得到真正的保障②。

第一千零九十七条

生父母送养子女，应当双方共同送养。生父母一方不明或者查找不到的，可以单方送养。

本条主旨

本条是关于生父母共同送养子女的规定。

相关条文

本条是在《收养法》第十条的基础上修改而成，该条规定："生父母送养子女，须双方共同送养。生父母一方不明或者查找不到的可以单方送养。有配偶者收养子女，须夫妻共同收养。"本条对《收养法》第十条涉及的生父母送养的相关内容并无修改，但将该条第二款关于有配偶者收养特殊条件的规定另设条款，在整体上法条内容的逻辑性和关联性有所增强。

理解与适用

本条规定体现了《民法典》婚姻家庭编中贯穿的人权平等、人性友善、人伦正义、人本秩序的核心法理思想以及权利法定、公序良俗、禁止权利滥用等具体法理精神③。

一、历史沿革

1991年颁布的《收养法》第十条规定："生父母送养子女，须双方共同送养。生父母一方不明或者查找不到的可以单方送养。有配偶者收养子女，须夫妻

① 《德国民法典》第四编"亲属法"第1746条规定："……（3）监护人或保佐人无令人信服的理由而拒绝允许或同意的，家庭法院可以代为允许或同意；以父母已依第1747条、第1750条不可撤回地允许收养，或家庭法院已依第1748条代为允许为限，无须由父母做出第1款所规定的表示。"

② 雷明光．中华人民共和国收养法评注．厦门：厦门大学出版社，2016：142.

③ 龙翼飞．编纂民法典婚姻家庭编的法理思考与立法建议．法制与社会发展，2020（2）.

共同收养。”1998年修订的《收养法》对该条文未做修改。《民法典》婚姻家庭编第一千零九十七条对1998年修订的《收养法》第十条涉及的生父母送养的相关内容未做修改，但将该条第二款关于有配偶者收养特殊条件的规定另设条款。

二、立法目的

（一）保护父母的亲权

变更亲子法律关系事关重大，因为收养关系一旦成立，虽然并不影响生父母与子女之间的血亲关系，但是生父母将无法继续抚养子女，送养自应取得父母双方同意。因此在生父母送养子女时，应当由双方共同送养，任何不经对方同意的送养行为，都是严重侵犯对方亲权的行为，也无法形成合法有效的收养法律关系。

（二）保护未成年人的合法权益

本条规范了生父母送养子女的行为，要求夫妻双方共同送养子女，这不仅是对生父母亲权的保护，也体现了对未成年人合法权益的保护。未成年人年龄尚小，心智不成熟，随意更换成长环境，对其成长非常不利。生父母双方共同决定，有利于双方送养决定做出的理智性与成熟性，可以避免单方冲动的送养决定影响未成年人的成长质量。因此，要求生父母共同决定送养行为，并同时完成送养行为，是妥当的。同时，在特定情形下放宽收养法律关系成立的要求，促成收养法律关系的成立，能更好地发挥收养法律制度的功能，即在客观上无法共同送养时，法律应认可单方送养。在现实生活中，前述单方送养主要出于非婚生子女的生父不明或生父母一方已失踪等原因。

三、法条解读

（一）双方送养的主体

首先，本条规范的是生父母的送养行为，即本条规范的主体是被送养人的生父母，其他送养人不在此列，如被送养人的监护人在送养时，并不需要夫妻双方共同送养。其次，要求送养的主体应是生父母双方，即共同生育了被送养人的主体，即使生父母属非婚同居关系也应如此。

（二）单方送养的情形

本条对生父母单方送养子女的规定限制较为严格，生父母送养子女时，原则上要求双方共同送养，只在以下两种情形下可以单方送养：

1. 生父母一方不明

本条规定的生父母一方不明，是指生父母一方自使不明，此种情形主要是非婚生子女的生父不明。在此种情况之下，如果生母无力抚养子女，需要将子女送养他人，可以根据“生父母一方不明”的规定放宽限制，单方送养子女。

2. 生父母一方查找不到

本条规定的生父母一方查找不到，是指与另一方无法取得联系，经过查找无法与另一方取得联系时，抚养子女的一方可以根据“生父母一方……查找不到”的规定放宽限制，单方送养子女。本条区分生父母一方不明与生父母一方查找不到的意义在于，后者有生父母一方的线索，但是经过努力无法取得联系，而前者在子女出生时就无法确认另一方。在司法实践中，应重点考量查找不到生父母的情形，是否穷尽各方力量均无法查找到另一方，避免生父母一方的轻率送养。

（三）一方为限制民事行为能力人能否单方送养

对于单方送养的情形，本条已做出封闭性列举规定，即只有在生父母一方不明或者生父母一方查找不到的情况下，才可以单方送养，一方为限制民事行为能力人不属于前述例外，因此不能单方送养。我国现行司法实践中，法院通常也认为当被送养人生父母一方不具备完全的民事行为能力时，另一方不能把未成年的子女送于他人收养。不过，从保护未成年人的角度出发，在被送养人的生父母一方丧失行为能力而另一方抚养被送养人又存在特殊困难时，严格禁止其生父母一方单方送养，可能不利于保障未成年人的合法权益。

四、外国立法

（一）法国法

关于生父母送养子女，《法国民法典》原则上要求父母双方同意，同时也保有一方同意的例外，即父母中一人已去世或者不能表示自己的意思，或者一方已丧失亲权[①]。法国家庭法设有亲权制度，父母可能因为对子女实行犯罪、虐待、不予照管等行为，被法院撤销亲权[②]，被撤销亲权的父或者母也丧失送养同意权，送养可由另一方单独同意[③]。

---

① 《法国民法典》第一卷第八编第 348 条规定：“在子女对父与母双方均已确立亲子（女）关系的情况下，由人收养该子女，应得到父母双方同意。如父母中一人已去世或者不能表示自己的意思，或者如其已丧失亲权，父母之另一方同意收养，即可。”

② 《法国民法典》第一卷第九编第 378 条第 1 款规定：“父与母，作为对其子、女之人身实行的重罪或轻罪的正犯、共同正犯或共犯而被判刑时，或者作为其子女本人实行的重罪或轻罪的共同正犯或共犯而被判刑时，得因刑事判决之规定而（1996 年 7 月 5 日第 96—604 号法律）被全部撤销亲权。”第 378—1 条第 1 款规定：“（1996 年 7 月 5 日第 96—604 号法律）父与母，因虐待子女，或者因经常酗酒，明显行为不轨或者有犯罪行为表现，或者因对子女不予照管或引导，使子女的安全、健康与道德品行显然受到危害时，可以在任何刑事判决之外，被完全撤销亲权。”

③ 《法国民法典》第一卷第八编第 348—1 条规定：“在子、女仅对父、母中一方确立亲子（女）关系时，收养该子、女，由该父、母一方同意。”

（二）德国法

德国民法对于生父母送养子女的共同同意权，有明确规定。《德国民法典》规定了“子女的父母的允许”，即在生父母送养子女时需要双方的共同允许，否则没有送养效力，但是当“父母一方长期不能做出表示或其居所长期不明的，其允许是不必要的”。此外，该法典第1748条还对“父母一方代为允许”做了规定，即在父母一方持续不断地严重违反其对子女的义务、父母一方有特别严重的心理疾患或特别严重的精神上或心灵上的残疾等情况下，父母一方可以代另一方对收养关系的成立做出允许的意思表示①。

（三）其他国家立法

《瑞士民法典》规定在生父母不可知、失踪或为继续性无判断能力者时可以排除同意要件的适用，当生父母从未认真照护其子女时也可适用②。《奥地利普通民法典》规定未成年人的父母不能理智表达意见且非仅为暂时性者或者居住地不明至少六个月时，丧失送养同意权③。《越南婚姻家庭法》对生父母送养的条件较为严格，封闭性规定父母只能协商一致方可将子女送养，没有单方送养的例外情形④。

第一千零九十八条

收养人应当同时具备下列条件：

（一）无子女或者只有一名子女；

（二）有抚养、教育和保护被收养人的能力；

（三）未患有在医学上认为不应当收养子女的疾病；

---

① 《德国民法典》第四编“亲属法”第1748条第1款规定：“父母一方持续不断地严重违反其对子女的义务，或以其行为表明对子女漠不关心，且不收养会招致对子女的极大的不利益的，家庭法院必须根据子女的申请，代替父母该方给予允许。义务之违反虽不是持续不断的但特别严重，且可预见已不再能将子女长期托付父母该方照护的，该项允许也可以被代替。”

② 《瑞士民法典》第二编“亲属法”第265c条规定：“有下列情形之一者，无须取得生父母的同意：1. 生父母为谁不可知，或者生父母长期不知所终或为继续性无判断能力人者；2. 生父母从未认真照护其子女者。”

③ 《奥地利普通民法典》第一编第195条规定：“（1）仅在下列人同意时，法院始得批准收养：1. 未成年的被收养人的父母……（2）有下列情形之一者，丧失第1款规定的同意权：有同意权的人作为被收养人的法定代理人订立收养契约者；有同意权的人不能理智表达意见且非仅为暂时性者；第1款第1项至第3项所称之人，其居住地不明至少六个月者……”

④ 《越南婚姻家庭法》第36条规定：“子女收养必须经由收养人夫妻协商一致。被收养人为未成年人时，还必须经由被收养人的生父母双方或者保护人同意。若被收养人为九岁以上，还必须经由被收养人本人同意。”

（四）无不利于被收养人健康成长的违法犯罪记录；

（五）年满三十周岁。

本条主旨

本条是关于收养人条件的规定。

相关条文

本条是在《收养法》第六条的基础上修改而成，该条规定："收养人应当同时具备下列条件：（一）无子女；（二）有抚养教育被收养人的能力；（三）未患有在医学上认为不应当收养子女的疾病；（四）年满三十周岁。"本条做如下修改：第一，将无子女扩大至"无子女或者只有一名子女"。我国计划生育政策和相关立法已经发生变化，《人口与计划生育法》将原来的"提倡一对夫妻生育一个子女"，改变成了"国家提倡一对夫妻生育两个子女"。《收养法》对于收养人自身子女的限制本就是为了与当时的计划生育政策保持一致，故本条做出相应的修改，将原来收养人须"无子女"的限制条件改为"无子女或者只有一名子女"。第二，在第二项中增加了"保护"内容。第三，增加一项要求："无不利于被收养人健康成长的违法犯罪记录"。这项新增规则体现了最有利于被收养人的法律原则，为未成年人的健康成长加强了保障力度。

理解与适用

本条规定体现了《民法典》婚姻家庭编中贯穿的人权平等、人格尊严、人性友善、人伦正义、人本秩序、人文关怀的核心法理思想以及权利法定、公序良俗等具体法理精神①。

一、历史沿革

1991年颁布的《收养法》第六条规定："收养人应当同时具备下列条件：（一）无子女；（二）有抚养教育被收养人的能力；（三）年满三十五周岁。"该条文从收养人的子女数量、抚养能力及收养人年龄三方面对收养人提出了法定要求。

1998年修订的《收养法》对收养人的条件进行增设：在1991年颁布的《收养法》第六条的基础上，增加了"（三）未患有在医学上认为不应当收养子女的

---

① 龙翼飞．编纂民法典婚姻家庭编的法理思考与立法建议．法制与社会发展，2020（2）.

疾病”。同时该条文将收养人的法定年龄下限修改为“三十周岁”。

《民法典》婚姻家庭编第一千零九十八条对收养人的法定条件做进一步修改：将收养人须“无子女”的限制条件改为“无子女或者只有一名子女”，以符合现行的计划生育政策；进一步增设了收养人的条件，对收养人的能力要求增加有“保护被收养人的能力”，同时要求收养人“无不利于被收养人健康成长的违法犯罪记录”，体现了最有利于被收养人的法律原则。

二、立法目的

本条对收养人的条件做了全面系统的规定。收养法律行为是重大的身份法律行为，其产生的法律效果关系到拟制血亲的产生，即父母子女间权利义务的产生。因此，对于该法律行为的主体应做严格的规定。对收养人设置明确的条件，是规范收养行为的主要规定之一，其与收养法倡导的最有利于被收养人的法律原则相符，体现了对未成年人合法权益的保障，同时也有助于防止违背婚姻伦理的行为，确保收养关系的有效性。因此，细化收养人的法定条件对规范收养法律关系具有重要意义。

收养关系的成立和终止与自然血亲在许多方面有差异，收养是一种民事法律行为，不仅关系着当事人的利益，也体现了保护未成年人的社会意义。因此，各国法律都对收养人的行为、收养人应具备的法定条件进行规范和调整。同时，收养人的条件直接影响收养关系的质量。本条规定明确收养人的年龄下限，明晰收养人在个人抚养能力、身体健康状况以及个人品行等方面的综合条件，对于保护被收养人的合法权益以及稳定收养法律关系具有重要意义。

三、收养人的法定条件

因我国收养制度中，收养的目的是在收养人与被收养人之间确立父母子女关系，继而产生法定的权利义务关系，因此，我国收养制度对收养人提出以下要求：

（一）无子女或者只有一名子女

本项较《收养法》第六条的规定，放宽了对收养人已有子女数量的限制。1991 年颁布的《收养法》基于《中华人民共和国宪法》和 1980 年《婚姻法》对计划生育的要求，要求收养人无子女。随着全国人大常委会 2015 年 12 月 27 日表决通过了《人口与计划生育法》修正案，新的人口与计划生育政策于 2016 年 1 月 1 日起正式实施，本项规定正是根据人口与计划生育政策的新规定进行了改动，将收养人应“无子女”改为“无子女或者只有一名子女”。

（二）有抚养、教育和保护被收养人的能力

本项是关于收养人应具备的条件的规定，较《收养法》第六条的规定，增加了“保护”被收养人的能力要求。此处与《民法典》总则编第二十六条关于父母对未成年子女负有的义务相对应，即“父母对未成年子女负有抚养、教育和保护的义务”。“有抚养、教育和保护被收养人的能力”是对父母对未成年子女应负义务完成能力的具体要求，此处更改体现了法典内容的统一性。

具体而言，“有抚养、教育和保护被收养人的能力”指收养人应当具有完全民事行为能力，在身体上、智力上、经济上、道德品质和教育子女等方面有能力抚养和教育被收养人，能够履行父母对子女应尽的义务。送养人、收养登记机关应从以下几方面判断收养人抚养、教育和保护被收养人的能力：

第一，收养人应具备一定的经济收入。收养人应拥有一份稳定的工作和收入，该收入的数额应足够负担收养人家庭的开支并能支持被收养人完成基本学业以及获得及时的医疗服务。收养申请人有义务就自己的收入状况诚实地提供书面证明，送养人与收养登记机关也应着重对收养申请人的经济收入做实质审查及判断。

第二，收养人应具备教育被收养人的基本文化及道德水平。此处的基本文化水平应是具备基本的读书识字能力，基本道德水平是指收养人应具备较为积极的人生观、价值观和世界观，如收养人品行恶劣、道德败坏显然不利于未成年人的成长。

第三，收养人应具备保护被收养人的能力。保护是指父母应保护未成年子女的人身安全和合法权益，防止和排除来自外界的损害以及他人的非法侵害。收养人应有能力提供稳定、安全的生活环境，防止被收养人陷入危险之中。

（三）未患有在医学上认为不应当收养子女的疾病

收养人的身体健康情况直接关系到收养关系的质量以及未成年人的成长状况，因此各国法律都对收养人的健康状况提出基本的要求。在适用“未患有在医学上认为不应当收养子女的疾病”的规定处理具体问题时，应当特别注意必须有充分的科学依据，必要时得进行医学上的专门鉴定。这里所称的“在医学上认为不应当收养子女的疾病”，主要是指精神疾病和传染病。精神疾病包括精神分裂症、精神抑郁症等有精神障碍的疾病；传染病包括我国《传染病防治法》规定的霍乱等甲类传染病，病毒性肝炎、细菌性和阿米巴性痢疾、伤寒和副伤寒、艾滋病、淋病、梅毒、脊髓灰质炎、麻疹、白喉、流行性脑脊髓膜炎、猩红热、流行性出血热、肺结核、狂犬病、流行性乙型脑炎、登革热等乙类传染病，流行性和地方性斑疹伤寒、麻风病、黑热病、流行性腮腺炎等丙类传染病。收养人患精神

病在发病期内的或者患传染病在传染期内的应当暂缓收养。

（四）无不利于被收养人健康成长的违法犯罪记录

作为新增内容，本项的规定提高了对收养人的要求，在理解与适用本项时应把握以下两点：第一，并不是所有具有违法犯罪记录的人均不可以收养子女，只有当犯罪记录可能不利于收养人健康成长时才行禁止性规定。例如严重刑事犯罪记录，可能使未成年人在成长过程中受到歧视或者不公平待遇，又如曾有过侵害未成年人刑事犯罪记录的人，从保护未成年人的角度出发，不应成为适格收养人。第二，该项规定也增加了送养人以及送养机构对于收养人的审查义务，此处的审查应是实质审查，送养机构有义务向公安部门查询收养申请人是否存在不利于收养人健康成长的违法犯罪记录，或者要求收养申请人提供从其他相关部门调取的关于收养申请人不存在不利于被收养人健康成长的犯罪记录。

（五）年满三十周岁

收养的目的是在收养人与被收养人之间确立父母子女关系，履行法律规定的相应的责任与义务，使被收养人得到良好的抚养教育环境。因此，收养人必须是成年人且达到一定的年龄，其目的是保障被收养的未成年人的健康成长环境及保证收养人具有必要的抚养教育能力，从而更有效地维护收养人与被收养人的合法权益。根据本项规定，年满三十周岁，是对收养人最低年龄的规定。夫妻共同收养，则必须双方都年满三十周岁。

对收养人的年龄，有不同意见，有人认为应从年龄差的角度规定，收养人与被收养人年龄应相差至少二十岁，规定二十岁的年龄差是与我国结婚自然生育子女的年龄差模式接近。但我们既然从鼓励收养的角度放宽了未成年被收养人的年龄，如果再采取年龄差的设计模式，则实际上又会对十四周岁以上未成年人的收养形成新的限制，故仍保持现状。即使如此，由于被收养人是未满十八周岁的未成年人，而收养人要年满三十周岁，这样收养人与被收养人之间的最小年龄差也有十二周岁，是合理的。另外，三十周岁以下的人，生育子女的机会尚多，不必急于收养他人子女作为自己的子女。到达相当年龄后再收养子女，能够更好地承担养父母的职责。综上，基于我国的人口现状和人口政策，规定年满三十周岁始得收养子女是比较适宜的。

四、外国立法

（一）菲律宾法

《菲律宾共和国家庭法》采用概括规定加例外的立法技术对收养人的条件做出限定，该法规定依家庭收入有能力抚养照顾其婚生或非婚生子女、具有完全民事行为能力和法定权利的成年人，可以收养。收养人必须比被收养人年长十六岁以上[①]。但是，终止监护关系后但监护账目获准前对被监护人负有监护责任的监护人、有道德沦丧犯罪记录的人以及部分外国人不得成为收养人[②]。《菲律宾共和国家庭法》对收养人条件的规定较为严格，从年龄、经济能力、监护身份、道德品质与犯罪记录以及国籍这几方面，对收养人的综合抚养能力及相关风险的防范，提出较高要求。

（二）日本法

《日本民法典》对特别收养制度中的收养人做特别限制。一般收养中，成年人即可成为收养人[③]。但在特别收养中，即成立旨在与亲生方的血亲终止亲属关系的收养关系中，收养人须是有配偶的人，且收养人应满二十五岁[④]。该规定的目的是保护被收养人的成长环境，为被收养人提供角色完整的家庭生活，防止成员缺失带来的不良成长后果。

（三）其他国家立法

《德国民法典》对收养人的条件规定较为宽松，仅从年龄角度规定收养人须满二十五岁，配偶一方单独收养其配偶的子女时，配偶一方必须已满二十一岁[⑤]。《越南婚姻家庭法》要求收养人必须年长于养子女二十岁以上。《西班牙民法典》规定收养人应满二十五岁，但夫妻共同收养时，一方达到该年龄即可，同时收养人应年长被收养人十四岁[⑥]。《秘鲁民法典》对收养人年龄规定较高，必须达到五十岁。以色列《收养法》明令禁止不同宗教信仰者之间的收养[⑦]。

---

① 《菲律宾共和国家庭法》第七编第 183 条规定："依家庭收入有能力抚养照顾其婚生或非婚生子女、具有完全民事行为能力和法定权利的成年人，可以收养。……收养人必须比被收养人年长十六岁以上。但收养人是被收养人的亲生父母或者被收养人合法父母的配偶，不受此限。"

② 《菲律宾共和国家庭法》第七编第 184 条规定："下列人员不得收养：一、终止监护关系后但监护账目获准前对被监护人负有监护责任的监护人；二、有道德沦丧犯罪记录的人；三、外国人；但下列情形的外国人除外：1. 原先是菲律宾公民，收养有血缘关系的亲属的；2. 收养其菲律宾配偶的婚生子女的；3. 与菲律宾公民结婚，并与配偶共同收养与其配偶有血缘关系的亲属的。……"

③ 《日本民法典》第四编"亲属"第 792 条规定："达到成年的人，可以收养子女。"

④ 《日本民法典》第四编"亲属"第 817 条之三规定："（一）成为养父母的人，须是有配偶的人。（二）夫妻的一方，在另一方不当养父母时，不得成为养父母。但是，夫妻的一方为另一方婚生子女（以特别收养以外的形式收养的子女除外）的养父母时，不在此限。"

⑤ 《德国民法典》第四编"亲属法"第 1743 条规定："收养人必须已满 25 岁，在第 1741 条第 2 款第 3 句的情形下，必须已满 21 岁。在第 1741 条第 2 款第 2 句的情形下，配偶一方必须已满 25 岁，配偶另一方必须已满 21 岁。"

⑥ 《西班牙民法典》第一卷第 175 条第 1 款规定："收养人应满二十五岁。如果是配偶共同收养的，则只要一方达到此年龄即可。在任何情形下收养人都至少年长被收养人十四岁。"

⑦ 蒋新苗．比较收养法．长沙：湖南人民出版社，1999：92.

第一千零九十九条

收养三代以内旁系同辈血亲的子女，可以不受本法第一千零九十三条第三项、第一千零九十四条第三项和第一千一百零二条规定的限制。

华侨收养三代以内旁系同辈血亲的子女，还可以不受本法第一千零九十八条第一项规定的限制。

本条主旨

本条是关于收养人条件的特别规定。

相关条文

本条是在《收养法》第七条的基础上修改而成，为了法典内用语一致，将“三代以内同辈旁系血亲”改为“三代以内旁系同辈血亲”。同时引致的条文顺序也有所变动。因本法第一千零九十三条已将被收养人的年龄上限改为不满十八周岁，故本条删除收养三代以内旁系同辈血亲可以不受“被收养人不满十四周岁的限制”的规定。

理解与适用

本条规定体现了《民法典》婚姻家庭编中贯穿的人权平等、人性友善、人伦正义、人本秩序、人文关怀的核心法理思想以及权利法定、公序良俗等具体法理精神①。

一、历史沿革

1991年颁布的《收养法》第七条规定：“年满三十五周岁的无子女的公民收养三代以内同辈旁系血亲的子女，可以不受本法第四条第三项、第五条第三项、第九条和被收养人不满十四周岁的限制。华侨收养三代以内同辈旁系血亲的子女，还可以不受收养人无子女的限制。”

1998年修订的《收养法》第七条规定：“收养三代以内同辈旁系血亲的子女，可以不受本法第四条第三项、第五条第三项、第九条和被收养人不满十四周岁的限制。华侨收养三代以内同辈旁系血亲的子女，还可以不受收养人无子女的

① 龙翼飞．编纂民法典婚姻家庭编的法理思考与立法建议．法制与社会发展，2020（2）．

限制。”1998 年修订的《收养法》第七条取消了 1991 年颁布的《收养法》第七条所规定的收养人年满三十五周岁的限制，即所有符合条件的收养人在实施收养行为时，都可以享受该条所规定的放宽的条件。

二、立法目的

本法第一千零九十三条规定了被收养人适格的法定条件，第一千零九十四条规定了送养人适格的法定条件，第一千零九十八条规定了收养人适格的法定条件，第一千一百零二条规定了无配偶者收养子女的年龄限制，前述法条均是对收养法律关系各方当事人所做出的一般性规定，即收养法律关系要有效成立，各方当事人原则上应当具备上述各条所规定的基本条件。收养法律关系涉及多方当事人，法律关系复杂，基于保护未成年人的合法权益以及满足收养法律关系当事人的情感需要，严格按照前述一般规定实施，无法充分发挥收养法律制度的功能。因此，有必要在一般规定之外，就例外情况对收养法律关系的成立要件做出特别的规定。

作为收养条件一般规定的例外，本条规定在若干具体情形下可以适当放宽收养条件。具体规定了：（1）收养三代以内旁系同辈血亲的子女，可以不受本法第一千零九十三条第三项、第一千零九十四条第三项和第一千一百零二条规定的限制；（2）华侨收养三代以内旁系同辈血亲的子女，还可以不受本法第一千零九十八条第一项规定的限制。前述放宽条件的原因主要是出于对近亲收养的历史传统的考虑，也有对侨胞利益的关切和照顾①。其主要目的是在特定情形下放宽收养法律关系成立的要求，促成收养法律关系的成立，更好地发挥收养法律制度的社会保障功能。本条规定对于有效规范和引导收养、送养行为也具有重要意义。

三、放宽条件的特定情形下收养关系成立的条件

（一）关于收养三代以内旁系同辈血亲的子女的规定

收养三代以内旁系同辈血亲的子女，是指收养兄弟姐妹的子女、堂兄弟姐妹的子女、表兄弟姐妹的子女。本条第一款规定：“收养三代以内旁系同辈血亲的子女，可以不受本法第一千零九十三条第三项、第一千零九十四条第三项和第一千一百零二条规定的限制。”按此规定，在体系解释之下，收养人在收养兄弟姐妹的子女、堂兄弟姐妹的子女、表兄弟姐妹的子女时，条件放宽之处有三种情形：第一，其生父母无特殊困难并有抚养能力的子女，亦可为被收养人。第二，

---

① 杨大文．亲属法与继承法．北京：法律出版社，2013：206.

无特殊困难、有抚养能力的生父母，亦可为送养人。第三，无配偶者收养异性子女的，不受收养人与被收养人间须有四十周岁以上年龄差的限制。

（二）关于华侨收养三代以内旁系同辈血亲的子女的规定

本条第二款规定："华侨收养三代以内旁系同辈血亲的子女，还可以不受本法第一千零九十八条第一项规定的限制。"按此规定，华侨收养三代以内旁系同辈血亲的子女的，不受"无子女或者只有一名子女"的子女人数限制，华侨即使自己已有子女，甚至子女不止一人，也不妨碍其收养三代以内旁系同辈血亲的子女。

第一千一百条

无子女的收养人可以收养两名子女；有子女的收养人只能收养一名子女。

收养孤儿、残疾未成年人或者儿童福利机构抚养的查找不到生父母的未成年人，可以不受前款和本法第一千零九十八条第一项规定的限制。

本条主旨

本条是关于收养人数的规定。

相关条文

本条是在《收养法》第八条的基础上修改而成，该条规定："收养人只能收养一名子女。收养孤儿、残疾儿童或者社会福利机构抚养的查找不到生父母的弃婴和儿童，可以不受收养人无子女和收养一名的限制。"我国计划生育政策和相关立法已经发生变化，《人口与计划生育法》将原来的"提倡一对夫妻生育一个子女"，改变成了"国家提倡一对夫妻生育两个子女"。因此，本法第一千零九十八条第一项将原来收养人须"无子女"的限制条件改为"无子女或者只有一名子女"，相应地本条也将"收养人只能收养一名子女"改为"无子女的收养人可以收养两名子女；有子女的收养人只能收养一名子女"。前述修改是符合我国有关生育的法律及政策规定的。

理解与适用

本条规定体现了《民法典》婚姻家庭编中贯穿的人权平等、人本秩序、人性友善、人文关怀的核心法理思想以及权利法定、公序良俗、禁止权利滥用等具体法理精神[①]。

1991年颁布的《收养法》第八条规定："收养人只能收养一名子女。收养孤儿或者残疾儿童可以不受收养人无子女和年满三十五周岁以及收养一名的限制。"1998年修订的《收养法》将"社会福利机构抚养的查找不到生父母的弃婴和儿童"也纳入收养人条件放宽的类型中；对于特殊情形下的收养人条件进行限缩，删去不受年满三十五周岁的限制的条件。

《民法典》婚姻家庭编第一千一百条根据现行计划生育政策的规定，对1998年修订的《收养法》做如下修改：将"收养人只能收养一名子女"改为"无子女的收养人可以收养两名子女；有子女的收养人只能收养一名子女"。

本条第一款对收养人收养子女的数量做了限制，即收养人原则上最多只能收养两名子女。法律做出此种限制的主要目的是保障被收养人的利益，因为收养人收养的子女越多，其所能够提供的抚养条件就越差，因此，限制收养人收养子女的数量，主要目的是保障被收养人的生活条件。

本条第二款对每个收养人收养子女数量的限制做了放宽的规定，即收养孤儿、残疾未成年人或者儿童福利机构抚养的查找不到生父母的未成年人，可以不受以下规定的限制：(1) 收养人无子女或者只有一名子女；(2) 无子女的收养人可以收养两名子女，有子女的收养人只能收养一名子女。法律做出此种规定，主要是为了保障孤儿、残疾未成年人或者儿童福利机构抚养的查找不到生父母的未成年人的合法权益，放宽相关限制性条件，旨在尽量促成前述三类未成年人的收养关系的成立，从而使其能够有更大概率进入普通家庭生活，在父母的抚育下健康成长。当然，虽然收养人在收养孤儿、残疾未成年人或者儿童福利机构抚养的查找不到生父母的未成年人时，不受收养子女数量的限制，但是考虑到保障上述被收养人的合法权益，保障其健康成长，收养人也不宜收养过多的子女，应当结合收养人的抚养能力等多种因素，确定其适合收养的子女的数量。

值得注意的是，在完成孤儿、残疾未成年人以及儿童福利机构抚养的查找不到生父母的未成年人的送养时，法律虽对被收养子女数量的限制有所放宽，但并不意味着在其他收养成立的要件方面也应放宽审查。前述三类未成年人较为特殊，实践中更应加强对收养人经济实力、道德品行及犯罪记录等条件的审查力度，避免未成年人遭受侵害。

因生育政策不同以及社会人口结构差异，外国收养立法并未对收养人收养子女的数量或者收养人收养子女后家庭中亲生子女与养子女的数量进行限制，但部

① 龙翼飞．编纂民法典婚姻家庭编的法理思考与立法建议．法制与社会发展，2020 (2)．

分国家法律对收养人亲生子女与养子女的关系做出规定，例如，《德国民法典》规定，若收养人的子女对被收养人有利益冲突时，不得宣告收养①。《瑞士民法典》规定，收养人应保证收养行为不会使其他子女受到不公正待遇②。《菲律宾共和国家庭法》在判断收养人适格性时要求其有能力照顾婚生或非婚生子女③。

第一千一百零一条

有配偶者收养子女，应当夫妻共同收养。

本条主旨

本条是关于有配偶者共同收养的规定。

相关条文

本条沿用了《收养法》第十条第二款的规定。该条规定："生父母送养子女，须双方共同送养。生父母一方不明或者查找不到的可以单方送养。有配偶者收养子女，须夫妻共同收养。"本条主旨与《收养法》第十条第二款相同，将生父母共同送养与夫妻共同收养分设为两条规定，使法条内容的逻辑性和关联性有所增强。

理解与适用

本条规定体现了《民法典》婚姻家庭编中贯穿的人权平等、人格尊严、人亲和谐、人伦正义、人本秩序的核心法理思想以及权利法定、公序良俗等具体法理精神④。

一、历史沿革

1991年颁布的《收养法》第十条第二款规定："有配偶者收养子女，须夫妻共同收养。"1998年修订的《收养法》对该条款未做修改。《民法典》婚姻家庭

---

① 《德国民法典》第四编第1745条规定："收养与收养人的子女或待收养人的子女的压倒性利益相抵触，或待收养人的利益有受到收养人的子女危害之虞的，收养不得予以宣告。财产法上的利益不应是决定性的。"

② 《瑞士民法典》第二编第264条规定："收养人，能证明其对被收养人已抚养和教育至少一年，同时，依各方面情事可认为，其与被收养人成立亲子关系，有利于被收养人，且不会使收养人的其他子女因收养受到不公正待遇者，得收养该被收养人。"

③ 《菲律宾共和国家庭法》第七编第183条第1款规定："依家庭收入有能力抚养照顾其婚生或非婚生子女、具有完全民事行为能力和法定权利的成年人，可以收养。"

④ 龙翼飞．编纂民法典婚姻家庭编的法理思考与立法建议．法制与社会发展，2020（2）.

编第一千一百零一条与《收养法》第十条第二款主旨一致。

二、立法目的

本条对有配偶者收养子女的条件做了限定，即有配偶者收养子女，应当夫妻共同收养。法律做出此种规定的主要理由是：收养关系一旦成立，被收养人即成为收养人的家庭成员，有配偶的收养人，若置其配偶的意见于不顾而单独收养，可能会对收养人的家庭关系造成不利的影响，同时也不利于被收养人的健康成长，既有悖于贯穿《民法典》婚姻家庭编的人亲和谐的基本法理思想①，也有违最有利于被收养人的立法原则。

三、法条解读

在理解与适用本条时应注意以下四点：

（一）夫妻共同收养的效力

夫妻共同收养的效力是指夫妻均与被收养人成立养父母子女关系。有配偶者收养子女，应当夫妻共同收养，此处的夫妻共同收养包括以下几点：第一，夫妻共同收养应是双方对收养做出一致的意思表示，愿意收养该子女并进一步与其共同生活；第二，除了共同收养的意思表示，共同收养还包括夫妻双方均与该子女成立养父母子女关系，即夫妻双方是被收养人的养父和养母，夫妻双方对该被收养人均负有抚养、教育和保护的义务。

（二）无配偶者单独收养

本条并非限制无配偶者的收养，如收养人没有配偶，只要满足本编第一千零九十八条的基本法定条件即可。《日本民法典》对特别收养有特殊规定，该法要求收养人必须有配偶，即有配偶者才可以成为特别收养关系中的收养人②。我国法律没有类似规定，本条规定仅适用于有配偶者。

（三）禁止同居关系者共同收养子女

本条规定中的“有配偶者”仅指具有合法夫妻关系的当事人一方，不包括同居关系的当事人。《民政部办公厅关于外国人收养中国儿童有关问题的复函》明确指出：“根据我国有关收养的法律规定，允许夫妻双方共同收养，也允许单身收养，但不允许其他身份关系的两个人共同收养一个孩子。”因此，非婚同居关

---

① 龙翼飞．编纂民法典婚姻家庭编的法理思考与立法建议．法制与社会发展，2020（2）．

② 《日本民法典》第四编第817条之三规定：“（一）成为养父母的人，须是有配偶的人。（二）夫妻的一方，在另一方不当养父母时，不得成为养父母。但是，夫妻的一方为另一方婚生子女（以特别收养以外的形式收养的子女除外）的养父母时，不在此限。”

系的双方当事人不能共同收养一个被收养人。

(四) 配偶单方收养的问题

需要特别指出的是，本条未规定配偶单方收养的例外情形。有观点认为应加入例外规定，即在收养人的配偶不具备完全民事行为能力时，应允许配偶单方收养，保护单方配偶的收养权。但是，收养制度的核心价值在于保护被收养人的利益，有向未成年人保护的倾斜性，如被收养人的养父或者养母不具备完全民事行为能力，必定不利于抚养、教育和保护未成年人的成长，这是与最有利于被收养人的法律原则相悖的，因此并不建议增加有配偶者单方收养的例外条款。

四、外国立法

(一) 瑞士法

《瑞士民法典》除了限制夫妻应共同收养，还规定夫妻的结婚年限和夫妻年龄，即夫妻须已结婚五年或者夫妻均已满三十五岁，但该法也给夫妻一方单独收养提供了可行性，当配偶一方无判断能力或不知所终两年以上或者夫妻分居三年以上时，可以单独收养①。瑞士法对夫妻结婚年限及年龄的最低限制，是为了保证家庭的稳定性，有利于未成年人的成长环境。

(二) 奥地利法

《奥地利普通民法典》对已婚夫妻单方收养的限制较低，该法规定了已婚者原则上应双方共同收养，当一方居住地不明至少一年或者夫妻间停止共同生活关系至少三年时可以单方收养②，同时该条的例外情形并非封闭性规定，而是只要有相类似的和特别重大的理由足以正当化夫妻一方单独收养的情形时，法院可以判定单方收养。

(三) 其他国家立法

《俄罗斯联邦家庭法典》允许夫妻一方在取得另一方同意的情况下，单方收养子女，如果夫妻未共同生活一年以上且另一方住所不明时，无须征得另一方的

---

① 《瑞士民法典》第二编第264a条第2款规定："夫妻须已结婚五年，或者夫妻均已满三十五岁者，始得收养。"第264b条第2款规定："已结婚者，如已满三十五岁，且其配偶为继续性无判断能力人或其配偶不知所终两年以上或依判决夫妻已分居三年以上，因而可证明其共同收养为不可能，得单独收养。"

② 《奥地利普通民法典》第一编第191条第2款规定："已婚者，原则上应由夫妻双方共同收养。但有下列情形之一者，得例外地准许单独收养：夫妻一方收养他方的亲生子女者；夫妻一方因在行为能力或年龄方面不具备收养子女的法定条件而不能收养子女者；夫妻一方的居住地不明至少一年者；夫妻间停止共同生活关系至少三年者；有与此相类似和特别重大的理由足以正当化夫妻一方单独收养者。"

同意即可单方收养子女[①]。《德国民法典》也允许配偶一方单独收养子女，配偶另一方需要同意，但该同意可由家庭法院代为允许，该配偶长期不能做出表示或者其居所长期不明的，无须允许[②]。《菲律宾共和国家庭法》规定除收养本人非婚生子女或另一方婚生子女的，夫妻必须共同收养[③]。

第一千一百零二条

无配偶者收养异性子女的，收养人与被收养人的年龄应当相差四十周岁以上。

本条主旨

本条是关于无配偶者收养异性子女的年龄限制的规定。

相关条文

本条是在《收养法》第九条的基础上修改而成，该条规定："无配偶的男性收养女性的，收养人与被收养人的年龄应当相差四十周岁以上。"本条将《收养法》第九条强制年龄限制的主体由"无配偶的男性"扩大为"无配偶者"，被收养人由"女性"扩大为"异性子女"，防止收养人利用收养行为达到不法目的。

理解与适用

本条规定体现了《民法典》婚姻家庭编中贯穿的人伦正义、人本秩序的核心法理思想以及权利法定、公序良俗、禁止权利滥用等具体法理精神[④]。

一、历史沿革

1991 年颁布的《收养法》第九条规定："无配偶的男性收养女性的，收养人

① 《俄罗斯联邦家庭法典》第 133 条规定："1. 如果子女非由夫妻双方收养，夫妻一方收养子女时须征得另一方对收养的同意。2. 如果夫妻已终止家庭关系，未共同生活一年以上并且另一方配偶住所不明，则无须征得配偶一方对收养子女的同意。"

② 《德国民法典》第四编第 1749 条规定："对于配偶一方单独收养子女，配偶另一方的允许是必要的。家庭法院可以根据收养人的申请而代为允许。配偶另一方和家庭的正当利益与收养相抵触的，该项允许不得被代替。……该配偶长期不能做出表示或其居所长期不明的，该配偶的允许是不必要的。"

③ 《菲律宾共和国家庭法》第七编第 185 条规定："丈夫和妻子必须共同收养。但下列情形除外：一、配偶一方收养本人非婚生子女的；二、配偶一方收养另一方婚生子女的。"

④ 龙翼飞．编纂民法典婚姻家庭编的法理思考与立法建议．法制与社会发展，2020（2）．

与被收养人的年龄应当相差四十周岁以上。”1998 年修订的《收养法》对该条文未做修改。《民法典》婚姻家庭编第一千一百零二条将单身男性收养女性的年龄差的规定进一步细化和改进，规定单身女性收养男性也应达法定年龄差，即“无配偶者收养异性子女的，收养人与被收养人的年龄应当相差四十周岁以上”。

二、构成要件

本法第一千零九十八条规定了适格收养人的年龄下限，但未规定收养人与被收养人的年龄差距。本条是特殊情形下，收养人与被收养人年龄差距的限制，即无配偶者收养异性子女的，收养人与被收养人的年龄应当相差四十周岁以上。本条的规范构成要件包括以下几点：

第一，收养人为无配偶者。本条规定的无配偶，应当是指在收养关系成立时无配偶，对于收养关系成立后配偶死亡的，不适用本条规定，已经成立的收养关系也不应当受到影响。本条规定的配偶应当是与收养人有法定夫妻关系的人，如果只是以夫妻名义同居，不属于本条规定的配偶。

第二，收养人与被收养人分属不同性别。《收养法》第九条规定：“无配偶的男性收养女性的，收养人与被收养人的年龄应当相差四十周岁以上。”该规定的目的在于防止“乱伦”弊端的发生，以及其他非法现象的产生①。但无论男性还是女性，其作为收养人的地位都是平等的，男性收养人对女性被收养人的潜在危害性与女性收养人对于男性被收养人的潜在危害性是一致的。因此本条规定取消了性别限定，规定只要是无配偶者收养异性就应符合法定的年龄差。

第三，收养人与被收养人的年龄应当相差四十周岁以上。根据本编第一千零九十三条、第一千零九十八条的规定，被收养人的年龄上限为不满十八周岁，收养人的年龄下限为三十周岁，收养人与被收养人之间的最小年龄差为十二周岁。十二周岁的年龄差对于无配偶者收养异性子女而言是具有潜在风险的，因此法律明确要求收养人与被收养人的年龄应相差四十周岁以上。

第一千一百零三条

继父或者继母经继子女的生父母同意，可以收养继子女，并可以不受本法第一千零九十三条第三项、第一千零九十四条第三项、第一千零九十八条和第一千一百条第一款规定的限制。

---

① 余延满．亲属法原论．北京：法律出版社，2007：421.

本条主旨

本条是关于收养继子女的特别规定。

相关条文

本条与《收养法》第十四条的主旨一致，仅引致的条文顺序有变动。

理解与适用

本条规定体现了《民法典》婚姻家庭编中贯穿的人亲和谐、人伦正义、人本秩序、人文关怀的核心法理思想以及权利法定、公序良俗等具体法理精神①。

一、立法目的

本条是对再婚家庭中继父或者继母收养继子女的特殊规定。法律放宽继父母收养继子女的条件，旨在促成继父母对继子女完成收养，为儿童顺利融入重组家庭提供了条件，体现了《民法典》婚姻家庭编所贯穿的人亲和谐、人性友善的核心法理思想②。继子女随其生母或者生父与继父或继母同居一家，关系十分密切。放宽条件鼓励继父母子女间的收养行为，可以变继父母继子女关系为养父母养子女关系，消除继子女与继父或继母间、与生父或生母间的双重权利义务，使亲子法律关系单一化，对稳定家庭关系有促进作用。

继父母对继子女的抚养教育保护义务具有自愿性，养父母对养子女的抚养教育保护义务具有法定性，这种由自愿性到法定性的转变，对未成年子女的成长有重大意义。放宽继父母对继子女的收养条件，促成此类收养的完成，有利于未成年子女的成长，体现了最有利于被收养人的法律原则。此外，通过收养行为，宣告继子女具有与亲生子女相同的法律地位，有利于继子女被整个家庭接受。此处的家庭概念应做扩大解释，既包括原来的继兄弟姐妹变成养兄弟姐妹，也包括与近亲属关系的再建立，为继子女提供更全面的家庭融入感。

二、构成要件

继父母对继子女的收养属于特别收养，其收养条件具有法律适当放宽性的特点。其法定构成要件如下：

---

① 龙翼飞．编纂民法典婚姻家庭编的法理思考与立法建议．法制与社会发展，2020（2）.

② 龙翼飞．编纂民法典婚姻家庭编的法理思考与立法建议．法制与社会发展，2020（2）.

第一，继父母对继子女的收养，应得到该继子女的生父母的同意。继子女同与其共同生活的生父或生母之间本来就存在父母子女关系，不存在收养的问题。因此，此处应取得的是不与被收养人共同生活的生父或生母的同意。

第二，继父或继母收养继子女有放宽性规定，即该收养可以不受一般收养条件中的以下条件限制：

（1）被收养人为生父母有特殊困难无力抚养的子女。

（2）送养人为有特殊困难无力抚养子女的生父母。

（3）收养人应无子女或者只有一名子女，年满三十周岁，有抚养、教育和保护未成年人的能力且未患有在医学上认为不应收养子女的疾病，无不利于被收养人健康成长的违法犯罪记录。

（4）无子女的收养人可以收养两名子女；有子女的收养人只能收养一名子女。

三、法律效果

继父或继母与继子女一旦形成收养关系，就会发生收养的法律后果。继子女就变成继父或继母一方的养子女，其与再婚关系之外的一方生父或生母的权利义务关系终止。即一旦继父或继母对继子女的收养关系成立，那么该子女与其生父或生母的权利义务关系即解除，不会再发生抚养、教育、赡养、继承等一系列以身份权存在为前提的关系，但与再婚的婚姻关系之内的生母或生父一方之间，仍保留直系血亲的母子或父子的权利义务关系。该收养关系一经成立，就适用关于父母子女关系的规定，也适用法律关于子女与父母的近亲属关系的规定。

本法第一千零七十二条规定了继父母子女关系，该条规定："继父母与继子女间，不得虐待或者歧视。继父或者继母和受其抚养教育的继子女间的权利义务关系，适用本法关于父母子女关系的规定。"因此，当继父母与继子女形成抚养教育关系时，与养父母子女关系一样，均适用本法关于父母子女关系的规定。但是，与收养的效力不同的是，继子女与继父母的近亲属间的权利义务关系，并不适用本法关于子女与父母的近亲属关系的规定。可见，收养制度对未成年人的保护更加全面。

四、外国立法

《法国民法典》规定收养配偶的子女时，并不使该子女与生父母的亲子关系终止①。《日本民法典》也有与《法国民法典》相似的规定，只是将配偶的子女

---

① 《法国民法典》第八编第 356 条第 2 款规定："收养配偶的子女，对该配偶一方及其家庭仍然存在原亲子（女）关系；除此之外，此种收养产生由夫妻二人进行收养所具有的各种效果。"

限定为婚生子女①。《俄罗斯联邦家庭法典》规定，如果孩子被继父（母）收养，其年龄差距无限制性要求②。

典型案例

喻某诉袁某解除收养关系纠纷案③

【案情】

1994年，被告袁某的生母兰某（已于1999年9月病故）携袁某与原告喻某再婚，当时被告袁某已年满19岁，随同其生母兰某来原告喻某家共同生活。因养父女关系不好，被告袁某第二年就外出打工，直到2014年才回家建房。被告袁某与原告喻某在生活中关系不好，沟通交流少且经常发生争吵。被告袁某来到原告喻某家后，一直都是分家各居生活。因此，原告诉至法院要求解除养父女关系。

【裁判】

法院经审理认为，袁某之母兰某与喻某再婚时，袁某已年满19岁且已独立生活，原、被告之间没有建立起抚养教育关系的继父女关系。另，原、被告建立继父女关系后，也未按照《中华人民共和国收养法》第十四条、第十五条第一款的规定建立收养关系。因此，双方实质上是继父女关系，而非养父女关系，原告要求解除养父女关系的诉讼请求，无事实和法律依据，本院不予支持。依照《中华人民共和国婚姻法》第二十六条、第二十七条，《中华人民共和国收养法》第十四条、第十五条第一款之规定，判决如下：驳回原告喻某的诉讼请求。案件受理费80元，减半收取40元，由原告喻某负担。

【典型意义】

本案的争议焦点在于继父喻某与继女袁某之间是否成立收养关系。《收养法》第十四条规定："继父或者继母经继子女的生父母同意，可以收养继子女，并可以不受本法第四条第三项、第五条第三项、第六条和被收养人不满十四周岁以及收养一名的限制。"可见，继父或者继母与继子女要形成收养法律关系需要：第

---

① 《日本民法典》第四编第817条之三第2款规定："夫妻的一方，在另一方不当养父母时，不得成为养父母。但是，夫妻的一方为另一方婚生子女（以特别收养以外的形式收养的子女除外）的养父母时，不在此限。"第817条之九规定："养子女与亲生父母及其血亲之间的亲属关系，因特别收养而终止。但是，与第八百一十七条之三第二款但书规定的另一方及其血亲间的亲属关系，不在此限。"

② 《俄罗斯联邦家庭法典》第128条第2款规定："如果孩子被继父（母）收养，本条第1款规定的年龄差距不要求。"

③ 审理法院为重庆市江津区（县）人民法院，案号：(2017) 渝0116民初4735号。

一，继子女生父母的同意；第二，符合收养的实质要件并完成法定的收养程序。本案中，袁某与喻某之间并未成立合法有效的收养关系，因此喻某要求解除收养关系于法无据。继父母子女关系与养父母子女关系均为法律拟制的父母子女关系，但两种法律关系从构成要件到法律后果，存在着较大差异，因此在司法实践中应将两种法律关系分开分析，避免混淆。

第一千一百零四条

收养人收养与送养人送养，应当双方自愿。收养八周岁以上未成年人的，应当征得被收养人的同意。

本条主旨

本条是关于当事人自愿成立收养关系的规定。

相关条文

本条是在《收养法》第十一条的基础上修改而成，该条规定："收养人收养与送养人送养，须双方自愿。收养年满十周岁以上未成年人的，应当征得被收养人的同意。"《民法典》总则编第十九条规定："八周岁以上的未成年人为限制民事行为能力人，实施民事法律行为由其法定代理人代理或者经其法定代理人同意、追认；但是，可以独立实施纯获利益的民事法律行为或者与其年龄、智力相适应的民事法律行为。"为保证法典内逻辑的一致性，本条将应当征得被收养人同意的年龄条件降低至八周岁。

理解与适用

本条规定体现了《民法典》婚姻家庭编中贯穿的人权平等、人身自由、人伦正义、人本秩序的核心法理思想以及权利法定、禁止权利滥用等具体法理精神①。

本条确立了当事人平等自愿、意思自愿的收养基本原则。自愿，是指收养关系当事人对收养行为达成合意，每一方的意思表示都是独立的、自由的，不受任何外来因素的强制、胁迫或影响。由于被收养人是未成年人，因此，这里的各方当事人主要指具有完全民事行为能力的送养人和收养人。在理解与适用本条时应明确以下两点：

第一，收养人与送养人的收养行为与送养行为是自愿的。依据本法第一千零

① 龙翼飞．编纂民法典婚姻家庭编的法理思考与立法建议．法制与社会发展，2020（2）.

九十四条的规定，送养人有以下几种：一是孤儿的监护人，二是儿童福利机构，三是有特殊困难无力抚养子女的生父母。因此，收养人在实施收养行为时，应当与孤儿的监护人、儿童福利机构或者被收养人的生父母达成收养的合意。此外，依据本法第一千一百零一条和第一千零九十七条的规定，收养人在实施收养行为时，原则上应当夫妻共同实施，送养人在送养子女时，原则上也应当由生父母双方共同送养。

第二，应征得年满八周岁的被收养人的同意。依据本条后段的规定，如果被收养人年满八周岁，收养应征得其同意。八周岁以上的未成年人属于限制民事行为能力人，已经具有一定的意思能力，收养行为会对其亲子关系进行重大变更，征得八周岁以上被收养人的同意是妥当的。多数国家的收养法对被收养人的收养同意权做出规定，即使被收养人是未成年人，只要其达到一定年龄，收养时就必须征得被收养人本人的同意。各国法律对这一年龄的规定有所不同，俄罗斯①规定为十岁，法国②规定为十三岁，瑞典③、西班牙④法律规定为十二岁，德国⑤、奥地利⑥的法律规定为十四岁，比利时⑦的法律规定的年龄最高，为十五岁。瑞士民法的规定较为笼统，认为子女有判断能力时，须经其同意方可完成收养⑧。

第一千一百零五条

收养应当向县级以上人民政府民政部门登记。收养关系自登记之日起成立。

收养查找不到生父母的未成年人的，办理登记的民政部门应当在登记前予以

① 《俄罗斯联邦家庭法典》第 132 条第 1 款规定："收养年满十周岁的孩子，必须征得他的同意。"

② 《法国民法典》第八编第 345 条第 3 款规定："如被收养人年龄已过 13 岁，完全收养应当征得本人同意。"

③ 《瑞典双亲与监护法典》第 5 条规定："已达 12 岁的人，未经其本人同意，不得被收养；但 16 岁以下的人，尽管本人没有同意，在下列情况下可以被收养：(1) 可以推定，如果问他是否同意，将对他造成损害，或 (2) 该人因为精神疾病、智力发育迟缓或者有其他某种精神反常，或因其他类似的情况，永久不能表示同意。"

④ 《西班牙民法典》第 177 条第 1 款规定："收养人及年龄大于十二岁的被收养人必须在法官面前表示同意收养。"

⑤ 《德国民法典》第四编第 1746 条第 1 款规定："子女的允许对于收养是必要的。就无行为能力或未满 14 岁的子女而言，只能由其法定代理人给予允许。除此以外，只能由子女自行给予允许；……"

⑥ 《奥地利普通民法典》第一编第 195 条第 1 款规定："仅在下列人同意时，法院始得批准收养：……4. 已满十四周岁的被收养人。"

⑦ 《比利时民法典》第 348 条第 3 款规定："如收养年满十五周岁但尚未成年的子女，同样须取得该子女本人同意。"

⑧ 《瑞士民法典》第二编第 265 条第 2 款规定："子女有判断能力者，非经其同意，不得收养之。"

公告。

收养关系当事人愿意签订收养协议的，可以签订收养协议。

收养关系当事人各方或者一方要求办理收养公证的，应当办理收养公证。

县级以上人民政府民政部门应当依法进行收养评估。

本条主旨

本条是关于成立收养关系形式要件的规定。

相关条文

本条是在《收养法》第十五条的基础上修改而成，该条规定："收养应当向县级以上人民政府民政部门登记。收养关系自登记之日起成立。收养查找不到生父母的弃婴和儿童的，办理登记的民政部门应当在登记前予以公告。收养关系当事人愿意订立收养协议的，可以订立收养协议。收养关系当事人各方或者一方要求办理收养公证的，应当办理收养公证。"本条对该条文做如下修改：第一，将"查找不到生父母的弃婴和儿童"改为"查找不到生父母的未成年人"，与本法第一千零九十三条的用语保持一致。第二，将"订立"改为"签订"，符合法典内部的用语统一性。第三，增加一款：县级以上人民政府民政部门应当依法进行收养评估。

理解与适用

本条规定体现了《民法典》婚姻家庭编中贯穿的人权平等、人身自由、人本秩序的核心法理思想以及权利法定、公序良俗、禁止权利滥用、行为公示、契约维护等具体法理精神①。办理收养登记的法定机关为县级以上人民政府的民政部门，收养关系自登记之日起成立。

一、历史沿革

1991年颁布的《收养法》第十五条规定："收养查找不到生父母的弃婴和儿童以及社会福利机构抚养的孤儿的，应当向民政部门登记。除前款规定外，收养应当由收养人、送养人依照本法规定的收养、送养条件订立书面协议，并可以办理收养公证；收养人或者送养人要求办理收养公证的，应当办理收养公证。"此时，我国法定收养程序属于登记与协议双轨制，仅对收养查找不到生父母的弃婴和儿童以及社会福利机构抚养的孤儿的行为，强制要求登记。生父母的送养只需

① 龙翼飞．编纂民法典婚姻家庭编的法理思考与立法建议．法制与社会发展，2020（2）.

要订立书面协议即可。

1998 年修订的《收养法》第十五条对 1991 年颁布的《收养法》第十五条改动较大：第一，将收养登记作为收养关系成立的唯一形式要件，即规定“收养应当向县级以上人民政府民政部门登记。收养关系自登记之日起成立。收养查找不到生父母的弃婴和儿童的，办理登记的民政部门应当在登记前予以公告”。第二，将签订收养协议、办理收养公证作为收养行为成立的任意性规范，即“收养关系当事人愿意订立收养协议的，可以订立收养协议。收养关系当事人各方或者一方要求办理收养公证的，应当办理收养公证”。

二、收养登记机关

为规范收养登记工作，依据被收养人的不同情况，收养的登记机关也不相同。根据《中国公民收养子女登记办法》（2019 年修订）第三条以及《华侨以及居住在香港、澳门、台湾地区的中国公民办理收养登记的管辖以及所需要出具的证件和证明材料的规定》第二条的规定，登记机关具体分为：

第一，收养社会福利机构抚养的查找不到生父母的弃婴、儿童和孤儿的，在社会福利机构所在地的收养登记机关办理登记。

第二，收养非社会福利机构抚养的查找不到生父母的弃婴和儿童的，在弃婴和儿童发现地的收养登记机关办理登记。

第三，收养生父母有特殊困难无力抚养的子女或者由监护人监护的孤儿的，在被收养人生父母或者监护人常住户口所在地（组织作监护人的，在该组织所在地）的收养登记机关办理登记。

第四，收养三代以内同辈旁系血亲的子女，以及继父或者继母收养继子女的，在被收养人生父或者生母常住户口所在地的收养登记机关办理登记。

第五，华侨以及居住在香港、澳门、台湾地区的中国公民在内地收养子女的，应当到被收养人常住户口所在地的直辖市、设区的市、自治州人民政府民政部门或者地区（盟）行政公署民政部门申请办理收养登记。

三、收养人应提交的材料

根据《中国公民收养子女登记办法》（2019 年修订）第五条以及《华侨以及居住在香港、澳门、台湾地区的中国公民办理收养登记的管辖以及所需要出具的证件和证明材料的规定》第三条、第四条、第五条、第六条、第七条的规定，收养人应当提交以下材料：

（1）收养人是内地居民的，应当向收养登记机关提交收养申请书和下列证件、证明材料：

1）收养人的居民户口簿和居民身份证。

2）由收养人所在单位或者村民委员会、居民委员会出具的本人婚姻状况和抚养教育被收养人的能力等情况的证明，以及收养人出具的子女情况声明。

3）县级以上医疗机构出具的未患有在医学上认为不应当收养子女的疾病的身体健康检查证明。

4）收养查找不到生父母的弃婴、儿童的，并应当提交收养人经常居住地计划生育部门出具的收养人生育情况证明。其中，收养非社会福利机构抚养的查找不到生父母的弃婴、儿童的，收养人还应当提交下列证明材料：一是收养人经常居住地计划生育部门出具的收养人无子女的证明；二是公安机关出具的捡拾弃婴、儿童报案的证明。收养继子女的，可以只提交居民户口簿、居民身份证和收养人与被收养人生父或生母结婚的证明。

（2）收养人是华侨的，申请办理收养登记应当提交收养申请书和下列证件、证明材料：

1）护照。

2）收养人居住国有权机构出具的收养人的年龄、婚姻、有无子女、职业、财产、健康、有无受过刑事处罚等状况的证明材料，该证明材料应当经其居住国外交机关或者外交机关授权的机构认证，并经中国驻该国使领馆或者经已与中国建立外交关系的国家驻该国使领馆认证。

（3）收养人是居住在香港、澳门、台湾地区的中国公民的，申请办理收养登记应当提交收养申请书和下列证件、证明材料：

1）香港、澳门居民身份证，台湾居民在台湾地区居住的有效证明。

2）港澳居民来往内地通行证或者同胞回乡证，中华人民共和国主管机关给台湾居民签发或签注的有效旅行证件。

3）有关机构出具的收养人的年龄、婚姻、有无子女、职业、财产、健康、有无受过刑事处罚等状况的证明材料。

四、送养人应提交的材料

根据《中国公民收养子女登记办法》（2019年修订）第六条的规定，送养人应当向收养登记机关提交下列证件及证明材料：

（1）送养人的居民户口簿和居民身份证（送养人是组织机构的提交其负责人的身份证件）。

（2）收养法规定送养时应当征得其他有抚养义务的人同意的，并提交其他有抚养义务的人同意送养的书面意见。

（3）送养人是社会福利机构的，并应当提交弃婴、儿童进入社会福利机构的原始记录，公安机关出具的捡拾弃婴、儿童报案的证明，或者孤儿的生父母死亡或者宣告死亡的证明。

（4）送养人是监护人的，并应当提交实际承担监护责任的证明，孤儿的父母死亡或者宣告死亡的证明，或者被收养人生父母无完全民事行为能力并对被收养人有严重危害的证明。

（5）送养人是生父母的，并应当提交与当地计划生育部门签订的不违反计划生育规定的协议；有特殊困难无力抚养子女的还应当提交送养人有特殊困难的声明。其中，因丧偶或者一方下落不明由单方送养的，还应当提交配偶死亡或者下落不明的证明。对送养人有特殊困难的声明，登记机关可以进行调查核实。子女由三代以内同辈旁系血亲收养的，还应当提交公安机关出具的或者经过公证的与收养人有亲属关系的证明。

（6）被收养人是残疾儿童的，并应当提交县级以上医疗机构出具的该儿童的残疾证明。

五、收养协议

由于收养是变更身份的法律行为，因此签订收养协议必须由收养人和送养人双方亲自进行，不能由他人代理。签订收养协议应符合下列要求：

（1）收养协议的当事人，包括收养人、被收养人和送养人，必须符合法律规定的条件。

（2）收养协议的主要内容必须符合收养法律制度的规定。其主要内容应当包括：

1）收养人、送养人和被收养人的基本情况。

2）收养的目的是建立亲子关系。

3）送养人、收养人的真实意思表示以及八周岁以上的被收养人的意思表示。

4）收养人不虐待、不遗弃被收养人和抚养被收养人成长的保证。

5）收养开始的时间以及双方都同意写入的其他内容。

收养协议应当为书面形式，送养人、收养人各执一份，该协议自送养人、收养人在协议上签字、盖章之日起生效。

六、收养公证

收养公证不是收养的必经程序，只有在收养关系当事人要求时才依法予以办理。公证应当在签订收养协议并且办理收养登记之后进行，如果尚未办理收养登记，仅就收养协议进行了公证，只能证明协议是真实合法的，并不能证明收养关系已经成立。

七、收养评估

本条第五款为本次《民法典》编纂的新增条款，规定："县级以上人民政府民政部门应当依法进行收养评估。"

（一）收养评估制度的缘起及发展

1991 年颁布的《收养法》、1998 年修订的《收养法》实施以来的实践证明，当前被收养儿童生存权益保障问题已得到基本解决。随着经济社会发展和儿童福利保障水平的提高，收养制度需解决的问题已转变为更好实现被收养儿童成长权益的问题。从国际通行做法以及国内个别地方的实践来看，建立完善收养评估制度，为被收养儿童寻找更为适合的收养家庭是适应当前形势发展需要的现实选择。

2012 年第十三次全国民政工作会议首次提出"完善儿童收养政策，建立收养评估制度"的要求。2012 年民政部围绕第十三次全国民政工作会议提出的"建立收养评估制度"的要求开展试点工作，在上海、江苏、湖北、广东、重庆等五省（直辖市）开展了收养评估试点工作，并在试点工作中不断探索建立收养评估模式、探索建立收养评估指标体系、探索建立收养评估监督机制、探索建立收养评估保障机制①。2014 年 6 月，民政部开展第二批收养评估试点工作，明确以下工作内容：（1）明确收养评估基本内容，加强对收养评估指标的设计、梳理。（2）探索完善收养评估程序，优化收养评估流程。（3）多渠道解决经费难题，初步建立收养评估保障机制。（4）积极引导社会力量参与，优先开展第三方评估模式②。自 2012 年开展收养评估试点工作以来，第一批试点省份收养评估试点工作扎实开展，辐射影响力不断增强。上海市已全面实施开展收养评估工作，湖北省新增加武汉市民政局、重庆市新增加江津区民政局为试点单位，江苏省民政厅发文要求 2015 年 1 月 1 日起全省实行收养评估。

2014 年 11 月，民政部确定并公布第二批收养评估试点单位。第二批共有 23 个省份进行了申报，最终确定北京市房山区民政局、北京市丰台区民政局、天津市南开区民政局、浙江省海宁市民政局等 37 个单位为第二批收养评估试点单位③。

---

① 参见 2012 年《民政部关于开展收养评估试点工作的通知》（民函［2012］189 号）。

② 参见 2014 年《民政部关于开展第二批收养评估试点工作的通知》（民函［2014］179 号）。

③ 参见 2014 年《民政部办公厅关于确定第二批收养评估试点单位的通知》（民办函［2014］393 号）。

（二）收养评估的对象及内容

本法第一千零九十八条规定收养人应有“抚养、教育和保护被收养人的能力”，并且“无不利于被收养人健康成长的违法犯罪记录”。因此，收养评估制度的评估对象即为收养人的“抚养、教育和保护被收养人的能力”以及“无不利于被收养人健康成长的违法犯罪记录”。

《民政部关于开展第二批收养评估试点工作的通知》明确将收养动机、个人经历和家庭背景、受教育情况、婚姻状况及子女情况、职业和经济状况、身体健康状况、道德品行、居住环境、对收养做出的准备等作为收养评估的基本内容。围绕评估的基本内容，重点对申请人或家庭成员有无虐待（忽视）儿童、家庭暴力或者其他针对儿童的违法行为，有无吸毒、酗酒或者暴力犯罪，申请人的收入或经济能力是否足以负担家庭生活，申请人能否提供充足的空间满足家中新增被收养儿童的需求，申请人有无身体或者心理疾病影响其给予被收养儿童适当的照顾，申请人是否提供虚假信息或隐瞒信息等事项，按照科学、具体、可行的原则，综合考虑现有评估手段，加强对具体评估指标的设计、梳理，初步建立收养评估指标体系。

（三）收养评估的程序

收养评估应严格遵循平等自愿的原则，充分尊重送养人和被送养人的意愿，更好地维护、发展被收养人和收养人的合法权益。收养评估流程应结合当前我国收养观念和收养申请人认识、接受程度，指导评估机构注重加强对评估对象的服务，并明确收养评估流程中暂不设收养后跟踪和回访、配对等环节。收养评估完成后必须出具书面的评估报告，评估报告须经机构负责人审批签发，报告中应明确收养评估推荐意见。积极探索由收养人所在地的评估机构开展评估以及评估报告的地域效力和有效期限，避免重复评估。

第一千一百零六条

收养关系成立后，公安机关应当按照国家有关规定为被收养人办理户口登记。

本条主旨

本条是关于为被收养人办理户口登记的规定。

相关条文

本条是在《收养法》第十六条的基础上修改而成，该条规定：“收养关系成立后，公安部门应当依照国家有关规定为被收养人办理户口登记。”本条与该条文主旨一致，仅将“公安部门”改为“公安机关”，符合法律体系内的语言规范。

理解与适用

本条规定体现了《民法典》婚姻家庭编中贯穿的人格尊严、人本秩序、人文关怀的核心法理思想以及权利法定、行为公示等具体法理精神①。

收养关系成立后，需要为被收养人办理户口登记或者迁移手续的，由收养人持收养登记证到户口登记机关，按照国家有关规定办理。换言之，办理户口必须在收养关系成立后，即收养人已合法办理了收养登记手续，然后持收养登记证才能到公安机关办理户口登记或者户口迁移手续。如此规定不仅从程序上保护了未成年人的利益不受到侵害，也保证了监护抚养关系的平稳过渡。

部分国家法律也对收养成立后的户籍登记问题做出相应规定，例如《法国民法典》规定，对于完全收养，应该自收养判决生效之日起 15 日内，由检察官进行户籍登记②。《俄罗斯联邦家庭法典》规定，做出成立收养判决的法院应通知当地户籍机关，由户籍机关办理户籍登记③。《阿尔巴尼亚家庭法》规定当事人应持收养关系成立的法院判决书至养父母户籍所在地进行登记④。

典型案例

张某甲不服上海市公安局虹口分局不予批准报入户口案⑤

【案情】

原告张某甲与张某系养女与养母关系，2008 年 7 月 8 日上海市虹口区民政局对收养关系准予登记，颁发收养登记证。2008 年 7 月 15 日被告上海市公安局虹

---

① 龙翼飞．编纂民法典婚姻家庭编的法理思考与立法建议．法制与社会发展，2020（2）.

② 《法国民法典》第八编第 354 条规定：“宣告完全收养的裁判决定，自发生既判力之日起 15 日内，应共和国检察官的要求，应登录于被收养人出生地的户籍登记簿。……登录应当写明被收养的儿童的出生日期、时间与地点、性别及名字，按收养判决所规定，该儿童的收养人或各收养人的姓名、出生日期与地点、职业与家庭住所。登录不包括任何有关儿童实际亲子（女）关系的说明。”

③ 《俄罗斯联邦家庭法典》第 125 条规定：“……养父母子女的权利义务自法院宣告收养关系成立之日起开始。作出成立收养关系决定的法院，应在三日内通知当地的户籍机关。收养必须在作出收养决定的当地户籍机关进行登记。”

④ 《阿尔巴尼亚家庭法》第 62 条规定：“收养关系自作出最后判决之日起确定。该判决书要送交掌握养父母基本情况的户籍机关登记。”

⑤ 一审法院为上海市虹口区人民法院，案号：（2010）虹行初字第 70 号；二审法院为上海市第二中级人民法院，案号：（2011）沪二中行终字第 32 号。

口分局原新港路派出所受理了原告养母张某以原告张某甲名义提出的要求：将户口报入上海市东余杭路××弄××号户内，即张某的户籍地。2008年9月3日被告上海市公安局虹口分局（以下简称“虹口公安分局”）做出审批意见并上报上海市公安局，经补充调查和上海市公安局退回重审，2010年5月14日虹口公安分局做出审批决定，不予批准原告报入户口。原告不服，提起行政复议。2010年9月20日上海市公安局做出（2010）沪公法复决字第290号行政复议决定，维持了被告做出的审批决定，原告遂提起诉讼。

被告虹口公安分局辩称，被告对原告的申请进行审核，认为根据上海市新生儿卡介苗接种证、上海市产院新生儿预防接种凭证、人口信息资料、原上海市南市区妇幼保健院病历等证据，原告的亲生父母是能够查找到的，所以原告并不属于弃婴。按照户口管理的相关规定，原告不符合报入户口的条件，被告遂做出不予批准原告报户的决定。

【裁判】

一、一审裁判

上海市虹口区人民法院经审理认为：根据《收养法》第十六条的规定，收养关系成立后，公安部门应当依照国家有关规定为被收养人办理户口登记。对原告与其养母之间的收养关系，民政部门已进行了收养登记，并颁发收养登记证，从法律上确认了收养关系的存在。现被告认为原告不属于弃婴，不仅否认了虹口公安分局原新港路派出所的弃婴证明，而且实际上也否认了原告与张某之间的收养关系，从而变相否认了民政部门出具的收养登记证的效力。根据《收养法》的规定，收养应当向县级以上人民政府民政部门登记，收养关系自登记之日起成立。由此，收养关系的确认属于民政部门的职权，而非公安部门的职权。被告否认民政部门出具的有效法律证明的做法，属于超越法定职权的行为。再者，即使收养行为不符合法律规定，也应由人民法院确认无效。此外，公安部门在办理户口登记时依法进行审核，首先应在自己的职权范围内进行审核，而不应超越职权进行审核，从而代替其他行政机关的行政管理职权。况且目前被告提供的证据只是提供了寻找原告亲生父母的线索，还不能完全确认原告亲生父母在什么地方和具体状态，还难以证明原告不属于弃婴，故被告关于原告不属于弃婴、不符合收养条件的观点缺乏证据支撑。根据公安部的有关规定，收养关系成立后，收养人持收养证和本人的合法有效身份证件，向其常住户口所在地户口登记机关提出落户申请，报县、市公安机关审批，公安机关应当准予落户。因此，收养人张某依法为原告进行户口申报，被告不予批准缺乏事实和法律依据。最后，原告和其养母已共同生活了近八年时间，原告也到了入学的年龄，如果原告的户口不能报入，将有可能造成原告无户籍的情况发生，这种状况不仅直接影响原告以后的生活，而且也不符合国家对未成年人的特殊保护规定。

上海市虹口区人民法院依照《中华人民共和国收养法》第十六条、《中华人民共和国行政诉讼法》第五十四条第（二）项第1目的规定，作出如下判决：撤销被告虹口公安分局于2010年5月14日做出的（虹）0010022号户口类审批意见决定；被告虹口公安分局于本判决生效之日起40日内重新做出审批决定。

二、二审裁判

一审判决后，被告不服提起上诉，被告认为其作为户口审批机关，有权对不具备法定收养条件的收养关系不予认可。公安机关经过调查和寻找，已找到张某甲的生父母，两人均称张某甲系被其亲属送养，并非遗弃；且即便张某甲是由张某捡拾的弃婴，当时也应当通过报警积极处理，由公安机关查找孩子的生父母。据此张某甲并非弃婴，不具备被收养的条件，故其不准予张某甲户口报入张某户内正确。原审判决不当，请求撤销原审判决，维持被诉具体行政行为。

上海市第二中级人民法院经审理认为：被上诉人张某甲在诉讼过程中所提供的证据，能证明张某在申请将张某甲户口报入其户内前，曾取得了虹口公安分局原新港路派出所出具的弃婴证明，经过了民政局登报寻亲公告程序，并经虹口区民政部门审批，办理了收养登记手续的事实。上诉人虹口公安分局对其认为张某甲并非弃婴的主张，在诉讼过程中提供了其查找到的张某甲生父母的询问笔录。从笔录形成时间看，均晚于被诉行政行为做出时间；从笔录内容看，仅能说明张某甲生父母经过回忆，称当时由亲属将初生孩子送养给他人的情况，且两人关于送养孩子亲属的身份、送养过程等内容的陈述亦不一致，并不能证明张某甲的生父母直接或通过他人将张某甲送养给了张某的事实。故对虹口公安分局的上述主张，法院难以采信。上诉人虹口公安分局认为，张某未对其所称捡拾婴儿的情况在第一时间报警，张某甲出生后由医院开具的新生儿卡介苗接种证系随附在其身边，张某可以据此查找到张某甲生父母等，也均不能证明张某甲并非弃婴的事实。上诉人虹口公安分局作为户口审批机关，在收到被上诉人养母提出的申请后，在没有充分、明确的证据证明张某不是弃婴、该收养关系明显不符合法律规定的情况下，不认可民政部门出具的有效收养登记证，缺乏依据。同时，考虑到张某甲与其养母已共同生活多年，亦进入小学学习阶段的客观情况，从有利于未成年人接受教育、生活、成长等角度出发，上诉人未批准张某甲户口报入张某户内亦有所失当。上诉人的上诉请求，缺乏事实证据和法律依据。

上海市第二中级人民法院依照《中华人民共和国行政诉讼法》第六十一条第（一）项的规定，作出如下判决：驳回上诉，维持原判。

【典型意义】

本案的争议点在于：收养关系成立后，收养人依法为被收养人办理户口登记，行政机关在没有充分、明确的证据证明被收养人不是弃婴、该收养关系明显不符合法律规定的情况下，不认可民政部门出具的有效收养登记证，不予批准落户，是否合法？在本案中，张某对张某甲的收养符合收养法规定的形式要件，即张某在民政部门已进行了收养登记，民政部门向张某颁发收养登记证，可见收养关系的确认属于民政部门的职权，而非公安部门的职权。公安部门在办理户口登记时依法进行审核，首先应在自己的职权范围内进行审核，而不应超越职权进行审核，从而代替其他行政机关的行政管理职权。如果公安部门在办理户口登记时，越权对收养关系的有效性进行干预，容易使得收养法律关系趋于不稳定，收养法律关系不稳定会直接导致被收养人的成长环境不稳定，从而影响未成年人的健康成长。当然，排除户籍登记机关越权管理的前提应是，民政部门对收养关系的成立做到严格审查，对收养法律关系的成立从实质到形式都做到严格审查，维护被收养人以及收养人的合法权益。

第一千一百零七条

孤儿或者生父母无力抚养的子女，可以由生父母的亲属、朋友抚养；抚养人与被抚养人的关系不适用本章规定。

本条主旨

本条是关于亲朋抚养关系的规定。

相关条文

本条与《收养法》第十七条主旨一致。

理解与适用

本条规定体现了《民法典》婚姻家庭编中贯穿的人身自由、人性友善、人格尊严、人亲和谐、人本秩序的核心法理思想以及权利法定、公序良俗等具体法理精神①。

---

① 龙翼飞．编纂民法典婚姻家庭编的法理思考与立法建议．法制与社会发展，2020（2）．

一、立法目的

1991年颁布的《收养法》第十六条对此就已做出规定："孤儿或者生父母无力抚养的子女，可以由生父母的亲属、朋友抚养。抚养人与被抚养人的关系不适用收养关系。"1998年修订的《收养法》以及《民法典》婚姻家庭编对该内容未做实质性修改。本条内容旨在明确收养与抚养的区别，规定未成年人的父母的亲属、朋友对孤儿或者生父母无力抚养的子女的照顾养育，并不能成立收养关系，也不适用法律关于收养的规定，避免在实践中发生混淆适用的情况。

二、法条解读

抚养，是指无民事行为能力或限制民事行为能力的未成年人的亲属或其他人对其承担供养、保护和教育的责任。抚养包括的范围较广，根据本法第一千零七十四条、第一千零七十五条的规定，除了父母对子女有抚养义务外，有负担能力的祖父母、外祖父母，对于父母已经死亡或者父母无力抚养的未成年的孙子女、外孙子女以及有负担能力的兄、姐对于父母已经死亡或父母无力抚养的未成年的弟、妹也有抚养的义务。收养仅包括父母子女关系，被收养人与其生父母及其他近亲属之间的权利义务关系因收养关系的成立而解除。

从义务内容角度看，当收养关系成立，养父母与养子女间适用父母子女关系的规定，即父母对子女有抚养、教育和保护的义务，提供吃穿住行等物质的抚养义务，只是父母子女关系中的一部分。养父母对养子女的义务是全面且复杂的，不仅仅提供物质支持。而生父母的亲属、朋友提供的抚养义务通常是物质支持，亲属、朋友抚养义务的标准应低于收养关系中父母对子女应履行的义务。

从权利内容角度看，成立收养关系后，养子女与养父母之间有相互继承的权利，而在亲属、朋友抚养的情形下，双方没有相互继承的权利。明确区分收养与抚养，也有利于当事人对继承权的准确理解，防止因混淆适用抚养关系和收养关系而发生继承权纠纷。

典型案例

张某等诉张某甲解除收养关系纠纷案①

【案情】

被告张某甲于1992年10月2日出生，其亲生父母已生育孩子，为了逃避计

① 审理法院为甘肃省渭源县人民法院，案号：（2017）甘1123民初1479号。

划生育政策，就将出生三个月的被告张某甲抱给其外公和外婆代为抚养。被告张某甲被抱来时，原告张某、赵某结婚不久，其后张某甲便与二原告、外婆及外公同家生活。2005 年 9 月二原告生女孩张某乙，加上张某甲，计生部门便以此让原告赵某做了绝育手术，二原告因此记恨其父母，导致矛盾激化，致张某甲外公、外婆被迫离家，一直租房捡垃圾维持生计，被告张某甲时年十四岁，便辍学在家参与劳动。2015 年腊月，二原告给被告张某甲招女婿杨某，杨某送二原告彩礼 60 000 元。2016 年正月，杨某与其朋友在家喝酒，酒后杨某与其朋友发生打架，原告张某看不惯而与杨某争吵打架。因此事被告张某甲就与其丈夫离家到会川镇租房居住靠打零工维持生计，二原告因被告张某甲选择与其丈夫一起离家而对张某甲产生不满。

2016 年 7 月 31 日，被告张某甲在医院生孩子，为住院费用能在农村合作医疗予以报销，杨某便到家中拿户口簿，却遭到二原告的拒绝，双方发生争吵并打架，其后被告张某甲对二原告不念其在医院生孩子处于危急情况的行为产生不满，二原告因杨某与其打架对被告张某甲及杨某更加不满。二原告遂于 2017 年 7 月 18 日向法院提起解除收养关系之诉并要求被告给付二原告抚养费 60 000 元。另查明，二原告一直未在民政部门办理收养张某甲的登记手续。

【裁判】

法院经审理认为，本案二原告血缘关系上系被告张某甲之舅舅、舅母，在被告张某甲亲生父母将张某甲抱来时，目的为躲避计划生育，二原告当时结婚不久，被告张某甲外公与外婆为家庭主要劳动力。后被告张某甲与二原告及外公、外婆同家生活至十四岁，张某甲外公、外婆离家后，被告张某甲才与二原告生活，并辍学参与家庭劳务。二原告无论是在张某甲被抱来时还是其后生育孩子后，一直未办理收养张某甲的手续。庭审中，除户口簿上将被告张某甲登记为二原告之二女的证据外，二原告再未举出其他相关证据，而被告张某甲称其亲生父母也对其管护，未断绝关系，故二原告主张的与被告张某甲之间存在收养关系的事实不能够被证实，对其要求解除收养关系的请求不予支持。对二原告主张的抚养费，被告张某甲同意在二原告年老后给付，因二原告尚有劳动能力，且家庭承包地等均由其经营，二原告现无须依靠赡养费生活，故对二原告要求给付抚养费 60 000 元的请求，不予支持。

据此，依照《中华人民共和国收养法》第十七条，《中华人民共和国民事诉讼法》第六十四条第一款，《最高人民法院关于适用〈中华人民共和国民事诉讼法〉的解释》第九十条、第九十一条的规定，判决如下：驳回原告张某、赵某的诉讼请求。案件受理费 200 元，减半收取，由原告负担。

【典型意义】

收养行为是一种依法变更亲子关系、转移亲子间的权利和义务的身份法上的行为，养子女与生父母及其他近亲属间的权利义务关系，因收养关系的成立而消除。孤儿或者生父母无力抚养的子女，可以由生父母的亲属、朋友抚养。抚养人与被抚养人的关系不适用收养关系。在充分保护未成年人合法利益的基础上，应严格区分收养关系与抚养关系。

第一千一百零八条

配偶一方死亡，另一方送养未成年子女的，死亡一方的父母有优先抚养的权利。

本条主旨

本条是关于优先抚养权的规定。

相关条文

本条与《收养法》第十八条主旨相同。

理解与适用

本条规定体现了《民法典》婚姻家庭编中贯穿的人权平等、人性友善、人亲和谐、人本秩序、人文关怀的核心法理思想以及权利法定、公序良俗等具体法理精神①。

一、立法目的

本条规定了祖父母、外祖父母的优先抚养权。1991 年颁布的《收养法》对此就做出规定："配偶一方死亡，另一方送养未成年子女的，死亡一方的父母有优先抚养的权利。"1998 年修订的《收养法》以及《民法典》婚姻家庭编对此内容均未做修改。本条规定旨在照顾被抚养人的成长利益和死亡配偶父母的感情。在实践中，祖父母、外祖父母多有照管其孙子女、外孙子女的经历，与之相处时间多，相互了解，在自己的子女死亡后，也非常愿意抚养孙子女、外孙子女。法律赋予他们在孙子女、外孙子女被送养时优先抚养的权利，有利于未成年人在较为熟悉的环境中成长，也照顾了祖父母与外祖父母的情感需要。

① 龙翼飞．编纂民法典婚姻家庭编的法理思考与立法建议．法制与社会发展，2020（2）．

二、法条解读

（一）配偶一方死亡

本条规定情形的直接原因即夫妻双方中有一方死亡，如夫妻双方均在世，双方共同决定送养子女时，并不适用本条的规定。在夫妻双方均具有完全民事行为能力时，法律尊重其送养子女的意愿，子女的祖父母或者外祖父母在此时并无优先抚养的权利。

（二）优先抚养权人是死亡一方的父母

本条明确规定，优先抚养权人是夫妻双方中死亡一方的父母，送养人的父母并不享有优先抚养权，法律赋予死亡一方父母对孙子女或外孙子女的优先抚养权是一种情感慰藉的价值倾斜，体现了民法的人文关怀。

（三）生存一方有送养子女的行为

只有当生存一方有送养子女的具体行为时，死亡一方的父母才有优先抚养的权利。未成年人的生父母是其监护人，负有抚养、教育和保护子女的义务，即使一方死亡，另一方的监护地位并不因此消失，只有当其依本法第一千零九十四条第三项的规定，成为有特殊困难无力抚养子女的生父母，并有送养子女的具体行为时，死亡一方的父母才享有优先抚养的权利。可见，优先抚养权是一种期待权，死亡一方的父母不是在任何时候都可以享有优先抚养权的，在生存一方送养未成年子女之前，死亡一方的父母仅仅存在实现优先抚养权的可能性。只有当生存一方送养其未成年子女时，死亡一方的父母才能实现优先抚养权。

（四）不适用收养关系

本条明确死亡一方父母享有的是优先抚养权，此种优先抚养并不适用收养法的相关规定，双方并不形成父母子女关系，父母子女关系也不因此而终止。明确区分抚养关系与收养关系，有利于明确双方的权利义务内容，防止实践中的适用混乱。

典型案例

孙某甲等诉孙某丙变更抚养权纠纷案①

【案情】

2002年1月21日二原告之子孙某戊与被告孙某丙在齐河县民政局登记结婚，2002年12月2日孙某戊与孙某丙生一男孩，取名孙某丁。孩子一岁多

① 审理法院为山东省齐河县人民法院，案号：（2015）齐赵民初字第1123号。

时，被告孙某丙与孙某戊便外出打工，过年或过节才回家，平常孙某丁由二原告抚养。2012年2月25日孙某戊去世，2015年1月被告孙某丙再婚。原告认为因孙某丁从小与其共同生活，双方已有很深的亲情，孙某丁也同意跟随原告生活，在被告再婚的情形下，为了孩子的健康成长，原告诉至法院，要求抚养孙某丁。同时法院查明，被告孙某丙表示同意孙某丁由二原告抚养；孙某丁亦表示同意由其母亲孙某丙抚养变更为由其祖父、祖母，即本案二原告孙某甲、孙某乙抚养。

【裁判】

法院认为，被告之子孙某丁自幼至今一直随二原告生活，原告主张继续由其抚养，不改变孩子的学习、成长环境，较为适宜，且被告孙某丙及孙某丁均同意由被告抚养变更为由二原告抚养，故原告要求抚养孩子的诉讼请求，本院予以准许。依照《中华人民共和国收养法》第十八条，《中华人民共和国民事诉讼法》第三十九条第二款、第一百五十二条之规定，判决如下：男孩孙某丁由被告孙某丙抚养变更为由原告孙某甲、孙某乙抚养。案件受理费100元，由被告孙某丙负担。

第一千一百零九条

外国人依法可以在中华人民共和国收养子女。

外国人在中华人民共和国收养子女，应当经其所在国主管机关依照该国法律审查同意。收养人应当提供由其所在国有权机构出具的有关其年龄、婚姻、职业、财产、健康、有无受过刑事处罚等状况的证明材料，并与送养人签订书面协议，亲自向省、自治区、直辖市人民政府民政部门登记。

前款规定的证明材料应当经收养人所在国外交机关或者外交机关授权的机构认证，并经中华人民共和国驻该国使领馆认证，但是国家另有规定的除外。

本条主旨

本条是关于涉外收养的条件与程序的规定。

相关条文

本条是在《收养法》第二十一条的基础上修改而成，该条规定："外国人依照本法可以在中华人民共和国收养子女。外国人在中华人民共和国收养子女，应当经其所在国主管机关依照该国法律审查同意。收养人应当提供由其所在国有权机构出具的有关收养人的年龄、婚姻、职业、财产、健康、有无受过刑事处罚等状况的证明材料，该证明材料应当经其所在国外交机关或者外交机关授权的机构认证，并经中华人民共和国驻该国使领馆认证。该收养人应当与送养人订立书面协议，亲自向省级人民政府民政部门登记。收养关系当事人各方或者一方要求办理收养公证的，应当到国务院司法行政部门认定的具有办理涉外公证资格的公证机构办理收养公证。”本条有以下改动：第一，明确登记机关为省、自治区、直辖市人民政府民政部门。第二，删去了有关收养公证的规定。

理解与适用

本条规定体现了《民法典》婚姻家庭编中贯穿的人权平等、人身自由、人性友善、人本秩序、人文关怀的核心法理思想以及权利法定、公序良俗、禁止权利滥用等具体法理精神①。

一、立法目的

随着国际交流的增多，涉外收养也成为较为普遍的现象，涉外收养关系，一般有广义和狭义两种含义。狭义的“涉外收养”是指收养人与被收养人属于不同国家或惯常居住于不同国家的收养关系，通常为跨国收养；而广义的“涉外收养”是指凡具有涉外因素的收养关系，即在收养关系的各要素中，有一种或数种要素超出一国或一定地区的范围，与其他国家或地区有一定联系的收养关系，便属于广义的涉外收养。本条规定的涉外收养是单向收养，即外国人在中华人民共和国收养子女的情形。

明确规定涉外收养的法定程序，为当事人在中华人民共和国收养子女提供严格、有序、稳定的程序指导，有利于保障外国收养人在华收养子女的合法权益，透明公开的收养程序，也能防止因为信息不对称滋生跨国贩卖儿童的犯罪行为，阻止我国儿童遭受不合理的收养，保障我国儿童在涉外收养中的合法权益。涉外收养应坚持将儿童利益放在首位，严格审查收养人的收养资格，杜绝一切损害我国儿童合法权益的收养行为。

二、法条解读

本条规定了涉外收养的法定程序。首先应明确，涉外收养人的实质条件应符合本法第一千零九十八条、第一千一百条、第一千一百零一条、第一千一百零二

---

① 龙翼飞．编纂民法典婚姻家庭编的法理思考与立法建议．法制与社会发展，2020（2）．

条、第一千一百零三条的规定，即满足收养关系成立的实质要件。本条第二、第三款主要规定涉外收养关系成立的形式要件："外国人在中华人民共和国收养子女，应当经其所在国主管机关依照该国法律审查同意。收养人应当提供由其所在国有权机构出具的有关其年龄、婚姻、职业、财产、健康、有无受过刑事处罚等状况的证明材料，并与送养人签订书面协议，亲自向省、自治区、直辖市人民政府民政部门登记。前款规定的证明材料应当经收养人所在国外交机关或者外交机关授权的机构认证，并经中华人民共和国驻该国使领馆认证，但是国家另有规定的除外。"

截至2016年，与中国建立收养合作关系的国家有17个，分别是美国、加拿大、英国、法国、西班牙、意大利、荷兰、比利时、丹麦、挪威、瑞典、芬兰、冰岛、爱尔兰、澳大利亚、新西兰、新加坡①。这些国家的公民在中国收养子女的基本程序如下：

（1）递交申请。依据《外国人在中华人民共和国收养子女登记办法》第四条的规定，外国人在华收养子女，应当通过所在国政府或者政府委托的收养组织向中国政府委托的收养组织转交收养申请并提交收养人的家庭情况报告和证明，具体包括：1）跨国收养申请书；2）出生证明；3）婚姻状况证明；4）职业、经济收入和财产状况证明；5）身体健康检查证明；6）有无受过刑事处罚的证明；7）收养人所在国主管机关同意其跨国收养子女的证明；8）家庭情况报告，包括收养人的身份、收养的合格性和适当性、家庭状况和病史、收养动机以及适合于照顾儿童的特点等。

（2）受理登记。中国收养中心对申请进行登记，并通知相关外国中央机关或收养组织。《全国人民代表大会常务委员会关于批准〈跨国收养方面保护儿童及合作公约〉的决定》声明：《跨国收养方面保护儿童及合作公约》第十五条至第二十一条规定的中央机关职能由中华人民共和国政府委托的收养组织——中国收养中心履行；只有在收养国政府或政府委托的组织履行有关中央机关职能的情况下，该国公民才能收养惯常居住在中华人民共和国的中国儿童。

（3）审核选配。根据外国收养人的条件和意愿并结合中国收养中心登记备案的儿童信息，为收养人选择合适的被收养儿童，同时通知外国中央机关或者收养组织以征求收养人的意见。

（4）签发通知。征得收养国中央机关和收养人同意后，中国收养中心签发来华收养子女通知书，并通知被收养人所在地的省级民政部门。

---

① 雷明光．中华人民共和国收养法评注．厦门：厦门大学出版社，2016：175.

（5）亲自来华。外国收养人接到来华收养子女通知书后，须持通知书原件亲自来华，到被收养人常住户口所在地的省级民政部门办理收养登记手续。夫妻共同收养的，应当共同来华办理收养手续；一方因故不能来华的，应当书面委托另一方。委托书应当经所在国公证和认证。

（6）签订协议。外国人来华收养子女，应当与送养人签订书面收养协议。协议一式三份，收养人、送养人各执一份，办理收养登记手续时收养登记机关收存一份。

（7）办理登记。省级民政部门对符合法律规定的收养关系当事人办理收养登记，收养关系当事人办理收养登记时，应当填写外国人来华收养子女登记申请书并提交收养协议，同时分别提供有关材料。收养人应当提供下列材料：1）中国收养组织发出的来华收养子女通知书；2）收养人的身份证件和照片。送养人应当提供下列材料：1）省、自治区、直辖市人民政府民政部门发出的被收养人已被同意收养的通知；2）送养人的居民户口簿和居民身份证（社会福利机构作为送养人的，为其负责人的身份证件）、被收养人的照片。收养登记机关审查材料后，对符合规定的办理收养登记，发给收养登记证书。收养关系自登记之日起成立。

（8）出境。被收养人出境前，收养人应当凭收养登记证书到收养登记的公安机关为被收养人办理出境手续。

第一千一百一十条

收养人、送养人要求保守收养秘密的，其他人应当尊重其意愿，不得泄露。

本条主旨

本条是关于保守收养秘密的规定。

相关条文

本条与《收养法》第二十二条主旨一致。

理解与适用

本条规定体现了《民法典》婚姻家庭编中贯穿的人权平等、人格尊严、人性友善、人本秩序、人际诚信的核心法理思想以及权利法定、公序良俗等具体法理精神①。1991年颁布的《收养法》对此就做出规定："收养人、送养人要求保守收养秘密的，其他人应当尊重其意愿，不得泄露。"1998年修订的《收养法》与《民法典》婚姻家庭编对此未做修改。本条规定旨在稳定收养关系，保证收养家庭免受干扰。相关知情主体不得泄露收养家庭的秘密，尤其考虑到未成年人，由于他们缺乏辨识能力、承受能力，收养秘密公开，不利于被收养的未成年人的身心健康。保守收养秘密的主体应包括任何对收养行为知情的人，不限于收养法律行为的当事人。保守收养秘密具体有两方面含义：一是未成年人被收养的事实应当保密；二是收养家庭、原生家庭的情况应当保密。法律要求任何对收养知情的人保守收养秘密，有助于稳定收养关系，避免收养对被收养人的心理产生不良影响，有利于心智尚未健全的未成年被收养人的身心健康。同时，保守收养秘密，也是法律保护自然人隐私权不受侵害的表现。本法第一百一十条规定自然人享有隐私权，未成年人被收养以及收养人收养他人均属于个人隐私的范畴，其他人应当尊重、保护收养当事人的隐私权。

保守收养秘密是许多国家收养法确立的基本原则，《德国民法典》规定只有在出现公共利益上的特别理由时，才能公开收养信息②。《俄罗斯联邦家庭法典》规定收养秘密受法律保护，严禁未经许可的信息泄露③。《美洲国家间关于未成年人收养的法律冲突公约》明确规定："在需要对收养进行保密的地方，应保证收养的秘密不被泄露。如果需要查阅被收养的未成年人及其亲生父母的健康状况的医院证明，也只能告知符合法定条件的适当人员，并不得公开被收养人及其亲生父母的姓名以及其他能证明其身份的资料。"

关于被收养人是否有权知悉自己的出生信息及生父母，国际社会经历了从收养信息的"绝对保密"到"限制公开"的发展趋势。英国《2002年收养与儿童法》规定已满十八岁的被收养人有权经申请获得其出生记录、与其收养相关的法定文件或令状，对于未满十八岁的未成年人，收养机构可以在权衡后认为对该被收养人合适的情形下，提供相关信息。新西兰《成年人收养信息法》也规定被收养儿童在成年后可以获得或查阅自己的原出生证，除非其亲生父母已向出生登记部门明确表示禁止被收养儿童获知真实情况。

---

① 龙翼飞．编纂民法典婚姻家庭编的法理思考与立法建议．法制与社会发展，2020（2）．

② 《德国民法典》第四编第1758条第1款规定："非经收养人和被收养子女同意，不得披露或探问使收养及其情事被暴露的事实，但公共利益上的特殊原因要求这样做的除外。"

③ 《俄罗斯联邦家庭法典》第139条规定："收养秘密受法律保护。禁止不经收养人同意，而在收养人死亡后不经监护和保护机关同意，泄露任何关于收养的情况和提供足以说明收养人不是被收养人亲生父母的户籍登记簿内容摘抄。对违背收养人的意愿泄露收养秘密的人，可依法定程序追究责任。"

第二节 收养的效力

收养关系一经成立，便引起一系列的法律后果。收养的效力，是因收养的成立而引起的法律后果的总称，主要分为两个方面：一是在收养家庭产生新亲子关系及其他亲属关系，为收养的拟制效力；二是与原生家庭之间的亲子关系归于消灭，为收养的消除效力。本节第一千一百一十一条具体规定了收养的拟制效力和收养的消除效力，第一千一百一十二条规定了养子女的姓氏变更与保留，第一千一百一十三条规定了收养的无效。这三条内容较为全面地规定了收养关系成立后的法律效果，明确了收养关系中当事人的权利、义务，以及法律地位，并规定相应的后果，能够有效地约束养父母、被收养子女正确履行自己的义务，认真对待自己的行为，使收养行为得到规范，亲子利益得到保障，亲子秩序得以维护。

第一千一百一十一条

自收养关系成立之日起，养父母与养子女间的权利义务关系，适用本法关于父母子女关系的规定；养子女与养父母的近亲属间的权利义务关系，适用本法关于子女与父母的近亲属关系的规定。

养子女与生父母以及其他近亲属间的权利义务关系，因收养关系的成立而消除。

本条主旨

本条是关于收养效力的规定。

相关条文

1991年颁布的《收养法》第二十二条规定："自收养关系成立之日起，养父母与养子女间的权利义务关系，适用法律关于父母子女关系的规定；养子女与养父母的近亲属间的权利义务关系，适用法律关于子女与父母的近亲属关系的规定。养子女与生父母及其他近亲属间的权利义务关系，因收养关系的成立而消除。"1998年修订的《收养法》第二十三条对此未做修改，本条亦基本沿用了1998年修订的《收养法》第二十三条的规定。

理解与适用

本条规定体现了《民法典》婚姻家庭编中贯穿的人权平等、人格尊严、人亲和谐、人本秩序的核心法理思想以及权利法定、公序良俗等具体法理精神①。

一、立法目的

收养关系一经成立，便引起一系列的法律后果，收养的效力，是因收养的成立而引起的法律后果的总称。本条规定了收养关系成立后，收养关系当事人之间的权利和义务，能有效约束收养当事人正确履行义务，规范行为，使收养关系稳定有效地发展，使亲子利益得到保障。

二、法条解读

我国现行收养制度，在性质上属于单一的完全收养，没有兼采不完全收养。根据本条规定，收养成立所产生的法律后果，主要分为两个方面：一是在收养家庭产生新亲子关系及其他亲属关系，为收养的拟制效力；二是与原生家庭之间的亲子关系归于消灭，为收养的消除效力。

（一）拟制效力

拟制效力，是指收养依法创设新的亲属关系及其权利义务的效力，也称收养的积极效力。在本条中具体表现为对养子女与养父母的法律效力以及对养子女与养父母的近亲属的法律效力。

1. 对养子女与养父母的法律效力

本条第一款规定："自收养关系成立之日起，养父母与养子女间的权利义务关系，适用本法关于父母子女关系的规定；养子女与养父母的近亲属间的权利义务关系，适用本法关于子女与父母的近亲属关系的规定。"按此规定，自收养关系成立之日起，养父母与养子女间的权利义务关系，适用法律关于父母子女关系的规定。养子女取得了与养父母婚生子女相同的身份与地位，享有与婚生子女同等的权利与义务。例如，本编中有关父母对子女的抚养、教育、保护义务及子女对父母的赡养扶助等规定，《民法典》继承编中有关父母与子女互为第一顺序的法定继承人的规定，均适用于养父母与养子女。

2. 对养子女与养父母的近亲属的法律效力

同时，养子女与养父母的近亲属间的权利义务关系，是养亲子关系在法律上

---

① 龙翼飞．编纂民法典婚姻家庭编的法理思考与立法建议．法制与社会发展，2020（2）.

的延伸。具体说来，养子女与养父母的父母间，有祖孙间的权利和义务；养子女与养父母的子女间，有兄弟姐妹间的权利和义务。上述近亲属间的抚养、赡养和扶养适用本编的规定；法定继承适用《民法典》继承编的相关规定，养兄弟姐妹、养祖父母、养外祖父母为第二顺序法定继承人，养孙子女、养外孙子女可以代位继承其养祖父母、养外祖父母的遗产。

（二）消除效力

消除效力，是指收养依法终止原有的亲属关系及其权利义务的效力，也称收养的消极效力。在本条中具体表现为对养子女与生父母的法律效力以及对养子女与生父母以外的其他近亲属的法律效力。

1. 对养子女与生父母的法律效力

根据本条第二款的规定，养子女与生父母间的权利义务关系，因收养关系的成立而消除。按此规定，收养的消除效力所消除的，仅为法律意义上的父母子女关系，而非血缘意义上的父母子女关系。养子女与生父母间基于出生而具有的直接血缘联系，是客观事实，不能通过法律手段加以改变。因此，本编关于禁止直系血亲结婚的规定，对于养子女与生父母仍然适用。

2. 对养子女与生父母以外的其他近亲属的法律效力

本条第二款还规定，养子女与生父母以外的其他近亲属间的权利义务关系，亦因收养关系的成立而消除。养子女与生父母的父母不再存在祖孙的身份关系，与生父母的子女不再存在兄弟姐妹的身份关系，原祖孙、兄弟姐妹间的权利义务关系也不再存在。同样，因收养的消除效力并不影响血缘关系这一客观事实，因此，本编中有关禁止直系血亲和三代以内旁系血亲结婚的规定，对养子女与生父母以外的其他近亲属也是仍然适用的。

三、外国立法

（一）法国法

《法国民法典》根据效力不同，将收养分为完全收养与单纯收养。在完全收养制度中，养父母子女关系替代了原有的亲子关系，与血缘关系家庭的亲子关系彻底消灭①。被收养人完全融入养父母家并成为家庭一员，被收养子女的地位与婚生子女相同，收养效力也同样及于养父母的亲属②。在单纯收养制度中，收养

① 《法国民法典》第八编第 356 条第 1 款规定：“收养赋予儿童亲子关系，替代原有的亲子（女）关系。被收养人不再属于同其有血缘关系的家庭，但第 161 条至第 164 条关于禁止结婚的规定保留执行。”

② 《法国民法典》第八编第 358 条规定：“被收养人在收养人的家庭中享有与婚生子女相同的权利，负相同的义务。”

赋予被收养人使用收养人姓氏的权利①，被收养人与亲生父母间的权利义务仍保留，尤其是继承权和赡养义务②，被收养人与养父母间的亲子关系与婚生子女相同，但该亲子关系不延及其他亲属③。

（二）德国法

《德国民法典》规定，当被收养人是未成年人时，被收养人取得与婚生子女完全相同的法律地位，被收养人及其晚辈直系血亲与原血亲的血统关系和因该血统关系发生的权利义务完全消灭④。收养人与被收养子女互为二亲等或三亲等的血亲或姻亲的，只有该子女及其晚辈直系血亲与该子女的父母的血统关系和因它而发生的权利义务消灭。当被收养人是成年人时，被收养人与原血亲的权利义务关系不消失，但收养人有优先于被收养人血亲支付抚养费的义务。

（三）其他国家立法

《俄罗斯联邦家庭法典》与我国立法相似，仅规定了未成年人的收养，其法律效果是养子女及其后代取得相同于养父母婚生子女及其后代的身份和地位，养子女与养父母及其亲属形成相互的权利义务关系与血亲相同⑤。被收养人与生父母间的权利义务关系解除⑥。但在收养人为一人时，被收养人可以保留与血亲的部分权利义务内容⑦。《墨西哥民法典》在收养人对被收养人的遗产的继承权问题上，规定收养人与被收养人的生父母一同享有对被收养人遗产的继承权。《菲律宾

---

① 《法国民法典》第八编第 363 条第 1 款规定："单纯收养赋予被收养人使用收养人的姓氏，增加在其本人的姓氏上。"

② 《法国民法典》第八编第 364 条第 1 款规定："被收养人仍留在其出生之家庭内，并且保留其所有的权利，尤其是保留继承权。"第 367 条第 2 款规定："被收养人与其父、母之间的抚养或赡养义务仍继续存在；但被收养人的父与母仅在被收养人从收养人处不能得到抚养费时，始有义务为被收养人提供抚养费用。"

③ 《法国民法典》第八编第 365 条第 1 款规定："唯有收养人对被收养人享有全部亲权，其中包括同意被收养人婚姻的权利；但如收养人是被收养人之父或母的配偶，不在此限。在此情况下，收养人与其配偶共同享有亲权，但收养人保留行使此种权利。"

④ 《德国民法典》第四编第 1755 条第 1 款规定："被收养子女及其晚辈直系血亲与原血亲的血统关系和因它而发生的权利义务，在收养时消灭。到收养时为止发生的被收养子女的请求权，特别是对定期金、孤儿补助金及其他相当的定期给付的请求权，不因收养而受影响；前半句的规定不适用于扶养请求权。"

⑤ 《俄罗斯联邦家庭法典》第 137 条第 1 款规定："被收养的子女及其后代对收养人及其亲属，以及收养人及其亲属对被收养的子女及其后代，在人身非财产和财产权利和义务方面与血亲相同。"

⑥ 《俄罗斯联邦家庭法典》第 137 条第 2 款规定："被收养的子女对自己的父母（自己的亲属），丧失了人身非财产和财产权利，并解除了义务。"

⑦ 《俄罗斯联邦家庭法典》第 137 条第 3 款规定："在一个人收养儿童的情况下，如果收养人为男子，则按照母亲的愿望可以保留人身非财产和财产权利和义务，如果收养人为妇女，则按照父亲的愿望可以保留人身非财产和财产权利和义务。"

共和国家庭法》规定，被收养人生父母的亲权因收养成立而终止，并转由收养人行使，但保留被收养人作为其生父母和其他有血缘关系亲属的无遗嘱继承人的身份。

第一千一百一十二条

养子女可以随养父或者养母的姓氏，经当事人协商一致，也可以保留原姓氏。

本条主旨

本条是关于养子女姓名权的规定。

相关条文

1991年颁布的《收养法》第二十三条规定："养子女可以随养父或者养母的姓，经当事人协商一致，也可以保留原姓。"1998年修订的《收养法》第二十四条对该条内容未做修改。本条是在1998年修订的《收养法》第二十四条的基础上修改而成，该条规定："养子女可以随养父或者养母的姓，经当事人协商一致，也可以保留原姓。"本条将"姓"改为"姓氏"，"姓氏"为"姓"的书面语，使用更加规范。

理解与适用

本条规定体现了《民法典》婚姻家庭编中贯穿的人权平等、人格尊严、人本秩序、人亲和谐的核心法理思想以及权利法定、公序良俗等具体法理精神①。子女姓氏的更改，是收养效力的表现之一。根据本条规定，养子女可以随养父或者养母的姓氏，经当事人协商一致，也可以保留原姓氏。姓名权是自然人的一项重要的人身权利，同时也是身份关系的一种标志，法律在此赋予当事人很大的自由选择空间。在我国的司法实践中，被收养人八周岁以上的，如需要改动其姓名，还需要征得该被收养人的同意。因此，本条规定既符合收养制度的宗旨和男女平等的原则，又具有一定的灵活性。

多数国家的法律规定，被收养人随收养人之姓，如日本法、奥地利法、丹麦法、荷兰法等；少数国家允许被收养人继续保留原姓氏，如民主德国法如此规定；联邦德国法规定被收养人可以将自己的原姓与收养人的姓结合使用；还有一

① 龙翼飞．编纂民法典婚姻家庭编的法理思考与立法建议．法制与社会发展，2020（2）．

些国家，如丹麦和瑞典，允许双方自由选择姓氏①。

第一千一百一十三条

有本法第一编关于民事法律行为无效规定情形或者违反本编规定的收养行为无效。

无效的收养行为自始没有法律约束力。

本条主旨

本条是关于收养行为无效的规定。

相关条文

1991年颁布的《收养法》第二十四条规定："违反《中华人民共和国民法通则》第五十五条和本法规定的收养行为无法律效力。收养行为被人民法院确认无效的，从行为开始时起就没有法律效力。"1998年修订的《收养法》第二十五条对该条文未做修改。本条对1998年修订的《收养法》第二十五条做以下修改：(1)将"违反《中华人民共和国民法通则》第五十五条"改为"有本法第一编关于民事法律行为无效规定情形"，指代内容不变。(2)将第二款简化为："无效的收养行为自始没有法律约束力。"

理解与适用

本条规定体现了《民法典》婚姻家庭编中贯穿的人权平等、人格尊严、人本秩序的核心法理思想以及权利法定、公序良俗、禁止权利滥用等具体法理精神②。

一、立法目的

身份立法重身份关系的稳定性，一旦在当事人之间形成身份关系，只有存在重大理由，基于特定人申请或者法院依职权才可宣告该身份行为无效。通常认为，收养的无效是自始无效，因此各国法律对宣告收养无效的规定也较为严格，即收养开始时就存在严重的要件缺失，如收养当事人不符合法律规定，收养当

① 蒋新苗．比较收养法．长沙：湖南人民出版社，1999：130.

② 龙翼飞．编纂民法典婚姻家庭编的法理思考与立法建议．法制与社会发展，2020(2).

事人并非自愿收养，未取得必要的当事人的同意，等等。无论是经由行政程序成立收养关系的国家，还是经由司法程序成立收养关系的国家，在宣告收养无效时一般都要求由法院作出裁判。部分国家还规定了收养的撤销，与收养的无效不同，收养的撤销一般不具有溯及力，收养当事人可经法定程序撤销收养关系，撤销效力自撤销时开始，不溯及既往。我国法律未规定收养撤销制度，仅采单一无效制。

二、法条解读

（一）无效收养的概念

无效收养行为，是欠缺收养成立的法定要件、不能发生收养法律后果的收养行为。这里所说的要件，包括实质要件和形式要件；这种行为不具有收养的法律效力，是一种无效民事行为。本条第一款规定："有本法第一编关于民事法律行为无效规定情形或者违反本编规定的收养行为无效。"因此，在我国判断收养行为是有效还是无效，只能以《民法典》总则编有关民事法律行为要件的规定和《民法典》婚姻家庭编有关收养关系成立要件的规定为依据。

在我国收养制度中，收养无效的原因和收养成立的要件是互相对应的。这里所说的要件，包括一般的、所有民事法律行为均须具备的要件，也包括特定的、收养法律行为必须具备的要件。具体而言有以下情况：

（1）违反《民法典》总则编第一百四十三条、第一百四十四条的规定。具体分为三种情形：一是收养关系当事人不具备相应的民事行为能力。比如，夫妻双方都不具备完全民事行为能力，或者无配偶者是限制民事行为能力、无民事行为能力者，他们不得作为收养人，否则收养无效。二是收养的意思表示不真实。收养关系建立时，收养关系当事人意思表示应当真实。如果一方故意欺骗、胁迫另一方，使其做出错误的意思表示，受欺诈、胁迫的一方当事人可以主张收养无效。三是收养行为的性质或内容违反法律、行政法规的强制性规定或者违背公序良俗。

（2）违反《民法典》婚姻家庭编有关收养的规定。可以分为两种情形：一是收养欠缺法定的实质要件，实质要件包括收养人、被收养人和送养人的条件，以及法律对于收养人数的限制和无配偶者收养异性的年龄限制等；二是收养欠缺法定形式要件，形式要件包括收养应当向县级以上人民政府民政部门登记、办理登记的民政部门对查找不到生父母的未成年人应当在登记前予以公告等。

（二）确认收养无效的程序

在审判实践中，依诉讼程序确认收养无效有以下两种情形：一是当事人或利害关系人提出请求确认收养无效之诉，由人民法院依法判决收养无效；二是人民法院在审理有关案件的过程中发现无效收养行为，在有关判决中确认收养无效。拟制血亲的亲子关系和自然血亲的亲子关系一样，是赡养、抚养、监护、法定继承等借以发生的基础法律关系，认定收养行为是否有效，是正确处理有关案件的必要前提，也直接影响判决结果。

我国民政部在有关收养登记的规定中指出，当事人弄虚作假骗取收养登记的，收养关系无效。至于当事人和利害关系人能否依行政程序申请确认收养无效的问题，并无规定。身份立法重身份关系的稳定性，一旦在当事人之间形成了身份关系，除非有重大理由，否则不可宣告该身份行为无效。因此，为了体现保护未成年被收养人合法权益这一各国现代收养立法的最基本原则，对于违反行政规定而面临收养无效的情形，如果从未成年被收养人利益出发否认该收养的效力对其不利，亦应例外地肯定该收养的合法性。

（三）收养无效的法律后果

本条第二款规定："无效的收养行为自始没有法律约束力。"收养关系被宣告无效后，不能发生法定的收养效力，且自始无效，即具有溯及力。收养行为被宣告无效后，养子女与亲生父母的权利义务关系自动恢复，但第三人已经取得的权利，不因此而受影响，如收养行为被宣告无效时，亲生父亲已死亡的，养子女对于亲生父亲的遗产无继承权。对于收养无效的法律后果，仍应坚持最有利于未成年人的基本原则，对于缺失部分法定构成要件的收养行为，应结合被收养人在收养家庭中的生活情况，以及宣告收养无效后被收养人的后续安置问题，以被收养人的利益为首要考虑因素，做出最有利于被收养人的裁判。

三、外国立法

对于收养的无效问题，各国立法呈现出很大的差异，主要的立法模式有以下几种：

一是如日本法，对收养无效①和收养撤销②的原因分别加以规定，在坚持日本民法视收养为身份上契约行为的同时，亦强调国家权力的介入。《奥地利普通

① 《日本民法典》第 802 条规定："收养以下列情形为限，无效：1. 因认错人及其他事由，当事人之间无收养的意思时；2. 当事人未提出收养登记申请时。但是，其申请仅欠缺第七百九十九条、第七百三十九条第二款规定的方式时，收养不因此妨碍其效力。"

② 《日本民法典》第 803～808 条规定了收养可撤销的原因：养父母为未成年人时的收养可撤销；养子为尊亲属或者年长者时收养可撤销；监护人与被监护人之间无许可收养可撤销；未经配偶同意的收养可撤销；未经子女监护人同意的收养可撤销；养子女为未成年人时无许可收养可撤销。

民法典》具体规定了收养撤销[①]与废止的理由、程序与效力，并对收养撤销与废止的理由做封闭式规定，即不得以法定原因外的理由提起收养的撤销与废止。

二是如法国法，仅就收养的撤销包括收养撤销的原因及收养撤销申请人的条件等进行了规定，而对收养无效则未加以规定。同时，《法国民法典》区分完全收养与单纯收养，该法明确规定完全收养不得撤销[②]，单纯收养如经证明有重大原因可撤销的，如被收养人是未成年人，申请人应当是检察院[③]。

三是如英国法，对收养的撤销基本上持否定态度，仅在特殊情况下，即非婚生子女由其生父母单方收养后，如果其生父与生母事后正式结婚，先前的收养关系可以撤销，同时该子女取得与婚生子女相同的法律地位。

典型案例

杨甲等诉某儿童福利院解除收养关系纠纷案——以“代收养”为目的的瑕疵不影响收养效力[④]

【案情】

杨甲和胡某原系夫妻，婚后生育一子杨丙。2001 年，杨甲的父母向杨甲提及想收养一名女童。杨甲遂至某儿童福利院处，代表其父母向某儿童福利院处工作人员表达了欲收养一名女童的意愿，某儿童福利院处工作人员顾某告知杨甲，杨甲父母不符合收养人条件，但杨甲符合收养人条件。之后，双方办理了弃婴女童陈某（后改名杨乙）的试养手续。在实际试养过程中，主要由杨甲父母照顾陈

---

① 《奥地利普通民法典》第 200 条规定：“有下列情形之一者，法院得撤销批准，且撤销具有溯及效力：1. 收养人在订立收养契约时不具有完全行为能力者，法院得依职权或依契约当事人一方的申请撤销批准，但收养人在取得完全行为能力后表示愿意继续其收养关系者，不在此限；2. 收养契约系由无完全行为能力的被收养人本人所订立者，法院得依职权或依契约当事人一方的申请撤销批准，但被收养人的法定代理人就被收养人在取得完全行为能力后表示同意，或者法院在法定代理人不同意时代为做出第 192 条第 2 款意义上之同意者，不在此限；3. 被收养人为一人以上所收养者，法院得依职权或依契约当事人一方的申请撤销批准，但收养人在法院做出批准时已相互结为夫妻者，不在此限；4. 订立收养契约，系以被收养人能够使用养父或养母的姓氏为唯一或主要目的，或者利用收养关系之表象以图掩盖不法之性关系者，法院得依职权或依契约当事人一方的申请撤销批准；5. 收养契约未以书面形式订立，且法院批准收养的决定发生法律效力未超过五年者，法院得依契约当事人一方的申请撤销批准。”

② 《法国民法典》第 359 条规定：“收养不得撤销。”

③ 《法国民法典》第 370 条规定：“如经证明有重大原因，应收养人或被收养人的请求，或者如被收养人是未成年人，应检察院的要求，得撤销收养。由收养人提出的撤销收养的请求，仅在被收养人年龄已超过 15 岁的情况下，始得受理。如被收养人是未成年人，与其有血缘关系的父与母，或者在没有父母时，与其有血缘关系的原家庭，直至包括堂、姑、姨、表兄、表弟亲等在内的某一成员，亦得请求撤销收养。”

④ 李欣，阎敏．以“代收养”为目的的瑕疵不影响收养效力．人民司法（案例），2014（22）.

某，杨甲和胡某为是否收养陈某发生争执。嗣后，杨甲考虑再三，将陈某送回某儿童福利院处。在此后的三个月内，某儿童福利院处工作人员顾某反复做杨甲父母的思想工作，杨甲父母向杨甲表达了收养陈某的强烈意愿，甚至有强行住到某儿童福利院处看望、照顾陈某的过激行为，杨甲出于对父母的孝顺之情，同时考虑到当时经济条件较好，可以此方式回报社会，并做通胡某的思想工作，同意收养陈某作为养女。2003 年 4 月，杨甲和胡某与某儿童福利院签订弃婴陈某的收养协议书。2003 年 6 月，上海市民政局向杨甲和胡某颁发收养登记证，陈某姓名更改为杨乙。杨乙虽为杨甲和胡某养女，但实际上杨乙自始至终由杨甲的父母抚养、照顾。2004 年，杨甲和胡某就杨乙收养事宜再起争执，导致杨甲和胡某离婚。现杨甲父亲去世，母亲年事已高，已无力再照顾杨乙。综上，杨甲和胡某请求法院确认杨甲和胡某与某儿童福利院关于杨乙的收养关系无效。理由如下：(1) 收养杨乙并非出于杨甲和胡某的真实意思表示。因为杨甲父母不符合收养人条件，所以借用杨甲和胡某名义，依法办理了杨乙的收养手续。事实上杨乙亦由杨甲父母抚养至今；(2) 杨甲的父母系杨乙的事实抚养人，现杨甲父亲去世，母亲年满 80 周岁，无力抚养杨乙；(3) 杨甲和胡某因收养杨乙导致感情不和而离婚，现杨甲身体残疾，每月领取下岗生活费补贴 700 元，无法抚养杨乙。

某儿童福利院辩称：不同意杨甲和胡某之诉请，理由如下：(1) 杨甲和胡某系完全民事行为能力人，且符合法律规定的收养人条件，杨甲和胡某与某儿童福利院就杨乙收养事宜办理了完备的收养手续，并经民政部门登记，故杨甲和胡某对杨乙的收养行为依法有效；(2) 杨甲和胡某提出收养杨乙非其真实意思表示，但未能提供任何证据证明其系受胁迫收养杨乙；(3) 杨甲和胡某作为杨乙的养父母，应当以崇高的社会责任感，承担起抚养杨乙的义务，现杨甲和胡某以各种理由主张收养无效，欲退养杨乙，使杨乙的生活环境从家庭生活环境变更为集体生活环境，将对孩子身心造成巨大伤害。

【裁判】

从收养人资格来看，首先，杨甲和胡某具备完全民事行为能力；其次，某儿童福利院系弃儿收、领养的社会福利机构，杨甲和胡某虽育有一子，但杨甲和胡某收养的是某儿童福利院作为社会福利机构抚养的查找不到生父母的弃婴陈某，可以不受收养人无子女的限制。综上，杨甲和胡某符合收养人资格。从收养的经过来看，杨甲和胡某在收养陈某的过程中，亲自经历了递交收养登记申请表，签订试养协议及试养，递交收养申请书，提供结婚证、工作及收入证明、健康检查证明、无犯罪记录证明等一系列的手续，时间跨度自 2001 年 12 月起至 2003 年 6 月 4 日止，杨甲和胡某有充足的时间考虑是否收养弃婴陈某。现杨甲和胡某称收养行为系受杨甲父母的胁迫，被迫收养陈某，非杨甲和胡某真实意思表示，但未提供充分有效的证据加以佐证，故杨甲和胡某该项诉称意见，难以采信。从收养关系的成立来看，2003 年 6 月 4 日，上海市民政局向杨甲和胡某颁发收养登记证，杨甲和胡某与陈某的收养关系自该日起成立。综上，杨甲和胡某与某儿童福利院就陈某的收养行为依法成立，应属有效。杨甲和胡某诉称收养陈某非杨甲和胡某真实意思表示，要求确认收养行为无效的诉请，于法无据，不予支持。

杨甲和胡某依法收养弃婴陈某，双方形成了法律上的养父母子女关系，杨甲和胡某理应依法对未成年的养女陈某履行抚养义务。依法收养弃婴的行为，是严肃且重大的身份法律行为，收养人、送养人、被收养人均需符合法律规定，一旦依法形成收养关系，还需各自承担相应的法律后果。现杨甲和胡某诉称其为名义收养人，而杨甲父母为实际收养人，杨甲和胡某以父亲过世、母亲年事已高为由欲确认收养关系无效。收养法律法规并无名义收养人与实际收养人的规定，根据杨甲和胡某所述，杨甲和胡某以自身的条件来帮助不符合收养人条件的父母达到收养目的，是规避法规的行为。现杨甲父母的行为只能视为帮助杨甲和胡某照顾养女陈某的行为，在杨甲父母无力照顾陈某的情况下，理应由杨甲和胡某继续抚养养女陈某，直至其成年。杨甲和胡某收养陈某时，陈某尚不满两周岁，还是一名不谙世事的襁褓婴儿，现陈某已满十三周岁，已经具备相当的心智，杨甲和胡某欲通过本次诉讼确认收养关系无效，将会导致陈某的第二次被弃养经历，这对于一名处在青春发育期的少女是极其沉重的打击，对于其世界观、人生观、价值观的树立，以及人际交往均会产生不利的影响。此外，杨甲和胡某为陈某的养父母，均应对陈某承担抚养义务，现杨甲在庭审中提出自身的经济条件及身体状况不佳，而胡某作为陈某的养母，经济条件优越，理应承担起抚养陈某的义务。因此，依照《收养法》第八条第二款、第十五条、第二十五条，《民法通则》第五十五条的规定，法院确认驳回杨甲、胡某的诉讼请求。

【典型意义】

在处理收养关系纠纷时，应将保护未成年人权益的法律原则放在首位。本案中杨甲与胡某虽出于对父母的孝顺目的收养了杨乙，但从行为的外观上看，杨甲与胡某亲自经历了递交收养登记申请表，签订试养协议及试养，递交收养申请书，提供结婚证、工作及收入证明、健康检查证明、无犯罪记录证明等一系列的手续，时间跨度自 2001 年 12 月起至 2003 年 6 月 4 日，作为完全民事行为能力人的二人理解其行为的法律意义，亦应承担其法律后果。本着保护未成年人权益的法律原则以及按照法律关于收养效力的规定，应认定杨甲、胡某与杨乙之间的收养关系成立，杨甲与胡某的离婚并不影响收养关系的效力，双方均有义务承担对养女杨乙的抚养。

第三节　收养关系的解除

本节是有关解除收养关系的规定。收养关系是基于一定的法律事实而成立的法律拟制的父母子女关系，其既然可以依法设立，就可以在一定条件下终止或者依法解除。当事人依法办理解除手续而终止收养关系的，以该收养关系为中介的各方关系也随之解除和终止，即各方的身份关系与权利义务都同时终止。本节主要对收养关系当事人解除收养关系的条件、程序和法律后果做了明确的规定。

第一千一百一十四条

收养人在被收养人成年以前，不得解除收养关系，但是收养人、送养人双方协议解除的除外。养子女八周岁以上的，应当征得本人同意。

收养人不履行抚养义务，有虐待、遗弃等侵害未成年养子女合法权益行为的，送养人有权要求解除养父母与养子女间的收养关系。送养人、收养人不能达成解除收养关系协议的，可以向人民法院提起诉讼。

本条主旨

本条是关于收养关系解除的规定。

相关条文

1991年颁布的《收养法》第二十五条规定："收养人在被收养人成年以前，不得解除收养关系，但收养人、送养人双方协议解除的除外，养子女年满十周岁以上的，应当征得本人同意。收养人不履行抚养义务，有虐待、遗弃等侵害未成年养子女合法权益行为的，送养人有权要求解除养父母与养子女间的收养关系。送养人、收养人不能达成解除收养关系协议的，可以向人民法院起诉。"1998年修订的《收养法》第二十六条对该条文未做修改。本条对1998年修订的《收养法》第二十六条做以下修改：根据《民法典》总则编对限制民事行为能力人年龄标准的相关规定，将应当征得养子女同意的年龄由十周岁以上改为八周岁以上。

理解与适用

本条规定体现了《民法典》婚姻家庭编中贯穿的人权平等、人格尊严、人性友善、人本秩序的核心法理思想以及权利法定、公序良俗、禁止权利滥用等具体法理精神①。

一、立法目的

收养关系的依法解除是收养关系终止的原因之一，属于通过法律手段的人为终止。依法解除收养关系后，直接存在于当事人之间的法律拟制直系血亲关系归于消灭，以该收养关系为中介而形成的其他亲属关系也随之终止。不得解除与未成年人的收养关系，旨在保护未成年人，使其有稳定的生活环境，避免频繁更换家庭导致其心理或生理的伤害。在特殊情形下，即当收养人不履行抚养教育被收养人的义务，或者收养人有虐待、遗弃被收养人的行为时，赋予送养人协议解除权，也是从保护被收养人的角度出发，及时将被收养人从不良的生活环境中解救出来，使被收养人免受生理和精神的摧残。

二、法条解读

（一）收养关系依当事人的协议而解除

在养子女成年以前，解除收养须得收养人和送养人同意；双方在解除收养的问题上，应当意思表示完全一致。养子女八周岁以上的，还应征得本人同意。八周岁以上的未成年人已有部分民事行为能力，对解除收养的意义和后果，是有一定的识别能力的。因收养关系决定了父母子女关系以及相关的抚养、教育、保护义务，与被收养人的切身利益相关，征得有一定识别能力的被收养人的同意是必要的。

在养子女成年以后，协议解除收养关系须得收养人和被收养人即该养子女的同意；双方在解除收养的问题上，应当意思表示完全一致。成年养子女已具有完全民事行为能力，能够以自己的行为独立地与收养人达成解除收养的协议，因此，无须以送养人的同意为解除收养关系的必要条件。协议解除收养关系的，当事人应就解除后的财产和生活等问题一并达成协议。

本条是关于在养子女成年以前解除收养关系的规定。

---

① 龙翼飞．编纂民法典婚姻家庭编的法理思考与立法建议．法制与社会发展，2020（2）.

（二）收养关系依当事人一方的要求而解除

本条所说的一方，是指收养人、送养人或已成年的被收养人。由于解除收养的要求仅由一方提出，未获另一方当事人同意，因而在当事人间发生有关解除收养的纠纷。在这种情形下，只有基于法定理由始得解除收养关系，并须经法定的程序办理。

1. 一方要求解除收养关系的法定理由

依本条第二款的规定，收养人不履行抚养义务，有虐待、遗弃等侵害未成年养子女合法权益行为的，送养人有权要求解除养父母与养子女间的收养关系。送养人、收养人不能达成解除收养关系协议的，可以向人民法院起诉。据此，收养人、送养人可在具有法定理由的情形下，向人民法院提出解除收养关系的诉讼请求。

2. 一方要求解除收养关系的程序

当事人一方要求解除收养关系的，应当经由诉讼程序办理。人民法院审理要求解除收养关系的案件，应当查明有关事实，根据《民法典》婚姻家庭编的有关规定，正确处理收养纠纷，保护当事人的合法权益，特别是未成年养子女的权益。

在诉讼程序中以调解方式解除收养关系的，其性质亦为协议解除。但是诉讼程序中达成的解除收养关系的协议不同于诉讼外解除收养关系的协议。人民法院已将解除收养关系的协议载入调解书，当事人无须另行办理解除收养关系的登记。

三、外国立法

关于收养是否可以通过解除而终止，各国立法主要有许可主义、部分禁止主义与禁止主义三种模式。

（一）许可主义

部分国家对收养的解除持许可的态度，强调收养协议的契约性，收养关系当事人可通过协商或者提请法院裁判，解除收养协议。例如日本法根据解除方式的不同，将收养关系的解除分为协议解除与裁判解除。协议解除是指收养关系的当事人可以通过协议解除收养关系，只要达成合意即可自行解除收养关系①。裁判解除是指在法定事由下，即因恶意遗弃、生死不明或者其他难以继续收养关系的

① 《日本民法典》第四编第 811 条规定："（一）收养关系的当事人可以通过协议解除收养关系。（二）养子女未满十五岁时，通过养父母与养子女解除收养关系后将成为其代理人的人之间的协议，解除其收养关系。（三）在前款情形，养子女的父母离婚时，须在其协议上确定其中一方于收养关系解除后应作为其亲权人。（四）未达成或者不能达成协议时，家庭法院可以根据同款父亲、母亲或者养父母的请求进行代替协议的审判。（五）无应成为第二款的法定代理人者时，法院可以根据养子女的亲属及其他利害关系人的请求，于收养关系解除后选任应成为其未成年监护人的人。（六）收养关系中的一方当事人死亡后，生存的当事人欲解除收养关系时，经家庭法院许可，可以解除。"

重大理由，收养关系的一方当事人可以提起收养关系解除之诉[①]。对于特别收养关系的解除，日本法规定只能采取裁判解除，即为了养子女的利益，仅在被收养人受到养父母虐待、恶意遗弃及有其他严重损害养子女利益的事由且亲生父母可以进行相当的监护时，经由家庭法院令当事人解除收养关系。所谓解除收养关系的特别有必要的理由是封闭式列举的，除前述情形外，不得解除收养关系[②]。

（二）部分禁止主义

区分不同收养形式的国家，通常采取部分禁止主义，在承认收养协议的契约性基础上，亦认可国家监督主义介入收养法的必要性。例如法国法明确规定完全收养不得撤销，单纯收养可通过判决撤销；意大利法规定只有在收养人或者被收养人对另一方及其亲属犯有谋杀或者其他严重刑事犯罪行为时，才可解除收养关系[③]。

（三）禁止主义

坚持收养应列入国家监督主义的立法例，在收养关系解除方面通常采禁止主义，明确禁止收养当事人对收养关系的解除，削弱收养协议的契约性，弱化契约的自由主义色彩。例如《葡萄牙民法典》第1989条规定："完全收养不可废止，即使收养人与被收养人达成协议亦然。"

第一千一百一十五条

养父母与成年养子女关系恶化、无法共同生活的，可以协议解除收养关系。不能达成协议的，可以向人民法院提起诉讼。

本条主旨

本条是关于养父母与成年养子女协议解除收养的规定。

---

① 《日本民法典》第四编第814条第1款规定："收养关系的一方当事人，以下列情形为限，可以提起收养关系解除之诉：1. 被另一方恶意遗弃；2. 另一方生死不明三年以上；3. 有其他难以继续收养关系的重大事由。"

② 《日本民法典》第四编第817条之十规定："（一）在下列情形，为养子女的利益，认为有特别必要时，家庭法院可以根据养子女、亲生父母或者检察官的请求，令特别收养关系的当事人解除收养关系：1. 有遭养父母虐待、恶意遗弃及其他严重损害养子女利益的事由；2. 亲生父母可以进行相当的监护。（二）收养关系，在前款规定的情形外，不得解除。"

③ 《意大利民法典》第306条规定："在被收养人谋杀收养人或者谋杀收养人的配偶、卑亲属或者尊亲属的情况下，或者在被收养人对上述人员犯有应处以不低于3年的限制人身自由刑的犯罪的情况下，根据收养人的请求，可以由法院宣告解除收养关系。在收养人被养子女谋杀致死的情况下，可以由在收养人及其卑亲属死亡时有权取得遗产之人提出解除收养关系的请求。"第307条规定："在收养人对被收养人或者被收养人的配偶、卑亲属或者尊亲属实施了本法第306条规定的犯罪的情况下，根据被收养人的请求，可以由法院宣告解除收养关系。"

相关条文

1991年颁布的《收养法》第二十六条规定："养父母与成年养子女关系恶化、无法共同生活的，可以协议解除收养关系。不能达成协议的，可以向人民法院起诉。"1998年修订的《收养法》第二十七条对该条文未做修改。本条亦沿用了1998年修订的《收养法》第二十七条的规定。

理解与适用

本条规定体现了《民法典》婚姻家庭编中贯穿的人权平等、人格尊严、人性友善、人亲和谐、人本秩序、人文关怀的核心法理思想以及权利法定、公序良俗、禁止权利滥用等具体法理精神①。

收养关系成立后，养子女融入收养家庭开始生活，但是家庭生活情形多变，父母子女之间也会因为家庭生活的变化产生矛盾和隔阂，当养父母与养子女间的矛盾升级导致关系恶化无法共同生活时，赋予成年养子女与养父母协议解除收养关系的权利具有现实意义。已经成年的被收养子女，具有完全的民事行为能力，也具有独立生活的经济条件，当其与养父母关系恶化、无法维持收养关系时，可以通过协商或者诉讼的方式解除收养关系。

成年养子女与养父母解除收养关系的原因应且只能是双方关系恶化、无法共同生活，不问双方关系恶化的原因，但应有双方关系恶化的表象，如双方经常发生激烈争吵甚至有肢体冲突等。关于无法共同生活应做扩大解释，养子女成年后可能已有独立住房，双方已不再在同一住宅内共同生活，因此仅将无法共同生活狭义理解为在同一处房屋内无法共同生活，是不妥的。应将无法共同生活理解为无法维持收养关系，即双方无法继续维系养父母子女关系，继续维持养父母子女关系将对双方的工作和生活都带来极大影响。

典型案例

茅某诉蔡某解除收养关系纠纷案②

【案情】

原告茅某早年与蔡某甲结婚，在婚后生育数个女儿的情况下，于1965年领

---

① 龙翼飞．编纂民法典婚姻家庭编的法理思考与立法建议．法制与社会发展，2020（2）.

② 审理法院为上海市崇明县人民法院，案号：（2016）沪0230民初8515号。

养了刚3岁的被告蔡某。之后，原告夫妇将被告抚育成人，并为其成家立业。原告称被告在原告丈夫病重和弥留之际，不尽孝道。原告曾想过与被告解除收养关系，但考虑到被告可能念及亲情，遂放弃了想法。在蔡某甲过世后，被告对原告不闻不问，原告认为双方根本无母子情谊，故起诉至法院要求解除双方收养关系。

被告蔡某辩称，被告在上海浦东新区开出租车，故对原告探望关心较少是事实，但被告经常回来看望原告，也邀请原告至被告处生活一段时间，原告不愿意。2012年6月姐弟四人把原告寄养于敬老院，被告也按份负担了相关费用。养父蔡某甲生病及去世，被告陪护且负担了相应的医疗费，蔡某甲丧事也是姐弟四人一起操办的。被告土地上的相关钱款也由原告收取。被告认为母子间的关系一直较好，故不同意解除收养关系。

【裁判】

法院经审理认定事实如下：原告茅某与配偶蔡某甲于1965年领养被告蔡某，双方属事实收养关系。之后，原告夫妇将被告抚养成人，并为被告成家立业。双方在长期共同生活期间关系尚可。原告夫妇寄养建设敬老院后，被告分担了相关费用。另，被告分摊了蔡某甲生病住院的治疗费用，并与姐姐共同操办了蔡某甲的丧事。蔡某甲去世后，被告因工作之故，探望、关心原告较少，双方开始产生隔阂。原告认为自老伴去世后，被告欺负原告，遂提起解除收养关系之诉。

根据收养法的规定，法院审查原、被告之间收养关系是否应予判决解除，其标准为双方的关系是否已经恶化，双方是否无法共同生活。综合本案查明的事实以及双方各自的陈述分析，被告由于工作性质等客观原因，确实对原告缺少了关心与照顾，但被告并非对原告生活不闻不问，原告被安排至敬老院居住生活后，被告曾分担相应的寄养费，已经尽到了主要的照顾扶养义务。希望双方能互相体谅与理解，且被告目前不同意解除收养关系，其愿意尽赡养原告之义务，鉴于原、被告之间关系并未恶化，相信双方关系可以改善，故原告诉请，难于支持。据此，依照《中华人民共和国收养法》第二十六条第二款、第二十七条之规定，判决如下：原告茅某要求与被告蔡某解除收养关系之诉讼请求，不予支持。案件受理费80元，减半收取计40元，由原告茅某负担。

【典型意义】

成年养子女与养父母解除收养关系的标准为双方的关系已经恶化，无法共同生活。当养父母与成年养子女关系恶化、无法共同生活时，法律赋予收养人与成年的被收养人通过协商或者诉讼方式解除收养关系的权利，主要是为了保护年老体衰、得不到养子女赡养或者尊敬的收养人的合法权益，因此，在司法实践中应考虑保护年老养父母的利益。

第一千一百一十六条

当事人协议解除收养关系的，应当到民政部门办理解除收养关系登记。

本条主旨

本条是关于收养关系解除程序的规定。

相关条文

1991 年颁布的《收养法》第二十七条规定："当事人解除收养关系应当达成书面协议。收养关系是经民政部门登记成立的，应当到民政部门办理解除收养关系的登记。收养关系是经公证证明的，应当到公证处办理解除收养关系的公证证明。"1998 年修订的《收养法》第二十八条将该条文简化为："当事人协议解除收养关系的，应当到民政部门办理解除收养关系的登记。"本条沿用了 1998 年修订的《收养法》第二十八条的规定。

理解与适用

本条规定体现了《民法典》婚姻家庭编中贯穿的人权平等、人格尊严、人本秩序的核心法理思想以及权利法定、禁止权利滥用、行为公示等具体法理精神①。

本条规定了解除收养关系的法定程序。收养是严格的要式法律行为，其合法成立须经县级以上人民政府民政部门登记。同样，各方当事人要想解除收养关系，除了要符合我国法定解除收养关系的条件之外，还必须依法履行一定的法律手续。解除收养关系的程序既包括双方合意通过我国民政部门解除收养关系，也包括通过人民法院诉讼解除收养关系。未经上述法定程序，依法建立的收养关系不可以解除。

办理收养解除登记是协议解除收养关系的必经程序。《中国公民收养子女登记办法》第九条规定："收养关系当事人协议解除收养关系的，应当持居民户口簿、居民身份证、收养登记证和解除收养关系的书面协议，共同到被收养人常住户口所在地的收养登记机关办理解除收养关系登记。"协议解除收养关系的各方当事人必须亲自到收养登记机关办理，不允许第三人代替。收养登记机关在收到解除收养关系登记申请书及有关材料后，应当自次日起三十日内，根据有关法律

① 龙翼飞．编纂民法典婚姻家庭编的法理思考与立法建议．法制与社会发展，2020（2）.

法规的规定进行审查。对于符合收养法规定条件的，为当事人办理解除收养关系的登记，收回收养登记证，发给各方当事人解除收养关系证明。我国民政部门对于解除收养关系的协议并不做实质审查，仅做形式审查。

第一千一百一十七条

收养关系解除后，养子女与养父母以及其他近亲属间的权利义务关系即行消除，与生父母以及其他近亲属间的权利义务关系自行恢复。但是，成年养子女与生父母以及其他近亲属间的权利义务关系是否恢复，可以协商确定。

本条主旨

本条是关于收养关系解除效力的规定。

相关条文

1991 年颁布的《收养法》第二十八条规定："收养关系解除后，养子女与养父母及其他近亲属间的权利义务关系即行消除，与生父母及其他近亲属间的权利义务关系自行恢复，但成年养子女与生父母及其他近亲属间的权利义务关系是否恢复，可以协商确定。"1998 年修订的《收养法》第二十九条对该条未做修改。本条亦沿用了 1998 年修订的《收养法》第二十九条的规定。

理解与适用

本条规定体现了《民法典》婚姻家庭编中贯穿的人权平等、人格尊严、人亲和谐、人本秩序、人文关怀的核心法理思想以及权利法定、公序良俗、禁止权利滥用等具体法理精神①。

一、立法目的

解除收养关系会产生一定的法律后果，该法律后果的具体内容涉及收养当事人的权利义务内容，也体现了我国收养法律制度的立法宗旨和立法目的。解除收养关系后，既要考虑对未成年人的抚养、教育和保护不要出现空缺，也要考虑成年养子女已有独立的经济和完全民事行为能力，对亲子关系的恢复应有协商的权利。收养关系解除制度的设立，以保障未成年被收养人的合法利益为最根本目的，使其能拥

① 龙翼飞．编纂民法典婚姻家庭编的法理思考与立法建议．法制与社会发展，2020（2）．

有健康、稳定、和谐的家庭生活，因此为避免收养解除后未成年人处于无人照管的状态，解除收养关系后，未成年子女与其生父母及其他近亲属间的权利义务关系自行恢复。对于成年养子女，考虑到其可能与送养家庭有隔阂，因其已有完全民事行为能力，法律赋予其自行协商决定是否恢复与生父母及其他近亲属间的权利义务关系的权利。

二、法条解读

收养关系解除后，根据被收养人此时的年龄状态有不同的法律后果：

（一）对未成年养子女与生父母及其他近亲属的后果

收养关系解除后，首先要解决未成年被收养人的抚养教育和利益保护问题，法律应始终考虑未成年人的权益保护，坚持未成年人利益优先原则。在收养人与被收养人的收养关系解除后，收养人没有继续对未成年被收养人抚养、教育和保护的义务，也不会继续承担与此相关的经济支出。未成年被收养人的生父母则始终是被收养人的亲生父母，他们有着血缘关系，此时应回归最原始的血亲关系，由血亲重新承担起未成年人的抚养、教育和保护义务。因此当收养关系解除后，未成年被收养人与其生父母及其他近亲属间的权利义务关系自行恢复，是合理的，也是符合未成年人利益优先原则的。

（二）对成年养子女与生父母及其他近亲属的后果

收养关系解除后，成年养子女与生父母之间的血亲关系是否恢复的问题上，法律赋予被收养人与生父母选择权，由各方根据实际情况协商确定。因为生父母多年来与被收养人之间并无抚养、赡养关系，在现实生活中往往也接触较少，生父母和送养的子女之间往往有隔阂，如解除收养关系后自行恢复被收养人与生父母及其他近亲属的权利义务关系，对被收养人以及其生父母都是较为突兀的设定；同时，父母子女关系还涉及赡养和继承等问题，也需要成年养子女及其生父母经过慎重考虑后再做出决定。法律强制要求恢复未成年被收养人与生父母及其他近亲属的亲属关系，是因为未成年人尚无谋生能力，恐解除收养关系后被遗弃而无人认养。然而，成年养子女已有劳动能力，可以做到经济独立，因此不必担忧其无法生存的问题，此时应当赋予其选择权，让其自行决定是否与生父母及其他近亲属之间恢复直系血亲与旁系血亲关系。若协商达成一致意见，双方的直系血亲与旁系血亲之权利义务关系恢复；若双方没有达成一致意见，成年养子女不愿意恢复与生父母的亲子关系或者是生父母不愿意恢复与成年养子女的亲子关系，那么，双方就不能恢复相互之间的父母子女关系，亦即成年养子女与生父母之间不存在赡养、遗产继承等权利义务关系。

第一千一百一十八条

收养关系解除后，经养父母抚养的成年养子女，对缺乏劳动能力又缺乏生活来源的养父母，应当给付生活费。因养子女成年后虐待、遗弃养父母而解除收养关系的，养父母可以要求养子女补偿收养期间支出的抚养费。

生父母要求解除收养关系的，养父母可以要求生父母适当补偿收养期间支出的抚养费；但是，因养父母虐待、遗弃养子女而解除收养关系的除外。

本条主旨

本条是关于收养关系解除后给付生活费、抚养费义务的规定。

相关条文

1991 年颁布的《收养法》第二十九条规定："收养关系解除后，经养父母抚养的成年养子女，对缺乏劳动能力又缺乏生活来源的养父母，应当给付生活费。因养子女成年后虐待、遗弃养父母而解除收养关系的，养父母可以要求养子女补偿收养期间支出的生活费和教育费。生父母要求解除收养关系的，养父母可以要求生父母适当补偿收养期间支出的生活费和教育费，但因养父母虐待、遗弃养子女而解除收养关系的除外。"1998 年修订的《收养法》第三十条对该条文未做修改。本条对 1998 年修订的《收养法》第三十条做如下修改：本条将"生活费和教育费"改为"抚养费"，扩大了给付客体的解释范围。

理解与适用

本条规定体现了《民法典》婚姻家庭编中贯穿的人权平等、人格尊严、人性友善、人本秩序的核心法理思想以及权利法定、公序良俗等具体法理精神①。

一、立法目的

收养关系解除之后，收养人与被收养人之间以收养关系为中介而产生的父母子女关系消除，但这并不意味着养父母与被收养人之间联系全无，收养人在抚养被收养人的过程中付出了金钱与精力，为被收养人的成长提供了必要的精神与经济支持，解除收养关系后，如没有财产关系的相关规定是不符合权利义务一致性原则的。因此，本条规定了收养关系解除后，原收养关系各方的财产关系。同

① 龙翼飞．编纂民法典婚姻家庭编的法理思考与立法建议．法制与社会发展，2020（2）．

样，生父母要求解除收养关系时，补偿养父母在收养期间支出的抚养费也是符合权利义务一致性原则的。

二、法条解读

(一) 成年养子女对养父母的生活费给付义务和抚养费补偿

1. 生活费给付义务

解除收养关系后，成年养子女对缺乏劳动能力且缺乏生活来源的养父母，有生活费给付义务。法律的这一规定，从权利和义务相一致原则出发，收养关系的解除，并不能改变养父母对养子女的成长提供经济支出的事实，对缺乏劳动能力又没有生活来源的养父母，给付生活费是合理的，但养子女所应给付养父母生活费的数额，应根据养子女的负担能力和养父母的实际需要确定，并以达到当地一般群众生活水平为准。具体的数额和给付方式，可以由养父母与养子女协商确定；协商不成的，则由人民法院根据具体情况判决确定。

2. 抚养费补偿

因养子女成年后虐待、遗弃养父母而解除收养关系的，养父母可以要求养子女补偿收养期间支出的抚养费。抚养费是指养父母在收养期间为抚养养子女而支出的金钱，与生活费给付义务的情形不同，不论养父母是否存在缺乏劳动能力又没有生活来源的情况，只要因养子女成年后虐待、遗弃养父母而解除收养关系的，养子女都应当补偿养父母在收养期间对养子女支出的抚养费。

(二) 生父母对养父母的抚养费补偿

生父母要求解除收养关系的，养父母可以要求生父母适当补偿收养期间支出的抚养费，但是因养父母虐待、遗弃养子女而解除收养关系的除外。当生父母单方反悔要求解除收养关系时，养父母已经在抚养期间投入金钱与精力以及感情，因此生父母应当适当补偿养父母收养期间支出的抚养费。但是，养父母有虐待、遗弃养子女行为，生父母不得不提出解除收养关系的，由于养父母自身存在过错，养父母就无权要求生父母补偿其在收养期间对养子女支出的抚养费。

典型案例

王某在解除收养关系十余年后丧失劳动能力又无生活来源诉葛某经济帮助案[①]

【案情】

原告王某与妻子高某婚后未有生育。1961 年，王某夫妇收养了未满周岁的

① 本案例来自北大法宝经典案例，法宝引证码 CLI. C. 22751。

葛某，并将其抚育成人。1982 年，葛某结婚。1983 年，葛某因家庭琐事与王某夫妇产生矛盾，王某夫妇遂提起诉讼，要求与葛某解除收养关系。经法院调解，双方于 1983 年解除了收养关系，当时未言及经济帮助问题。1996 年，高某病故。一年后，王某因多种疾病缠身，丧失了劳动能力和生活来源，遂又起诉至江苏省通州市人民法院，要求葛某给予经济帮助。被告葛某答辩称：与原告的收养关系早已解除，双方之间现在不存在权利义务关系，不同意给原告经济帮助。

【裁判】

通州市人民法院经审理认为：原告王某与被告葛某自 1961 年至 1983 年间形成收养关系属实，但 1983 年经法院调解，双方已解除了收养关系。收养关系解除后，双方的权利义务关系即行解除。王某在与葛某解除收养关系十多年以后仍要求葛某给予经济帮助，缺乏法律依据，对其诉讼请求难于支持。该院驳回原告王某的诉讼请求。

宣判后，原告王某不服，以原判驳回其诉讼请求适用法律错误为由，向南通市中级人民法院提起上诉，请求二审法院适用《收养法》第三十条的规定，撤销原审判决，改判由葛某给付其生活费每年 1 200 元。被上诉人葛某未做书面答辩。

南通市中级人民法院二审认为：王某在与葛某解除收养关系时尚未缺乏劳动能力，仍能自食其力，依法不符合养子女给予经济帮助的条件。但现在王某年老多病，丧失了劳动能力，且孤身一人无其他经济来源，其要求葛某给付生活费，符合《收养法》第三十条规定的情形，对王某请求的支持，符合法律的规定，符合权利义务一致的民事法律原则，亦有利于保护老年人的合法权益，使老年人能老有所养。原审判决适用法律不当，应予纠正。依照《中华人民共和国收养法》第三十条第一款，《中华人民共和国民事诉讼法》第一百五十三条第一款第（二）项之规定，该院于 1999 年 6 月 16 日作出判决如下：(1) 撤销通州市人民法院民事判决。(2) 葛某从 1999 年 1 月 1 日起，每月给付王某生活费 80 元，至王某终年止。

【典型意义】

收养关系解除后，成年养子女对缺乏劳动能力且缺乏生活来源的养父母，有生活费给付义务。现行法律未对养父母的生活费给付请求权规定除斥期间，因此应理解为只要养父母缺乏劳动能力且缺乏生活来源，即可要求养子女支付适当的生活费。此种规定倾向于保护弱势群体，体现了收养法律制度的积极社会功能。

参考文献

著作类

［1］夏吟兰．中华人民共和国婚姻法评注·总则．厦门：厦门大学出版社，2016.

［2］王歌雅．婚姻家庭继承法学．2版．北京：中国人民大学出版社，2013.

［3］王洪．婚姻家庭法．北京：法律出版社，2003.

［4］巫昌祯，夏吟兰．婚姻家庭法学．2版．北京：中国政法大学出版社，2016.

［5］何丽新．我国非婚同居立法规制研究．北京：法律出版社，2010.

［6］陈苇．婚姻家庭继承法学．北京：群众出版社，2005.

［7］王薇．非婚同居法律制度比较研究．北京：人民出版社，2009.

［8］但淑华．我国非婚同居的二元法律规制研究．北京：法律出版社，2012.

［9］杨立新．中华人民共和国民法总则要义与案例解读．北京：中国法制出版社，2017.

［10］杨大文，龙翼飞．婚姻家庭法．7版．北京：中国人民大学出版社，2018.

［11］韩大元，林来梵，郑贤君．宪法学专题研究．北京：中国人民大学出版社，2004.

［12］李银河，马忆南．婚姻法修改论争．北京：光明日报出版社，1999.

［13］夏吟兰．婚姻家庭继承法．2版．北京：中国政法大学出版社，2017.

［14］人民法院出版社．最高人民法院婚姻家庭、继承司法解释理解与适用简明版及配套规定．北京：人民法院出版社，2018.

［15］马忆南．婚姻家庭继承法学．3版．北京：北京大学出版社，2014.

［16］吴高盛．《中华人民共和国婚姻法》释义及实用指南．北京：中国民主法制出版社，2014.

［17］张明楷．刑法学．3版．北京：法律出版社，2007.

［18］国务院法制办公室．中华人民共和国婚姻法（含最新司法解释）注解

与配套.4版.北京：中国法制出版社，2017.

［19］杨大文.亲属法.4版.北京：法律出版社，2004.

［20］雷明光.中华人民共和国收养法评注.厦门：厦门大学出版社，2016.

［21］费孝通.乡土中国　生育制度.北京：北京大学出版社，1998.

［22］杨大文.亲属法与继承法.北京：法律出版社，2013.

［23］夏吟兰，蒋月，薛宁兰.21世纪婚姻家庭关系新规制.北京：中国检察出版社，2001.

［24］王胜明，孙礼海.《中华人民共和国婚姻法》修改立法资料选.北京：法律出版社，2001.

［25］姚红，等.中华人民共和国婚姻法释解.北京：群众出版社，2001.

［26］中国法制出版社.婚姻法新解读.4版.北京：中国法制出版社，2017.

［27］全国人大常委会法工委研究室.《中华人民共和国婚姻法》条文释义及实用指南.北京：中国物价出版社，2001.

［28］王利明.人格权法研究.2版.北京：中国人民大学出版社，2012.

［29］何晓明.姓名与中国文化.北京：人民出版社，2001.

［30］陈伟雄.姓名工具书.南昌：江西教育出版社，2010.

［31］王利明.人格权法研究.3版.北京：中国人民大学出版社，2018.

［32］王利明.人格权法.2版.北京：中国人民大学出版社，2016.

［33］薛宁兰.中华人民共和国婚姻法评注·家庭关系.厦门：厦门大学出版社，2017.

［34］杨晋玲.夫妻财产制比较研究.北京：民族出版社，2004.

［35］杨立新.人身权法论.3版.北京：人民法院出版社，2006.

［36］林秀雄.夫妻财产制之研究.北京：中国政法大学出版社，2001.

［37］最高人民法院民事审判第一庭.最高人民法院婚姻法司法解释（二）的理解与适用.2版.北京：人民法院出版社，2015.

［38］最高人民法院民事审判第一庭.最高人民法院婚姻法司法解释（三）理解与适用.2版.北京：人民法院出版社，2015.

［39］巫昌祯.我与婚姻法.北京：法律出版社，2001.

［40］胡康生.中华人民共和国婚姻法释义.北京：法律出版社，2001.

［41］梁慧星.中国民法典草案建议稿.北京：法律出版社，2003.

［42］徐国栋.绿色民法典草案.北京：社会科学文献出版社，2004.

［43］王利明.中国民法典草案建议稿及说明.北京：中国法制出版社，2004.

［44］夏吟兰，等.婚姻家庭法前沿：聚焦司法解释.北京：社会科学文献

出版社，2010.
[45] 江平．民法学．北京：中国政法大学出版社，2011.
[46] 余延满．亲属法原论．北京：法律出版社，2007.
[47] 王丽萍．婚姻家庭法律制度研究．济南：山东人民出版社，2004.
[48] 杨立新．家事法．北京：法律出版社，2013.
[49] 李明舜，林建军．中华人民共和国婚姻法评注·救助措施与法律责任．厦门：厦门大学出版社，2016.
[50] 陈苇．外国婚姻家庭法比较研究．北京：群众出版社，2006.
[51] 于静．比较家庭法．北京：人民出版社，2006.
[52] 蒋新苗．比较收养法．长沙：湖南人民出版社，1999.
[53] 蒋新苗．国际收养法律制度研究．北京：法律出版社，1999.

文章类

[1] 李建国．关于《中华人民共和国民法总则（草案）》的说明．人民日报，2017-03-09（5）.
[2] 曹思婕．我国家事审判改革路径之探析．法学论坛，2016（5）.
[3] 龙翼飞．编纂民法典婚姻家庭编的法理思考与立法建议．法制与社会发展，2020（2）.
[4] 王歌雅．《民法典·婚姻家庭编》的编纂策略与制度走向．法律科学，2019（6）.
[5] 夏吟兰．民法分则婚姻家庭编立法研究．中国法学，2017（3）.
[6] 何丽新．论事实婚姻与非婚同居的二元化规制．比较法研究，2009（2）.
[7] 李凤章．非婚同居中女性合法权益的保护．甘肃政法学院学报，2003（4）.
[8] 秦志远．"反射性"立法中的非婚同居域外法律规制．河北法学，2006（5）.
[9] 梁洪霞．我国多省市"限制妇女堕胎"规定的合宪性探究：兼议生育权的宪法保护．北方法学，2018（1）.
[10] 马强．论生育权：以侵害生育权的民法保护为中心．政治与法律，2013（6）.
[11] 樊丽君．生育权性质的法理分析及夫妻生育权冲突解决原则．北京化工大学学报（社会科学版），2005（4）.
[12] 杨凯．从婚姻自由的角度谈同居现象的存在．当代法学，2003（1）.
[13] 陆静．关于婚姻自由原则的反思．中国律师，2001（11）.

［14］曹思婕．完善未成年人监护立法的思考．理论探索，2016（4）.

［15］马奇柯．社会公德、职业道德、家庭美德、个人品德关系论析．学术交流，2008（2）.

［16］安丽梅．新时代家庭文明建设的意义与路径．思想政治工作研究，2019（4）.

［17］冉克平．论《民法典婚姻家庭编（草案）》的体系、内容及其完善．武汉大学学报（哲学社会科学版），2019（6）.

［18］申晨．论婚姻无效的制度构建．中外法学，2019（2）.

［19］陈坤．所指确定与法律解释：一种适用于一般法律词项的指称理论．法学研究，2016（5）.

［20］薛宁兰．婚姻无效制度论：从英美法到中国法．环球法律评论，2001（2）.

［21］孙若军．疾病不应是缔结婚姻的法定障碍：废除《婚姻法》第7条第2款的建议．法律适用，2009（2）.

［22］李昊，王文娜．婚姻缔结行为的效力瑕疵：兼评民法典婚姻家庭编草案的相关规定．法学研究，2019（4）.

［23］张红．民法典之姓名权立法论．河北法学，2019（10）.

［24］杨振宏．《民法典》总则增加家事代理制度的立法建议．苏州大学学报（哲学社会科学版），2016（6）.

［25］史浩明．论夫妻日常家事代理权．政治与法律，2005（3）.

［26］张学军．锁匙权研究．金陵法律评论，2004（1）.

［27］缪宇．走出夫妻共同债务的误区：以《婚姻法司法解释（二）》第24条为分析对象．中外法学，2018（1）.

［28］程新文，刘敏，方芳，等．《关于审理涉及夫妻债务纠纷案件适用法律有关问题的解释》的理解与适用．人民司法（应用），2018（4）.

［29］徐国栋．无效与可撤销婚姻中诚信当事人的保护．中国法学，2013（5）.

［30］薛宁兰．我国亲子关系立法的体例与构造．法学杂志，2014（11）.

［31］杨立新．论婚生子女否认和非婚生子女认领及法律疏漏之补充．人民司法（应用），2009（17）.

［32］王晓琳．婚姻家庭编草案：构建和谐稳定的婚姻家庭制度．中国人大，2020（3）.

［33］夏吟兰．对中国登记离婚制度的评价与反思．法学杂志，2008（2）.

［34］姚邢．离婚冷静期制度确立家庭价值崇高性．光明日报，2020-06-

03（2）.

［35］杨立新，蒋晓华．对民法典婚姻家庭编草案规定离婚冷静期的立法评估．河南社会科学，2019（6）.

［36］陶毅，明欣．离婚：单一破裂主义或混合主义．法学研究，1999（6）.

［37］王丽萍．中日探望权制度研究．山东大学学报（哲学社会科学版），2004（6）.

［38］杨立新．2002年热点民事案件：回顾与点评．检察日报，2003-01-06.

［39］刘大庆．完善我国探视权制度的法律思考．辽宁教育学院学报，2003（3）.

［40］王乔，顾承红．我国探望权制度中存在的若干问题及其完善．社会科学辑刊，2005（2）.

［41］罗丽．论日本的离婚抚慰金制度．法学评论，2002（2）.

［42］雷春红．欠缺法定要件收养关系的法律规制：以浙江省为样本．西部法学评论，2014（1）.

［43］王歌雅．完善收养制度的立法思考．法律适用，1997（4）.

［44］龙翼飞．《民法总则》的制度创新对婚姻家庭编的影响//夏吟兰，龙翼飞．家事法研究：2019年卷．北京：社会科学文献出版社，2019.

［45］陈苇，靳玉馨．建立我国亲子关系推定与否认制度研究//梁慧星．民商法论丛：第27卷．香港：金桥文化出版（香港）有限公司，2003.

译著类

［1］杰克·唐纳利．普遍人权的理论与实践．王浦劬，张文成，燕继荣，等译．北京：中国社会科学出版社，2001.

［2］法国民法典．罗结珍，译．北京：法律出版社，2005.

［3］德国民法典．3版．陈卫佐，译注．北京：法律出版社，2010.

［4］奥地利普通民法典．戴永盛，译．北京：中国政法大学出版社，2016.

［5］瑞士民法典．戴永盛，译．北京：中国政法大学出版社，2016.

［6］日本民法典．刘士国，牟宪魁，杨瑞贺，译．北京：中国法制出版社，2018.

［7］英国婚姻家庭制定法选集．蒋月，等译．北京：法律出版社，2008.

［8］西班牙民法典．潘灯，马琴，译．北京：中国政法大学出版社，2013.

［9］葡萄牙民法典．唐晓晴，等译．北京：北京大学出版社，2009.

图书在版编目（CIP）数据

中国民法典释评：十卷本．婚姻家庭编 / 夏吟兰等著．—北京：中国人民大学出版社，2020.8

ISBN 978-7-300-28382-1

Ⅰ.①中… Ⅱ.①夏… Ⅲ.①民法-法典-法律解释-中国 ②婚姻法-法律解释-中国 Ⅳ.①D923.05

中国版本图书馆 CIP 数据核字（2020）第 123701 号

中国民法典释评·婚姻家庭编

夏吟兰　龙翼飞　曹思婕　姚　邢　赫　欣　著

Zhongguo Minfadian Shiping • Hunyin Jiating Bian

出版发行	中国人民大学出版社		
社　　址	北京中关村大街 31 号	**邮政编码**	100080
电　　话	010－62511242（总编室）		010－62511770（质管部）
	010－82501766（邮购部）		010－62514148（门市部）
	010－62515195（发行公司）		010－62515275（盗版举报）
网　　址	http://www.crup.com.cn		
经　　销	新华书店		
印　　刷	涿州市星河印刷有限公司		
规　　格	170 mm×240 mm　16 开本	**版　　次**	2020 年 8 月第 1 版
印　　张	23.5 插页 3	**印　　次**	2020 年 12 月第 2 次印刷
字　　数	425 000	**定　　价**	1 860.00 元（十卷本）